Emotion & Consumer Behavior

정서:n 소비자행동

정서가 이성을 지배하는 소비자 판단과 선택

안광호 · 부경희 지음

학현사

머리말

소비자의 감정, 정서, 기분 등은 오랫동안 소비자행동 영역 내에서 비중이 그리 크지 않았다. 이성적이고 합리적인 의사결정이 강조되는 인지적 접근의 마케팅 기조가 오랫동안 주류로 자리 잡았기 때문이다. 그러나 최근 많은 기업의 마케팅 커뮤니케이션 및 브랜딩 전략에 스토리텔링, 체험, 공감, 배려, 문화 등이 접목되는 사례가 많아짐에 따라 정서는 소비자행동의 이해에, 그리고 마케팅 전략수립에 필수적인 주제가 되고 있다.

정서에 대한 큰 관심은 행동경제학적 접근이라는 마케팅 및 소비자행동의 새로운 패러다임의 시작과 맥을 같이 한다. 2002년 노벨 경제학상을 수상한 프린스턴 대학 카너먼(Kahneman) 교수는 이미 작고해 함께 수상하지 못한 트버스키(Tversky) 교수와 평생을 함께 연구한 심리학자이다. 이들은 휴리스틱(heuristics), 편견(biases)이라는 개념을 중심으로 인간의 비합리적 의사결정에 대한 많은 연구를 하였다. 인간의 의사결정과 판단에 감성을 동반하는 비합리적 요인을 다룬 심리학적 연구결과가 노벨 경제학상을 수상한 것은 소비자 마케팅 분야에 아주 중요한 터닝 포인트가 되었다. 소비자의 감정(emotion)이 주축인 비합리적 의사결정과정을 이해하게 되면서 왜 우리가 경기, 수요예측 등 거시적 미래를 파악하는 데 종종 실패하는지를 알게 해 주었기 때문이다.

그 후 15년이 지난 2017년 시카고 대학의 경제학자 세일러(Thaler) 교수가 노벨 경제학상을 받으며 동기, 정서와 같은 소비자의 비합리적 정보처리과정에 대한 관심은 더 커지게 되었다. 그는 전통 경제학에서 주장하는 합리적 의사결정은 실제로 시장에서 아주 제한적으로 이루어진다는 것을 연구한 공로로 수상을 하였다. 소위 넛지(Nudge)와 같이 감성을 살짝 건드려주는 것만으로도 인간의 중요한 의사결정 및 행동을 변화시키고 만들어낼 수 있다는 것을 밝힌 것이다.

이들 연구는 무엇보다 소비자의 마음을 얻고 오래 가져가는 방법이 반드시 복잡하고 논리적일 필요는 없다는 점을 강조한다. 정보가 넘쳐나고 제품도 다양해져 소비자들은 지구 구석구석을 뒤져 원하는 것을 찾을 수 있는 시대가 되면서 이러한 넛지 현상은 더욱 두드러지고 있다. 그래서인지 요즘 스스로를 결정 장애자라고 하는 사람들 또한 많아지고 있다. 주어진 대안들은 넘쳐나고 오히려 그래서 그들의 선택과 판단이 점점 힘들어짐을 보여준다. 합리적인 비교분석과 평가보다는 오히려 신속한 판단과 결정이 많아지고 있으며, 이 과정에서 소비자 정서가 큰 역할을 한다. 이에 대한 논의는 이 책의 1장에서 다루고 있다. 이 책의 전반에 걸쳐 강조하고 있는 소비자 판단과 행동에서 정서의 중요성은 인간이 '자신의 생존가치'에 최우선 순위를 두며 이 과정에서 정서가 주도적 역할을 하는 것을 이해하는 데서 출발한다. 제한된 시간 내에 가장 효율적인 의사결정방법은 신속하게 내편과 아닌 편으로 나누고 곧바로 '좋다'와 '싫다'를 결정하는 것이다. 얼핏 비합리적으로 보이는 이 빠른 감정적 판단은 오랜 동안 진화과정에서 습득된 선택과 집중 전략이며 이 전략을 실행하는 데 유용한 수단이 바로 '감정(emotion)'이다.

이 책의 2장에서 다루고 있는 것처럼, 정서 또는 감성에 대한 연구는 새로운 것은 아니다. 예를 들어, 무의식을 인간심리의 99%로 본 프로이트 학파는 인간의 알 수 없는 판단이나 행동을 모두 무의식이라는 카테고리 안에 포함시켰고, 주로 충동, 동기, 욕구 등이 행동을 지배한다고 보았다. 60년대에 시작된 '행동주의'는 겉으로 보이는 행동이 생각을 지배한다는 관점으로 정서적 측면이 과소평가되었다. 그러나 파블로프(Pavlov)와 반두라(Bandura)로 대표되는 이들의 주장은 놀랍게도 세일러 교수 등이 주장하는 '넛지'와 닮은꼴이다. 그 후 70년대 사르트르나 프롬과 같은 '실존주의' 학파들은 인간이 그때그때 필요한 것을 달성하며 사는 존재라고 정의함으로써 인간에게 있어 '생존가치'의 중요성을 부각시키는 데 집중하였다. 매슬로우와 같은 심리학자는 인간은 생존을 위해 인생 단계 단계마다 달성하려는 목표를 가지며, 그를 위해 다른 종류의 동기(motivation)와 감정(emotion)을 가진다고 보았다.

인간의 판단과 행동에서 정서의 역할에 대한 학문적 연구가 소홀하게 된 주요 이유 중 하나는 70년 중반부터 시작한 '인지적' 접근 때문이다. 인지적 접근은 인간의 판단과 행동을 단순한 자극–반응으로 인식하는 데 대한 반감으로 시작되었다. 인지적 접근의 연구자들은 인간의 뇌를 컴퓨터와 유사한 정보처리과정을 가진 시스템으로 보았다.

그러나 인간이 감성적이고 순간적인 기분으로 판단하고 행동하는 경우가 많다는 점을 의심하는 학자는 없다. 특히 소비자행동 및 브랜드 커뮤니케이션 분야의 많은 최근 연구들이 감성적인 소비자와 감각적인 브랜드 전략에 초점을 맞추고 있다. 이는 우리브랜드에 대한 '선호(preference)'만을 추구하던 마케팅에 다른 시각을 던져준다. 우리가 피하고 싶은 부정정서 또는 사소하게 생각했던 오감을 통한 커뮤니케이션 등도 브랜드 정서와 애착에 유용한 수단이 될 수 있다. 우리의 경험은 결국 신체적 감각, 지각, 촉수 등 작은 단서들로부터 시작하며 그 감각경험이 소비자 의사결정 또는 행동에 큰 역할을 하기 때문이다. 이 책의 3장에서는 이에 대해 살펴보았다.

나아가 정서는 빅데이터 등을 이용한 인공지능, 로봇개발 등에서 주요 주제가 되고 있다. 상상할 수 없이 복잡한 계산을 순식간 해내는 인공지능 시스템이 왜 7개월도 안 된 아기가 1초 만에 주저 없이 구별할 수 있는 '멍멍이'와 '야옹이'를 잘 구별하지 못할까? 모든 경우의 수를 계산하는 인공지능과는 달리, 아기는 대다수의 상세 정보를 다 생략해 버리는 '단순무식한?' 방법으로 몇 가지 특징에만 주목하기 때문이다. 이렇게 빠른 결정을 가능하게 하는 건 바로 인간이 수억 년 발전시켜온 '감정(emotion)'이라는 도구이다. 실제로 하루 수천만 개 이상의 데이터 분석을 하는 실무자들에게 가장 중요한 인사이트(insight)를 주는 것은 빅데이터 그 자체가 아닌 그 많은 데이터를 어떤 방향으로 분석해야 하는가를 결정하는 '정서'와 같은 스몰 데이터(small data)이다. 이 책의 4장에서는 이러한 이슈에 대해 살펴볼 것이다.

최근 SNS 매체에서 '브랜디드 엔터테인먼트(branded entertainment)'가 성행하고 있다. 이제 스타가 아니더라도 유튜브, 인스타그램, 트위터에 콘텐츠를 올리는 엔터테이너들이 양산되고 있으며, 그들은 대다수 감성적 전달에 의존한다. 이제 정서에 대한 깊은 이해 없이는 기업의 마케팅 활동들이 자칫 헛된 노력이 되기 쉽다. 마지막 5장에서는 최근 마케팅 활동에서 소비자 정서가 어떻게 활용되고 있으며 그 효과는 무엇인지를 살펴본다.

정서의 중심에는 항상 '나(self)'의 생존이 자리 잡고 있다. 정서는 자극이 나에게 또는 우리에게 유리한가에 대한 휴리스틱 판단이 자동 작동하는 시스템이다. 나에게 해를 끼치지 않는 착한 기업은 '우리 혹은 내'편이 될 가능성이 높기 때문에 선호된다. 많은 기업이 사회공헌 프로그램이나 공익 캠페인에 동참하는 이유이다. 그러나 의외로 같은 편으로 만드는 것은 쉽지 않다. 진정성을 파악하려는 인간의 본능적 욕구 때문이다.

앞에서 언급했듯이 정서는 고객의 브랜드 애착을 형성하고 사람들의 일상적 삶을 풍성하게 만드는 데 중요한 역할을 한다. 기업은 경쟁자보다 우수한 제품과 서비스를 생산·전달하는 것만으로 충분하지 않으며, 고객과의 장기적 관계를 유지하기 위해 기쁨, 재미, 생동감, 감각적 즐거움, 희망, 자부심과 같은 정서적 경험을 제공할 수 있어야 한다.

그러나 정서를 마케팅/경영 도구로 사용해 성공을 거두기 위해서는 정서가 무엇이며, 왜 그리고 어떤 경우에 특정의 정서가 발생되는지, 그리고 그러한 정서적 경험이 소비자 판단과 행동에 어떤 영향을 미치는지에 대한 깊은 이해가 선행되어야 한다. 본서는 소비자의 정서가 그들의 판단과 행동에 어떤 영향을 미치는지를 심도 있게 다루는 데 그 목적이 있다.

이 책의 공저자 중 한 사람인 안광호 교수는 2011년 정서지배 소비자행동이라는 제목의 단행본을 저술한 적이 있다. 개정판을 내야겠다고 고민하던 차에 부경희 교수와 공동작업을 할 기회를 갖게 되었고, 그 결과물로 새로운 구성의 단행본을 출간하게 되었다. 본서는 소비자행동에서 정서가 갖는 역할에 초점을 맞추어 다양한 정서이론들과 실증연구들을 정리하고, 디지털 시대에서 이들의 마케팅 전략적 시사점에 대해 살펴보고 있다. 이 책이 최근 마케팅이나 소비자행동 연구에서 화두가 되고 있는 공감, 배려, 행복과 같은 정서, 그리고 빅데이터를 분석하는 데 있어 주요 단서로서의 정서의 중요성을 이해하고 이를 마케팅/경영 의사결정에 적용하는 데 도움이 되었으면 한다.

2019년 8월
안광호, 부경희

차례

chapter 1 정서마케팅과 소비자

—

chapter 2 정서의 이론적 이해

—

chapter 3 소비정서의 경험과 소비정서 유형이 소비자 반응에 미치는 효과

—

chapter 4 정서의 측정과 정서척도의 개발

chapter 5 정서마케팅의 효과와 활용

1

정서마케팅과 소비자

정서:n 소비자행동

chapter 1

정서마케팅과 소비자

1. 정서기반 소비자행동의 이해가 왜 중요한가?

기업들이 이구동성으로 하는 말이 있다. 고객의 편에 서서 생각하고 행동하며 그들을 자사(제품과 서비스)에 대한 영원한 충성고객이 될 수 있도록 최선을 다한다고 말이다. 그러나 실제로는 많은 기업들이 높은 브랜드 인지도와 브랜드에 대한 정서적 애착을 동일한 것으로 혼동하고 있다. 브랜드가 널리 알려져 있다고 해서, 그리고 제품의 질이 우수하다고 해서, 소비자들이 그 브랜드를 존경하고 사랑하는 것은 아니다. 그래서 기업이 충성고객을 만들어내는 것은 말처럼 쉬운 일은 아닐 것이다. 기업이 고객에게 진정으로 차별화된 가치를 제공하고 그들과의 장기적 관계를 형성하기 위해서는 무엇보다 그들의 이성적 측면과 정서적 측면을 잘 이해하고 실천하는 균형 있는 마케팅 커뮤니케이션이 필수다.

HP-컴팩은 PC시장에서 선두를 달리고 있지만, 사용자들의 심금을 울리는 브랜드는 애플이다. 한 집 건너 하나인 그 많은 커피전문점 중에 유독 소비자는 Starbucks에 충성을 보인다. 세계의 모토사이클 시장에서 선두브랜드는 Honda이지만, 소비자들이 열광하고 사랑하는 브랜드는 Harley Davidson 오토바이이다. Channel, BMW 등과 같은 브랜드는 일종의 배지브랜드(badge brand)로 소비자로 하여금 자기가 누구이고 또 어떤 사람이 되고 싶어 하는지를 보여주도록 고취시키는 브랜드이다. 이처럼 소비자들이 열광하는 브랜드의 공통점은 인간적인 특성과 정서적 가치를 가진 제품이나 서비스이다. 즉, 소비자의 마음을 사로잡는 이미지 또는 개성을 가진 브랜드이다. 만약 소비자들이 우리 브랜드와 파트너십 맺기를 열망한다면, 그건 분명 우리 브랜드가 소비자와 정서적으로 연결되어 있기 때문이다.

우리는 흔히 '사람은 감정의 동물이다'라는 말을 쓴다. 이는 인간이 이성적 동물이기보다는 정서적 동물의 속성을 더 많이 가졌을 수 있음을 의미하는 것이다. 사랑의 기쁨과 아픔을 경험해 보았는가? 믿었던 친구의 배신으로 분노감을 느껴 보았는가? 부모님과 형제의 죽음으로 느꼈던 후회감과 슬픔을 기억하는가? 사랑하는 사람이 남겼던 선물과 유품을 잃었을 때 경험했던 아픔과 상실감을 기억하는가? 이러한 정서적 경험은 보통 마음속에 강하게 자리 잡아 문득문득 떠오르며 우리의 일상생활에 영향을 미친다. 싫어진 상대방과의 관계를 호전시키기 위해 열심히 생각하여 얻은 해결방법들은 막상 그 상대방을 만나는 순간 맥없이 무용지물이 되는 경우를 자주 경험한다. 일상에서 감정이 이성을 지배하는 경우인 것이다. 우리는 이렇게 일상에서 정서의 중요성을 꽤 인식하고 있지만, 소비자 정서에 관한 학문적 연구가 본격적으로 이루어지기 시작하고 기업들도 정서 및 경험에 기반한 마케팅이 고객관계형성과 경쟁우위 획득에 있어 매우 중요함을 인식하게 된 것도 최근의 일이다.

이제까지 인간의 정서적 측면이 심리학자, 경제학자, 소비자행동 연구자, 그리고 기업경영자들의 관심을 끌지 못했던 주요 이유는 오랫동안 인지가 정서보다 더 중요한 인간능력으로 간주되어 왔기 때문이다. 특히 과거 철학자들은 정서를 지능에 비해 낮은 인간능력으로 간주하여, 감정을 통제하지 못하는 사람을 비이성적인 사람으로 보았다. 반면 이성적인(인지적 능력이 높은) 사람은 정서를 통제하고 사물을 올바르게 판단한다고 생각했다. 따라서 정서는 인간을 이해하는 데 불필요한 개념으로 또는 이성에 부수되는 개념으로 간주되어 왔던 것이다. 그러나 최근 들어 많은 연구자들이 일상생활에서 인지적 능력 못지않게 정서가 차지하는 막대한 비중과 정서능력이 중요하다는 것을 밝혀내고 있다.

심리학자 Daniel Golman은 IQ와 비견되는 EQ(Emotional Intelligence)라는 개념을 소개하면서 자신과 타인의 정서를 읽고, 자신의 정서를 통제할 수 있는 능력을 의미하는 EQ가 IQ 못지않게 중요하다고 주장했다. 『정서지능(EQ): IQ보다 더 중요한 이유』라는 베스트셀러의 저자인 Golman은 도입부에 아리스토텔레스의 말을 인용하여 EQ의 중요성을 설명하였다. "누구나 화를 낼 수 있다. 그러나 화를 낼 만한 사람에게, 적절한 만큼의 예를 적절한 때에, 목적에 맞게, 옳은 방법으로 화를 내는 것, 이것은 쉽지 않다"면서 정서를 적절히 통제하는 훈련의 필요성을 강조하였다.

이성과 비교되는 정서의 중요성은 유권자의 정치적 판단이나 인간의 경제행위에서도 잘 나타난다. 정치이슈에 대한 TV 토론 프로그램에서 정치인들은 흔히 자신의 주장에 대한 근거를 제시하고 상대방의 허점을 파헤침으로써 국민들의 이성에 호소한다. 그러나 이러한 설득적 노력이 별 성과를 거두지 못할 수 있다. 인간의 두뇌는 정치적 판단을 할 때 이성보다는 감정에 주로 의존하기 때문이다. 실제로 후보에 대한 정치적 판단을 할 때 인간의 뇌는 이성영역이 아니라 감정영역이 작동한다는 연구보고가 있다. 이 연구에서는 2004년 미국 대통령 선거 전에 공화·민주 양당의 열성당원들에게 당시 양당의 후보였던 조지 부시 대통령과 존 케리 상원의원의 연설문 가운데 앞뒤가 안 맞는 부분을 제시했다. 그러자 당원들은 자신이 지지하는 후보의 모순점을 무시하고 경쟁후보가 한 발언의 모순점을 정확히 집어냈다. 연구자들은 이들의 두뇌활동을 기능성 자기공명영상(fMRI)으로 관찰했는데, 자기공명영상이란 두뇌의 특정부위가 작동하면 피가 몰리면서 그 부위를 밝게 표시해 주는 장치이다. 실험과정에서 소속정당에 상관없이 감정을 관장하는 회로가 갑자기 활발해지는 반면 이성을 관장하는 부위의 활동이 전혀 증가하지 않는 것으로 나타났다. 감정적 판단을 함에 있어 실험 대상자들은 원하는 정보만을 추구하는 것으로 나타났다. 실제로 실험 대상자들은 지지후보에 불리한 정보는 무시하면서 계속 원하는 정보만을 찾았다. 그리고 자신이 원하는 결론에 도달한 상태에서 부정적 정서를 관장하는 부위의 뇌 활동이 멈추고 보상회로의 활동이 갑자기 증가하는 것으로 나타났다. 이 연구는 객관적 정보탐색과 판단이 거의 불가능한 이유는, 자신의 의견을 유지하고 설득당하지 않으려는 인간의 강한 생존본능 때문이라는 점을 시사한다.

실제로 우리에게는 감정적 판단이 이성적 판단을 지배하는 경우가 빈번히 발생한다. 예를 들어, '최후통첩 실험(Ultimatum Game)'이라고 불리는 거래실험은 사람들이 공정성을 위반한 상대방이나 기업에게 분노감을 느끼고 공정성을 실현하기 위해 다른 모든 것을 희생할 수 있음을 잘 보여준다. 최후통첩 실험에서 조사자는 실험 참가자에게 일정한 액수의 돈(예를 들어, 100,000원)을 주고, 그 가운데 원하는 만큼을 다른 참가자에게 주도록 지시한다. 참가자는 상대에게 돈을 전부 줄 수도 있고 한 푼도 주지 않을 수도 있으며, 일부를 주고 나머지를 자신이 가질 수도 있다. 하지만 익명의 상대가 당신이 제공한 돈을 거부할 수 있다. 상대가 당신의 제안을 거절하면 두 사람 모두 돈을 얻지 못하지만, 상대가 당신의 제안을 받아들이면 둘 다 자기 몫의 돈을 가질 수 있다. 그리고 거래는 단 한 번뿐이다. 만약 제안자가 내게 100,000원 중 20,000원을 제시한다면, 상대가 80,000원을 가질 것을 알고 있는 상황에서 그 제안을 흔쾌히 받아들이겠는가? 그렇지 않을 가능성이 크다. 대부분의 사람들은 매우 화를 내면서 '불공정한 분배'라고 판단되는 그 제안을 거절할 것이다. 양심불량의 제안자가 나보다 많은 것을 갖도록 내버려두느니, 차라리 양쪽 다 망하는 쪽을 선택하는 극단적 결정을 내리는 것이다. 대부분의 사람들은 불공정한 제안을 거절하며, 불공정한 상대에게 복수를 하기 위해서 기꺼이 어떤 대가를 치르고자 한다. 이것은 합리적 판단의 문제가 아니라 '감정'의 문제인 것이다. 즉, 의도적으로 푼돈을 제시한 것으로 인지함에 따라 분노감에 상응하는 앙갚음을 함으로써 느끼는 심리적 만족감의 문제인 것이다(Pullutla and Murnighan, 1996). 최후통첩 실험에 참여한 사람들의 뇌 스캐닝 영상이 이러한 사실을 확인시켜 준다. 상대의 제안을 평가하는 과정에서 대뇌의 인지영역과 감정영역 모두가 활성화되었는데(인지영역은 합리적이고 이기적인 의사결정을 하도록 하고 감정영역은 분노감을 느끼고, 복수하기 위해 제안늘 거절하게 해 모두가 손해 보는 결정을 하게 만듦), 불공정한 제안은 감정영역을 보다 많이 활성화시켜 감정이 이성을 지배하게 만들었다(Sanfey, Rilling, Aaronson, Nystrom, and Cohen, 2003).

감정적 판단은 사전학습을 통해 형성된 신념이나 감정을 토대로 이루어지므로 여러 정보를 분석해야 하는 이성적 판단보다 상황에 대한 대응속도가 빠르다. 가령, 호랑이 울음소리가 났을 때 진짜 호랑이인지를 이성적으로 판단하기보다는 틀릴 수 있더라도 즉각적인 감정적 판단에 의존하는 것이 보다 효과적이기 때문이다.

인간의 행동과 의사결정이 합리적이기보다는 직관적이며, 의식적 차원보다는 잠재의식적 차원에서 이루어지며, 이성적 판단보다는 감정적 느낌에 더 많이 의존한다는 사실에 대한 재인식은 기업의 고객에 대한 접근방식에 있어 근본적인 변화를 요구하고 있다. 오랜 기간 동안 기업의 경영과 마케팅을 지배해 온 사고는 소비자들이 제품의 우수한 성능에 근거하여 의사결정을 내리는 합리적 존재라는 가정이다. 이러한 가정에 기반하여 오랜 기간 동안 소비자 정보처리과정모형(consumer information processing model)은 소비자행동을 연구하는 데 있어 중요한 토대가 되어 왔다. 이성에 기초한 신고전주의 경제학은 기업의 이러한 고객접근방식의 든든한 버팀목이 되어 왔다. 그러나 더 이상 제품성능에서의 차별화가 어려워짐에 따라 소비자에 대한 이성적 접근방식만으로는 그들의 충성도를 확보하고 유지하기 어렵게 되었다. 현대의 소비자들은 몸(감각), 마음(감정), 정신(이성)이 하나로 어우러진 총체적 브랜드 경험을 원하기 때문이다. 즉, 브랜드가 편리함, 즐거움뿐 아니라 감각적으로 대단한 만족감을 함께 제공해 주기를 기대하는 경우가 많다.

정서기반의 마케팅은 단순히 제품속성을 강조하기보다는 고객의 감각적·정서적 체험을 창출하는 데 마케팅 노력의 초점을 맞춘다. 이에 따라 최근 들어 특정의 감정(정서)을 유발시켜 브랜드 충성도를 구축하는 데 그 목적을 둔 경험/정서마케팅이 기업들의 관심을 끌고 있다. 우리는 일상생활에서 슬프거나 기쁜 감정을 경험했던 사건들을 더 생생히 기억하며 애인이 주었던 선물이나 부모님이 남기신 유품과 같이 정서적 가치를 가진 사물에 더 애착을 갖는 성향이 있고 이 때문에 정서기반의 경험마케팅이 호소력을 갖게 되는 것이다. Starbucks와 Sony의 플레이스테이션은 경험적 요소가 불러일으키는 쾌감, 기쁨, 행복, 편안함 등의 중요성을 인식하고, 이를 자신들의 마케팅 활동에 적극적으로 반영함으로써 결국은 높은 고객충성도를 갖게 되었다. 스타벅스는 자신의 점포에서 파는 커피가 최상의 맛과 향기를 제공한다고 이성적으로 설득하는 것이 아니라 커피를 마시면서 집처럼 편안함을 느낄 수 있다고 소비자 정서에 호소함으로써 경쟁 커피전문점들에 비해 확실한 차별화를 실현하였다. 마찬가지로 소니의 플레이스테이션은 비디오 게임의 기능적 우수성에 호소하기보다는 규칙과 논리가 지배하는 일상생활에서 벗어나 일시적 도피처로 삼을 수 있고, 자기 집처럼 편안하며, 기분이 좋아지고 생생한 현실감을 느낄 수 있는 공간을 제공하는 제품임을 강조함으로써 성공했다.

이와 같이 파워브랜드는 소비자의 마음과 정서를 소유할 때 창출된다. 즉, 소비자는 자신이 중요하게 생각하는 문제를 해결하는 과정에 함께 하고 공감하며 그 관계를 통해 정서를 나눌 수 있는 기업이나 브랜드를 원한다. 오프라 윈프리(Oprah Winfrey)는 비만에 대한 사회적 비하를 성공적으로 극복한 자신의 경험을 소개함으로써 비만으로 자존감에 상처를 받고 있는 소비자들에게 자신감과 위안을 주었고, 이는 자신의 브랜드 가치를 구축한 핵심 성공요인이었다. 오늘날의 많은 소비자들은 개인적·정서적 차원에 근거

정서가 소비자 선택을 지배한다.

 # 사례 1

블라인드 테스트(눈을 가리고 시음해 더 좋은 상품을 고르게 하는 실험)에선 펩시가 이기는데, 실제 판매 현장에선 왜 코카콜라가 압도할까? 2003년 코카콜라사는 실험 대상자들의 뇌 활동을 선명하게 보여주는 자기공명영상장치(MRI)를 이용해 그 비밀을 파헤쳤다.

블라인드 테스트에서는 실험 대상자들의 뇌 스캔 사진이 비슷했다. 즉, 콜라의 맛만 보고는 양쪽 모두 동일한 뇌 영역(전두엽)이 활성화됐다. 하지만 콜라 상표를 보여주고 뇌 스캔을 하자 양쪽의 뇌 영상이 완전히 달라졌다. 코카콜라를 마신 사람은 전두엽 외에 중뇌와 대뇌까지 활성화됐지만, 펩시를 마신 사람의 중뇌와 대뇌는 평온했다. 코카콜라는 단순한 맛 외에 브랜드 이미지라는 경쟁 요소를 갖고 있었다는 분석이다.

 # 사례 2

갈증을 느끼는 실험 대상자를 상대로 음료수를 사는 데 얼마를 지불할 용의가 있는지 물었다. 두 그룹으로 나눠 한쪽은 50분의 1초 간격으로 화가 난 얼굴 사진을 보여준 반면, 다른 쪽엔 웃는 얼굴 사진을 보여주었다. 사진 노출 시간이 너무 짧아 아무도 얼굴 사진을 인지하지 못했다. 하지만 1분 뒤 두 그룹의 답은 확연히 달랐다. 화가 난 얼굴을 본 그룹은 평균 10센트를, 웃는 얼굴을 본 그룹은 38센트를 지불할 용의가 있다고 답했다. 부정적 이미지의 사진은 스트레스를 준 반면, 웃는 사진은 즐거움을 줘 '기부 욕구'를 자극했기 때문이다.

 # 사례 3

재료와 품질이 똑같은 화장지가 있다. 일부 화장지엔 사람의 후각이 거의 알아차릴 수 없을 정도로 향기를 살짝 가미한 반면, 나머지는 그냥 그대로 둔 채 실험 대상자들로 하여금 화장지를 선택하게 했다. 놀랍게도 실험 대상자의 65%가 향수를 뿌린 화장지를 선택했다. 실험 대상자 중 두 화장지의 차이점을 인지한 사람은 5%에 불과했다.

이러한 실험결과들을 해석할 열쇠는 바로 뇌(腦)의 비밀에 있다. 그래서 마케팅의 핵심은 뇌에서 시작해 뇌에서 끝난다는 분석이다. 1980년대 이후 뇌 연구가 괄목한 만한 성과를 내면서 인간의 결정은 대부분 감정적이라는 점이 입증되고 있다. 우리의 개인 생활이나 기업 활동의 목적은 모두 감정과 깊이 관련되어 있다. 신경정보학자들의 연구결과에 따르면, 눈은 초당 1,000만 비트, 귀는 100만 비트, 후각은 10만 비트의 정보를 뇌에 전달하는데, 이 중 사람이 의식하는 정보는 0.0004%(40비트)에 불과하다. 결국 상품구매를 결정하는 것은 뇌 깊숙이 자리 잡은 감정의 영역이며, 의식은 구매결정이 이뤄지고 난 뒤 그것을 합리화하는 기능을 수행한다.

신경마케팅 분야의 전문가인 한스 게오르크 호이젤(Hans-Georg Hausel)은 뇌 속엔 인간의 삶을 지배하는 3가지 거대한 감정시스템, 즉 '빅3'가 있다고 제안한다. 그는 우리 두뇌에서 가장 막강한 힘을 행사하는 감정시스템은 '균형시스템'이라고 주장한다. 이 시스템은 안전함을 추구하고, 위험을 회피하게 만든다. 두 번째 시스템인 '지배시스템'은 경쟁자를 축출해 자신이 보다 우월한 존재로 부각되고 싶어 하는 감정이다. 회사 내에서 승진을 경쟁하게 만들며 승리감을 충족시키려는 것이다. 세 번째 시스템은 '자극시스템'이라 불리는데 즐거움과 짜릿함, 새로운 경험을 추구하는 행위와 관련된 것이다.

두뇌 속의 지배시스템은 돈과 권력을 소유하려는 욕망을 갖게 한다. 또 자극시스템은 더 많은 스릴을 느끼고자 하는 욕망을 자극한다. 즉, 뇌의 지배시스템과 자극시스템이 서로 협력해 인간으로 하여금 더 많은 것을 소유하고자 하는 욕망을 부추긴다. 가령, 투자 결정을 할 때 위험과 안전이 긴장사태에 돌입하는데, 주가가 오르면 낙관적이 되어서 위험을 과소평가하게 된다. 반면 주가가 떨어지면 균형시스템이 작동해 근심과 걱정을 하게 된다. 따라서, 경제 호황과 불황도 지배 · 자극시스템과 균형시스템 사이를 순환하는 감정시스템으로 설명할 수 있다.

이러한 시스템을 활용해 한스 게오르크 호이젤 박사는 '큐 매니지먼트(Cue management)'란 개념을 제안했는데, 이는 소비자들이 브랜드를 감정적으로 느낄 수 있도록 하는 판매전략을 말한다. 소리와 냄새, 촉감 등 고객의 오감(五感)을 자극하는 광고 표현기법이라고 볼 수 있다. 가령, 생수병 하나엔 병의 형태, 색상, 상표에 적용된 상징물, 생수의 발원지와 효용을 설명한 내용 등 수많은 신호가 담겨 있다. 소비자들은 생수를 구입할 때 이 신호들을 다 의식하지 못하지만, 우리의 뇌에는 생수제품이 보내는 신호가 다 입력된다.

큐 매니지먼트가 의미하는 것은 이런 신호를 소비자의 뇌 깊숙한 부분으로 보내 구매욕구를 자극하는 것이다. 소비자의 감정이 제품에 반응하도록 제품 디자인 · 형태 · 색상 · 메시지를 주도면밀하게 선택하는 것이다. 자동차 회사가 핸들이나 버튼의 감촉에 신경을 쓴다든가(촉각), 화장지 회사가 제품에 향수를 살짝 뿌린다든가(후각), 맥주회사가 마개를 딸 때 나는 소리를 중시한다든가(청각) 하는 행위는 모두 큐 매니지먼트 영역에 속한다.

이런 메커니즘을 '다중(多重) 감각 매니지먼트(multi sensoring management)'라고 부르기도 한다. 감각체계에 이런 신호가 전달되면 소비자의 의식이 미처 알아차리기 전에 뇌가 먼저 반응해 구매결정과정에 막대한 영향력을 행사한다.

자료원 : 조선일보, 2009.5.2.

하여 의사결정을 내린다. 품질이 평준화되어 의사결정이 어려운 현대 소비자들은 점차 정서에 기반하여 구매한 후 이성으로 자신의 구매행동을 합리화하는 경우가 더 많아지고 있다. 가령, 소비자들은 유명브랜드의 의류를 먼저 구매한 후에야 '이 옷은 많이 빨아도 형태나 색상이 변하지 않아'라며 자신의 선택을 합리화한다는 것이다. 결론적으로 소비자들은 브랜드가 자신의 필요와 문화적 성향을 잘 이해하고, 자신의 고민과 욕구에 대해 주의 깊게 귀 기울여 공감해 주며, 즐거움과 삶의 가치를 최대로 실현할 수 있는 해결책을 제시해 주기를 원한다.

Columbia 경영대학의 Bernd Schmitt 교수는 『체험마케팅』이라는 저서에서 체험마케팅의 궁극적인 목표는 그러한 소비자 욕구를 총체적 경험을 통해 창출하는 것이라고 제안하였다. 총체적이고 개인적인 브랜드 경험은 강력한 정서를 유발시키며, 이러한 정서적 경험이 브랜드 애착과 충성도를 형성시키기 때문이다. 정서기반 마케팅은 다양한 마케팅 도구들에 의해 유발된 정서적 체험을 기업과 브랜드에 연결시켜 주는 징검다리 역할을 한다. 경험마케팅의 핵심은 제품성능이 우수한 것으로 설득하는 것보다는 소비자들에게 최적의 정서적 반응을 이끌어내는 마케팅 노력을 구사해야만 진정으로 강력한 브랜드가 될 수 있다는 것이다. 스타벅스와 같이 정서적 차원에서 소비자와 강력한 관계를 형성한 기업만이 강력한 브랜드 충성도와 선도적 시장지위를 확보하게 되는 것이다. 소비자의 정서에 호소하는 마케팅을 이해하기 위해서 기업은 무엇보다 먼저 소비자들이 어떠한 과정을 거쳐 정서적(감정적) 반응을 갖게 되며 어떠한 유형의 정서적 반응을 보이는지에 대해 알아야 할 것이다.

소비자의 정서적·감각적 욕구를 잘 충족시킴으로써 최근 들어 급성장하고 있는 몇몇 유명 생수브랜드의 성공적 사례는 정서기반 마케팅이 경쟁우위를 실현하는 데 있어 핵심적인 도구로 부각되고 있음을 잘 보여준다. 남태평양의 섬나라인 FIJI가 생산·판매하는 생수는 물 이상의 의미를 갖는다. FIJI섬의 열대우림 천연 암반수로 만든 FIJI 생수를 마시는 소비자는 순수함과 최고의 생수브랜드를 마시는 것에 대한 뿌듯함 등을 경험하게 될 것이다. 예술수준의 요리와 고급와인으로 유명한 뉴욕 맨해튼의 인기 레스토랑인 Jean-Georges의 주방장인 Jean-Georges Vongerichten은 피지 내추럴 아티잔 워터(FIJI Natural Artesian Water) 생수브랜드를 고기수프와 빙수의 원료로 사용하고 있는데, 이 생수브랜드는 마시는 물을 인기인의 수준으로 격상시켰다. Vongerichten은 식당의 모든 음식 및 음료 제조과정에 FIJI 생수만을 사용하는데, 이 생수브랜드는 메뉴 중의 프랑스 음식과 같이 병의 패키지와 브랜드명이 이국적으로 보인다.

우리가 공짜로 마시는 물과 달리 FIJI 생수는 매우 비싼 가격에 판매되는데, Jean-Georges 레스토랑 메뉴상의 FIJI 생수 판매가격은 병당 10달러이다. 식품점이나 대중 레스토랑에서 2.75달러 정도에 판매되는 생수에 비해 엄청나게 비싸다고 생각할 것이다. 왜 일부 사람들은 수도꼭지에서 공짜로 마실 수 있는 물을 그렇게 비싼 가격으로 구매할까? FIJI 생수는 매우 질이 좋은 물이다. 남태평양의 섬나라인 FIJI의 중심 섬인 비티 레뷰(Viti Levu)의 지하암반에서 뽑아낸 이 생수브랜드는 초청정(ultraclean)의 물맛을 가지며 불순물이 전혀 없다. 그러나 FIJI 생수를 마시는 고객은 단지 순수하고 맛있는 물 이상의 것을 얻는다. 이 생수브랜드의 생산업체는 FIJI 생수가 다른 물들과 다르며 인간에 의해 변형되지 않은 순수한(자연 상태의) 물 자체(the nature of water)라고 주장한다.

남태평양의 푸른 바다 위에 떠다니는 구름에서 형성된 비는 피지 밀림 속의 풍부한 화산토양 속으로 스며든다. 와인의 숙성과 같이 물맛도 이를 뽑아낸 토양에 의해 결정된다. FIJI 생수는 남태평양 깊숙이 감춰진 처녀 생태계, 즉 수백 년 동안 화산암반에 의해 걸러진 열대 비에서 얻어진다. 순수 그 자체인 FIJI 생수는 부드러운 맛과 잘 균형잡힌 미네랄 함유량(젊음을 유지하는 데 도움이 되는 실리카를 다량 함유)을 가진 것으로 유명하다. FIJI 생수를 구성하는 모든 것, 즉 브랜드명, 패키징, 라벨, 이 브랜드를 판매하는 장소, 이 브랜드를 마시고 후원하는 유명인들이 합해져 자연 상태의 물(the nature of water)에 대한 브랜드 경험을 창출하는 데 기여한다. 브랜드명 자체가 자연 그대로임을 나타내는데, 피지 내추럴 아티잔 워터(FIJI Natural Artesian Water)라는 브랜드명은 오염되지 않는 자연 상태의 아름다움과 순수함을 시각적으로 떠올리게 한다. 독특한 사각형 모양의 병과 화려한 병 라벨 등도 브랜드 차별화에 기여한다. 투명한 색상의 플라스틱 병 전면에 부착된 라벨은 FIJI 브랜드명과 꽃으로 구성된다. 병 앞면의 라벨을 통해 뒷면의 라벨을 바로 보면, 야자수 잎의 이미지가 보인다. 앞/뒷면의 라벨이 결합되어 FIJI 생수의 투명함과 순수함을 강조하는 멋있는 3D 사진을 창출한다.

정교한 마케팅 커뮤니케이션 활동도 독창적 브랜드 이미지 구축에 기여했다. 초기광고는 빗방울이 FIJI의 원시 열대우림 속에 떨어져 화산암반 층을 통해 걸러지는 장면을 통해 FIJI 브랜드의 이국적인 이미지를 보여 주었으며, '450년을 기다려 탄생한 제품이라는 것에 대해 소비자들이 동의할 것으로 확신한다'라는 광고메시지를 담았다. 브랜드의 지위를 높이기 위해 회사는 유명 영화배우, 운동선수 등의 유명 인사들에게 무료샘플을 제공했으며 영화와 TV 프로그램에 PPL(제품협찬)을 도입했다. 예를 들어, 다지볼(Dodgeball)이라는 영화는 뚜르드프랑스(Tour de France) 자전거경기에서 7번 우승한 랜스 암스트롱(Lance Armstrong)이 바에 앉아 FIJI 생수를 마시는 장면을 담았다. '첫 키스만 50번째(50 First Dates)'라는 영화는 영화배우 드루 베리모어(Drew Barrymore)가 FIJI 생수를 마시는 장면을 보여준다. 이러한 마케팅 노력을 통해 FIJI는 최고의 생수브랜드 지위에 오르고 많은 수익을 올리게 되었다. 에스티 로더(Estée Lauder) 화장품이 FIJI 생수를 사용한 아일랜드 마이클 코어스(Island Michael Kors) FIJI 향수제품을 출시한 것도 브랜드의 명성을 높이는 데 일조했다.

이와 함께 최고급호텔과 레스토랑에게 FIJI 생수의 장점에 대해 설득하면서, 최고의 음식과 분위기에 걸맞은 생수브랜드가 취급되어야 한다고 제안했다. 회사는 레스토랑 종업원을 교육시켜 브랜드의 맛과 순수성에 대해 고객들에게 이야기하도록 했다. 또한 회사는 유명 레스토랑의 주방장들에게 FIJI 생수를 요리의 원료로 사용하도록 설득했다. 나아가 회사는 사각형 모양의 FIJI 생수에 맞추어 제조된 은색의 독특한 서빙 수건(Serving Sleeve)을 제공했다. 은색의 서빙 수건으로 테이블에 제공되는 FIJI 생수를 목격하는 식당 내 모든 손님들은 그 생수를 주문한 고객의 안목과 재정적 여유를 알 수 있다.

이와 같이 모든 물은 동일하지 않다. 사람들은 작업 후 갈증을 해소하고 싶을 때 수돗물 한 컵을 마시는 것으로 충분할 것이다. 그러나 경우에 따라 그 이상의 어떤 것을 원할 수 있는데, 진정으로 맛이 있거나, 특별한 느낌을 주거나, 다른 사람들에게 당신의 정체성을 보여주는 제품 말이다. 이러한 상황에서 FIJI 생수는 고급요리와 와인을 즐기는 경우와 같이 특별한 경험을 약속한다. FIJI는 단순히 유형적인 물 자체만을 판매하는 것이 아니라 순수함, 깔끔한 맛, 좋은 건강, 세련됨, 지위, 독점성 등도 함께 판매한다. 어떤 물은 병당 10달러에 판매되고 어떤 물은 2.75달러에 시장에서 판매된다. 경쟁제품들로 넘쳐나는 생수시장에서 FIJI 생수는 급증하는 수요에 대처하느라 동분서주한다. 많은 사람들이 고가격에도 불구하고, 아니면 고가격 때문에 FIJI의 자연 그대로의 생수라는 브랜드 약속을 구매하고 생수를 마시면서 최고의 감각적·정서적 경험을 누리게 된다.

FIJI 생수의 예에서 볼 수 있듯이 오늘날 많은 제품과 서비스들이 표준화된 상품으로 변함에 따라 기업들은 고객가치를 창출하기 위해 새로운 시장 제공물에 관심을 돌리고 있다. 제공물의 차별화를 위해 기업은 단순히 제품과 서비스를 전달하는 것에서 한 걸음 더 나아가 자사제품 혹은 회사와의 특별한 정서적 경험을 창출·관리하고 있다. 정서적 경험은 특히 엔터테인먼트 산업에서 중요한 성공요소로 간주되어 왔다. 가령, 디즈니는 영화와 테마파크를 통해 잊을 수 없는 기억(경험)들을 생산해 왔다.

그러나 최근 들어 모든 유형의 기업들이 특별한 정서적 경험을 창출하기 위해 전통적인 제품과 서비스를 재조명하고 있다. 가령, 아메리칸 걸(American Girl Inc.)사는 단순히 고급인형을 생산·판매하는 것에 머무르지 않고 인형과 이를 소중히 여기는 소녀들 간의 특별한 경험을 창출하기 위한 시장 제공물을 개발하였다. 아메리칸 걸(American Girl) 인형을 사랑하는 소녀들의 수를 늘리고 이들의 얼굴에 더 많은 미소가 넘치도록 하기 위해, 이 회사는 시카고, 뉴욕, LA에 아메리칸 걸 플레이스(American Girl Place)점을 열었다. 그곳의 내부는 소녀, 엄마, 할머니(때로는 이들에게 끌려온 남성고객들 혹은 딸을 진정으로 사랑하는 남성고객들)에게 멋있는 참여경험들을 제공하는 것들로 가득 차 있다. 또한 그곳은 인형극이 열리는 극장, 어른처럼 식사경험을 할 수 있는 카페, 인형의 머리를 손질해 주는 미용실, 중고인형을 수선해 주는 인형병원 등을 갖추고 있다. 이런 경험을 하기 전, 하는 동안, 혹은 한 후 고객들의 쇼핑은 계속되는데, 쇼핑과정에서 구매된 제품들은 후에 이러한 정서적 경험을 상기시키는 증거물이 된다. 이러한 정서적 경험을 한 방문객들은 다른 소비자들에 비해 카탈로그 구매를 더 많이 하고, 웹사이트 방문과 이곳에서의 구매를 더 많이 하며, 아메리칸 걸 플레이스(American Girl Place)에서의 경험을 주변 친구들에게 이야기한다. Place는 단순히 인형을 판매하는 점포가 아니라 부티크, 특별이벤트, 카페, 극장 등을 갖춘 상상이 넘쳐나는 곳이다.

소비자의 체험은 생각보다 정서를 더 중요시하는 메커니즘을 가지고 있다. 시각, 후각, 청각, 촉각을 통해 우리의 몸이 느끼는 대상을 더 잘 기억하고, 더 잘 연상하며, 더 '내 편'이라고 느끼는 것은 본능적 욕구이다. 그것이 오프라인 체험이든 온라인 체험이든 우리의 신체적인 '몸'이 갖는 감각적 체험이 판단과 행동에 미치는 영향은 매

정서적 가치를 더해 성장을 추구하는 코스메틱 기업들

소비자의 정서적 · 감각적 욕구를 잘 충족시킴으로써 최근 들어 급성장하고 있는 몇몇 화장품업체의 성공적 사례는 정서기반 마케팅이 경쟁우위를 실현하는 데 있어 핵심적인 도구로 부각되고 있음을 잘 보여준다. 매년 세계적인 화장품회사들은 수십억 달러의 피부개선제, 로션, 향수 등을 전 세계 소비자들에게 판매한다. 어떤 의미에서 보면 이들 제품들은 좋은 향과 진정효과를 갖는 오일과 화학성분들을 잘 배합한 것에 불과하다. 그러나 화장품회사들은 단순히 여러 성분들을 잘 배합한 질 좋은 제품을 판매하는 것이 아니라 소비자가 원하는 젊음과 아름다움을 실현시켜 줄 약속을 판매한다고 주장한다.

물론 다른 사업들과 마찬가지로 화장품 사업에서도 좋은 품질과 성능이 제품의 성공을 좌우한다. 예를 들어, 향수제조업체들은 멋있는 향이 제품의 성공을 좌우한다고 이야기하지만, 1온스에 180달러의 가격으로 판매되는 향수제품의 생산원가는 10달러도 들지 않을 수 있다. 향수제조업체들은 몇 달러의 원가에 불과한 원료배합과 향에다 더 많은 것들(꿈, 판타지 등)을 추가하여 향수의 매력을 창출한다. Obsession, Passion, Gossip, Wildheart, Opium, Joy, White Linen, Youth Dew, Eternity, Love 등과 같은 향수브랜드명은 향수가 소비자들에게 좋은 체취 이상의 어떤 기능을 수행함을 함축한다.

화장품이 소비자들에게 주려고 하는 약속은 도대체 무엇일까? New York Times 리포터의 다음과 같은 기사는 화장품이 갖는 신체적 치장 이상의 의미를 추측할 수 있는 단서를 제공한다.

"지난 주 나는 필로서피(Philosophy)사가 판매하는 자주색의 I Trust 목욕용 발포제(bubble bath)를 사용하여 목욕을 하고, 영혼의 재생과 마음의 재충전을 위해 시세이도의 5S제품라인인 Rebirth 핑크색 파우더를 발랐다. 나는 깨달음의 기쁨과 영혼의 비상을 느끼기 위해 Aveda의 Chakra VII 제품계열인 Bliss 모이스처라이저(moisturizer)를 사용하며, 고양된 자아(higher self)를 느끼기 위해 Tony and Tina 화장품이 개발한 Spiritual 매니큐어제품을 바른다. 나의 치아는 깨끗하고 내 마음은 열려 있다. 내 화장실은 나의 심신을 가꾸기 위한 잡다한 병, 브로슈어(brochure), 최신 기구들로 가득 차 있지만 아직도 내 영혼의 눈을 발견할 수 없다. 하지만 필로서피 화장품회사의 'Hope in a Jar' 모이스처라이징크림 제품의 패키지에 적힌 다음과 같은 문구가 내 마음의 위안이 되었다. '희망이 있는 곳에 믿음도 존재할 수 있다. 믿음이 존재하는 곳에 기적도 일어날 수 있다.'"

소비자들이 잘못된 장소에서 깨달음을 추구하고 있다면, 화장품회사들은 그들을 돕기 위해 열성적이다. 왜냐하면 오늘날의 소비자들에게 좋은 기분을 갖게 하는 것이 새로운 종교이기 때문이다. 화장품회사들은 병과 단지 속에 담겨진 희망을 세상에 전파하는 가장 최근에 등장한 새로운 예언자이다. 토니(Tony)와 티나(Tina)는 화장품을 신에 도달하게 하는 인공위성이라고 설파한다. 토니와 티나(본명은 Anthony Gillis and Cristina Bornstein임)는 멋있는 젊은 예술가들이다. 토니는 런던 출신이고, 티나는 뉴욕에서 성장했다. 그들이 1997년에 맨해튼의 거쉬인 화랑(Gershwin Gallery)에 전시할 설치물을 제작하기 위해 고안했던 차크라(Chakra) 매니큐어는 뷰티사업을 풍자할 의도로 개발된 것이었다. 그러나 그 당시 한 친구의 제안으로 그들은 뷰티사업에 진출하였다. 토니와 티나는 인간의식의 진화를 돕는 것을 기업사명으로 하는 화장품회사를 설립하여 2년 만에 2백만 달러의 매출을 올렸다. 그들이 판매하는 제품은 바디글리터(body glitter), 헤어마스카라, 립스틱, 아이섀도우뿐 아니라 소비자의 차크라(Chakras)에 기쁨을 주는 다양한 색상의 매니큐어 등을 포함한다. 소비자들은 이러한 화장품들을 프레드 시걸(Fred Segal), 노드스트롬(Nordstrom), 블루밍데일(Bloomingdale) 등의 고급백화점에서 구매할 수 있다. 토니는 컬러치료법(color therapy)이 새로운 의학으로 대두될 것이라고 주장한다.

레인보우즈(Rainbows)화장품은 2000년대 들어 급성장하였다. 미국 아리조나 소재의 화장품회사인 필로서피사는 Rainbow Connection이라고 명명된 정신과 마음을 치료하는 화장품, 즉 자가 심신치료 프로그램을 판매한다. 메탈로 된 박스에 담겨진 7가지 색상의 거품입욕제 병은 45달러에 판매되며, 제품 브로슈어에는 다음과 같은 메시지가 담겨 있다. "당신이 관심을 가지고 싶은 정서적 삶의 유형, 즉 자기사랑(self-love), 자존(self-worth) 등에 따라 그에 맞는 색상의 입욕제를 선택하세요." 필로서피사의 창업주인 크리스티나 칼리노(Christina Carlino)는 소비자들이 자신에게 주어진 운명의 여정을 계속할 수 있도록 도움을 주는 것이 회사의 역할이며 미(美)는 외모가 어떠하냐에 의해 결정되는 것이 아니라 자신이 행한 행위로 정의된다고 주장한다.

일본의 화장품회사인 시세이도(Shiseido)가 탄생시킨 5S제품은 5에 담겨진 본원적이고 신화적인 의미를 이용한 섭생법을 제공한다. 이 제품들은 유형적 특성에 따른 제품분류 대신 정서적 특성에 따라 분류된다. 뉴욕 소호(SOHO)거리에 위치한 5S점포에서 소비자들은 건성피부용 화장품을 구매할 수 없으며, 활기를 주는(energizing), 양육하는(영양분을 제공하는)(nurturing), 숭배하는(adoring) 등으로 명명된 화장품들을 구매하게 된다. 시세이도사도 컬러치료법을 활용하고 있는데, 5S의 Rebirth 제품의 색상은 풍선껌의 색상을 본 뜬 누보 핑크(nouveau pink)색이다. 고객들은 5S 핑크비누, 핑크파우더, 핑크토너 등을 사용하여 재생의 느낌을 경험할 수 있다.

지금까지 소개된 화장품들은 소비자들의 외모를 더 멋있게 만들어 주기보다는 소비자들이 더 나은 행동을 하고, 더 좋은 느낌을 갖고, 더 나은 인간이 되는 데 도움을 줄 의도로 개발된 것이다. 소비자들은 고양된 자아를 찾기 위해 매달 인도를 방문할 필요 없이 위에서 소개한 bubble bath, 립스틱, 나이트크림 등을 구매하기만 하면 된다.

아베다(Aveda)는 차크라(chakras)라는 개념을 화장품에 처음으로 도입하였는데, 차크라는 사람의 몸에 있는 에너지 포인트로서, 탄트라 철학에 의하면 사람의 몸에는 7가지 유형의 차크라가 존재한다고 한다. 식물성분에 바탕을 둔 환경 친화적 화장품회사인 아베다는 1989년 모이스처라이저와 방향제의 이름으로 활용하기 위해 차크라 Ⅰ에서 Ⅶ까지를 상표 등록했는데, 그 시점에 차크라 제품은 그 당시 조금 앞서 간 제품개념이어서 큰 소비자 반응을 얻지 못했다. 그러나 에스티 로더(Estée Lauder) 화장품사가 아베다를 인수하면서 그 제품개념은 빛을 보기 시작했다. 에스티 로더의 부회장인 쟈넷 와그너(Jeanette Wagner)는 고객에 대한 소구점은 영성(spirituality)에 우선순위를 두어야 하며, 제품은 그 다음이어야 한다는 것이 아베다가 추구하는 신념이라고 주장한다.

위에서 언급한 내용들이 단순히 소비자의 관심을 끌기 위한 화장품회사들의 미사여구에 불과하다고 해석될 수도 있지만, 최근 들어 이러한 제품개념들은 소비자들에게 상당한 설득력을 갖는다. 소비자의 정서와 마음에 초점을 맞춘 화장품브랜드가 시장에서 성공을 거두고 있다는 사실은 제품이 단순한 유형적 구성물 그 이상임을 확인시켜 주는 것이다. 화장품을 구매하는 여성소비자는 단순히 그 제품을 구성하는 오일, 화학성분, 향을 구매하는 것이 아니다. 그들은 화장품의 이미지, 약속과 포지셔닝, 구성성분, 브랜드명, 패키지, 그 제품을 생산하는 기업, 그 제품을 판매하는 소매점 등이 결합된 것을 구매하는 것이다. 아베다, 필로서피, 5S 화장품은 단순히 유형의 제품을 판매하는 것이 아니라 라이프스타일, 자아표현, 독특성, 영성(spirituality), 성취, 성공과 지위, 로맨스, 열정, 판타지, 추억, 희망, 꿈 등을 판매하여 높은 고객호응을 얻는 데 성공하였다. 이와 같이 새로이 부상되는 많은 프레스티지 브랜드(prestige brand)들은 정서마케팅을 통해 제품에 정서적 가치를 추가함으로써 프리미엄 가격과 높은 브랜드 충성도를 실현하고 있다.

우 크다. 소위 체감(embodiment)이라는 과정이 우리도 의식하지 않는 사이에 어떤 연상(association)을 불러일으키고, 그래서 어떤 인지적 정보보다 우선시되는 경향이 있다.

우리는 그룹 내 다른 사람들과 혹은 다른 집단의 구성원들과 상호작용하는 과정에서 본능적으로 내편, 우리 편과 다른 편으로 구분하는 경향이 있다. ‘ingroup vs.

outgroup' 분류는 상당히 순식간에 일어난다. 생각의 뇌보다는 정서의 뇌가 먼저 작용하기 때문이다. 마찬가지로 소비자들은 여러 브랜드들을 '내 스타일 또는 우리 스타일의 브랜드'와 그렇지 않은 브랜드로 구분한다. 따라서 우리 브랜드가 어떤 커뮤니티나 문화집단의 구성원들이 특정 정서를 경험하고 이를 공유하는 데 유용한 도구가 되는 것은 핵심성공요인 중 하나이다. 즉, 여러 경쟁브랜드들 중에서 우리 브랜드가 커뮤니티 구성원들의 정서적 경험에 큰 영향력을 행사하는 '인싸'가 되는 것이 중요해진 것이다. '인싸'는 'Inside'의 축약된 단어로 커뮤니티의 중심이 되거나 또는 그룹 내에서 영향력을 행사하는 존재를 말한다. 최근 집단정서 또는 다양한 문화 속에서의 주요 정서를 연구하는 데 빅데이터, A.I.에 기반한 감성분석(Sentiment Analysis)이 활용되고 있는 이유이다. 이러한 환경에서 소비자들이 SNS나 브랜드 커뮤니티를 통해 특정 브랜드에 대한 정서경험을 표현하는 언어들을 이해하는 것은 정서마케팅을 수행하는 데 매우 유용할 수 있다. 이에 대해서는 정서측정을 소개하는 장에서 좀 더 자세히 살펴보도록 하겠다.

정서가 소비자행동에서 중요한 이유는 우리 브랜드에게 마음이 가도록 하고 의사결정 과정에서 망설임이나 반발을 막고, 그 결과로 브랜드를 내 편이라고 생각하도록 만드는 데 상당한 영향을 미치기 때문이다. 그리고 정서로 맺어진 관계는 브랜드 충성도 구축의 지름길이기도 하다. 이 모든 이유를 다 접고라도, 소비자는 정서라는 통로를 통해서 본래 영혼이 없는 제품이나 서비스를, 관계를 맺어야 하는 대상의 사람(persona)처럼 여기게 되기 때문이다.

2. 정서는 브랜드 자산 형성에 어떤 역할을 하는가?

최근 들어 많은 기업들이 제품속성과 기능적 편익의 우위를 통해 브랜드 자산을 구축하려는 전통적 마케팅 활동에서 진일보하여 정서기반 경험마케팅의 도입을 통해 브랜드의 자산적 가치를 높이려는 노력을 기울이고 있다. 브랜드 자산 구축에서 정서마케팅이 갖는 전략적 중요성은 고객이 이성적 욕구의 충족과 정서적 욕구의 충족 사이에서 균형을 유지하고 싶어 하는 존재라는 기업인식에서 비롯되었다. 즉, 소비자는 이성적 판단을 토대로 하여 구매의사결정과 브랜드 선택을 하지만 종종 특정의 감정에 이끌리거나 구매·소비과정에서 환상, 느낌, 재미를 경험하고 싶어 특정의 제품브랜드를 선택·구매하기도 하는 것이다. 따라서 파워브랜드가 갖추어야 할 기본적 특성은 두 가지로 요약되는데, 우수한 제품력과 탁월한 정서적 가치의 제공이다. 경쟁우위를 갖기 위해 브랜드는 기본적으로 우수한 품질을 갖추고 있어야 한다. 우수한 품질에 기초하지 않은 브랜드는 지속적으로 소비자들의 사랑을 받을 수 없다. 따라서 뛰어난 품질은 파워브랜드가 되기 위한 가장 중요한 조건이다. 오늘날의 시장 환경에서 제품에서의 차별화를 계속 추구하는 데 한계가 있음을 감안하면, 브랜드의 정서적 가치는 더욱 중요해진다.

소비자들이 특정의 파워브랜드에 높은 애착을 보이는 것은 그 브랜드만이 제공하는 독특한 정서가 있기 때문이다. 가령, 혼다가 할리 데이비슨 오토바이에 비해 우수한 제품력을 가지고 있고 훨씬 높은 매출액과 시장점유율을 갖고 있지만, 할리 데이비슨은 할리족(Harley's Owners Group: HOG)이라 불리는 마니아 소비자들을 확보하고 있으며, 이들은 자신의 몸에 할리 데이비슨 문신을 새길 정도로 강력한 브랜드 충성도를 보이고 있다. 그들에게 있어 할리 데이비슨은 우수한 오토바이 제품 이상의 것으로, 그 브랜드의 소유와 사용을 통해 자신의 자아와 가치(가령, 자유, 독립심)를 표현한다. 스타벅스의 성공은 정서마케팅의 대표적 사례이다. 매장을 가득 채운 풍부한 커피향, 입안에 퍼지는 깊은 커피맛, 에스프레소 기계의 커피 가는 소리, 상큼하게 들려오는 재즈 음악 소리, 편안한 소파에 앉아 나누는 사람들의 대화 등과 같은 감성적 자극들이 결합되어 스타벅스의 차별적 브랜드 이미지가 형성되고, 스타벅스를 소비자들의 일상생활에서 중요한 부분으로 느끼게 만드는 것이다.

브랜드가 정서적 가치를 갖는 것으로 소비자들이 느끼게 되는 경우는 ① 브랜드가 매력적인 퍼스낼리티를 가질 때와 ② 브랜드와 소비자 사이에 바람직한 관계가 형성될 때이다. 먼저 소비자들은 특정의 퍼스낼리티를 가진 브랜드에 대해 긍정적 감정과 애착심을 보일 수 있다. 왜냐하면 그 브랜드는 소비자의 자아(self)를 표현하는 수단이 되기 때문이다. 소비자들은 자신의 이미지와 어울리는 퍼스낼리티를 가진 브랜드에 대해 편안함, 만족, 중요함 등을 느끼고, 그 브랜드를 선호한다. 마찬가지로 자신과 어울리지 않는다고 생각되는 브랜드에 대해 심리적으로 불편함을 느끼며, 그 브랜드를 거부하는 경향이 크다. 나이키는 '활력 있고, 멋있으며, 건강·체력관리에 철저한' 퍼스낼리티 특성을 가진 것으로 인식될 수 있는데, 이러한 개성을 가진 나이키 브랜드는 비슷한 특성과 가

정서적 · 감성적 경험을 전달하는 기업이 승리한다

현대 소비자들은 기업에 감성적 만족을 요구한다. 글로벌 브랜드의 커피 한 잔을 마시면서 뉴요커가 된 듯한 느낌을, 발랄한 디자인의 프랑스산 핸드백을 메고 파리지앤느가 된 듯한 기분을, 유명 골퍼가 사용하는 골프화나 골프채를 휘두르면 마치 그들처럼 라운딩 할 것 같은 자신감 같은 것이다. 단순히 기술과 가격 경쟁력만 신봉하는 기업이 만든 제품은 결코 가격에 민감한 유통채널을 벗어날 수가 없다.

이런 상황에서 기업이 요구하는 종업원은 힘세고 성실한 마당쇠가 아니다. 소비자를 매혹시키고 새로운 블루오션을 찾아내는 아이디어와 상상력이 넘치는 창조적 인재들이다. 『드림소사이어티(dream society)』의 저자 Rolf Jensen은 "노동은 얼마든지 기계와 컴퓨터로 대체할 수 있다. 오직 상상력만은 영원히 인간의 능력으로 남을 것"이라고 강조한다. 한때 강력한 경영자의 리더십이 각광받았지만, 지금은 '리더 없는 창조적 조직', '목표에 따라 능동적으로 변화하고 진화하는 조직'이 21세기의 경영기법으로 각광받고 있다. 경영자의 리더십 역시 구성원에 대한 통제력이 아닌 동기부여 능력으로 변화하고 있다. 그리고 어느 때보다 대 소비자뿐 아니라, 내부고객 대상 커뮤니케이션이 중요해지고 있다. 소비자에게 감성적 경험을 전달하고, 조직 내 구성원들에게 창조적 일체감을 불어넣는 것은 훌륭한 '이야기(story)'를 통해 이뤄진다. 당연히 창의와 상상력이 바탕이 될 수밖에 없는 것이다.

요즘 글로벌 경영의 트렌드를 보면 관리와 규율보다는 열정과 가치를 강조하고 있다. 심지어 어떤 회사들은 종업원들이 공유하고 있는 가치관에 의해 회사가 일사불란하게 움직이는 조직, 이른바 '리더가 없는 조직(leaderless organization)'을 추구하고 있다. 경영자에게 요구되는 리더십 역시 효율적인 통제(control)가 아니라, 동기(motivation)부여로 변화하고 있다. 벌써 대부분의 직장(workplace)에서 반복적인 노동이 기계와 컴퓨터에 의해 대체되고 있다. 일이 주는 육체적 고통은 분명 줄어들었다. 기업의 계층구조가 점점 평평해지고, 종업원들에게 더 많은 자율성과 동기를 부여하면서 일에 대한 만족도가 높아지고 있다. 기업은 가족의 생계를 제공하는 수단이 아니라, 자신이 좋아하는 일을 하는 놀이터이자 돈을 벌어가는 공간이 되어가고 있다. 구글의 사무실을 보면 이런 분위기를 잘 볼 수 있다.

과거에는 이성과 언어를 관장하는 대뇌피질(neo cortex)이 지배하는 세계였다면, 이제는 뇌의 안쪽에 있는 감정 중추(대뇌 변연계 · limbic brain)가 지배하는 세상이라고 한다. Jensen은 시장이 소비자의 어떤 감성적 요구에 부응하느냐에 따라 시장을 모험 이야기 시장, 사랑과 소속감 시장, 돌봄의 시장, 정체성 시장, 마음의 평화 시장, 신념의 시장으로 나누었다. 그 가운데 '사랑과 소속감의 시장'은 계속 성장성이 매우 높은 시장이다. 연인을 위해 꽃이나 반지를 사주거나, 비싼 레스토랑에서 근사한 저녁을 먹는 행위, 크리스마스나 생일날 가족들에게 선물을 주는 행위가 모두 여기에 속한다. 먹고 사는 데 아무 영향도 없는 일에, 소득의 상당 부분을 쓰고 있는 것이다. 더구나 이 시장은 미래 성장가능성이 높다. 앞으로 더 많은 나라들에서 경제개발이 이뤄지고, 개인적이고 서구적인 생활방식이 확산될수록, 사람들의 외로움과 고독감은 더욱 커질 것이다. 따라서 사랑과 소속감의 시장과, 여기에 속하는 산업 역시 커질 수밖에 없다.

마케팅 커뮤니케이션이 어느 때보다 중요해졌다는 것은 엄연한 사실이다. 제품의 질과 가격에 더불어, 거기 내재되어 있는 스토리의 비중이 점점 높아지고 있기 때문이다. 품질의 면에서 별 차이가 없는 상품끼리 경쟁한다면 이야기의 힘이 경쟁력을 좌우하게 되는 중요한 요인이 될 것이기 때문이다. 소비자를 대상으로 한 이야기뿐만 아니라, 기업내부의 이야기, 즉 임직원들의 감성과 열정을 관통하는 이야기(기업문화 등)를 잘 알리는 일 또한 더욱 중요해졌다. 이제는 기업문화가 기업의 능력과 가치를 결정하기 때문이다. 시장을 향한 커뮤니케이션뿐만 아니라, 내부적 공감과 공유가 무척 중요해진 것이다.

『드림소사이어티』에 언급된 이야기와 반(反) 이야기 간의 싸움은 시장에서 가장 중요한 투쟁에 대한 것이다. 맥도날드와 소비자들 간의 이야기 전쟁을 예로 들어 보자. 맥도날드와 소비자들은 햄버거에 들어가는 고기가 정상적인 고기인지, 감자튀김을 튀기는 기름이 건강에 유해한지, 필수영양소는 부족하고 칼로리만 높은 게 아닌지 끊임없이 싸우고 있다. 언젠가는 가장 진실된 가치를 담은 이야기가 승리할 것이다. 맥도날드는 분산화(decentralization) 전략을 이용해 효과적으로 이에 대처해왔다. 즉, 다양한 제품을 내놓고, 제품의 스펙트럼을 넓힘으로써, 이야기 전쟁의 전선을 길게 늘어뜨리고, 적의 공격이 흩어지도록 하는 것이다. 예를 들어, 맥도날드 식품이 '트랜스 지방 덩어리'라고 비난하는 이야기에 대항해서는 다양한 저지방, 저칼로리 제품을 선보이고 있다. 또 고급재료를 사용한 프리미엄 제품을 출시해 맥도날드가 싸구려 음식을 만들어 판다는 이야기에도 반박하고 있다.

일반적으로 더 큰 기업이 되어 갈수록 반 이야기의 공세를 피할 수 없게 된다. 일등에 대한 질투와 공격을 이겨내는 또 다른 방법은 가장 진실되고 가치 있는 스토리텔링이다. 물론 그 과정에서 기업들은 자신의 이야기가 얼마나 진정성을 띠고 있는지, 얼마나 소비자들의 마음을 얻을 수 있는 것인지, 끊임없이 성찰하고 이를 개선시켜 나가야 경쟁에서 살아남을 수 있다. 기업인들 중 훌륭한 이야기꾼으로 유명한 사람은 버진(Virgin)그룹의 Richard Branson 회장, 작고한 애플의 Steve Jobs 회장 등이 대표적이다. Branson 회장은 자신의 웹사이트에서 "너무나 많은 소비자들이 독과점적이고 비효율적인 대기업으로부터 형편없는 대접을 받고 있다. 이런 일이 벌어지고 있는 시장에서 소비자들을 구해 내자는 것이 버진그룹의 사명이다"라고 설명한다. 자칫 뻔뻔해 보일 수 있는 이런 이야기가 후발주자라는 버진그룹의 단점을 장점으로 바꿨다. 그리고 그의 이야기에 동감한 버진그룹의 고객들에게 만족감까지 제공한다.

Steve Jobs 회장은 소비자들에게 또 다른 차원의 감성적 만족을 주었다. 아이팟(iPod), 아이폰, 아이맥 제품에서 느낄 수 있는 디자인 쾌감이 바로 그것이었다. 아이팟 폰보다 기능적으로 더 우수하고 저렴한 제품은 분명 있다. 하지만 사람들은 애플제품에 담겨 있는 그의 디자인 철학에 기꺼이 비용을 지불하는 것이다.

얼마 전, 미국의 심리학자들은 '미국의 대기업을 사람으로 친다면, 어떤 종류의 사람인가?' 하는 질문을 받은 적이 있다. 놀랍게도 '싸이코패스(psychopath · 반사회성 성격장애)'라는 대답이 나왔다. 이윤에 집착하는 미국 기업들의 속성을 빗대어 꼬집어 낸 것이다. 그러나 최근 들어 기업 스스로도 이윤 극대화보다 환경을 지키고 어려운 사람을 도움으로써 생기는 감성적 만족에 많은 노력을 기울이고 있다. 사람들의 '좋은 기업'에 대한 가치관 역시 단순히 돈을 많이 버는 기업에서 감성적 만족을 주는 기업으로 바뀌고 있다. 몇 년 사이에 기업은 이미 소비자가 이윤만 추구하는 기업을 좋아하지 않을 뿐만 아니라 문제가 발생했을 때 쉽게 용서하지 않는 것을 경험했기 때문이다. 이것이 과거 환경에 대해 무관심했던 BP나 Exxon, Shell 같은 많은 대형 석유기업들이 친환경적인 사업에 엄청난 노력을 기울이고 있는 이유일 것이다.

자료원 : 조선일보, 2008.2.23.

치관을 가진 소비자들이 자신을 표현하는 데 있어 유용한 수단이 될 수 있으며, 이러한 소비자들은 나이키 브랜드의 사용과정에서 긍정적 정서를 경험하게 된다.

소비자들이 브랜드에 대해 정서적 경험을 갖게 되는 또 다른 경우는 바람직한 소비자–브랜드 관계가 형성될 때이다. 일상생활 속에서 사람과 사람 사이에 다양한 형태의 상호작용을 통해 관계를 형성하듯이, 소비자들도 브랜드에 인격을 부여하여 마치 사람들 간의 관계처럼 브랜드와 관계를 맺는다. 가령, 소비자–브랜드 간의 관계유형 가운데 하나가 우정인데, 이러한 관계는 진실한, 기댈 수 있는, 상대를 이해하는, 배려하는 등의 느낌을 갖게 한다. 친구란 당신이 원할 때 있어주고, 당신에게 존경심을 보이고, 함께 시간을 보내면 즐겁고, 그리고 당신이 좋아하는 상대방이다. 과거 미국 GM 자동차가 출시해 성공을 거두었던 Saturn 모델이 실행한 마케팅 커뮤니케이션 프로그램의 핵심은 고객과의 관계를 친구 사이로 만드는 것이었다. 당신이 사람들과 다양한 형태의 친구관계를 형성하듯이, 소비자도 브랜드들과 다양한 형태의 친구관계를 형성할 수 있다. 가령, 어떤 브랜드는 단순히 함께 시간 보내기에 편안한 가벼운 친구관계일 수 있고, 또 다른 브랜드는 친밀하고, 개인적 관심사가 일치하고, 상호이익을 공유하는 절친한 친구관계로 인식될 수 있다.

소비자-브랜드 관계는 친구(우정)관계 이외에 결혼관계, 친척관계, 연애관계, 의존관계, 적대관계, 비밀관계 등의 다양한 유형으로 구분될 수 있다. 따라서 기업은 단순히 고객과의 호의적 관계를 추구하기보다는 목표고객이 브랜드로부터 추구하는 관계의 유형을 파악하여 이에 맞는 마케팅 커뮤니케이션 활동을 전개할 필요가 있다. 브랜드와 고객 간의 우호적 관계형성은 브랜드에게 차별화와 경쟁우위를 제공한다. 그러나 실제에 있어 많은 기업들이 소비자-브랜드 관계를 단순히 자사브랜드를 목표고객이 제안한 관계를 따르는 수동적 존재로 간주하는 경향이 있다. 이에 따라 기업들은 소비자가 자사브랜드 및 경쟁브랜드에 대해 어떤 생각, 태도, 행동을 갖는지에 주로 관심을 갖고 소비자의 기대에 맞추려고 한다. 그러나 인간관계는 상호의존적인 것으로, 우리가 상대에 대해 어떤 생각과 태도를 갖는가에 의해 영향을 받을 뿐 아니라 그가 우리에 대해 어떻게 생각하는가에 의해서도 영향을 받는다. 브랜드-고객 관계도 고객이 브랜드에 대해, 그리고 브랜드가 고객에 대해 진정한 파트너 혹은 동반자로 인식할 때 형성되는 것이다.

최근 들어 브랜드의 경쟁우위를 획득하는 데 있어 감성마케팅이 갖는 중요성을 다루는 수많은 저서들이 출간되었지만, 대부분의 기업 실무자와 마케팅 전문가들이 감성마케팅(sensibility marketing)과 정서마케팅(emotion marketing)을 동일한 개념으로 혼용하여 사용하고 있다. 그러나 둘 사이에는 개념적 정의뿐만 아니라 마케팅 활동에 대한 접근방법과 효과에서 큰 차이가 있다. 결론적으로 말하자면 감성마케팅만으로는 강력한 파워브랜드를 형성하고 유지하는 데 충분하지 않다. 왜냐하면 소비자 감성(sensibility)은 주로 오감에 호소하는 브랜드 마케팅 활동에 의해 유발되기 때문에 그 강도가 약하고 깊이가 얕다. 그러나 소비자 정서(emotion)는 기업의 마케팅 수단(가령, 멋있는 패키지 디자인과 로고, 설득력 있는 슬로건, 소비자의 눈길을 끄는 매장 인테리어, 광고와 소매점의 배경음악 등)이 소비자의 오감을 자극할 정도로 매력적일 뿐 아니라 소비자의 가치, 라이프스타일, 개성과 부합될 때에 발생되는 감정으로서, 그 감정의 정도가 매우 강하고 깊다. 비록 감성에 호소하는 마케팅 활동이 성공적으로 이루어져 소비자의 브랜드 태도와 브랜드 구

아이콘 브랜드 – 감정으로 연결하라.

많은 기업들이 높은 브랜드 인지도와 브랜드에 대한 감정을 비슷한 것으로 혼동하고 있다. 단적으로 브랜드가 널리 알려져 있다고 해서 그리고 품질이 우수하다고 해서 소비자들이 그 브랜드를 사랑하는 것은 아니다. 갤럭시나 애플이나 비슷해 보이지만 소비자들의 마음을 두드리는 정도는 애플이 훨씬 커 보인다. 애플이 소비자들과 감정적으로 더 연결되어 있기 때문이다.

기업이 왜 소비자들과 감정으로 연결되어야 하는지를 분명하게 보여주는 재미있는 연구가 있다(Magids, Zorfas, and Leemon, 2015). 다음 경쟁브랜드들의 조합을 잠시 들여다보고 차이가 무엇인지 한번 생각해 보자.

BMW와 도요타　　　　타겟과 월마트

연구결과에 의하면 BMW와 도요타는 좋은 브랜드라는 생각에선 비슷했지만 감정연결점수(emotional connection score: ECS)에서는 BMW가 도요타에 비해 압도적으로 높았다. 반면 타겟과 월마트의 관계에서는 타겟이 월마트에 비해 좋은 브랜드였지만 감정연결점수에는 별 차이가 없었다. 단순히 품질이 좋다거나 만족한다거나 또는 경쟁사와 차별화된 브랜드라고 해서 모두 소비자들의 심금을 울릴 수 있는 것은 아니라는 점이 입증된 것이다.

또한 이 연구는 9개 산업을 분석한 결과를 통해 만족하는 소비자들보다 감정적으로 강하게 연결된 소비자들이 평균 52% 더 가치가 있다는 점을 제시하였다. 그만큼 감정연결이 기업에게 결정적이라는 것이다. 그렇다면 감정적으로 연결되기 위해서는 어떻게 해야 할까?

• 소속감을 느끼게 하라.

주변 사람들이나 닮고 싶은 사람들과 하나가 된다는 느낌이 중요하다. 레드데블스(맨유), 레즈(리버풀), 거너스(아스널), 스퍼스(토트넘), 시티즌스(맨시티)처럼 애칭으로 불리는 영국 프리미어리그 축구팀들은 팬들과 뗄 수 없는 사이이다.

• 짜릿함을 느끼게 하라.

적당히보다는 압도하는 즐거움과 흥분, 재미를 주어야 한다. 보령머드축제가 외국인이 가장 많이 찾는 대표축제가 된 이유는 짜릿함을 주기 때문이다. 시애틀의 명소인 파이크 플레이스 어시장(pike place market)이 성공한 것도 열정적인 상인들이 시장을 찾는 소비자들에게 즐거움과 흥분된 체험을 선사했기 때문이다. 그곳에선 상인들이 던지는 물고기가 날아다닌다.

• 행복한 인생을 살고 있다는 느낌이 중요하다.

기대한 것만큼 잘 살고 있는지, 균형감 있게 살아가고 있는지, 스트레스 없는 삶을 사는 데 브랜드가 도움이 되는지가 중요하다. 작지만 확실한 행복을 줄 수 있는 소비가 뜰 수밖에 없고 라이프스타일 브랜드들이 각광받는 이유이다.

자료원 : 김해룡 · 안광호, 감정을 팔아라, 원앤원북스, 2019, pp. 24-26; Magids, S., Zorfas, A., and Leemon, D., The new science of customer emotions. *Harvard Business Review*, 76, 2015, 66-74.

매의사에 긍정적인 영향을 미칠 수 있다고 하더라도, 강력한 브랜드 파워를 구축하고 특히 그를 오랫동안 유지하는 데는 한계가 있다. 오감에 호소하여 소비자의 감성을 충족시키는 브랜드와 소비자에게 강한 사랑의 감정과 자긍심을 불러일으키는 브랜드는 브랜드 파워의 강도에서 큰 차이를 보이기 때문이다. 기업이 자사브랜드를 일정 수 이상의 마니아층을 확보한 아이콘 브랜드(iconic brand) 혹은 카리스마 브랜드(charismatic brand)로 만들기 위해서는 목표소비자의 주요 가치와 개성에 소구하고 이를 선점하는 마케팅 노력을 통해 강력한 소비자 정서를 유발시킬 수 있어야 한다. 즉, 감성마케팅만으로는 소비자의 기본정서를 사로잡는 아이콘 브랜드 혹은 문화브랜드(cultural brand)로 육성하는 데 한계가 있음을 인식해야 한다.

3. 소셜 네트워크(SNS) 사용자의 정서 이해는 왜 중요한가?

최근 미국의 한 마케팅 리서치 업체의 SNS 관련 여론조사에 의하면, 18세부터 24세 사이 천 명의 응답자 중 34%가 SNS 계정을 모두 삭제했다고 한다. 그들이 말하는 삭제란 SNS 활동을 당분간 그만두는 '비활성화(deactivation)'를 넘어 영구 탈퇴하는 것까지이다. SNS 사용자들의 이러한 '삭제'욕구는 여론조사에서뿐 아니라 최근 다양한 캠페인이나 상품들에서도 잘 나타난다. 예를 들면, 영국 공중보건조직 로열 소사이어티

(Loyal Society)는 '9월 한 달만이라도 모든 소셜미디어에 접속하지 말자'는 'Scroll Free September'라는 캠페인을 진행했다. 최근 미국에서 유행하는 'Getaway House' 같은 힐링 상품도 그중 하나이다. 숲속의 작은 오두막에 스마트폰을 맡기고 들어가야 하는 이 여행상품은 주말 동안 디지털 기기에 접속할 수 없는 엄청난 불편함에도 불구하고 상당히 인기 있는 상품이 되어가고 있다. 이런 변화는 소위 '디지털 디톡스(Digital Detox)'와 같은 신조어로 소비자 SNS 탈피욕구와 맥을 같이하고 있다(KBS 글로벌24, 2018.10.8).

이러한 디지털 디톡스와 같은 소비자행동은 마케팅 실무나 이론에 많은 시사점을 던져준다. 무엇이 그들을 몰두하게 했고, 무엇이 탈피하고 싶게 만드는지를 이해하지 못하면 앞으로 다가올 변화무쌍한 미래 시장과 소비자행동을 예측할 수 없기 때문이다. 실제 이런 분위기 속에서 발 빠른 구글 안드로이드와 애플은 SNS를 포함한 동영상 앱, 인터넷 웹서핑 등에서 자신의 사용시간을 분 단위로 볼 수 있는 기능을 출시하였다. 한 발 앞서 현상을 해석하고 이를 전략화한 것이다. 이러한 초기 탈 SNS 현상은 아직 대세인 SNS 마케팅을 전략적으로 잘 활용하기 위해 '좋아요'나 '공유하기(share)' 그 이상의 사용자 심리를 통찰해야 한다는 것을 말해 준다. 특히 SNS 탈피 이유로 거론되는 ① 너무 많은 친구들의 게시물로 인한 '피로감', ② 갑자기 많아진 피상적 인간관계로 인한 '정신적 소모', ③ 끊임없이 커지는 '경쟁욕구', ④ 그로 인한 '상대적 박탈감', 그리고 ⑤ 매일 갱신되어야 하는 '인정욕구 증폭'으로 인한 중독성 등은 모두 대다수 사용자의 정서와 관련되어 있다. SNS가 기능적이고 실용적인 용도보다는 욕구를 소화하고 표출하는 정서적 용도로 더 많이 활용되며(Meng et al., 2017; Bazarova et al., 2017), 강한 중독성(Müller et al., 2013; Craparo et al., 2014)을 가지고 있다는 것을 보여준다. 즉, 이러한 탈피 욕구들은 역설적으로 SNS의 정서적 소비가 그만큼 강하다는 것을 반증하는 결과이기도 하다.

정서가 소비자의 의사결정과 판단에 결정적인 역할을 한다는 것은 이미 잘 알려져 있다. 인간은 무엇엔가 조금이라도 마음이 기울지 않으면 아무것도 결정할 수 없도록 진화해 왔기 때문이다. 우리의 판단이 꽤나 인지적이고 객관적일 것이라는 생각은 이미 80년대 행동경제학이 대두되면서 무너졌다. 세상에서 제일 큰 슈퍼 컴퓨터가 개와 고양이를 구분하지 못한다는 것도 알게 되었다. 관련된 속성을 모두 고려하고 차이점을 찾아내기 위해 각 속성에 대해 가중치가 주어져야 하지만, 컴퓨터는 그 많은 속성 중 어떤 것에 어느 정도 마음을 기울여야 하는지를 쉽게 정하지 못하기 때문이다. 확률을 주로 사용하는 컴퓨터는 무한하게 많은 결정요인들 사이에서 한 치의 오차도 용납하지 않으며 우리 의사결정의 상당 부분을 차지하는 주관적 선호, 편견, 편애 등이 존재하지 않기 때문이다. 쏟아지는 정보홍수 사회에서 '결정 장애자'들이 많은 현상과 일맥상통한다. 반면, 7개월도 안 된 우리 아기들이 쉽게 '멍멍이'와 '야옹이'를 구별해낼 수 있는 것은 그 많은 정보 중에 눈이나 꼬리, 귀와 같은 특정 속성만을 고려하고 나머지 정보는 무시해버리는 아주 효율적인 시스템이 작동하기 때문이다. '마음의 기울기'라는 아주 주관적인 시스템이 작동하는 것이다.

복잡한 정보처리과정을 간단하고 효율적으로 만들어주는 이러한 시스템은 다름 아닌 자신의 생존과 관련된 것, 내게 친숙한 것, 내가 좋아하는 것 등으로 기울게 하는 메커니즘이다. 모바일 환경이 대세가 되면서 SNS 사용자들은 더욱더 주관적이고 개인화된 정보에 익숙해져 가고 있다. 자신을 표현하고 타인과 관계를 유지하려는 생존본능이 SNS 시스템과 결합되어 이전과는 상상할 수 없을 정도로 많은 정서적 표출이 이루어지고 있다. 사용자들은 일상의 소소한 행복을 추구하려는 SNS에 대한 초기 이용 의도에서 벗어나 점점 더 많은 주관적 정보들을 쏟아내고 공유하고 있는 것이다.

이제 사람들은 SNS를 통하여 타인과의 연결과 소통에 열광하며 그것만으로도 즐거움과 행복을 경험하고 있다. SNS는 바쁘게 살아가던 일상 속에서 친구의 속 깊은 감성을 살피고 공감하는 하나의 쉼터로 자리 잡고 있다. 이에 따라 잊고 있었던 자신의 감성을 일상으로 끌어내어 기록(?)하며, '좋아요'나 '♥'를 누르면서 긍정적인 소통을 추구하는 것은 어찌 보면 사회적 동물로서의 생존본능의 자연스러운 표현일 수 있다.

최근 시작된 탈 SNS 현상에도 불구하고, 여전히 수억 명의 사용자들은 SNS를 통해 일상의 다양한 생각과 감정을 자유롭게 노출시키고 나누는 것에 열중하고 있으며, 페이스북, 트위터, 인스타그램 등은 이제 사람들의 생활에서 가장 중요한 플랫폼이 되었다(Stefanone et al., 2019; Lin and Lu, 2011). 그래서 사람들은 매 순간 다른 사람과 교류하고, 감정을 표현하고, 글이나 사진, 동영상으로 일상을 공유한다(Vermeulen et al., 2019; Zhou, 2015).

이러한 상황에서 기업에게 SNS는 열린 정서를 가진 소비자와 소통할 수 있는, 특히 그들과 감성적으로 교감할 수 있는 가장 중요한 마케팅 수단임을 부인할 수 없다. 브랜드를 알리기 좋을 만큼 많은 사람들이 모여 있는 곳, 그리고 무엇보다 브랜드 애착이나 로열티 형성에 필수적인 '정서적 공감'이 많이 일어나는 곳이기 때문이다. 마케터들은 충성고객을 계속 유지하기 위해서 정서적 공감이나 교류가 필수적이라는 것을 간과해서는 안 될 것이다.

1970~80년대 TV 매체가 그랬듯이 최근 연구들은 SNS 중독, 탈퇴와 같은 부정적 영향력에 대해 많이 언급하고 있다. 사용자의 피로감이나 중독과 같은 부정적 결과는 자칫 브랜드가 소비자와 교감할 수 있는 소중한 기회를 놓치는 요인이 될 수 있다. 긍정적 정서를 가진 정보는 무조건 선호되지만, 부정적 정서를 유발한 정보는 확대되기 때문에 장기적으로 브랜드에 부정적 영향을 미칠 수 있기 때문이다. 혹은 부정정서는 자아에 부정적 영향을 주거나 방어기제에 따라 부정정서를 유발한 정보를 피하고 싶은 탈피욕구를 불러일으킨다(Craparo et al., 2016).

SNS 사용자들은 타인의 행복에 상대적 박탈감을 느끼기도 하고 자신에 대한 타인의 시선을 마치 현실세계에서처럼 느끼기 시작할 수 있다. 마케터들은 SNS 사용자의 심리를 깊이 이해하는 것이 필요하다. 그들이 SNS를 통해 실제적인, 그리고 이상적인 '자신(self)'을 찾고 다른 사람이 말해 주는 자신의 모습을 자아에 투영하는 과정을 이해해야 한다(Bem, 1972).

더구나 자신에 대한 정보처리는 감성에 더 많이 의존하는 경향이 있다. 따라서 마케터는 SNS를 통해 어떻게 소비자를 내 편으로, 그리고 내 브랜드의 팬으로 만들지 고민해야 하는데, 이러한 마케팅적 노력은 인지적 접근이 아닌 정서적 접근이 요구된다. 예를 들어, 인터넷 초기에는 재미를 추구를 하는 소비자들이 현실에서는 할 수 없는 정서적 표현과 교류를 즐기며 사용자가 폭발적으로 증가할 수 있었다. 새로운 제품이나 기술이 시작되면 언제나 그랬듯이 인터넷 초기의 콘텐츠(contents)는 대다수 음악, 채팅 프로그램, 게임 또는 소위 '야동'이라고 불리는 동영상 등 정서를 유발하는 콘텐츠를 기반으로 소비되었기 때문이다. 그리고 SNS에서 브랜드는 성격을 가진 사람으로 의인화될 수 있고 브랜드와 소비자는 마치 사람과 사람과의 관계처럼 정서로 교감하고 소수와 깊고 진정성 있는 관계를 만들어낼 수 있다.

최근 유튜브 등의 디지털 채널을 통해 브랜드 메시지와 콘텐츠를 제공하는 브랜디드 엔터테인먼트(branded entertainment)가 그 대표적인 경우이다. 브랜드를 오락의 일부분

BTS(방탄소년단)의 SNS 활용은 무엇이 다른가?

최근 세계적 관심을 받는 한국의 뮤지션 그룹 방탄소년단(BTS)의 핵심성공요인으로 SNS 소통이 언급되고 있다. 구성원들은 데뷔시절부터 자신들의 일상, 좌절, 기쁨을 모두 SNS로 공유하면서 팬들과 정서적 소통을 계속해 왔다. SNS 소통을 유사하게 한 다른 K-pop 그룹에 비해 BTS를 더 특별한 그룹으로 만든 것은 무엇이었을까?

우선 그들이 팬들과 SNS에서 소통을 유지해온 방식이 남다르다. 그들은 자신들의 단점이 보일 수도 있는 막춤, 노래 연습 시 음정불안 등 자신들의 본모습 그대로를 노출시켰다. 이러한 커뮤니케이션 방식은 자칫 반감을 불러일으킬 위험을 내포하고 있다. 있는 모습 그대로를 보여주는 투명성은 한국과 같이 주변의 시선을 의식해야 하는 고맥락(high-context)사회에서는 부정적 결과를 초래할 수 있기 때문이다. 그러나 관계형성의 핵심요소는 자기노출(self-disclosure)이며 이를 가감 없이 보여주는 커뮤니케이션 방식을 활용한 것은 의도적이었든 아니었든 현명한 선택이었다.

투명한 노출이 더 빛을 발할 수 있었던 것은 특히 그들의 이야기 전개방식 때문이었다. 그들은 자신의 생각과 걸어온 이야기를 담은 노래를 만들고 이를 팬들과 공유했다. 그들이 만든 음악과 퍼포먼스는 성장통에 기반을 두고 있다. 즉, 그들이 청소년기에 겪었던 고민, 빙황, 좌절을 담은 것이다. 청소년기에 누구나 겪는 과정에 대한 이야기는 모든 세대에게 공감을 불러일으킬 수밖에 없다. 지금 성장통을 겪고 있는 청소년이나, 이미 그것을 겪은 세대에게나 그들의 이야기는 제3자의 이야기가 아닌 자신의 이야기가 될 수 있다. 진정성을 담은 이러한 자기노출은 많은 사람들에게 강한 설득력을 가질 수 있다.

그렇다면 성장통을 이야기한 다른 가수와 그룹이 없지 않았음에도 BTS가 이 소통에 특별히 더 성공적이었던 이유는 무엇일까? 그들의 수장인 방시혁 대표가 인터뷰에서 언급한 것처럼, 이들은 그 소통을 지치지 않고 '지속적'으로 해왔고 또 아직도 계속하고 있다는 점이다. 한 번의 멋진 곡, 멋진 메시지는 흔치않게 볼 수 있다. 그러나 지속적으로 메시지를 10년 이상 끌고 나가는 힘, 그리고 그 안에 의미를 담아가는 방식은 기존 대중 뮤지션들에게 잘 찾아보기 힘든 것이었다. 이러한 지속성이 그들의 진정성을 더 확신시키게 한 것이다. 이처럼 지속적이고 의미 있는 메시지에 누구도 따라올 수 없는 무대 위에서의 카리스마 넘치는 칼 군무, 그리고 항상 새로운 장르에 도전하는 음악적 열정만으로도 이미 많은 팬들을 끌기에 충분하였다.

그러나 그 누구보다 가장 강력한 팬덤을 가질 수 있었던 점은 바로 그들이 겪어왔던 힘든 시간들이었다. BTS는 데뷔 후 몇 년 동안 많은 편견과 조롱을 이겨내야만 했다.

3대 기획사가 엔터테인먼트를 장악하고 있던 당시 중소규모 회사 출신의 아이돌이라는 점과, 방탄소년단이라는 생소한 밴드명과 힙합 장르가 걸림돌이었다. 힙합 장르의 '남성적(macho)' 이미지와 다른 Kpop 아이돌 이미지는 팬들에게 무언가 익숙하지 않은 새로운 것이었기 때문이다. 주요 방송에서 출연이 제한되고 견제하는 팬덤들이 생기면서 오히려 이들에게는 이러한 감정을 함께 나눌 충성고객이 생긴 것이다. 팬들은 그들을 지켜주는 '군대'가 될 수밖에 없었던 것이다.

BTS는 이러한 편견과 비난을 음악에서의 성장으로 '정면 돌파'했다. 'Cypher' 시리즈에서 그 분노를 표출하기도 하고, 'Mic Drop'에서 그 장르가 무엇이든 각자 잘하고 살자는 메시지를 던졌고 'love yourself' 앨범에서 나약한 자신을 끌어안고 사랑하자는 메시지를 음악에 담았다. 그들은 스스로 음악을 제작하고 가사를 쓰고 격렬한 춤을 연습하는 데 하루 12~15시간을 쏟으며 실력과 재능을 연마하였다. 중요한 것은 이러한 모든 과정을 팬들과 공유했다는 점이다. 실력으로 보여주고, 자신들의 목표를 향해 열심히 사는 모습을 본 많은 팬들은 BTS의 무대와 음악에 자신의 모습을 투영하였다. BTS가 자신들에게 주는 행복과 위로해준 고마움 등 다양한 정서적 교감을 통해 BTS를 자신과 동일시하는 팬이 세계적으로 수천만 명에 이른다. 현재 트위터, 유튜브, 인스타그램 등의 SNS 팔로우가 2천만 명을 훨씬 넘어섰고, 모두 자신의 시간과 재화를 쏟아붓는 열성(hardcore) 팬들이다.

SNS와 같은 커뮤니케이션 수단은 더 많은 사람들을 더 자주, 그리고 더 열심히 관여(engage)하게 만든다. 사이버 공간인 SNS에서의 소통은 수천만 명에 이르는 팬들과 현실에서의 관계와 유사한 정서적 유대감을 만들어낼 수 있다. BTS의 팬덤 창출과정은 명품브랜드의 고객충성도 창출과정과 유사하다. 바로 정서적 유대감 형성을 마케팅 기회와 실행의 중심에 두는 것이다.

진정성 있는 메시지의 전달을 통한 정서적 공감대의 형성은 자생적인 구전효과를 만들어 더 많은 팬들이 BTS의 충성고객이 되었고, 팬들의 이러한 애착은 엄청난 마케팅 성과로 이어졌다. 2018년 낸 3개의 음반이 모두 빌보드 200의 1위를 차지하면서, 전설적인 Beatles의 기록과 나란히 하게 된다. 단순히 음반뿐 아니라, 이들과 조금이라도 연관되는 브랜드들은 모두 품절이 되는 충성팬들을 낳게 된 것이다. 이들을 길러낸 Bighit 기획사의 2018년 매출보고서에는 수천 억의 매출 중 홍보비가 단돈 400만 원이다. 고객과의 애착이 강한 브랜드가 단순히 좋은 브랜드라는 이미지를 넘어서 실제 회사의 궁극적인 지속력에도 얼마나 중요한 일인지를 잘 보여준다.

BTS 사례에서 주목할 것은 1등 브랜드에 대한 시기와 질투 등 위험요인이 팬층을 더 결속시켰다는 점이다. 정서를 기반으로 형성된 관계를 끊는 것은 쉽지 않다. 인간에게는 이를 지키려는 동기가 더 강하기 때문이다. 일본 우익단체들의 BTS 아사히 TV방송출연 금지 및 협박사건이 있던 시기에 팬들은 오히려 몇 년 전 BTS가 팬들에게 고마움을 표시한 팬 송(fan song) '둘.셋!'이라는 곡을 아이튠즈 1위에 올리는 노력을 했다. '우리가 옆에 있을 테니' 어려움을 함께 극복하자는 표현이었다. 마치 1990년대 초반 할리 데이비슨 모터사이클 소유자의 모임인 할리 데이비슨 오너그룹(HOG)이 회사부도를 막기 위하여 광고비용을 모금하고 직접 광고제작과 모델을 섰었던 사례가 재현된 것 같은 사례이다.

으로 녹아 들어가도록 하는 마케팅 커뮤니케이션 활동인 브랜디드 엔터테인먼트가 새로운 용어로 부상되기는 했지만 실제로 전혀 새로운 분야는 아니다. 가장 흔히 볼 수 있는 브랜디드 엔터테인먼트 유형에는 PPL(Product Placement)이 있다. 20세기 초 레버 브라더스(Lever Brothers)의 라디오 PPL, 1950년대 TV 보급 이후 연속드라마 솝 오페라(soap opera)의 PPL이 그 시초이다. 그 후 브랜드를 알리기 위해 드라마의 주인공을 광고에 등장시킨다든지, 반대로 영화에 특정 브랜드를 노출시키는 방법으로 점점 그 영역을 넓혀 갔다. 나아가 브랜드가 직접 영화나 드라마 제작을 지원하거나 기업이 직접 제작하기도 한다. 콜게이트 코미디시간(The Colgate Comedy Hour), 크래프트 TV극장(Kraft Television Theatre), 미국 자동차 브랜드 뷰익(Buick)과 워너브라더스(Warner Brothers)의 협업에 의한 10개의 영화 제작 등이 그 예이다.

2001년과 2002년 BMW는 할리우드의 유명감독을 기용해 3, 5, 7시리즈가 등장하는 스릴러 영화 'The Hire'시리즈를 제작하였고, 2016년 다시 5시리즈가 등장하는 'The Escape'를 제작함으로써 브랜디드 엔터테인먼트를 중요한 마케팅 수단으로 활용했다.

최근 SNS의 확산은 브랜디드 엔터테인먼트의 활용을 더욱 가속화시키고 있다. 페이스북(facebook), 인스타그램(instagram), 유튜브(Youtube), 넷플릭스(Netflix)와 같은 SNS 및 streaming 서비스를 통해 제공되는 재미있고 감동적인 브랜드 콘텐츠에 열광하는 젊은 소비자들이 기하급수적으로 증가하였다. 2016년 디지털 광고매출은 TV를 이미 넘어섰고, 2017년 이 두 매체의 차이는 10억 달러로 더 커졌다(PJ Pereira, Forbes, Aug. 24, 2017). 사용자들은 이미 모든 매체에 쓰는 시간의 17%인 110초를 스마트폰으로 소비함으로써 컴퓨터나 태블릿의 사용시간을 넘어섰다. 이러한 추세는 소비자-브랜드 간 정서적 관계 구축에서 SNS와 스마트폰이 주요 마케팅 커뮤니케이션 도구가 되고 있다는 것을 잘 보여준다.

4. 정서는 내부고객의 기업충성도를 어떻게 높이는가?

최근 국내에도 IT를 기반으로 하는 어라운드어스(Aroundus)라는 HR(Human Resource; Head Hunting Co.) 회사가 출범했다. 어라운드어스는 사업 초기 엔터테인먼트 시장의 인력, 즉 배우, 가수, 모델 등을 연결해 주는 회사로 시작했다. 이 헤드헌팅 회사의 사업방식이 주목을 끄는 이유는 지원자들과의 연결방식이 이력서와 추천서를 받는 기존의 방식 대신 페이스북, 유튜브 등의 SNS 정보를 토대로 지원자의 활동과 생각에 맞는 회사와 매칭시키는 방식을 도입한 것이다.

이러한 접근이 중요한 이유는 수시지원이 늘어나는 추세에서 기업들이 지원자의 스펙이나 국가자격시험 점수보다는 그들의 신념, 가치관, 라이프스타일 등이 회사의 경영철학 및 업무와 조화되는지를 중요하게 고려하기 때문이다. 이럴 경우 회사의 마케터는 내부고객이 될 내 지원자들이 무엇을 원하는지, 무엇에 열정적인지 알아야 한다. 지원자들도 일상에서의 인간관계나 정서 표출이 중요한 선발기준이 된다는 것을 알게 되면서 사회생활에서 겪은 다양한 정서적 경험 같은 정성적 정보를 중요하게 여기게 될 것이다. 미국, 일본과 같은 몇몇 나라에서 linked in이라는 관계망 SNS와 같은 곳에서의 존재감 형성 혹은 정서적 페르소나(persona)를 잘 유지·관리하려는 추세가 이를 반영한다.

나아가 회사에 입사한 기존 직원들은 더 말할 나위가 없다. 그들의 정서를 잘 관리하는 것은 회사에 필요한 능력을 보유하고 있는 직원들을 잘 유지하는 데 핵심 고려요인이다. 회사원들은 하루에도 셀 수 없이 많은 유형의 감정이나 기분을 경험한다. 아침 출근길에 어떤 날은 왠지 우울하고, 다른 날은 기분 좋고 즐겁다. 직장에서 상사로부터 질책을 받아 속상할 때도 있고, 그들로부터 인정을 받고 가슴이 뿌듯하고 행복할 때도 있다. 이처럼 감정이나 기분은 1주일의 상당 시간을 회사에서 보내는 조직구성원의 업무성과에 직접적으로 혹은 자신도 모르게 큰 영향을 미치는 요소이다. 직원들이 느끼는 감정과 기분은 팀 동료들이나 상사와의 상호작용에 큰 영향을 미칠 뿐 아니라 고객관계, 의사결정과정 등에도 상당한 영향을 미친다. 자신과 타인의 감정 및 기분을 정확하게 파악하고 효과적으로 통제·관리하는 능력을 '감성지능(Emotional Intelligence: EI)'이라고 하는데, 조직구성원들의 감성지능은 조직구성원들 간의 협력과 원활한 내·외부

커뮤니케이션, 그리고 업무의 효율적 수행에 있어 매우 중요한 역량 가운데 하나이다. 경영자와 관리자는 직원들의 감정과 기분을 효과적으로 관리해 업무성과를 높이고, 때에 따라 의도적으로 긍정적 또는 부정적 감정을 불러일으킴으로써 직원들의 창의성을 증진시키거나 보다 정교한 의사결정을 촉진할 수 있다.

이와 같이 조직구성원들의 감정이나 기분이 기업의 경영성과에 큰 영향을 미침에도 불구하고 그동안 그들의 감정이 조직성과와 분위기에 미치는 효과에 대한 연구는 별로 이루어지지 않았다. 그 이유는 기업은 합리적이고 이성적인 방식으로 운영되어야 하고, 조직원의 감정이나 기분이 개입되면 경영의 합리성과 효율성이 저해될 것이라는 주장이 경영학 연구자들의 지배적인 관점이었기 때문이다.

아래에서는 팀 차원 및 기업조직 차원에서 정서관리의 중요성을 설명하고 구체적인 방법에 대해 살펴보기로 한다.

팀 관리자의 감정과 기분은 팀 구성원들에게 쉽게 전이되며, 팀의 성과에도 영향을 미칠 수 있다. 일반적으로 팀 관리자는 팀 구성원들에 비해 기쁨이나 분노 등의 감정을 더 자유롭게 표현할 수 있는 위치에 있고, 팀원들은 팀 관리자의 감정표현에 주의를 기울여야 하는 위치에 있다. 따라서 팀 구성원들은 팀 관리자의 감정과 기분으로부터 영향을 받으며, 이는 팀 구성원들의 업무성과에 직간접적으로 영향을 미친다.

Sy, Cote와 Saavedra(2005)는 실험을 통해 팀 관리자의 감정과 기분이 팀 구성원들의 감정과 기분에 영향을 미칠 뿐 아니라, 팀원 간 상호작용 패턴과 과업의 성과에도 영향을 미칠 수 있음을 발견했다. 이들의 연구에 따르면, 팀 관리자가 긍정적인 감정(예: 즐겁고 활기찬 감정)을 표출했을 때 팀 구성원들도 긍정적인 감정을 경험한 반면 팀 리더가 부정적인 감정(예: 불쾌하고 기분 나쁜 감정)을 표출했을 때는 팀 구성원들이 과업수행에 더 많은 노력을 기울이는 것으로 나타났다. 팀 관리자가 표출한 부정적인 감정은 팀 관리자가 팀의 현 상황에 대해 불만족을 표현하는 하나의 커뮤니케이션 수단으로 기능하기 때문에, 팀원들이 현 상황을 개선하기 위해 더 많은 노력을 기울이게 되는 것이다. 따라서 팀 관리자는 스스로 표출하는 감정이나 기분이 팀 내에 어떤 영향을 미칠 수 있는지에 대해 관심을 기울이고, 자신의 감정표현을 통제하고 전략적으로 관리함으로써 팀원들의 반응을 자신이 원하는 방향으로 이끌어내야 한다.

팀 구성원들이 함께 일하는 과정에서도 팀 내에 정서나 기분이 공유될 수 있다. 예를 들어, 자신이 소속된 팀이 다른 팀들에 비해 월등하게 높은 성과를 냈다는 피드백을 받았을 때, 팀 구성원들은 기쁘고 자랑스러운 감정을 공유하게 된다. 정서는 팀원 개개인의 생각과 태도, 행동을 변화시키고, 팀 내에서 공유되는 정서는 팀 구성원들 간의 상호작용, 과업수행 방식 등에 변화를 줄 수 있다.

기쁨, 즐거움 등 긍정적인 감정을 공유한 팀은 그렇지 않은 팀에 비해 서로의 아이디어를 더 확대·발전시키려고 노력하고 서로의 아이디어에 대해 적극적으로 지지·지원하는 행동을 보일 가능성이 높다. 가령, 긍정적인 감정을 공유한 팀 내에서는 한 팀원이 제시한 아이디어에 대해 다른 팀원이 "정말 괜찮은 아이디어인데요?"라고 반응하는 등 격려와 지원을 할 수 있다. 또한 긍정적 감정을 공유한 팀 내에서 일어나는 이러한 상호작용들은 팀의 창의성을 증진시키는 데 기여할 수 있다. 팀 구성원들이 서로의 아이디어들을 새로운 방식으로 통합하고 해석함으로써 창의적인 결과물을 도출할 수 있는 것이다.

흥미로운 사실은 긍정적인 감정을 공유한 팀 구성원들은 서로의 아이디어를 발전시키고 지원하는 상호작용 과정을 통해 팀의 창의성을 증진시킬 수 있지만, 팀의 의사결정 정확도는 감소할 수 있다는 것이다. 기쁘고 즐거운 감정을 경험하는 사람들은 대체로 현재의 긍정적인 감정상태를 유지하려는 경향을 보이기 때문에 논리적이고 비판적인 사고를 하지 않을 가능성이 있기 때문이다. 따라서 팀 내에서의 긍정적인 감정은 치밀한 분석이 요구되는 과업에는 부적합할 수 있다. 또한 '모든 것을 통제하고 있다는 환상 통제(illusion of control)'에 기반한 지나친 자신감도 그릇된 의사결정을 내릴 가능성을 높인다. 이러한 사실이 시사하는 바는 팀이 수행하는 과업의 종류에 따라 팀 관리자는 팀 구성원들의 감정이나 정서 및 기분을 전략적으로 관리해 팀 성과를 증대시켜야 한다는 것이다. 팀의 과업이 창의성과 혁신성을 요구할 경우에는 팀 구성원들 간에 기쁘고 즐거운 감정을 공유하는 분위기를 창출해 팀원 간에 서로의 아이디어를 발전시키고 지지하도록 하는 것이 적합한 반면에 팀의 과업이 비판적이고 논리적인 사고가 필요한 경우에는 적정수준의 긴장감과 같은 약간의 부정적인 감정을 경험하도록 하는 것이 성과에 더 긍정적인 영향을 미칠 수 있다.

임직원들의 정서 및 기분에 대한 관리가 무엇보다도 중요한 경우는 조직변화가 추진될 때다. 기업조직 내에 구조개편이나 다운사이징 등의 변화가 진행될 때, 직원들은 새로운 변화에 대한 불안감과 걱정, 스트레스 등 부정적인 감정을 경험하기 쉽다. 이러한 상황에서 경영자는 성공적으로 변화를 이루어 낼 수 있다는 자신감과 미래에 대한 희망, 경영진과 직원들 간의 신뢰감 등 긍정적인 감정을 심어주는 것이 무엇보다 중요하다.

브리티시 에어웨이(British Airway) 사례는 조직이 새로운 변화를 추구하는 상황에서 조직구성원들의 정서관리를 위한 내부 마케팅 커뮤니케이션이 매우 중요함을 잘 보여준다. 로버트 에일링(Robert Ayling)은 1996년 브리티시 에어웨이의 최고경영자(CEO)로 취임하면서 경영효율계획(Business Efficiency Plan)을 발표했다. 이는 회사가 좋은 경영성과를 내고 있을 때 미래를 대비해야 한다는 관점에서 전사적으로 15억 유로를 절감하고, 그 일환으로 5,000명의 직원을 해고하겠다는 계획이었다. 문제는 회사가 좋은 성과를 달성하고 있는데도 상당수의 직원을 해고해야 한다는 것에 대해 직원들이 납득하지 못했다는 점이다. 조직구성원들은 회사의 높은 경영성과에 기여한 직원들을 회사가 해고하려고 한다는 것에 대해 배신감과 실망, 분노 등의 부정적 감정을 경험했다. 반발하는 직원들에게 브리티시 에어웨이는 설상가상으로 복리후생, 퇴직금, 승진 등에서 불이익을 주겠다는 협박을 가하기도 했다. 결국 직원들과 경영진이 감정적으로 대립했고, 사내에 실망과 분노, 냉소, 무관심 등의 감정이 팽배한 상태에서 고객만족도와 경영성과는 급격하게 하락했다. 이는 결국 CEO의 퇴진으로 이어졌다.

앞서 살펴본 바와 같이 효과적인 내부 마케팅 커뮤니케이션을 통한 조직구성원들에 대한 효과적인 정서관리는 팀 내에서의 구성원들 간 상호작용과 팀 성과에 영향을 줄 뿐 아니라 조직변화의 성패에도 영향을 미칠 수 있다. 결국 소비자, 내부고객, 이해관계자 집단(예를 들면, 협력업체, 하청업체, 정부 관계부처) 등 기업이 관계를 맺는 대상들이 주요 의사결정의 핵심 영향요인인 정서를 장착한 '人-사람'이라는 인식을 바탕으로 한 기획과 실행이 필요하다.

참고문헌

Bazarova, Natalya N., Yoon Hyung Choi, Janis Whitlock, Dan Cosley, and Victoria Sosik(2017). Psychological Distress and Emotional Expression on Facebook. *CyberPsychology, Behavior & Social Networking,* 20(3), 157−163.

Bem, Daryl J.(1972). Constructing cross−situational consistencies in behavior: Some thoughts on Alker's critique of Mischel. *Journal of Personality*, 40(1), 17−26.

Giuseppe, Craparo, Roberta Messina, Sergio Severino, Silvia Fasciano, Vincenza Cannella, Alessio Gori, Marco Cacioppo, and Roberto Baiocco(2014). The Relationships between self−efficacy, Internet addiction and shame. *Indian Journal of Psychological Medicine*, 36(3), 304−307.

Giuseppe, Craparo, Paola Magnano, Alessio Gori, Alessia Passanisi, Alessandra Lo Piccolo, and Ugo Paceet(2016). ADD symptoms, self−image and emotional intelligence in early adolescence. *Life Span and Disability*, XVIII(2), 167−188.

Lin, Kuan−Yu and Hsi−Peng Lu(2011). Intention to Continue Using Facebook Fan Pages from the Perspective of Social Capital Theory. *CyberPsychology, Behavior & Social Networking*, 14(10), 565−570.

Meng, Jingbo, Lourdes Martinez, Amanda Holmstrom, Minwoong Chung, and Jeff Cox(2017). Research on social networking sites and social support from 2004 to 2015: A narrative review and directions for future research. *CyberPsychology, Behavior & Social Networking*, 20(1), 44−51.

Müller, K. W., H. Glaesmer, E. Brähler, K. Wölfling, and M. E. Beutel(2013). Prevalence of internet addiction in the general population: Results from a German population−based survey. *Behavior, Information & Technology*, 32, 25−31.

Pillutla, M. M. and J. K. Murnighan(1996). Unfairness, Anger, and Spite: Emotional Rejections of Ultimatum Offers. *Organizational Behavior and Human Decision Processes*, 68(3), 208−224.

Sanfey, Alan G., James K. Rilling, Jessica A. Aaronson, Leigh E. Nystrom, and Jonathan D. Cohen(2003). The Neural Basis of Economic Decision−Making in the Ultimatum Game. *Science*, 300(5626), 1755−1758.

Schmitt, Bernd H.(1999). *Experiential Marketing*. The Free Press.

Stefanone, Michael A., Zhiying Yue and Zena Toh(2019). A social cognitive approach to traditional media content and social media use: Selfie−related behavior as competitive strategy. *New Media & Society*, 21(2), 317−335.

Sy, T., S. Cote, and R. Saavedra(2005). The contagious leader: Impact of the leader's mood on the mood of group members, group affective tone, and group processes. *Journal of Applied Psychology*, 90, 295−305.

Vermeulen, Anne, Heidi Vandebosch and Wannes Heirman(2018). #Smiling, #venting, or both? Adolescents'social sharing of emotions on social media. *Computers in Human Behavior*, 84, 211−219.

Zhou, Tao(2015). The effect of network externality on mobile social network site continuance. *Program*, 49(3), 289−304.

2

정서의 이론적 이해

chapter 2

정서의 이론적 이해

1. 정서는 느낌, 감정, 기분과 어떻게 다른가?

감정(affect), 정서(emotion), 느낌(feeling) 등은 인지심리학과 사회심리학에서 오래전부터 연구되어 왔다. 대다수 연구들은 감정, 정서, 느낌 등의 용어를 섞어 사용하고 있으며 연구자들마다 각 용어를 다르게 정의하고 있다. 또한 기분(mood)은 감정, 정서, 느낌과 다른 의미를 갖지만, 이들과 유사하게 사용되고 있다. 감정은 정서, 기분, 태도 등의 심리상태를 포괄하는 광의의 느낌 상태로 볼 수 있다. Cohen과 Areni(1991)는 감정을 방향성을 가진(즉, 긍정적 혹은 부정적) 느낌 상태(valenced feeling state)로 정의하고, 이에는 정서와 기분이 포함되는 것으로 보았다. Cohen과 Areni는 정서가 기분에 비해 상대적으로 더 강렬하며 특정 대상과 관련된 느낌 상태인 것으로 보았으며, 정서를 감정의 일부로 간주함으로써 감정이 정서보다 더 넓은 개념인 것으로 보았다. 그러나 Holbrook과 Batra(1987)는 그 반대로 정서를 감정보다 더 포괄적인 개념으로 보고 있다. 그들은 감정을 좋아함-싫어함, 긍정적-부정적, 찬성-반대 등과 같이 단일차원의(unidimensional bipolar) 양극 개념으로 본 반면 정서는 사랑스러움, 증오, 공포, 분노 등 무한히 많은 수의 느낌 상태를 포함하는 것으로 보았기 때문이다.

일반적으로 정서는 어떤 사건이나 생각에 대한 인지적 평가 혹은 감평(appraisal)의 결과로 발생되고, 생리적 과정이 수반되며, 특정 행위를 유발시킨다. 정서는 흔히 몸짓이나 얼굴표정 등의 신체적 표현으로 나타난다. 가령, 고급 레스토랑에서 정당한 서비스를 받지 못한 것으로 판단(평가)할 경우, 소비자는 강한 불쾌감을 느끼고, 맥박이 뛰면서 서비스 제공자에게 고함을 치고 싶은 충동을 느낀다. 이에 반해 기분은 특정 시점과 상황에서 갖게 되는 어떤 느낌(혹은 감정상태)으로서, 비교적 일시적이며, 정서보다 그 강도가 약하고, 일반적으로 특정 대상과 관련되어 있지 않으며, 행동의도(action tendencies)나 특정 행위와 직접 관련되어 발생되는 것은 아니다. 어떤 연구자들은 태도(attitudes)를 감정의 일종으로 간주하여, 정서와 태도를 동일한 측정도구(가령, 유쾌한-불쾌한, 행복한-슬픈, 재미있는-지루한 등의 의미 차별화 척도 문항)를 이용하여 측정하기도 하지만, 일반적으로 태도는 좋은-나쁜 등으로 측정되는 평가적 판단(evaluative judgement)으로 국한하여 정의된다.

소비자행동 연구자들과 정서심리학자들은 그중에서도 특히 정서와 기분이 사람들의 행동에 어떤 영향을 미치는지를 연구하면서 정서와 기분을 엄격하게 구분하지 않고 사용하는 경향이 있다. 본서에서는 정서가 소비자의 판단과 행동에 미치는 효과를 주로 다루게 될 것이기 때문에, 여기에서는 잠시 기분의 효과에 대해서 소개하고 지나가기로 한다.

기분은 정서를 유발한 어떤 사건의 잔존효과(lingering effect)로도 볼 수 있다. 소비자는 기대에 미치지 못한 주식투자에 대해 더 이상 분노의 감정을 가지고 있지는 않지만, 기분적으로 그러한 느낌이 계속 남아 있을 수 있다. 기분이 어떤 구체적 행동을 유발하지는 않지만, 사람들은 매우 기분이 좋거나 또는 나쁜 상태에서 웃거나 눈물을 보이는 등의 감정표현을 하거나 혹은 활력 있게 행동하거나 힘없이 행동하는 등과 같이 서로 다른 행동방식을 취할 수 있다. 또한 기분은 어떤 대상을 평가하거나 그 대상에 대한 느낌을 형성하는 데 영향을 미칠 수도 있다. 가령, 사람들은 기분이 좋을 때, 즐거웠던 정서경험을 더 많이 회상하는 경향이 있다. 소비자가 우리 회사 제품과 관련된 긍정적 정보와 사용경험을 주로 떠올리게 함으로써 구매과정에서 자사제품을 선택하는 데 유리하게 작용하기 때문에, 많은 서비스 기업들이 고객들의 기분을 좋게 만들기 위해 많은 마케팅 노력을 기울이고 있다. 한 컴퓨터 서비스업체는 뛰어난 서비스로 명성이 높았지만, 대부분의 수선작업이 기계 내부에 대한 것이기 때문에 고객들에게 서비스 품질을 직접 확인시키기가 어려웠다. 이에 따라 수선 서비스에 대한 고객의 판단에 영향을 미칠 방안의 하나로, 수리를 끝낸 다음 컴퓨터 케이스를 신선한 냄새가 나는 클리너로 닦아주었다. 얼마 지나지 않아, 서비스를 받은 후 컴퓨터 성능이 매우 좋아졌다고 칭찬을 하는 고객의 수가 늘어났다. 서비스 자체는 이전과 다르지 않았지만, 상쾌한 냄새가 고객의 기분을 좋게 만들어 마음속으로 새로 고쳐 컴퓨터의 작동이 잘 된다는 생각을 갖게 만든 것이다.

그렇다면 기분에 영향을 미치는 요인은 어떤 것들일까? 사람의 기분은 다음과 같은 네 가지 요인에 의해 영향을 받는다.

첫째, 긍정적 감정을 유발하는 사건(가령, 기대하지 않은 보너스를 받음)이나 부정적 감정을 유발하는 사건(가령, 자동차 접촉사고와 같은 스트레스를 유발하는 사건)에 의해 영향을 받는다. 따라서 기업은 긍정적 기분을 유발시키는 사건(이벤트)들을 많이 개발하고, 부정적 기분을 유발시키는 사건들이 발생할 가능성을 사전에 예방하거나 발생된 부정적 사건을 신속하게 해결해야 한다. 고객들이 좋은 기분을 갖도록 하기 위해서는 의사결정과정에서 많은 생각을 하지 않도록 해야 하며 능동적으로 행동하도록 유도하는 것이 효과적이다. 가령, 자동차 영업소를 방문한 고객이 자동차의 세부기능들에 대해 꼼꼼히 살피고 분석하도록 만드는 것보다는 직접 자동차를 시승해 보도록 유도하는 것이 좋은 기분을 갖게 하는 데 더 효과적이다. 적극적으로 행동에 참여하지 않고 많은 생각을 갖게 되는 고객들은 상대적으로 부정적 기분이 유발될 가능성이 높다. 따라서 기업은 고객으로 하여금 어떤 형태로든 어떤 일을 직접 수행하도록 유도하는 것(가령, 스스로 제품의 성능을 테스트해 보도록 하는 것)이 긍정적 기분을 유발하는 데 효과적일 것이다.

둘째, 기분은 시간과 계절의 영향을 받는다. 긍정적 감정(기분)은 대체로 아침과 봄에 상대적으로 강하게 유발되며 겨울에 가장 약하게 일어난다.

셋째, 기분은 사람의 성격적 특질(traits)과 기질(temperament)에 영향을 받는다. 사람들은 기분에 영향을 받는 성향에서 서로 차이가 있다. 평소에 행복한 감정을 갖는 사람들은 코미디, 로맨틱한 영화 등과 같은 즐거움을 주는 대상물에 더 끌리는 반면 평소에 우울한 성격의 사람들은 심각한 이야기, 향수를 불러일으키는 이야기와 음악 등을 더 선호한다. 우울한 성격의 사람들은 옛날을 그리워하는 향수(nostalgia)의 감정을 자주 갖게 되는데, 이러한 감정은 IMF 사태 등 나쁜 일이 발생되는 시점에 더 강하게 유발된다. 기업들은 이러한 시점에 향수소구 광고를 흔히 이용하는데, 이러한 광고는 과거의 즐거웠던 제품사용 경험을 보는 중에 유발된 긍정적 기분이 자사제품에 대한 호의적 태도로 전이되도록 하는 데 그 목적이 있다.

넷째, 주변의 환경적(맥락적) 단서가 기분에 영향을 준다. 동일한 광고도 어떤 방송프로그램에서 방영되느냐에 따라 소비자에게 주는 효과가 달라지는데, 그 이유는 방송프로그램의 특성(즉, 환경적 단서)에 따라 서로 다른 기분을 유발시키기 때문이다. 사람들은 자신의 기분에 맞는 TV 프로그램을 찾는 경향이 있다. 또한 소비자들은 그 프로그램에 의해 유발된 기분상태와 부합되는 광고에 더 주의를 보이거나 몰입할 가능성이 높다. 가령, TV 프로그램 개그콘서트는 즐거운 기분을 유발시키기 때문에 시청자들은 유머광고에 더 주의를 기울일 가능성이 높다. 따라서 기업의 광고는 그 광고가 방영되는 TV 프로그램의 기분유발 형태(가령, 긍정적 기분을 유발하는 TV 프로그램 혹은 부정적 기분을 유발하는 TV 프로그램)와 서로 부합될 때, 소비자는 해당 광고에 대해 더 주의를 기울이고 더 많은 정보처리를 하는 경향이 있다.

기업은 광고, 이벤트 등의 마케팅 커뮤니케이션 활동을 통해 소비자의 전반적 무드(기분)를 자사에 유리하게 유도하려는 노력을 한다. 사회적 가치에서 혼돈이 야기되고(즉, 사회적 가치 간에 충돌이 발생하고) 미래가 불확실한 사회적 분위기에서는 사회 전반적으로 부정적인 무드(기분)가 조성될 가능성이 높다. 이러한 시기에 기업은 긍정적 무드를 조성하기 위해 흔히 향수(nostalgia)광고를 활용한다. 즉, 과거에 사용되었던 상징들(가령, 유명인, CM송, 브랜드명, 브랜드 슬로건)을 재활용하여 과거의 즐거웠던 추억을 회상시킴으로써 소비자들을 긍정적인 무드로 전환시키려고 하는 것이다. 1997년 말의 IMF 사태, 2008년 말의 글로벌 금융위기 이후 진로소주와 브라보콘 등의 유명브랜드들이 과거에 사용되었던 CM송을 재도입한 경우가 이에 해당된다. 이에 반해 미래에 대해 낙관적인 젊은 소비자층을 타겟으로 하는 제품광고는 과거를 비난하고 현재의 좋은 점을 강조하는 등 의도적으로 반(反) 향수(복고)지향적인 광고메시지를 사용한다. 가령, 미국에서 젊은 전문직 여성층을 목표고객으로 삼은 담배브랜드인 버지니아 슬림(Virginia Slims)이 이러한 예에 해당된다. 버지니아 슬림 담배는 여성의 자유가 억압되었던 과거를 비난하고 '정말 험난한 길을 헤쳐 지금까지 왔다(You've come a long way baby)'라는 슬로건을 담은 광고 캠페인을 오랜 기간 실시하였다.

사회적 가치가 너무 엄격하고 경직된 사회적 상황에서는 전반적인 분위기가 활력이 없을 수 있다. 이러한 상황에서 기업은 자사브랜드가 사람들의 삶에 활력을 심어줄 수 있다는 식으로 긍정적 기분을 유발하는 광고를 활용할 수 있다. 때에 따라 기업은 목표청중이 사회적 규범에 맞추어 천편일률적인 행동을 보일 때 사회적 규범에 순응하는 행위에 대해 의도적으로 조롱의 시각을 보이는 광고를 사용할 수 있다. 기분을 십분 활용하는 것은 따라서 긍정적·부정적 효과를 예측하기 어려울 수 있다.

정서는 기분이나 태도와 마찬가지로 어떤 행위에 직·간접적으로 영향을 주지만, 정서의 결과로 유발되는 행동의도(가령, 현대 쏘나타를 구매하려는 의도)가 기분이나 태도에 의해 유발된 행동의도에 비해 그 강도가 더 강하며, 더 강렬한 주관적 경험, 생리적 반응(가령, 자율신경계의 활동), 신체적 표현(가령, 얼굴의 표정)을 유발한다. 정서는 어떤 대상들에 대한 평가 또는 감평(appraisal)의 결과로서 나타나는 감정적 반응이다. 구체적으로 말하면 정서는 사람들이 자신의 복리(well-being) 추구와 관련이 있는 어떤 대상들에 대해 내린 평가의 결과로 나타난다. 예를 들어, 새로운 세제가 옷에 묻은 케첩 얼룩을 깨끗하게 빠지게 해주면 소비자는 기뻐하고, 레스토랑에서 형편없는 서비스를 받으면 이에 대해 분노를 느끼기도 한다.

이와 같이 사람들의 일상생활 속 어디에서나 정서가 깊게 스며들어 있지만 정서에 대한 연구들이 그동안 별로 이루어지지 않았고 정서만을 다루는 교과목을 개설한 대학도 거의 찾아보기 어렵다. 정서를 연구하기 어려운 주요 이유 중의 하나는 정서를 표현하는 언어 자체가 모호하고 맥락(상황)에 따라 동일한 정서언어도 그 의미가 다르게 사용되기 때문이다. 가령, '가슴 졸이는(초조해 하는)'이라는 정서적 느낌도 '입사시험 결과를 가슴 졸이며 기다린다'는 경우와 '휴가를 가슴 졸이며 기다린다'는 경우와 같이 정반대의 의미로 표현될 수 있다. 또 다른 예로 공포감이라는 정서적 표현에 대해 살펴보자. 공포라는 느낌도 몸에서 나쁜 냄새가 나는 것 같은 경우, 사고를 당할 수 있는 경우, 행사를 개최하는 동안 중요한 물건이 빠져 있는 것을 발견한 경우 등 상황에 따라 그 의미가 다를 수 있다. 이와 같은 정서단어가 개념적으로 모호하다는 특성, 즉 정서단어가 상황에 따라 그 의미가 다를 수 있다는 사실은 소비자의 정서, 생각(인지), 행동이 어떤 맥락에서 발생하는지를 이해하는 것이 중요하다는 것을 시사한다. 소비자는 동일한 서비스나 제품에 대해 물리적·사회적 마케팅 환경이 달라지면 서로 다른 정서적 경험을 가질 수 있으며, 그리고 동일한 환경에 대해서도 이를 어떻게 해석하느냐에 따라 다른 정서가 유발될 수 있으므로, 기업은 제품·서비스가 사용되는 환경에 따라 어떤 유형의 정서가 유발되는지에 대한 정보를 수집·분석해야 한다.

정서마케팅을 통해 경쟁우위를 확보하려는 기업은 정서의 기본특성을 정확히 이해할 필요가 있는데, 정서는 다음과 같은 주요 특징을 가지고 있다.

• 정서는 어떤 대상에 대해 발생된다. 우리는 어떤 것에 대해 두려움을 느끼거나, 어떤 사람이 한 행위에 대해 분노감을 느끼거나, 어떤 것에 대해 당혹감을 느끼거나 자긍심을 느낀다고 이야기한다. 이러한 정서의 특징은 정서가 운동을 심하게 해서 근육에 통증을 느껴 기분이 좋지 않은 현상과 다름을 시사한다. 기업이 소비자의 정서적 경험을 잘 이해하고자 한다면, 어떤 대상물(가령, 샤넬 핸드백)이 특정의 정서를 유발하였는지를 먼저 파악하고, 그 대상물의 어떤 특징(속성)이 그러한 정서를 환기시켰는지를 분석해야 한다. 소비자들은 마음속으로 진실하다고 판단되는 어떤 대상물이 진실하다고 생각하는 것만으로도 정서적 반응을 보일 수 있으므로 정서의 대상이 실제로 드러나지 않고 단순히 소비자의 상상 속에서만 존재할 수도 있다. 가령, 애플 아이팟의 충성고객은 새로운 모델이 출시될 것이라는 뉴스를 접하는 것만으로도 새로운 제품의 디자인과 성능을 상상해 보는 과정에서 흥분감을 느낄 수 있다.

• 정서는 어떤 대상에 대한 매우 강한 부정적 또는 긍정적 평가 혹은 감평(appraisal)의 결과로 유발된다. 우리는 대상에 대한 평가가 많은 인지적 노력(즉, 깊은 생각)을 통해 이루어진다고 생각하는 경향이 있다. 그러나 우리의 관심을 끄는 어떤 대상에 대한 평가는 무의식 상태(nonconscious 혹은 preconscious appraisal)에서 이루어질 수도 있다. 만약 어떤 대상이 우리의 관심을 끈다면(즉, 가치가 있다고 지각되면), 무의식 상태에서 즉각적인 평가가 이루어져 반사적 정서반응(reflex emotion)이 유발될 수 있는 것이다. 즉, 대상에 대한 의식적 지각을 토대로 정서적 경험이 이루어질 뿐 아니라 때에 따라 무의식적 수준에서 정서적 경험이 이루어지기도 한다. 만약 어떤 대상(마케팅 자극)이 소비자의 관심을 끌만한 특징(내용)을 갖고 있지 않다면(즉, 소비자가 중요하게 생각하는 가치들과 연관되어 있지 않다면), 어떠한 정서적 반응도 유발되지 않는다. 예를 들면, 검소함을 중요하게 생각하는 소비자들은 사치품에 대해 혐오감을 가질 수 있으며, 세련되고 고급스러움을 가치 있게 생각하는 소비자들은 사치품의 소유에 대해 뿌듯함과 자긍심을 가질 수 있다.

정서심리학자들은 정서가 대상을 평가한(인지적 노력을 기울인) 결과로 발생되는지 또는 정서가 대상에 대한 평가 없이도(즉, 인지와 독립적으로) 발생될 수 있는지에 대한 많은 논쟁을 벌여 왔다. Zajonc(1980) 같은 학자는 감정(affect)이 인지(cognition)에 우선한다고 주장한다(primacy of affect over cognition). 즉, 정서유발과 동시에 자극에 대한 신념(인지)이 형성될 수도 있지만, 사람들은 발생된 자극을 의식적으로 평가하기 전에 정서를 먼저 경험할 수 있다는 것이다. 가령, 멋있는 디자인의 모바일폰을 본 소비자는 곧바로 즐거운 감정을 가지게 되며, 디자인의 어떤 특징들이 그러한 감정을 유발시켰는지를 평가하게 된다. Damasio(1994)와 같은 여러 신경학자들은 사람들의 가치관이나 관심사와 연관된 대상에 대한 초기평가는 무의식적 상태에서 이루어지며, 이러한 초기평가는 그 후에 이루어지는 의식적 수준에서의(reflective 혹은 conscious) 평가에 의해 변화될 수 있다고 주장한다(인지와 정서가 상호 독립적으로 발생되는지에 대한 논쟁은 정서이론에서 다시 자세한 설명을 하기로 한다). 짙은 빨간색의 립스틱과 매니큐어를 칠한 젊은 여성을 목격하면, 사람들은 무의식적으로 성적 자극을 받게 되며, 화려하고 섹시한 여성일 것이라는 생각을 자연스럽게 갖는다. 그러나 화려한 모습의 여성에 대해 부정적 가치를 갖고 있는 사람들은 그 여성에 대해 혐오감과 같은 부정적 감정을 가질 수 있다.

• 정서는 자동적인 생리적(육체적) 각성 혹은 느낌(automatic physiological activity)을 경험하게 만든다. 일반적으로 매우 불쾌하거나 유쾌한 느낌을 경험할 때, 강한 신체적 환기상태(arousal)가 동반된다. 즉, 정서적 동기가 유발되기 위해서는 매우 불쾌하거나 즐거운 감정에 따른 신체적 활성화가 함께 발생되어야 한다는 것이다. 이를테면, 우리는 행복, 분노, 죄책감, 당혹감, 놀람, 슬픔 등의 감정(느낌)을 가진다고 말할 때, 우리가 신체적 고통, 메스꺼움 등의 느낌을 함께 가질 수 있다. 느낌(feeling)이란 신체적 느낌(가령 숨 막힐 듯한 심적 압박감)과 어떤 대상에 대한 감정(가령, 사랑하는 사람에 대한 따뜻한 느낌)을 모두 포함하는 것이다.

어떤 대상에 대해 매우 부정적이거나 긍정적 평가를 내리면, 사람들은 그 결과로 그 대상에 대해 긍정적 혹은 부정적 느낌을 경험하게 된다. 가령, 스마트폰 브랜드 갤럭시 S에 대해 매우 긍정적인 평가를 내리면, 소비자는 그 제품에 대해 긍정적 느낌을 갖게 된다. 만약 대상에 대한 느낌이 없다면, 어떤 정서도 경험하지 못하게 될 것이다. 어떤 연구자들은 정서를 경험하기 위해 반드시 대상에 대한 느낌을 동반할 필요가 없다고 주장하기도 하지만, 이러한 주장은 신체적 느낌을 동반하지 않을 수도 있음을 의미하는 것이지 대상에 대한 감정적 경험을 동반하지 않음을 주장하는 것은 아니다. 즉, 우리는 어떤 생각을 하면서(가령, 반드시 들어가고 싶은 대학에 떨어질 경우를 생각함), 신체적으로 느끼지 못하는 상태에서 (그 이유를 알 수 없는) 공포감을 경험할 수 있는 것이다. 최근 들어 많은 기업들과 연구자들이 고객에게 적절한 정서적 경험을 제공하는 것이 경쟁우위를 유지하는 데 중요하다고 인식하고 있다. 고객들이 제품이나 서비스가 정서적 가치(emotional value)를 가진 것으로 지각할 때 기꺼이 그 제품을 구매하고 싶어 한다. 그러면 소비자는 어떤 경우에 제품이 정서적 가치가 있다고 생각할까? 그것은 제품이 자신을 잘 표현해 주거나 사회적 지위를 상징해 주거나 오감의 즐거움을 제공해 줄 경우일 것이다.

• 정서는 어떤 행동을 하고 싶다는 욕구(행동성향)를 유발한다. 가령, 분노의 감정을 느끼면, 사람들은 그 대상에 대해 공격적 성향을 갖게 된다. 물론 슬픔의 경우와 같이 비통한 심정을 행동 대신 말로 표현하는 경우도 있지만 정서는 본능적으로 얼굴표정(involuntary facial displays)이나 신체적 표현(가령, 신체 자세의 변화)을 통해 나타난다. 가령, 어떤 대상이 공포감을 주는 것으로 평가되면, 의식적으로 이에 대처하는 어떤 행동을 취하기 전에 얼굴에서 이러한 감정이 무심결에 나타난다. 우리는 흔히 상대방의 얼굴(표정)을 읽음으로써 그 사람의 정서상태를 짐작한다고 이야기한다.

2. 정서의 유형 · 구조의 이해가 왜 필요한가?

대부분의 사람들은 정서가 무엇인지를 안다고 믿는다. 사람들은 정서를 '행복하다', '슬프다', '화난다' 등의 단어로 표기할 수 있는 특별한 종류의 느낌이라고 생각하여, 자신의 정서상태를 묘사해 보라는 요청을 받으면, 행복한, 슬픈, 짜증나는 등의 단어를 사용한다. 그러나 사실은 상황에 따라 어떤 단어는 정서를 표현하는 단어이지만 어떤 단어는 그렇지 않은 경우가 많다. 가령, '좋은'이라는 단어는 기분이 좋거나 유쾌한 것으로 해석될 수도 있고 좋은 사람으로 해석될 수도 있는데, 전자와 같이 해석된다면 정서단어로 간주될 수 있지만 후자와 같이 사람에 대한 도덕적 판단으로 해석된다면 정서 단어로 간주되기 어렵다.

이러한 혼돈은 정서를 다양한 유형으로 분류해 보면 쉽게 해결될 수도 있다. 예를 들어, 정서는 크게 두 가지 유형으로 구분될 수 있는데, 하나는 공포, 분노, 놀라움, 혐오, 슬픔 등과 같이 기본적·선천적이고 강한 생리적 반응을 수반하는 정서이고, 다른 하나는 당혹감(embarrassment), 죄책감, 긍지(pride), 부러움 혹은 시기(envy) 등과 같이 매우 인지적이고 문화적인 학습을 통해 후천적으로 습득되는 정서이다. 이를 통해 소비자가 표현하는 정서단어의 동기를 비교적 쉽게 파악할 수 있다.

이와 유사한 이분법적 분류들을 좀 더 살펴보면 다음과 같다.

첫째, 정서는 적극적(의도적)인가 혹은 수동적인가에 의해 분류되기도 한다. 정서는 특정 사건이나 생각에 의해 의도적으로 창출되거나(가령, 범죄, 아름다운 장면이나 여성에 대한 생각) 혹은 불시에 기대하지 않은 사건에 의해 수동적으로 발생된다(예를 들어, 햄버거 속에서 벌레를 발견했을 때 느끼는 혐오감은 의도적으로 통제될 수 없음).

둘째, 사람들은 정서적 경험을 의식하기도 하지만 무의식 상태에서 정서를 경험하기도 한다. 많은 연구자들은 정서가 다른 사람들에게 표현될 수 있는, 즉 의식상태의 주관적 경험이라고 한다. 이들은 정서적 경험을 측정하기 위해 사람들로 하여금 자신이 경험한 정서를 서술하도록 하는 자기 보고법(self report method)을 종종 사용하는데, 이러한 정서측정방법은 사람들이 자신의 정서적 경험을 의식적으로 표현할 수 있다는 믿음을 토대로 개발된 것이다.

그러나 정서의 상당 부분은 잠재적 의식수준에서 경험된다. 사람들은 특별한 이유 없이 짜증이 나고 화가 난다고 이야기한다. 또한 사람들은 자신의 정서에 대해 잘못 알고 있기도 하다. 가령, 주변 사람들은 상대방의 우울한 기분이나 질투를 알아보는데도 정작 본인은 이를 느끼지 못할 수 있다. 기분에 관한 연구들에 의하면 사람들은 자신의 기분이 어디에서 비롯된 것인지를 제대로 인식하지 못하는 경우가 많다고 한다. 따라서 기업이 소비자의 정서적 경험을 조사할 때 의식적 차원에서(즉, 설문지상에서) 표현되는 정서도 측정해야 하지만 잠재적 차원에서 발생되는 정서적 경험을 측정하는 방법도 활용해야 한다.

셋째, 정서는 긍정적이거나 부정적인 것으로 분류되기도 한다. 가령, 두려움, 분노, 혐오감, 슬픔 등은 부정적인 정서로 인식되는 반면 기쁨, 사랑, 즐거움 등은 긍정적인 것으로 간주된다. 그러나 부정적 정서로 간주되는 분노나 시기에 대해 많은 사람들은 긍정적인 것으로 보기도 한다. 인간의 삶에서 적응적인(유용한) 역할을 수행한다는 점에서 보면 모든 정서는 본질적으로 긍정적인 것으로 볼 수 있다. 가령, 분노는 목표를 달성하기 위해 더 열심히 노력하도록 동기부여하고, 두려움은 위협적으로 느껴지는 어떤 대상을 피하도록 동기부여한다는 점에서 긍정적 측면을 갖기 때문이다.

심리학자들은 여러 연구에서 대학생들에게 다양한 단어목록을 제시한 다음 어떤 단어가 정서상태를 나타내는 용어인지를 설명해 보도록 하였으나, 이들 연구는 일치된 결과를 보여주지 못했다. 이들 연구에서 정서단어를 판단(선별)함에 있어 평가자들 간에 의견이 일치하지 않음에도 불구하고 대부분의 현대 심리학자들은 소수의 일차적 정서 또는 기본정서(primary emotion)가 존재하며, 기타 정서는 소수의 기본정서(일차적 정서)가 합성(혼합)된 것으로 개념화할 수 있다고 믿는다.

이하에서는 기본정서는 몇 개나 되며 어떠한 것을 포함하는지를 살펴본 다음 정서단어들 간의 상호관련성(유사성) 정도에 대해 다루게 될 것이다.

1) 기본정서의 유형

대부분의 현대 심리학자들은 소수의 기본정서(일차적 정서)가 존재한다고 전제하고, 그 밖의 모든 정서는 이차적 정서이며 이들은 일차적 정서가 혼합된 것으로 가정한다.

기본정서에 관한 관심은 다윈(Darwin)의 정서표현이론에서 출발한다. 진화론적 정서이론의 창시자인 다윈은 정서표현이 동물생존에 필수적이며, 응급상황에서 의사소통의 신호로써 간주되는 정서표현은 동물의 생존확률을 높인다고 주장했다. 다윈의 정서표현이론을 지지하는 심리학자들은 동물세계 전반에 통용되는 몇 가지 기본정서가 있을 것이라는 생각을 갖게 되었다.

기본정서를 규명하려고 했던 진화론적 정서연구자들은 변연계(limbic system)에 프로그램화되어 있는 본능적(원초적)(instinctual) 정서를 기본정서로 보았다. Ortnony와 Turner는 다양한 문화권에서 그 타당성이 지지되고 있는 14개의 정서이론들에서 제시한 기본정서들을 비교하였다. 〈표 2.1〉은 14개의 정서이론에서 제시한 기본정서 유형의

〈표 2.1〉 14개 정서이론에 포함된 기본정서의 출현빈도

기본정서 유형	출현빈도	기본정서 유형	출현빈도	기본정서 유형	출현빈도
공포, 두려움, 걱정(fear)	9	모욕(contempt)	2	고양, 의기양양(elation)	1
노여움, 화(anger)	7	소망(desire)	2	기대, 예상(expectancy)	1
역겨움, 혐오(disgust)	6	고통, 비참, 고뇌(distress)	2	죄책감(guilt)	1
슬픔(sadness, sorrow)	6	부끄러움, 창피(shame)	2	비탄(깊은 슬픔)(grief)	1
기쁨(joy)	5	경탄(wonder)	2	미움(hate)	1
놀라움(surprise)	5	반감(aversion)	1	희망(hope)	1
분노, 격노(rage, terror)	4	수용(acceptance)	1	고통, 괴로움(pain)	1
행복(happiness)	3	기대(anticipation)	1	공황(공포, 전전긍긍)(panic)	1
흥미(interest)	3	용기(courage)	1	즐거움, 유쾌(pleasure)	1
사랑(love)	3	낙심, 실의(dejection)	1	복종(subjection)	1
불안, 근심(anxiety)	2	절망(despair)	1	부드러움, 상냥(tenderness)	1

출현빈도를 보여준다.

〈표 2.1〉을 살펴보면 각 정서이론이 제시하는 기본정서 유형들 간에 상당한 차이가 있음을 알 수 있다. 공포만이 9개의 정서이론에서 공통적으로 나타나는 기본정서인 반면에 〈표 2.1〉에 나타난 기본정서 목록 가운데 반 이상이 하나의 정서이론에서만 제시되고 있다. 최소 5번 이상의 출현빈도를 갖는 6개의 기본정서 가운데 4개가 부정적 정서이며, 나머지 2개 가운데 기쁨은 긍정적 정서이고, 놀라움은 중립적 정서이다. 기본정서들 가운데 부정적 정서의 출현빈도가 높다는 것은 인간 감정표현의 한 특징이다. 정서의 유발, 통제, 상징적 표현, 그리고 사회적 공유는 문화권에 따라 차이가 있지만 일부 정서들은 다른 정서유형에 비해 여러 문화권에서 공통적으로 나타난다. Scherer와 Wallbott(1994)는 기쁨(joy), 두려움(fear), 노여움(anger), 슬픔(sadness), 혐오(disgust), 부끄러움(shame), 죄책감(guilt)을 여러 문화권에서 공통적으로 나타나는 기본정서 유형으로 제시하였다. 그리고 Russell(1991)은 기쁨, 두려움, 노여움, 슬픔, 혐오, 놀라움(surprise), 행복(happiness)을 여러 문화권에서 공통적으로 나타나는 기본정서 유형으로 제시하였다.

기본정서를 밝혀내려는 여러 시도들 가운데 대표적인 몇 가지 연구들을 보면, Tomkins(1962, 1970)는 긍정적 정서와 부정적 정서로 구분되는 8개의 기본정서가 있다고 가정하였다. 긍정적 정서는 흥미(interest), 놀라움(surprise), 기쁨(joy)이고, 부정

적 정서는 고뇌(anguish), 두려움(fear), 부끄러움(shame), 혐오(disgust), 분노(rage)이다. Tomkins는 이러한 기본정서들이 특정 유형의 자극(가령, 밤중에 골목에서 갑자기 마주친 낯선 사람)에 대해 보이는 선천적 반응(가령, 두려움)이며 다양한 신체반응(특히, 얼굴반응)을 통해 표현된다고 보았다. 그는 기본정서별로 각기 특별한 표현양상을 가지고 있으며 이에 대한 구체적인 프로그램이 뇌의 피질 아래 영역에 저장되어 있다고 가정하였으며, 가장 분명한 표현양상은 얼굴표정에서 나타난다고 믿었다.

Tomkins의 동료였던 Izard(1972)는 Tomkins가 제안한 이론을 확장시키면서, 특히 정서적 반응에서 얼굴표정이 갖는 역할을 강조하였다. Izard는 얼굴표정과 정서적 경험이 서로 밀접하게 연결되어 있다고 믿었다. 즉, 인간에게는 문화권에 상관없이 공통적인 정서가 존재하며, 이는 안면근육의 반응(facial muscle response)을 통해 나타난다는 것이다. 그녀는 기본정서라고 칭한 정서유형이 유아기 초기에 발달하며 각각의 기본정서는 구체적 기능을 가지고 있다고 생각했다. 일반적으로 그러한 정서는 자신을 돌봐줄 사람이 급히 필요하다는 신호로 작용하는데, 이러한 신호가 얼굴표정을 통해 전달된다고 믿었다.

Izard도 사람들에게 기본정서가 존재한다고 가정하였으며, 그 밖의 다른 정서들은 기본정서가 조합된 것으로 보았다. 그녀는 부정적 정서와 긍정적 정서로 구분되는 기본정서들로서 흥미(interest), 기쁨(joy), 놀라움(surprise), 고통(pain), 혐오(disgust), 노여움(anger), 부끄러움(shame), 두려움(fear)의 8개를 제시하기도 하였고, 흥미(interest), 기쁨(joy), 놀라움(surprise), 슬픔(sadness), 화 혹은 노여움(anger), 혐오(disgust), 두려움(fear), 모욕(contempt), 부끄러움 혹은 창피(shame), 죄책감(guilt)의 10개를 제시하기도 하였다. 그녀가 제안한 10개의 기본정서는 해당 정서에 대한 주관적 경험, 생리적 반응, 표현행동에서 서로 다른 패턴을 보인다. Izard가 제안한 10개의 기본정서를 강도에서 차이가 있는 정서단어들을 짝으로 하여 제시하면 다음과 같다.

① 흥미(interest) – 흥분(excitement)

② 행복(happiness) – 기쁨(joy)

③ 놀라움(surprise) – 경탄(astonishment)

④ 슬픔(sadness) – 비통(grief)

⑤ 노여움, 화(anger) – 분노(rage)

⑥ 혐오(disgust) – 증오, 격변(revulsion)

⑦ 두려움(fear) – 전율(terror)

⑧ 모욕(contempt) – 경멸(scorn)

⑨ 부끄러움, 창피(shame) – 수줍음(shyness)

⑩ 죄책감(guilt) – 후회(remorse)

첫 번째와 두 번째 정서유형은 긍정적 정서이고, 세 번째 정서유형은 긍정적 정서일 수도 있고 부정적 정서일 수도 있다는 점에서 중립적 정서이다. 그리고 나머지 7개 정서유형들은 부정적 정서이다. 사람들은 이러한 기본정서들을 독립적으로 경험하거나 몇 개의 정서들을 함께 경험할 수 있다. 가령, 사람들은 노여움 혹은 화(anger), 혐오(disgust), 모욕(contempt)을 함께 경험할 수 있는데, 이들을 적대감 3요소(hostility triad)라고 한다.

Izard가 제시한 10개의 기본정서 가운데 모욕(contempt), 창피(shame), 죄책감(guilt)을 제외한 나머지 7개 기본정서는 〈표 2.1〉의 첫 번째 열에 제시한 기본정서와 일치한다. 모욕, 창피, 죄책감 등의 정서유형은 다른 정서유형에 비해 인지적 요소가 더 많이 포함되어 있으며, 인지와 감정이 결합되어 경험된다. 이러한 이유로 인해 일부 정서심리학자들은 이러한 정서유형들을 기본정서에 포함시키는 데 이의를 제기하기도 한다.

Ekman(1982)은 인종과 민족에 상관없이 공통적으로 나타나는 몇 가지 정서들이 있다고 보았으며, 행복(happiness), 혐오(disgust), 놀라움(surprise), 슬픔(sadness), 노여움(anger), 공포(fear)의 여섯 가지 정서를 기본정서라고 불렀다. Ekman, Friesen과 Ancoli(1980)는 원시 부족원이 나타내는 여러 가지 얼굴표현이 서구인의 그것과 비슷하다는 것을 발견했다. 그들은 서양영화를 본 적이 없는 아마존 강의 원주민들에게 미국인이 지은 여러 얼굴표정의 사진(즉, 행복, 혐오, 놀라움, 슬픔, 노여움, 공포를 나타내는 얼굴표정사진)을 보여주고 그것이 어떤 정서를 나타내는지를 판단하도록 했는데, 원주민들은 사진 속의 인물이 표현한 정서를 정확하게 판단했다. 마찬가지로 미국 대학생들로 하여금 원시인의 얼굴표정이 담긴 사진을 판단하도록 하였는데, 그들도 원시인들이 표현한 정서를 정확하게 판단하였다.

Tomkins, Izard, Ekman 등의 정서연구자들이 제시하는 정서이론의 공통점은 얼굴표정이 인간의 감정표현에 있어 유일한 신뢰성 있는 지표이며, 문화권에 관계없이 기본정서가 존재한다고 보는 데 있다. 그러나 이들이 제시한 기본정서들은 다양한 정서들 간의 미묘한 차이를 구분하는 데 한계가 있으며, 특정 문화권의 독특한 정서를 나타내지 못한다는 비판을 받고 있다.

Plutchik(1962)은 정서의 존재이유를 진화론적 관점에서 설명할 수 있다고 보았다. 모든 유기체들은 자신이 처한 환경 속에서 어떤 것이 위험하고 어떤 것이 생존에 도움이 되는지를 파악하여 그에 따른 적응적 행동을 해야만 살아남을 수 있다고 주장한다. Plutchik은 정서가 유기체의 생존과 번식에 도움이 되는 적응적 행동을 할 수 있게 해주기 때문에 생겨났다고 설명한다. 진화론적인 관점에서 정서를 보게 되면, 모든 유기체에게 공통적으로 나타나는 기본정서가 있다는 가정을 가능하게 한다. Plutchik은 고등동물과 하등동물 모두에 나타나는 공통적인 적응행동패턴을 기본정서라고 주장하면서, 기쁨(joy), 슬픔(sadness), 수용(acceptance), 혐오(disgust), 두려움(fear), 노여움(anger), 기대(expectation), 놀라움(surprise) 등 8가지 범주의 정서를 기본정서로 제시하였다.

2) 정서의 구조

어떤 정서가 일차적인 것인지에 대해서는 연구자에 따라 차이가 많지만, 일차적 정서(기본정서)가 소수에 불과할 것이라는 점에는 이견이 없다. 많은 연구자들이 제안하는 일차적 정서(기본정서)의 개수는 대체로 3개에서 11개 사이에 머무르고 있다. 또 흥미 있는 사실은 두려움, 노여움, 기쁨, 슬픔 등과 같이 모든 연구자에 의해 제안되는 기본정서가 있다는 점이다. 일차적 정서(기본정서)로 규정되기 위한 조건으로 다음 네 가지를 들 수 있다(Kemper, 1987).

① 대부분의 동물에서도 관찰될 것

② 모든 문화권에서 공통적으로 발견됨

③ 인간 발달의 초기에 나타남

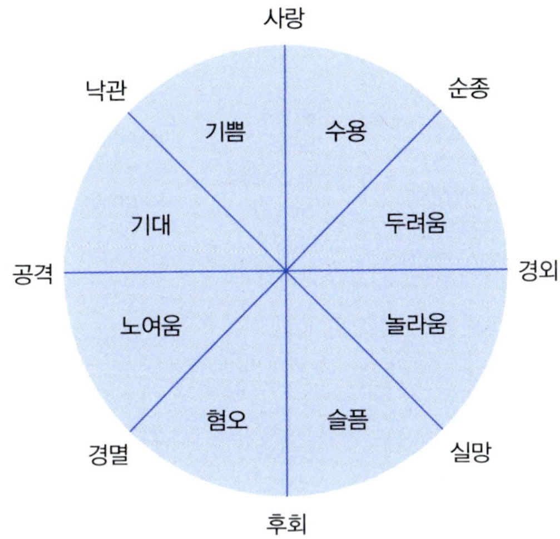

[그림 2.1] Plutchik의 정서 동그라미

④ 뚜렷한 생리적 변화의 양상과 결합됨

기본정서가 소수임에도 불구하고 다양한 언어를 사용하여 정서를 표현할 수 있는 것은 많은 연구자들이 정서에는 소수의 일차적 정서(기본정서)가 있고 그 외의 다른 모든(이차적) 정서들은 기본정서로부터 파생된 것으로 보고 있기 때문이다. 상황이나 맥락에 따라 좀 더 미묘한 정서를 표현하기 시작하면서 좀 더 세분화된 정서언어가 파생되었다는 것이다. 이러한 정서표현들은 기본정서에서 출발하기 때문에 정서심리학자인 Plutchik은 8개의 기본정서를 결합하여 수많은 이차적(파생된) 정서들을 만들어낼 수 있음을 정서 동그라미를 이용하여 설명하였다. 그는 사람들이 경험하는 주관적 정서들이 색상들처럼 혼합될 수 있다고 주장했다. Plutchik은 2개의 기본정서가 합쳐져서 생기는 정서를 2원소(dyad) 혼합정서라고 하고, 3개의 정서가 혼합된 정서를 3원소(triad) 혼합정서라고 불렀다. 예를 들어, 기쁨(joy)과 수용(acceptance)을 섞으면 사랑(love)이라는 혼합감정이 생기고, 혐오(disgust)와 노여움(anger)이 합쳐지면 경멸감(contempt)을 느끼게 된다. 이와 같이 둘 이상의 정서를 서로 다른 강도로 혼합하면 수백 개의 정서용어가 만들어질 수 있다는 것이다.

다른 정서연구자들은 수많은 개별 정서들을 두 개의 직각축상에 원형으로 배치할 수

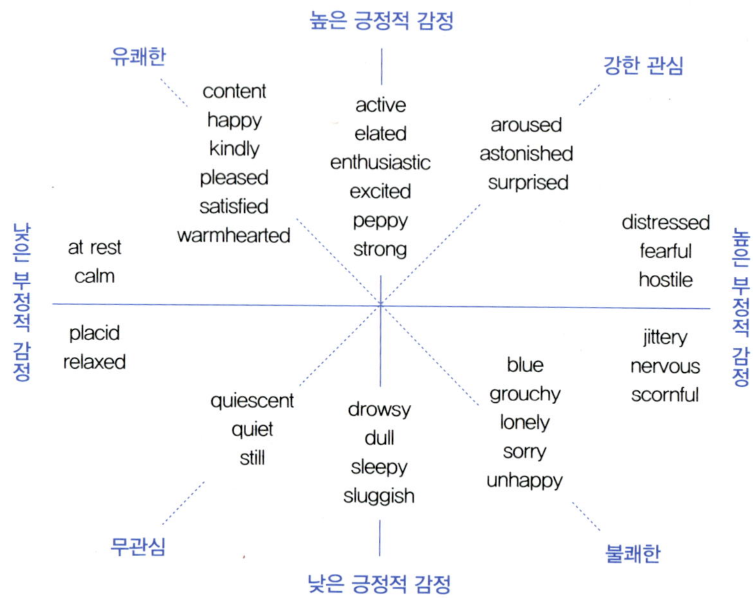

[그림 2.2] Watson과 Tellegen의 2요인(차원) 정서구조모형

있다는 정서의 원형모델을 제안하였다. [그림 2.2]는 정서의 원형무델(원을 따라 개별 정서들이 흩어져 있는 것을 보여주는 정서모형)의 한 예이다(Watson and Tellegen, 1985). 정서의 원형구조모형(circumflex model)은 2요인(차원) 모형이라고도 불리는데, 그 이유는 요인분석이나 다차원척도 등의 통계기법을 사용하면 수많은 개별 정서들을 두 개의 요인(차원)으로 묶을 수 있다고 제안하면서 이들을 두 개의 직각축(기본차원) 주변에 배치하였기 때문이다. 두 개의 직각축(기본 정서차원)은 연구자에 따라 서로 다른 명칭이 부여되었는데, Russell(1997)과 같은 정서심리학자는 두 개의 축(정서차원)을 유쾌–불유쾌와 각성–졸림으로 명명하였고, Watson과 Tellegen(1985)은 높은 긍정적 감정–낮은 긍정적 감정과 높은 부정적 감정–낮은 부정적 감정과 같이 2x2 다차원으로 설명하였다.

Russell은 유쾌함(pleasantness)/불쾌함(unpleasantness)과 환기(arousal)/평온함(quietude)이라는 2개의 기본차원(primary dimension)상에 정서단어들을 표시할 수 있다고 제안했다. 유쾌함과 환기의 2차원상에 정서단어들이 표시되는 정서구조모형은 PAT(Pleasure–Arousal Theory)로 불리어진다. 2차원 정서구조모형은 환기수준이 낮은 정서들도 고려한다는 점에서 개별 기본정서들을 파악하려는 진화론적 관점의 정서접

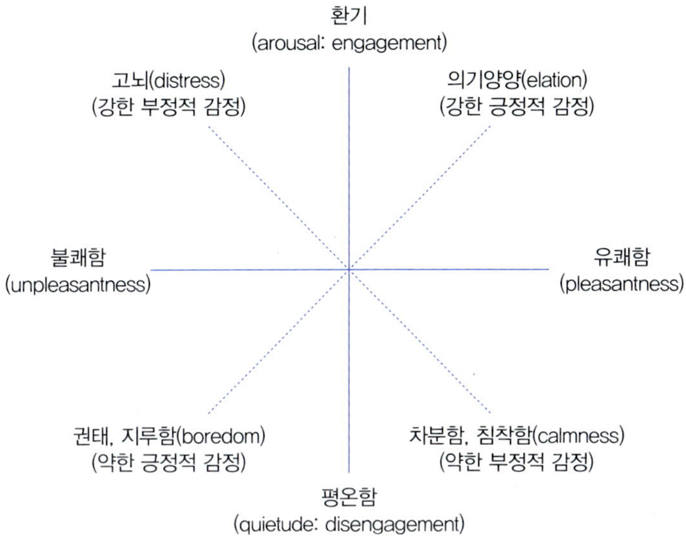

[그림 2.3] Russell 및 Watson과 Tellegen의 원형 정서구조모형(Affect Circumplex)

근방식에 비해 개념적으로 더 많은 장점을 갖는다. 진화론적 관점의 많은 정서연구자들은 환기수준이 높은 정서들만을 기본정서로 보았으며 환기수준이 낮은 정서(가령, 차분함(calmness))를 기본정서에 포함시키지 않았다. 〈표 2.1〉의 첫 번째 열을 보면 기본정서들 가운데 긍정적 정서는 기쁨(joy), 행복(happiness), 흥미(interest), 사랑(love)만을 포함하고 있다. 이에 반해 2차원의 원형 정서구조모형은 관여수준이 낮은 여러 긍정적 정서들을 기본정서에 포함시키고 있다.

Watson과 Tellegen도 Russell과 유사한 원형구조모형을 제안했는데, 그들의 모형은 Russell 모형의 기본축을 45° 회전시킨 것이다. Watson과 Tellegen이 제안한 기본차원을 45° 회전시키면 '유쾌성-불쾌성'과 '강한 몰입(strong engagement)-무관심(disengagement)'의 축이 존재하는데, 이는 Russell이 명명한 두 개의 기본정서 축(차원)인 환기(arousal)-평온함(quietude)과 유쾌함(pleasantness)-불쾌함(unpleasantness)과 유사한 것으로 볼 수 있다.

Watson과 Tellegen 모형은 긍정적 감정과 부정적 감정을 두 개의 기본축으로 사용한다([그림 2.3]에서 점선으로 표시됨. [그림 2.2]를 참조). 두 개의 기본축과 긍정적인 상관관계를 갖는 정서차원이 몰입(engagement)인데, Russell의 모형에서는 환기(arousal 혹은

activation)로 명명되었다. 따라서 의기양양 혹은 고양은 강하게 환기된(strongly engaged) 긍정적 정서로, 고뇌(distress)는 강하게 환기된 부정적 정서로 간주될 수 있다. 이러한 해석은 환기수준이 낮은 정서(가령, 졸리운(sleepy), 느슨한(relaxed), 평온한(quiet))에도 적용될 수 있다. Russell의 모형에서는 최고수준의 환기와 최저수준의 환기는 중립적 정서로 해석되고 있다. 흥미 있는 사실은 기본축을 회전한다고 해서 정서단어들의 배열이 바뀌는 것이 아니라는 점이다. 기본축의 회전에 따라 원래의 기본축에 붙여진 이름이 달라질 뿐이다. 가령, Russell 모형에서의 유쾌함(pleasure) 차원은 Watson과 Tellegen 모형에서 적정수준으로 환기된(moderately aroused) 긍정적 감정으로 명명되며, 마찬가지로 불쾌함(displeasure)은 적정수준으로 환기된 부정적 감정으로 명명된다.

Russell 모형과 Watson–Tellegen 모형의 기본축들을 살펴보면, 유쾌함(pleasure)과 불쾌함(displeasure)은 좀(–)의 상관관계를 갖는 반면 긍정적 감정(positive affectivity)과 부정적 감정(negative affectivity)은 0의 상관관계를 갖는다(즉, 서로 독립적이다). 이러한 구분은 중요한 의미를 갖는데, 어떤 연구에서는 반대되는 감정(affect extremes)들이 좀(–)의 상관관계를 갖는 반면 다른 연구에서는 반대되는 감정들이 0의 상관관계를 갖는 것으로 나타나기 때문이다. Watson–Tellegen 모형에서 제시한 긍정적 감정과 부정적 감정 간의 독립성은 여러 연구들에서 지지되고 있다. 이러한 연구결과들이 시사하는 점은 긍정적 감정–부정적 감정과 높은 환기수준–낮은 환기수준의 두 차원이 일상생활에서 경험하는 다양한 유형의 정서들(가령, 소비과정에서 경험하는 다양한 정서들)을 설명하는 데 토대가 된다는 것이다. 즉, 두 개의 정서차원은 만족이라는 소비자 반응에 포함된 여러 정서항목들을 이해하는 데 유용할 수 있다.

정서의 원형구조모형이 시사하는 바는 정서들이 양극의 범주로 분류되며(가령, 행복한–슬픈) 2차원 공간의 주변(즉, 원주)을 따라 연속적인 순서로 배열될 수 있다는 것인데, 원주상에서 서로 인접한 정서일수록 더 유사하다. 예를 들어, 각성된(aroused)은 평온한(content)보다는 흥분된(excited)에 더 유사하다. 이 원의 중심점은 상반되는 두 정서 간의 중립점 또는 적응수준을 나타낸다.

원형 정서구조모형들은 복잡한 정서가 어떻게 만들어지는지를 이해하는 데 도움을 준다. 가령, Izard 등이 제안한 기본정서 목록에 포함된 상당수의 기본정서들은 생리적 반응을 수반하는 원초적 경험(가령, 노여움(anger))이다. Russell의 2차원 모형과 Watson–

Tellegen의 2차원 모형에 의하면, 고뇌 혹은 비참(distress)과 환희(delight)의 감정을 경험한 유아가 지르는 소리는 불쾌(displeasure)와 유쾌(pleasure)의 초기표현이다(Watson과 Tellegen의 모형에 따르면 적정 환기수준의 부정적 감정과 적정 환기수준의 긍정적 감정에 대한 초기표현임). 나아가 사람들의 환기수준에 따라 행복한 감정과 슬픈 감정에 대한 표현이 달라진다. 가령, 부정적 정서의 유형들은 권태(boredom)에서 분노(rage)에 이르기까지 환기수준에서 다양하며, 긍정적 정서도 평온(serenity)에서 황홀감(ecstasy)에 이르기까지 환기수준에서 다양한 차이를 보인다. Plutchik의 모형에 따르면 각 정서의 환기수준에 상관없이 둘 이상의 정서가 결합되어 보다 복잡하고 미묘한 정서가 만들어진다. 즉, 실망(disappointment)은 놀란 상태의 슬픔으로 간주할 수 있고, 낙관(optimism)은 기쁨(joy)과 기대(anticipation)가 결합된 것(즉, 예상된 기쁨)이다. 마찬가지로 의기양양 혹은 고양(elation)과 환희(delight)는 갑작스럽게 경험한 행복(surprised state of happiness)이며, 슬픔의 강도가 어느 정도 강하냐에 따라 예상되는 슬픔(anticipation of sadness)은 비관(pessimism), 두려움(fear), 전율(terror)을 만들어낸다.

원형모형은 직관적으로 설득력이 있으며 경험을 통해 어떤 정서들이 서로 유사하거나 혹은 유사하지 않은지를 구분할 수 있게 한다는 장점이 있지만, 각 정서를 유발시키는 조건(상황)에 대해서는 설명할 수 없다는 단점이 있다. 즉, 원형 정서구조모형은 유사한 것으로 묶여진(Grouping) 정서들 간에 존재하는 미묘한 차이를 설명해 주지 못한다는 것이다. 따라서 정서를 유발하는 조건에 따라 또는 특정의 사건(자극)에 대한 사람들의 평가에 따라 원주상에서 비슷한 것으로 범주화된 개별 정서들이 서로 다를 수 있다. 예를 들어, 두려운(fearful)과 적대적인(hostile)은 서로 유사한 정서인 것으로 묶여져 있지만, 사람들은 상황에 따라 적대적인 느낌 없이도 두려움을 느낄 수 있다.

또한 원형모형은 정서라고 보기 어려운 정서단어들을 정서차원에 포함시키고 있는 문제점도 있다. 놀란(surprised), 졸음이 오는(drowsy), 졸린(sleepy) 등은 정서를 반영하는 단어라고 보기 어렵다. 원형 정서구조모형의 또 다른 문제점은 일상생활과 소비과정에서 경험하는 중요한 정서들을 잘 나타내지 못하고 있다는 것이다. 예를 들어, 사랑, 근심, 자부심, 희망, 죄의식, 수치심, 당황스러움 등과 같이 일상생활과 소비과정에서 사람들이 흔히 겪게 되는 정서들을 포함하고 있지 않다.

문화권에 상관없이 사람들에게 공통적으로 나타나는 기본정서가 있다는 가정은 마케팅에 중요한 시사점을 제시한다. 겉으로 보기에는 매우 다양해 보이는 소비자들의 정서적 반응, 생각, 행동도 깊이 파고 들어보면 공통된 특성에 기반을 둔 경우가 많다. 심층적인 수준에서 공유하고 있는 이러한 특성들은 소비자행동의 강력한 동인일 뿐 아니라 오랜 기간 동안 지속된다. 경쟁이 갈수록 치열해지고 소비자행동도 다양해짐에 따라 많은 기업들이 소비자들의 공통점보다는 표면적인 차이에 주로 주목하여 극단적인 세분화마케팅을 경쟁적으로 추구하고 있다. 따라서 얼핏 다양해 보이는 소비자의 정서표현들 이면에 잠재하고 있는 본질적 감정과 생각을 이해한다면 그들이 공유하고 있는 보다 공통적(generic) 정서에 소구할 수 있는 마케팅 커뮤니케이션 전략을 글로벌 시장에 걸쳐 수립할 수 있을 것이다.

나아가, 원형모델에 나타난 정서단어들 간의 관계를 토대로 소비자의 다양하고 애매한 정서표현을 이해할 수 있다면, 기업이 원하는 정서적 반응을 이끌어낼 수 있는 표적 고객집단, 제품과 서비스의 디자인, 그리고 마케팅 커뮤니케이션 전략을 개발할 수 있을 것이다.

3. 소비자의 가치체계는 정서와 어떻게 연결되어 있나?

소비자가 자동차 구매과정에서 차의 안락함보다 스타일을 더 중요시한다면, 이는 의사결정과정에서 그 소비자가 암묵적으로 자신의 가치관(그 가치가 심미적, 쾌락적, 경제적인 것인지에 상관없이)을 반영하고 있다는 것을 의미한다. 즉, 이 소비자는 제품의 실용적 가치보다는 심미적 가치를 더 중요시하는 성향을 갖는다. 이와 같이 소비자는 자신의 기본적 가치를 잘 충족시키는 제품과 서비스에 강한 정서적 반응을 보인다. 사람들은 자신들이 중요하게 생각하는 가치들로 구성된 고유의 가치체계를 갖는다. 그들이 중요하게 생각하는 가치는 가난보다 부유함을 선호한다든지 낮은 자기 존중감(self-esteem)보다 높은 자기 존중감을 선호하는 것 등과 같이 보다 구체적이고 하위차원의 가치로부터 자유, 정의, 생존 등과 같이 반드시 유지하거나 키워가고 싶은 기본적인 가치에 이르기까지 다양한 가치들을 포괄한다.

소비자들은 자신이 가장 관심을 갖는 것(혹은 자신의 가치와 관련된 것)에 대해 강한 정서를 경험하게 된다. 즉, 정서는 그 시점에 개인이 가장 관심을 갖고 있는(가치 있다고 생각되는) 것에 대해 유발된다. 따라서 목표고객들로 하여금 기업이 바라는 정서적 경험을 가지게 하기 위해서는 그들이 중요하게 생각하는 가치들에 초점을 맞춘 마케팅 활동을 수행해야 한다. 예를 들어, 청소년들을 대상으로 한 금연 캠페인의 경우, 나이가 들었을 때 흡연이 건강에 미치는 부정적 결과를 담은 메시지보다는 흡연으로 인한 구취, 기침, 옷에서의 악취, 신체의 부정적 변화 등과 같이 청소년들이 현 시점에서 특히 관심을 갖는 영역에 메시지의 초점을 맞추는 것이 더 설득적이며 더 강한 정서적 반응을 이끌어 낼 수 있을 것이다.

Frijda(1988)는 정서를 사람들의 핵심가치(사람들이 가장 관심을 갖는 것)와 관련된 자극 대상에 대해 보이는 반응으로 보았다. 소비자의 가치체계(value system)는 어떤 가치를 더 선호하고 중요하게 생각하는지를 보여준다. 따라서 개인이 어떤 대상에 대해 강한 정서적 반응을 보인다면, 이는 그 대상물이 자신의 주요 가치를 표현하고 있음을 다른 사람들에게 알려주는 단서가 되며, 이러한 정서적 반응은 자신이 갖고 있는 핵심가치를 더욱 강화시키는 역할을 하기도 한다. 따라서 소비자들은 특정의 마케팅 자극(사건)이 자신의 가치를 위협하는 것으로 지각하면, 강한 부정적 정서를 경험하게 된다. 예를 들어, 속이는 행위를 싫어하는 것을 자신의 가치관으로 삼고 있는 소비자는 판매원의 기만적 판매행위나 기업의 비윤리적 경영활동에 대해 강한 부정적 정서를 경험하게 된다. 마찬가지로 어떤 마케팅 자극(사건)이 자신의 핵심가치를 실현·강화시키는 것으로 지각하면, 이에 대해 강한 긍정적 정서를 경험하게 될 것이다. 가령, 나이키 제품이 최고가 되고 싶은 자신의 가치관을 실현하는 데 도움이 되는 것으로 지각하면, 그 소비자는 나이키 브랜드를 소유·사용하면서 강한 긍정적 정서를 경험할 것이다.

그러나 소비자의 가치는 시간이 흐름에 따라 변하기 마련인데, 이러한 변화는 과거에 경험한 사건들을 새롭게 평가함으로써 나타난다. 따라서 소비자는 새로 습득한 사회적 가치와 기존의 가치들에 대한 재평가를 통해 가치의 우선순위에서 변화가 일어난다. 소비자들은 이러한 가치변화를 토대로 어떤 기업, 브랜드, 소비행위에 대한 자신의 생각을 재평가하며, 그 결과로 해당 자극물에 대한 정서적 반응도 변화될 수 있다. 예를 들면, 많은 소비자들이 편의성과 일관성 있는 고객서비스 등에 근거하여 그동안 맥도날드에 대해 호의적 태도와 긍정적 브랜드 관계를 형성·유지해 왔을 수 있다. 그러나 최근 들어 웰빙과 자연주의 추세에 따라 소비자들은 기존의 소비가치를 재평가하고, 그 결과 맥도날드 제품에 대한 긍정적 태도가 부정적으로 변할 수 있다.

소비자들은 제품을 구매함에 있어 무엇을 특히 가치 있게 생각할까? (즉, 그들이 구매할 때 중요하게 생각하는 평가기준은 무엇일까?) 다음은 구매상황에서 소비자들이 중요하게 생각하는(즉, 정서적 경험에 큰 영향을 주는) 대표적인 가치들을 정리한 것이다.

첫째, 소비자는 자아 이미지를 반영하고(가령, 소비자는 실제적이고 효율적인 것을 가치 있게 생각할 수 있음) 자아 존중감(self-esteem)을 보호하거나 강화시켜 주는 제품이나 서비스를 가치 있게 생각한다. 어떤 대상물이 자신의 실제 이미지와 이상적 이미지를 표현하는 데 유용한 수단이 되거나 자신에 대해 자신감과 만족감을 느끼는 데 도움이 된다면, 그 대상물을 가치 있게 생각할 것이다. 따라서 자아 존중감을 유지하고 강화하는 데 도움이 되는 것으로 생각되는 제품들에 대해 소비자는 긍정적인 정서적 경험을 갖게 될 것이다. 즉, 특정 브랜드의 구매가 높은 자아 존중감을 갖게 해준다면, 소비자는 구매에 대한 자신감, 쾌적한 기분(more calm-energetic mood), 결과에 대한 낙관성 등의 강한 정서적 경험을 하게 된다. 자아 존중감의 추구는 여러 가지 유형의 소비자 동기들 가운데 하나일 뿐이지만, 소비자의 정서적 경험과 반복구매에 강한 영향을 미친다. 즉, 소비자는 자아 존중감을 높여주거나 또는 감소시키는 어떤 대상에 대해 강한 정서적 반응을 보인다.

소비자에 따라 자아 존중감 수준에서 차이가 있을 수 있으므로, 기업은 자아 존중감의 차이에 따라 서로 다른 마케팅 프로그램을 개발할 필요가 있다. 자아 존중감이 낮은 소비자들에 대해서는 기업은 자사제품의 소유가 개인적 성취감을 높이는 데 기여한다고 설득하기보다는 성공한 타인들을 그들과 관련시키도록 만드는 마케팅 작업이 더 효과적이다. 마케팅 활동을 통해 어떤 제품이나 브랜드가 그러한 연상관계를 소비자 마음에 심어 줄 수 있다면, 소비자는 그 브랜드를 가치 있다고 생각하여 그 브랜드의 소유에 대해 긍정적 경험을 갖게 될 것이다. 실제로 많은 사람들이 자신을 어떤 스포츠 팀이나 유명 연예인의 운명과 연계시켜 생각하는데, 그들의 성적이나 인기가 떨어지면 마치 자신이 그런 것처럼 상실감을 느끼게 되는 것이다. 우리는 TV 중계에서 미국 프로야구팀 보스턴 레드삭스의 열성팬들이 뉴욕 양키스와의 경기에서 졌을 때 마치 소중한 사람을 잃었을 때처럼 절망하며 눈물을 흘리는 장면을 목격한다. 자아 존중감이 낮은 소비자에 대해서는 기업은 그들이 동일시하고 싶은 다양한 유형의 성공한 사람을 그들과 연결시키는 마케팅 노력을 통해 그들의 자아 존중감을 높일 수 있으며, 그 결과로 자사 제품에 대한 긍정적 정서와 충성도를 유도할 수 있다.

둘째, 소비자들은 품격 또는 품위(sense of integrity)를 유지하는 데 도움이 되는 대상(가령, 환경친화제품)을 가치 있게 생각한다. 일반적으로 사람들은 개인적 품위를 유지하고 싶어 한다. 품위 있는 행동은 소신 있는 자세를 가졌다는 지각과 훌륭한 시민이 되었다는 만족감을 갖게 한다. 가령, 어떤 소비자는 특정 제품이 자신의 이해관계에 도움이 된다고 하더라도 얄팍한 상혼으로 고객을 대하는 기업의 해당 제품을 거부하는 행위가 개인의 품위를 높이는 것으로 지각할 것이다. 마찬가지로 소비자는 사회적으로 책임 있는 활동을 수행하는 기업의 제품만을 구매하는 행위가 자신의 품격을 고양시키는 것으로 생각할 수 있다. 만약 소비자가 품위를 유지하고 싶은 동기가 약해 이에 대한 강한 정서적 몰입이 이루어지지 않는다면, 물질 지향적이고 이기적인 행위를 거부하는 것이 그 소비자에게 큰 의미를 주지 않을 것이다. 가령, 소비자들은 이해관계자 집단을 대상으로 기업의 사회적 책임(CSR)을 실현하기 위한 경영활동을 적극적으로 수행하는 기업을 정기적으로 이용하는 것을 품위 있는 행동으로 지각하고, 이에 대해 자긍심을 느낄 수 있다.

셋째, 소비자는 대인관계(interpersonal relations)를 강화시켜 주는 제품(가령, 집단의 규범에 부합되는 제품)에 대해 가치 있게 생각하여 강한 정서적 몰입을 하게 된다. 사람들이 정서적·물질적·지적인 이유로 타인들과의 관계에 의존하듯이, 소비자들도 대인관계를 유지·강화하는 데 도움이 되는 대상물에 대해 가치를 부여한다. 할리 데이비슨 오토바이 소유자는 할리 소유자들의 커뮤니티인 HOG(Harley Owners Group)에 가입하여 다른 회원들과 친밀한 인간관계를 형성하고 해당 커뮤니티에 대한 소속감을 가짐으로써 할리 브랜드의 소유에 대해 강한 자긍심과 애착을 보일 수 있다. 또한 할리 데이비슨 커뮤니티의 집단적 규범을 상징하는 도구인 문신, 가죽 자켓, 배지 등의 소유를 통해 다른 회원들과 일체감을 갖는다.

일반적으로 사회의 구성원들이 따라야 할 수많은 사회적 규범이 있는데, 그중의 하나가 호혜성(reciprocity)이다. 호혜성이란 다른 사람들이 베푼 것에 대해 은혜를 갚아야(보상을 해야) 한다는 본능적 충동(urge)이다. 소비자들은 슈퍼마켓에서 판촉물을 받거나 음식을 시식하게 되면 그 제품을 구매해야 할 부담감을 가질 수 있다. 우리는 협상(거래)

과정에서 상대방이 제공한 양보에 대해 어떤 형태로든 보답을 해야 한다는 의무감을 느끼게 된다.

넷째, 지각된 위험을 줄여 주는 제품(가령, 유명브랜드 제품)을 가치 있게 생각한다. 사람들은 삶에서 확실한 것에 대해, 그리고 불필요한 위협을 피하는 것에 대해 가치를 부여한다. 때에 따라 어떤 소비자들은 위험을 감수하기도 하지만, 대부분의 소비자들은 위험을 싫어하며 실수를 저지르거나 또는 미래에 후회할 일을 피하고 싶어 한다. 실수를 저지르는 것은 고통스러운 후회감과 자신감의 상실을 수반하기 때문이다. 따라서 소비자들은 제품구매상황에서 인지도가 낮은 브랜드, 구매결과(제품성능의 확인)에 불확실성이 있는 제품, 제품 정보가 충분하지 않은 브랜드 등 지각된 위험이 높은 제품에 대해 부정적 태도를 보인다. TV, 노트북, 모바일폰 등 가격이 비싸고 기능이 복잡한 제품들은 지각된 위험이 높기 때문에 소비자들은 의사결정에 신중을 기하고 구매과정에서 많은 정보탐색을 하는 경향이 있다. 이러한 상황에서 소비자들은 지각된 위험이 상대적으로 낮은 대안을 선택함으로써 구매결과의 불확실성을 줄이려고 한다. 삼성전자는 반도체를 잘 만드는 회사가 전자제품도 잘 만든다고 주장함으로써 자사제품이 소비자의 지각된 위험을 줄여주는, 가장 신뢰성이 있는 제품이라고 설득한다.

다섯째, 소비자는 실용적 기능(utilitarian function)을 잘 수행하는 제품(가령, 그릇이 잘 닦이는 세제 브랜드)에 대해 가치를 부여한다. 소비자는 자신의 계획(목표)을 잘 실행하는 데 도움이 되는 제품과 서비스를 가치 있게 생각한다. 이러한 실용성 추구성향으로 인해 소비자는 신뢰할 만한 제품이나 전문적 지식을 갖춘 서비스 요원에 호감을 갖는다. 소비자의 기대에 미치지 못하는 제품과 서비스에 대해 소비자는 좌절감과 분노를 느끼는데, 그 이유는 제품 혹은 서비스의 실패가 원했던 계획(목표)을 완성하지 못했음을 의미하는 것이므로 소비자는 수립된 계획을 완수하지 못한 것에 대해 좌절감을 느끼게 되기 때문이다. 실제로 소비자는 쇼핑과 소비과정에서 반복되는 좌절감을 경험한다. 예를 들면, 정보탐색과정이나 구매과정에서 소비자는 반복되는 무례한 고객서비스들에 대해 좌절감과 분노를 느낀다.

실제로 많은 소비자들이 제품의 사후 서비스나 제품문의를 담당하는 부서와 최종적으로 연결되는 과정에서 여러 비관련 부서와의 통화연결을 거쳐야 했던 부정적 경험을 갖고 있다. 따라서 고객의 문제를 담당하는 부서에 고객을 정확히 연결시킬 수 있도

청소년들의 콜라 구매에 따른 정서적 경험

다음은 한 고등학교에 다니는 13~14세의 청소년 25명의 콜라 구매행동에 대한 생각을 기록 · 분석한 것이다. 이 조사는 콜라구매와 같은 단순한 형태의 구매행동애서 발생될 수 있는 정서를 파악하는 데 있다. 기록은 구술조서(verbal protocol)방법에 의해 이루어졌는데, 조사에 참여한 청소년들로 하여금 경험 중에 머리에 떠오르는 것들을 소리 내어 이야기하도록 하는 방법으로 구매하기 전의, 구매과정에서의, 구매 후의 정서적 경험을 그 시점에서 이야기했다. 조사의 초점은 구매 후 일정한 시간이 경과 후에 기억나는 것을 이야기하도록 하는 표적집단 면접법과 달리 각각의 조사시점에서 떠오르는 생각들을 이야기하도록 하는 데 있다. 참가한 청소년들에게는 콜라를 구매할 수 있는 비용을 지불하였다.

1. 소비자 가치

10대 청소년들의 콜라에 대한 소비경험과 관련된 주요 가치들은 다음과 같이 나타났다.

- 삶의 활기(생동감)를 느끼는 것(being full of life)
- 느긋한(휴식의) 느낌을 갖는 것(being relaxed)
- 사회적 집단의 일원이 되는 것

2. 콜라소비의 즐거움에 대한 기대(pleasurable anticipation)

다음은 콜라를 마신다는 생각을 할 때 기대되는 즐거움(쾌락)들이다.

- 콜라를 마시게 될 장소 / 주위 환경(분위기) / 경우(상황) : 다음과 같은 서술을 통해 알 수 있듯이 그들은 적절한 장소와 분위기가 소비경험을 강화시켜 주는 것으로 인식하고 있었다.

"나는 지금 TV를 켜고 블라인드를 열어젖힐 거야. 그러면 기분이 좋아질 거야. MAX Headroom 선글라스를 쓰고 나 자신에게 이렇게 이야기할 거야. Coke, 나와 함께 흔들어 보는 거야! 나만의 은밀한 공간(방)에서 침대에 앉아 벽에 기대어 콜라를 마시면서 그 느낌을 음미할 거야."

콜라를 원할 때마다 가질 수 있는(냉장고에서 바로 꺼낼 수 있는) 것이 아니라면 청소년들은 콜라를 올바른 장소, 사용상황 혹은 분위기에서 소비되는 대상으로 볼 수 있다. 올바른 장소나 사용상황이란 친구와 함께 있을 때 일 수 있다. 왜냐하면 함께 콜라를 마신다는' 것은 일체감의 공유를 통해 우정을 확인하는 일종의 의식(ritual)에 참여하는 것을 의미하기 때문이다.

– 소비준비(preparation)에 따른 정서적 경험(마시기 위해 콜라를 준비하는 과정에서 경험하는 정서) : 콜라를 마실 준비를 하는 것은 다음과 같은 보상적 경험을 유발한다.

- 기대감 : 콜라를 마실 준비를 하는 것은 마시는 즐거움을 배가시킬 것이라는 기대를 갖게 할 수 있다. 한 청소년은 다음과 같은 이야기를 했다. "난 내가 좋아하는 컵과 얼음을 조금 가져와 마시기에 좋도록 차갑게 만들어 놓을 거야."
- 청각적 단서에 대한 상상 : 그들은 콜라마개를 딸 때 나는 '펑'하는 소리, '쉑'하면서 거품이 올라오는 소리, 콜라를 따를 때 나는 거품소리들을 상상해 볼 수 있다. 한 청소년은 다음과 같이 이야기한다. "콜라를 얼음에 담긴 컵에 따르면서 균열음을 듣는 즐거움이란!"
- 냄새를 맡는 상상 : 청소년들은 콜라의 성분에서 나는 냄새를 맡으면서 "콜라 냄새를 맡으며 느긋한 감정을 갖게 되는 경험을 상상해 볼 수 있다"고 말한다.

– 소비 중에 겪는 정서적 경험(콜라를 마시는 과정) : 청소년들은 콜라를 마시는 과정에서 다음과 같은 생각을 떠올렸다.

- 마시는 방식 : "나는 한꺼번에 마시지 않아. 조금씩 콜라의 향을 음미하면서 마시지!"
- 맛에 대한 음미 : "내 친구인 콜라는 나의 미각에 대해 얼마나 좋아하는지! 내 친구, 콜라는 내가 한 모금씩 맛을 볼 때마다 고마워하지."
- 취하는 행동 : "잔을 흔들어 다시 '쉬'하는 소리를 듣는 즐거움이란! 나는 얼음을 씹으면서 얼음에 묻은 콜라의 맛을 음미하면서 얼음이 부서지는 소리를 듣지."

– 소비 후의 정서적 경험 : 청소년들은 콜라를 마시기 전, 마시는 동안, 그리고 마신 후에 여러 가지 정서적 경험을 가졌다.

- 활성화(activation): "나는 원기 왕성한 느낌을 갖기 시작해"와 같은 활기차고 생기가 넘치는 느낌.
- 쾌락적 즐거움 : 긴장이 없어지고 마음의 평온을 얻는 느낌으로 "콜라를 마신 후 나는 차분하고 편안함을 느꼈어. 내가 다른 음료를 마셨을 때는 어떠했는지를 생각하기 시작했어. 나는 코카콜라 광고를 기억하고 지난번 Coke를 마셨을 때 느꼈던 기분이 어떠했는지를 생각해 보지"와 같은 정서적 경험이 이에 해당된다.
- 동료의식(relatedness): "내가 Coke를 마시면 친구들은 모두 내게로 몰려올 거야"와

같은 외로움과 격리감에서 벗어나 다른 사람들과의 연대감을 갖는 느낌.
- 자신감: "나는 살아 있다는 느낌이 들어. 나는 전력으로 세상에 도전할 수 있을 것 같아"와 같은 무력감에서 벗어나 어떠한 일에도 대처할 수 있다는 느낌.

3. 선택기준

청소년들은 콜라 브랜드를 선택하는 데 있어 다음과 같은 몇 가지 평가기준을 가지고 있다.

- 감각적 호감도(intrinsic liking of experience) : "Cherry Coke는 다른 Coke나 Pepsi가 가지고 있지 않은 맛있는 체리 향을 가지고 있지. Coke에 들어 있는 체리는 콜라에 생기와 풍미를 불어넣어 주지." "나는 얼음조각 위로 콜라를 부으면서 Coke의 얼음조각을 타고 올라와 내 입에 도달하는 과정을 경험하는 것을 좋아해." "나는 화려한 색상의 콜라 캔을 좋아하지. 병 자체의 디자인과 색상이 참 중요하다고 생각해. 나는 평범하고 촌스러운 음료 병은 딱 질색이야."
- 기능성(technical criteria) : 청소년들은 다음과 같이 콜라 캔을 부수적 용도로 사용하고 있었다. "나는 내 이마에 캔을 문지르지. 그러면 쏟아난 땀들이 날아가 버리지."
- 일체감(integrative criteria) : 청소년들은 콜라 · 구매에 있어 콜라브랜드와 자아 및 사회집단 간의 일체감을 중요한 평가기준으로 삼고 있었다. 일부 청소년들은 브랜드 선택의 사회적 정당성(social validation)을 브랜드 인기의 중요한 증거로 삼고 있었다. 예를 들어, Coca Cola의 진열대가 Pepsi보다 작은 것에 대해 실망해 하는 청소년들도 있었다. "내 동료들이 인정해 주어야 해. 나는 내 동료들에게 인기가 없는 음료를 절대로 구매할 수는 없지." "진정한 콜라 소비자라면 Pepsi를 마셔야 해. 캔을 한번 봐. 젊음을 느낄 수 있잖아. Pepsi를 마시면서 내 청춘에 대해 생각해 보지."
- 규범적 요인 : "나는 잠시 우리 어머니가 가장 좋아하는 청량음료가 무엇인지를 생각해."
- 적응 용이성 : 청소년들은 구매에 따른 불확실성을 음료브랜드에 대한 평가기준으로 삼고 있다. "콜라를 구매하는 것이 생각만큼 쉽지 않아. 왜냐하면 어떤 브랜드가 마시는 데 더 즐거움을 주는지 결정을 내려야 하기 때문이지. 어떤 브랜드가 지친 내 마음에 활력을 불어넣어 줄 수 있을까? 어떤 브랜드가 독특한 맛을 가졌을까?"
- 경제성 : 대부분의 청량음료들이 비슷한 가격으로 판매되고 있지만, 청소년들은 가격에 대한 주관적 느낌을 갖고 있었다. "나는 가격을 살펴보면서 그만한 가치가 있는지 생각해. 나는 가격에 상응하는 가치를 주는 브랜드를 구매할 거야."

록 하는 기업의 능력은 소비자의 부정적 정서경험의 예방과 브랜드 충성도 구축에 있어 매우 중요한 원천으로 대두되고 있다. 한 소비자는 신문사에 보낸 불평편지에서 방범 경보기에 연결할 스위치를 구매하기 위해 회사에 전화를 걸었을 때 겪은 부정적 경험을 다음과 같이 서술하였다. "나는 담당자와 전화통화를 하기 위해 엄청난 시간을 허비해야 했다. 나는 내 전화번호와 우편번호를 18번 반복해서 이야기했고, 10명의 사람들과 통화를 했는데 이들 중 6명은 나를 다시 녹음된 메시지로 돌려보냈다." 최근 많은 기업들이 다양한 이유로 직접통화를 통한 고객서비스를 축소하고 ARS를 이용한 고객서비스의 비중을 확대함에 따라 문제해결과정이 훨씬 더 복잡해졌고 이에 따른 고객들의 스트레스가 가중되고 있다. 이러한 부정적 경험을 유발시킨 기업들의 공통적인 문제는 그들이 효율성과 효과성을 혼동하고 있다는 것이다. 즉, 소비자 문의를 효율적으로 처리하는 (자동)시스템의 도입이 저렴한 해결책이기는 하지만 소비자 문제를 해결해 주는 데 효과적이지 못하며 좌절감과 분노로 인해 브랜드 충성도에 큰 타격을 줄 것이라는 것을 인식하지 못하고 있다.

컬럼비아 대학의 Holbrook 명예교수는 다음과 같이 강한 정서적 경험을 유발시키는 8가지 유형의 소비자 가치를 제시하면서, 이러한 주요 가치를 충족시키는 대상에 대해 소비자는 강한 정서적 반응을 보인다고 했다(1999). 대체로 소비자들은 실용성을 높여주거나, 육체적 쾌락을 유발하거나, 존경심(자긍심)을 느끼게 하는 특징을 가진 대상들을 가치 있게 지각하며, 이에 대해 강한 정서적 반응을 보이는 것으로 보았다.

• 효율성(efficiency) : 소비자는 효율성을 높여주는 대상을 가치 있게 생각한다. 소비자는 투입과 산출 간의 비율, 편의성 정도를 측정하여 최소의 투입(즉, 시간의 노력)으로 기대한 산출물을 낳게 하는 대안이나 혹은 최고의 편의성을 제공하는 대안을 가치 있게 생각하며, 이러한 대안을 소유하는 것에 만족감과 즐거움을 느낀다.

• 놀이 혹은 유희(play) : 소비자는 감각적으로 즐거움(intrinsic pleasure)을 충족시켜주는 제품에 대해 가치 있게 생각한다. 소비자는 자신이 좋아하는 가수의 콘서트, 스포츠 팀의 경기 등 본질적으로 정서를 유발시키는 상품을 소비하는 과정에서 짜릿함, 흥분 등의 강한 긍정적 정서를 경험한다. 혹은 사람들은 친구와 팀을 이루어 경기를 하거나 합창을 하거나 혹은 컴퓨터 게임을 하면서 행복감을 느낀다. 놀이를 하면 행복해지는 이유는 주요 플로우(flow) 상태를 경험할 수 있기 때문이다. 플로우는 시간을 잊고 몰

입해 있을 때 경험하게 되는 심리상태인데, 사람들은 놀이를 하면서 근심걱정을 잊고 그 일에 빠져 시간 가는 줄 모른다.

• 탁월성(excellence) : 소비자들은 우수한 품질(성능)을 가진 제품을 가치 있게 생각하며 이에 대해 강한 정서적 반응을 보인다.

• 심미성(aesthetics) : 소비자는 미적인 매력을 가진 대상에 대해 가치를 부여하며, 그들은 심미적 특성을 음미하는 과정에서 즐거움과 황홀감을 느낀다. 즉, 사람들은 아름다운 대상에 대해 본능적으로 즐거움을 느끼게 되므로 심미적인 특징을 가진 대상에 대해 가치를 부여한다. 예전 테스코는 서울 잠실에 새로운 할인점을 오픈하면서 와인바와 화랑을 입점시킴으로써 다른 경쟁할인점들과 차별화를 추구하였다. 이는 기존의 할인점이 추구하는 점포콘셉트와 상반되는 소매마케팅 전략인 것처럼 보일 수 있다. 이 전략의 목적은 와인바와 화랑의 방문을 유도해 소비자의 심미적 욕구를 충족시킴으로써 테스코에 대한 전반적 이미지의 향상과 매출증대를 실현시키는 데 있다. 최근 대다수의 브랜드들은 안테나하우스 또는 플래그십 스토어라는 이름으로 유사한 시도를 하고 있다. 카페, 갤러리, 편집 숍, 의류브랜드와의 협업 등 다양한 방법으로 심미적 요인을 높이려 노력하고 있다.

• 지위(status) : 소비자는 지위의 과시 혹은 지위의 상승에 도움이 되는 제품과 서비스에 대해 가치를 부여하며, 지위추구 욕구를 충족시켜 주는 제품과 서비스에 대해 자부심을 느낀다. 벤츠, BMW 등과 같은 지위와 관련된 명품브랜드의 경우 많은 소비자는 제품의 우수한 성능 때문에 구매하는 것이 아니라 사회적 성공을 나타내는 상징적 수단을 구매하는 것이라 볼 수 있다.

• 윤리(ethics) : 소비자들은 사회적으로 바람직하다고 지각되는 대상에 대해 가치를 부여하며, 이러한 대상물의 소유와 소비를 통해 이타심과 도덕성을 경험한다. 사람들은 미덕, 정의, 도덕을 추구하려는 욕구를 가지며, 이러한 욕구와 관련된 대상에 대해 정서적으로 몰입한다. 근대 경제학의 창시자인 아담 스미스(Adam Smith)는 그의 저서 『도덕감정론』에서 사람들은 본질적으로 공동체에서 다른 사람들을 의식하도록 만들어졌다고 말한다. 다른 사람의 필요에 반응하지 않으면 양심의 가책을 느끼게 되어 있고, 이에 반응하면 행복감을 갖는다는 것이다. 태안 기름유출사건에서 평범한 아주머니와 직장인, 전직 증권사 CEO, 대학교수 등의 자원봉사자들이 자갈바닥에 앉아 돌과 모래에 붙은

호감도(정서)에 기반한 대안평가와 이성적 분석에 기반한 평가 가운데 어느 것이 더 나은 대안 선택방식인가?

사람들은 너무 많은 생각을 하게 되면 대안에 대한 실질적인 기호를 평가하는 데 훨씬 더 효과적일 수 있는 감정의 능력을 외면하게 된다. 그럴 경우 정말로 자신이 원하는 것이 무엇인지를 파악하는 능력을 상실함으로써 최악의 대안을 선택할 수도 있다.

미시간 대학의 심리학 교수 Timothy Wilson이 실시한 실험은 너무 지나친 이성적 분석은 자신이 진정으로 선호하는 대안을 선택하는 데 해가 될 수 있음을 보여준다.

1980년대 중반 「Consumer Report」 잡지는 딸기잼의 맛을 실험했다. 편집진은 음식 전문가들을 초빙했다. 이들 전문가는 서로 다른 45종의 딸기잼을 무작위로 시식하며 당도, 향, 씹히는 느낌, 잘 발라지는 정도 등 16개 항목으로 구성된 평가기준에 따라 각각 점수를 매겼다. 그 점수를 모두 합산한 결과를 토대로 딸기잼의 순위가 정해졌다.

그로부터 몇 년 뒤 Timothy Wilson 교수는 학부 학생들을 대상으로 「Consumer Report」 지가 실시했던 맛 테스트를 재연해, 학생들과 전문가들의 기호가 유사한지를 분석했다.

그는 「Consumer Report」 평가에서 1등, 11등, 24등, 32등, 44등을 차지한 딸기잼을 실험대상으로 선정하고 실험에 참가한 학생들에게 순위를 매겨보도록 요청했다. 실험 결과 학생들의 취향은 전문가들의 취향과 거의 일치하는 것으로 나타났는데, 두 집단 모두 노츠베리팜 딸기잼과 알파베타 잼을 가장 맛이 좋은 딸기잼으로 선정했다. 그리고 피더웨이트 딸기잼은 3위로 결정되었다. 두 집단은 또한 애크미(Acme) 딸기잼과 소럴리지 딸기잼을 최악의 딸기잼으로 결정함으로써 서로 의견이 일치했다. 학생들의 취향과 「Consumer Report」 맛 평가에 참가한 음식전문가들의 취향을 비교해 본 결과 두 집단의 상관계수가 0.55로 나타났는데, 이는 잼의 맛을 판단하는 데 있어 학생과 전문가 간에 상당히 유사함을 시사한다.

Wilson 교수는 잼 맛 테스트를 다른 학부 학생들에게 다시 실시했는데, 이번에는 각자가 선택한 상표의 잼이 다른 상표의 잼보다 더 낫다고 생각하는 이유를 설명하라고 요청했다. 학생들은 잼을 맛보면서 설문문항에 답했는데, 문항은 처음에 느낀 맛을 분석하고 감정에 기반해 형성된 잼에 대한 자신의 선호를 의식적으로 설명하도록 구성되었다. 이러한 추가분석을 요구한 것은 잼에 대한 판단력을 심하게 왜곡시켰다. 즉, 학생들은 「Consumer Report」가 최악의 잼으로 판정한 소럴리지 딸기잼을 전문가들이 가장 좋다고 판단한 노츠베리팜 딸기잼보다 더 좋아했던 것이다. 두 집단의 기호를 비교한 결과 상관계수가 0.11로 급격하게 떨어졌는데, 이는 딸기잼을 좋아하는 이유를 생각해야 했던 학생들의 딸기잼에 대한 선호와 전문가들이 결정한 딸기잼의 순위 간에 별 상관관계가 없음을 의미한다.

이러한 실험결과에 대해 그는 딸기잼에 관해 '너무 많이 생각하게 되면서' 별로 중요하지도 않은 평가요소에 관심을 기울일 수밖에 없었기 때문으로 해석했다. 예를 들어, 어떤 사람은 잼의 잘 발라지는 정도에 실제로는 별 관심이 없는데도 애크미 잼이 상당히 바르기가 편하다는 이유로 높은 점수를 줄 수도 있다. 또 어떤 사람은 전에는 잼의 씹히는 느낌에 대해 생각해 본 적이 없는데도 덩어리가 씹히는 노츠베리팜 잼의 특성에 주목할 수도 있다. 이에 따라 덩어리가 씹힌다는 사실이 잼을 싫어하는 이유로 생각되어 자신의 기호를 바꿀 수 있는 것이다.

자료원 : Wilson, Timothy and S. Jonathan. Thinking Too Much: Introspection Can Reduce the Quality of Preferences and Decisions. *Journal of Personality and Social Psychology*, 1991, pp. 181-192.

기름을 수건이나 옷으로 닦는 행동은 바다를 깨끗이 하려는 일념과 더불어 다함께 행복해야 한다는 바람에서 비롯된 것이다.

• 존경 혹은 자아 존중감(self-esteem) : 소비자들은 자아 존중감을 실현하고 이를 고양시키는 데 도움이 되는 대상에 대해 가치를 부여하고 이러한 대상물을 소유한 것에 대해 자긍심을 느낀다. Holbrook은 자아 존중감 추구와 지위 추구를 동전의 앞과 뒤로 보고 있다. 왜냐하면 자아 존중감의 충족은 지위와 명성을 과시하는 수단이 되는 제품이나 서비스를 소유하는 것으로부터 실현될 수 있기 때문이다. 가령, Sony, GE 등 다국적기업의 한국지사장은 루이뷔통 구두와 넥타이, 그리고 BMW를 사용함으로써 자신의 사회적 지위를 과시하고, 이를 통해 자아 존중감을 고취하려고 할 수 있을 것이다.

• 영적 추구(spirituality) : 사람들은 정신(영혼)을 맑고 깨끗하게 해주는 대상물에 대해 가치를 부여한다. 영적 추구는 일을 잘 수행한 결과로 얻는 정신적 성취감이라는 능동적 측면과 신성한 경험(sacred experience)을 통해 얻게 되는 믿음(faith)의 강화와 같은 수동적 측면 모두를 포함한다. 영적인 경험은 감각적 경험, 정서적 경험과 상호 연관되어 있다. 예를 들어, 예술은 감각적 경험 및 정서적 경험과 연관되지만 영혼을 일깨우는 특성을 가지고 있기도 하다. 요즘처럼 스트레스로 가득 찬 사회에서 지친 마음을 가다듬고 마음의 평화를 찾기 위해 영적 활동을 추구하는 사람들이 늘어나고 있다. 영적

활동의 대표적인 것이 종교, 명상과 선, 수양관을 찾는 것 등이다. 종교를 믿는 사람들은 병, 이혼, 사별 등에서 오는 스트레스를 해소하고 사후에 대한 믿음이 있기 때문에 종교를 갖지 않은 사람보다 더 행복감을 느낄 수 있다. 나아가 예배를 드리는 장소에서 신도들 간에 맺는 우정은 행복을 증진시키는 데 기여하는 또 다른 원천이다. 많은 경우 신도들은 특정한 예배모임을 형성하여 자주 모임을 갖는데, 그들은 서로의 가치에 동의하고 매우 친밀한 관계를 유지하기 때문에 강한 결속력을 갖는다.

4. 많은 이차적 정서들은 서로 어떻게 연관되나?

정서연구자들이 주장하듯이 소수의 기본정서가 존재하고 이들의 결합에 의해 수많은 이차적 정서(혼합정서)가 만들어질 수 있다고 가정하면, 그들이 서로 어떻게 연관되어 있는지를 살펴볼 필요가 있다. 정서는 강도(intensity), 유사성(similarity), 양극성(polarity)의 세 가지 차원에서 각기 다른 특성을 갖고 있다. 따라서 정서들 간의 상호관련성은 이 세 가지 차원에서 분석해 볼 수 있다.

첫째, 우리들이 경험하는 정서들은 그 강도에서 차이가 난나. 예를 들어, 노여움(anger)보다 더 강렬한 정서는 분노(rage)인 반면 그보다 약한 정서는 짜증(annoyance)이다. 시름(pensiveness), 슬픔(sadness), 비탄(grief) 등은 강도 차원에서 서로 다른 정서들이다. 경험하는 정서의 강도에 따라 행동이 달라질 수 있는데, 약간 화가 난 사람은 화난 표정만을 짓고 말겠지만 격노한 사람은 보다 공격적인 행동을 할 수 있다.

둘째, 정서들은 유사성에서 서로 차이가 있다. 사람들은 다양한 정서들을 서로 유사한 정도에 따라 분류한다. 예를 들어, 분노(rage)는 기쁨(joy)보다는 혐오(disgust)에 더 가깝다.

셋째, 정서는 양극성을 갖는다. 일상경험에서 사람들은 각 정서에 반대되는 정서가 있다고 생각한다. 예를 들어, 미움(hate)의 반대되는 정서는 사랑이라고 사람들은 쉽게 대답한다. 기쁨과 슬픔, 사랑과 미움 등과 같이 서로 반대인 것으로 느껴지는 정서의 쌍은 반대되는 생리적 반응(심장박동이 느려지거나 빨라짐)을 보이거나 서로 양립할 수 없는 행동(기뻐서 춤추기 vs. 슬퍼서 드러눕기)을 유발시킨다.

앞서 정리한 것처럼, 정서연구자들이 정서용어들 간의 이러한 관련성을 기술하기 위해 사용했던 방법의 하나가 동그라미(원형)모형이다. 동그라미모형은 정서들 간의 유사성 정도를 기준으로 개별 정서단어들을 분석하여 이들을 원주상에 배치한 것이다. 가령, Plutchik은 정서용어들이 동그라미상에 분포된다는 것을 보여주기 위해 다음과 같은 분석방법을 사용하였다. 먼저 세 개의 정서단어를 준거단어로 선택하였다. 수용적인(accepting), 화난(angry), 슬픈(sad)이 준거단어로 선정되었는데, 그 이유는 이들이 서로 다른 정서라는 데 있다. 그런 다음 평가자들에게 146개의 정서단어를 제시하고, 이들 단어와 준거단어 사이의 상대적 유사성을 평가하도록 하였다. 평가는 반대의(−5)에서 동일한(+5)에 이르기까지 11점 양극척도를 사용하여 이루어졌다. 유사성 평가치의 평균은 동그라미 위에 각도로 변환되어 표시되었는데, 이러한 과정을 통해 146개의 정서단어들을 유사성 정도에 따라 원주상에 표시하였다.

5. 소비자 정서에 대한 주요 이론에는 어떤 것들이 있나?

많은 연구자들이 다양한 정서이론들을 제안했지만, 크게 세 개의 큰 줄기로 정리될 수 있다. 이 책에서는 소비자의 정서를 이해하는 데 있어 보다 간결하고 명확한 틀을 제공해 주기 위해 정서이론을 크게 진화론적 정서이론, 인지적 정서이론, 생리적 정서이론으로 나누어 개괄적으로 살펴보려고 한다.

1) 진화론적 정서이론

『종의 기원』이라는 저서를 통해 진화론을 제안했던 다윈(Darwin)은 생의 말년을 정서연구에 몰두했다. 다윈은 정서가 종의 생존에 필요하기 때문에 유전된다고 주장한다. 그는 정서표현이 동물의 생존에 필요한 기능을 수행할 뿐 아니라 진화과정에서 유지되는(유전되는) 경향이 있다고 생각하였다. 가령, 공격해 오는 개 앞에서 두려움과 분노를 느낀 고양이는 이에 대한 표현행동으로 긴 송곳니를 보이고, 몸의 털을 세우며, 등을 활처럼 굽힌 채 으르렁거린다. 이러한 정서적 표현행동은 고양이의 생존가능성을 증가시키게 된다.

다윈은 정서적 표현이 선천적이라고 주장하고, 이에 대해 다음과 같은 근거를 제시했다. ① 많은 하등동물 사이에서 비슷한 형태로 나타나는 정서적 표현이 있다. ② 학습의 기회를 별로 갖지 못한 어린아이에게서도 어른에게서와 비슷한 형태의 정서적 표현이 나타난다. ③ 어떤 정서적 표현은 모든 인종에 걸쳐 비슷한 형태로 나타난다.

다윈의 진화론적 관점에서 정서를 설명하는 대표적인 연구자 가운데 한 사람이 Plutchik인데, 다음에서는 그의 이론을 중심으로 살펴보기로 한다.

Plutchik(1962, 2000)은 정서의 존재이유를 진화론적 관점에서 설명할 수 있다고 주장한다. 그에 의하면 지구상에 존재하는 모든 유기체는 자신이 처한 환경에서 생존과 번식을 하기 위해서 어떤 것이 위험한 것이고 어떤 것이 생존에 도움이 되는지를 파악하여 이에 적절한 적응행동을 한다는 것이다. Plutchik은 정서가 바로 유기체의 생존과 번식에 도움이 되는 적응적 행동을 할 수 있게 하기 때문에 생겨났으며, 오랜 기간의 진화과정을 통해 적응적 기능을 수행하는 데 도움을 주는 정서만이 살아남아 유전된다고 주장한다. Plutchik의 정서이론은 크게 구조모형, 서열모형, 그리고 파생모형으로 구성되어 있다.

(1) 구조모형

많은 정서적 표현이 선천적이라는 진화론적 관점에 기반해 Plutchik은 고등동물뿐만 아니라 하등동물에게 공통적으로 나타나는 기본적 정서(primary emotion)가 있다고 주장하면서, 기쁨(joy), 슬픔(sadness), 수용(acceptation), 혐오(disgust), 두려움(fear), 노여움(anger), 기대(expectation), 놀라움(surprise)의 여덟 가지 기본정서를 제시하였다. 그는 그 밖의 다른 정서(이차적 정서, 혼합정서, 혹은 파생된 정서로 불리어짐)는 모두 이들 기본정서가 혼합되어 만들어지는 것으로 보았다.

Plutchik은 정서들이 강도, 유사성, 양극성이라는 세 가지 특성에 의해 분류될 수 있다고 제안했다. 즉, 정서들은 ① 강도(intensity)에서 서로 차이가 나며(가령, 노여움(anger)은 분노(rage)보다 강도가 약하지만, 짜증(irritation)보다는 더 강함), ② 유사성(similarity)에서 서로 다르며(가령, 노여움(anger)은 유쾌함(cheerfulness)보다 혐오(disgust)에 더 가까움), ③ 양극성(polarity)의 특징을 갖는다(가령, 정서들은 서로 반대되는 특성을 갖는데, 사랑과 미움, 기쁨과 슬픔이 이에 해당된다)고 보았다.

Plutchik은 정서의 세 가지 특성(강도, 유사성, 양극성)을 토대로 팽이모양의 3차원적 정

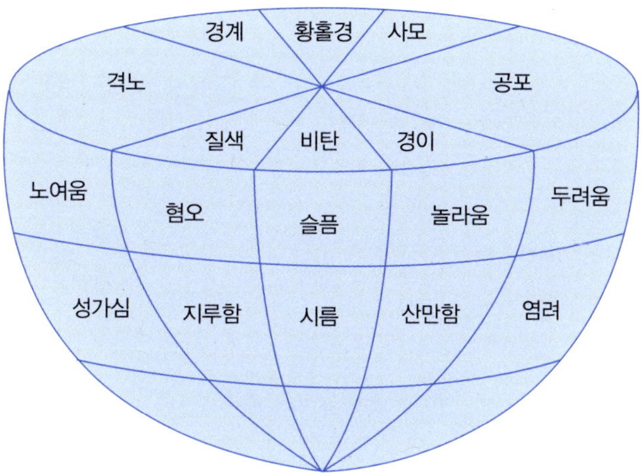

[그림 2.4] Plutchik의 3차원적 정서구조모형

서구조모형을 개발했는데, 이 구조모형은 명도, 채도, 보색의 세 가지 특성에 따라 색채를 분류하는 색 분류 방식에서 아이디어를 얻어 개발되었다([그림 2.4] 참조). 3차원적 정서구조모형에서 수직차원은 정서적 강도를, 횡단면은 정서의 유사성을, 그리고 원주의 반대편에 마주한 점들은 정서의 양극성에서 반대팽이 모양의 정서구조모형에서 중간 부분에 여덟 가지 기본정서들이 위치하며, 위에서 아래로 내려올수록 정서의 강도가 약해진다. 따라서 가장 윗부분에 위치한 정서가 가장 강한 정서들이며, 가장 아랫부분에 위치한 정서가 가장 약한 정서들이다. Plutchik은 원색과 원색을 혼합해 다양한 색상을 만들어낼 수 있듯이, 기본정서와 기본정서를 결합하여 여러 가지 정서를 만들어낼 수 있다고 보았다. 예를 들어, 파랑과 노랑을 합치면 초록이 되듯이, 기쁨(joy)과 수용(acceptance)이 합쳐지면 사랑(love)이라는 혼합정서를 느낀다는 것이다.

Plutchik은 이러한 여러 정서들 간의 관련성을 동그라미로 나타낼 수 있다고 생각했다. 가령, 팽이 모양의 3차원적 정서구조모형의 횡단면을 자르면, [그림 2.5]와 같은 정서 동그라미를 그릴 수 있다.

[그림 2.5]에서 원 안에 있는 8개의 기본정서는 중간 정도의 강도를 나타내고 있다(정서 팽이의 중간 부분에 위치한 기본정서들을 말함). 원 밖에 있는 정서들은 인접한 두 기본정서가 결합되어 생기는 새로운 정서(2원소 혼합정서라고 불리어짐)를 나타낸다. 중앙에 위치한 C는 반대되는 정서가 혼합될 때 생기는 갈등을 나타낸다. 가령, 사랑과 후회가 혼합

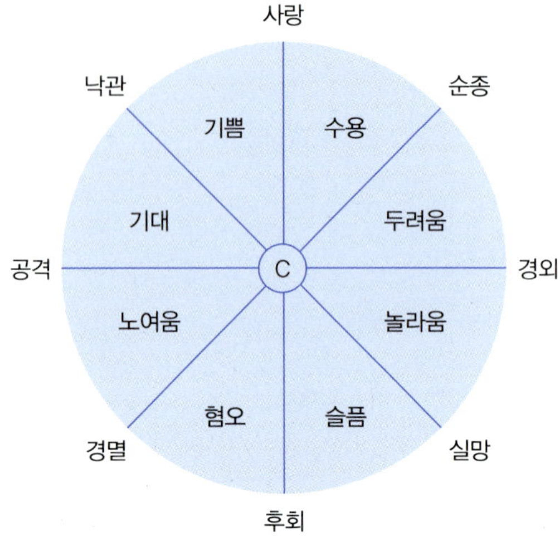

[그림 2.5] 3차원 정서구조모형의 횡단면을 토대로 한 정서 동그라미

되어 나타나는 미묘한 감정상태가 한 예이다.

(2) 서열모형

Plutchik은 정서의 구조모형과 함께 서열모형을 제시했는데, 서열모형은 정서경험을 특정의 자극에 의해 유발된 연쇄적 사건들의 집합으로 보고 이러한 사건들의 진행과정을 설명한 것이다. Plutchik은 정서경험을 복잡하고 순환적인 피드백 체계를 가진 연쇄적 사건들의 집합으로 보았다. Plutchik은 정서의 진행과정이 내적 또는 외적 자극(사건)에 의해 시작된다고 가정한다. 이러한 자극이나 사건에 대해 사람들이 특정의 감정상태를 경험하기 위해서는 해당 자극에 대한 해석(혹은 인지)이 먼저 이루어져야 한다. 가령, 미국인이 성조기를 보면 자부심과 고양(elation)을 느낄 것이지만, 이라크 인들은 이라크를 침공한 미국을 상징하는 것으로 인지해 증오와 혐오를 느끼게 될 것이다.

Plutchik은 자극(사건)에 대한 인지 혹은 해석이 이루어지게 되면 다음 단계로 특정의 감정상태와 생리적 각성이 함께 발생한다고 보았다. 특정의 감정상태가 발생한 후에는 행위충동이 일어나게 되며, 이러한 행위충동은 근육긴장, 얼굴표정, 공격할 준비태세 등의 형태로 표현된다.

이러한 행위충동은 외형적 행위로 연결되지만, 경우에 따라 행위로 나타나지 않을 수도 있다. 외형적 행동으로 정서과정이 종료되는 것이 아니며, 이러한 외형적 행동은 연

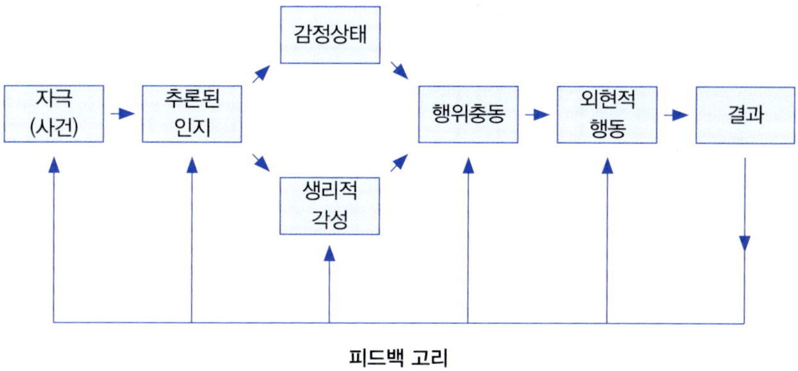

[그림 2.6] 정서경험의 진행과정(정서에 대한 정의)

쇄적 과정을 유발시켰던 자극(사건)에 다시 영향을 미치게 된다.

[그림 2.6]은 Plutchik이 제안한 정서경험의 진행과정을 정리한 것이다.

[그림 2.6]을 보면 상황(자극)에 대한 인지가 감정상태에 영향을 미칠 뿐 아니라 그 반대로 감정과 행동도 인지에 영향을 미치고 있다. [그림 2.6]에서 Plutchik은 감정상태(느낌)를 기쁨, 슬픔, 노여움 등과 같이 주관적이며 보고할 수 있는 상태의 느낌으로 보았으며, 정서는 특정의 감정상태뿐 아니라 인지, 행위충동, 외현적 행동, 그에 따른 피드백 고리를 포함하는 연쇄과정으로 구성된 것으로 가정했다.

[그림 2.7]은 슬픔이라는 특정의 정서경험이 연쇄적 사건의 사슬로 구성된다는 Plutchik의 서열모형 관점을 기반으로 해 예시한 것이다. [그림 2.7]은 정서가 유기체를

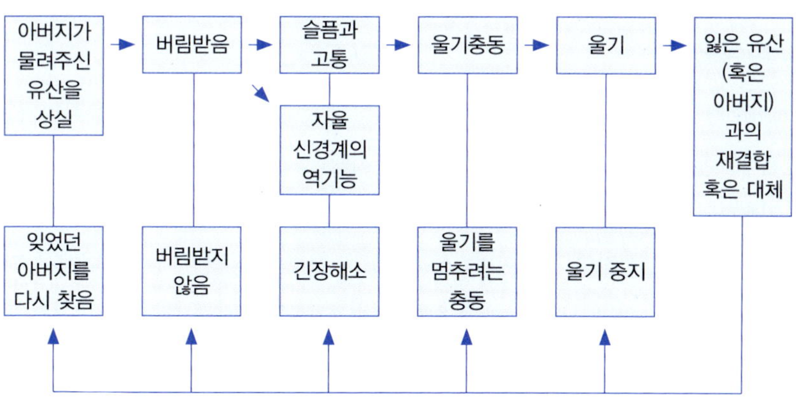

[그림 2.7] 슬픔이라는 정서의 진행과정

〈표 2.2〉 정서진행과정의 주요 요소

자극(사건)	인지	주관적 감정상태	외현적 행동	결과
위협	위험	두려움	도피	안전
장애물	적	노여움	공격	장애물 파괴
소중한 대상 획득	소유함	기쁨	보유 혹은 반복행동	자원획득
소중한 대상 상실	버림받음	슬픔	울기	잃은 것에 재애착
같은 집단의 성원	친구	수용	몸치장	상호지지
입에 안 맞는 대상	독물	혐오	구토	독 내뱉기
새로운 영토	탐험함	기대	지도그리기	영토에 대한 지식
예기치 못한 사건	이게 뭐지?	놀라움	중지	순응할 시간 벌기

자료원 : Plutchik, R.(2000). *Emotion in the Practice of Psychotherapy*, p.69.

균형상태로 회복시키는 기능을 수행함을 시사한다. 즉, 특정 정서에 의해 유발된 행위는 그 행위를 유발한 정서를 완화시키는 경향이 있다는 것이다. 따라서 특정의 사건은 일정수준의 정서적 균형상태를 파괴하게 되며, 그로 인해 유발된 행동은 불균형상태의 정서를 다시 기존의 균형상태로 회복시킨다고 주장함으로써 정서의 경험을 순환적(피드백) 과정으로 보고 있다.

〈표 2.2〉는 8가지 유형의 기본정서 각각에 대해 정서진행과정을 구성하는 주요 요소의 구체적 특징을 제시한 것이다.

(3) 파생모형

Plutchik은 정서를 나타내는 언어와 성격을 나타내는 언어가 매우 유사하다는 것을 발견하였다. 가령, 어떤 사람이 기쁨을 느끼는 것은 특정의 사건으로 인해 일시적으로 기뻐하거나 아니면 항상 모든 일에 대해 기뻐하는 사람일 수도 있다. 이에 따라 Plutchik은 정서를 성격의 전조이며, 성격특성은 보다 근본적인 정서상태에서 파생된 것으로 보았다. 즉, 어떤 사람이 오랜 시간에 걸쳐 특정 정서를 반복적으로(지속적으로) 경험하게 되면, 우리는 그 정서를 그 사람의 성향적 특징으로 보고 그 사람을 특정한 성격특성을 가진 것으로 간주한다는 것이다. 예를 들어, 반복해서 두려운 표정을 짓는

〈표 2.3〉 정서언어에서 파생된 성격특성언어

정서언어	성격특성언어
두려움	소심한
노여움	호전적인
기쁨	사교적인
슬픔	침울한
수용	신뢰하는
혐오	적대적인
기대	통제적인
놀라움	우유부단한

사람을 소심한(timid) 사람으로, 그리고 반복해서 화난 얼굴을 보이는 사람을 호전적인(quarrelsome) 사람이라고 부른다. 〈표 2.3〉은 정서언어와 성격특성언어 간의 관계를 보여준다.

2) 인지적 정서이론

인지적 관점에서 정서를 바라보는 연구자들은 인지적 평가(cognitive appraisal)의 결과로 정서가 유발된다고 가정한다. 즉, 인지가 정서에 선행된다고 믿는다. 인지적 정서이론을 지지하는 연구자들은 인지가 정서를 결정하지만, 경우에 따라 정서적 반응이 아주 신속하게 일어나거나 최소한의 정보(인지)만으로도 정서가 발생되기 때문에 사람들은 정서가 발생되기 전에 인지가 먼저 이루어졌다는 사실을 의식하지 못할 수 있다고 주장한다.

인지적 정서이론에 따르면 사람들은 먼저 어떤 대상물(가령, 특정 제품의 소비나 점포환경)이 바람직한지를, 즉 자신에게 즐거움을 줄지 혹은 고통을 줄지를 마음으로 평가하며, 그 결과로 특정의 정서가 발생된다. 그리고 동일한 대상물이라고 하더라도 이를 어떻게 해석을 내리느냐에 따라 사람마다 서로 다른 정서적 반응을 보이게 된다고 본다.

즉, 사람들은 자극이 자신에게 좋은 것인지 혹은 나쁜 것인지(즉, 자신을 유쾌하게 할 것인지 혹은 고통스럽게 만들 것인지)를 평가(판단)한 다음, 판단의 결과에 따라 그 자극에 접근하거나 그 자극을 회피하려는 반응을 보이게 된다는 것이다. 예를 들어, 자동차를 구매하기 위해 한 자동차 영업소를 방문한 소비자는 영업소 안에 있는 다양한 마케팅 자극물에 주목하는데, 이들은 소비자가 의사결정을 내리는 데 판단근거로 활용된다. 만일 그 소비자가 공세적인 영업사원, 한쪽에 전시된 트로피들, 먹다 남은 피자조각, 일회용 종이컵, 특별 가격할인조건 등에 주목한다면, 포식자, 먹이감 등의 이미지를 떠올릴 수 있다. 이 경우 위협을 느낀 소비자는 마음속으로 '고통스러운 이곳을 빨리 벗어나자'라는 정서적 반응이 본능적으로 촉발될 수 있다. 만약 그러한 정서적 반응이 활성화되면, 그 고객이 영업소에 체류하는 시간은 줄어들며 자동차 구매가능성이 낮아질 것이다.

인지적 평가가 특정의 정서경험을 결정한다고 보는 인지적 정서이론은 기업들에게 흥미로운 시사점을 제시한다. 소비자들이 형성하는 많은 부정적 정서들이 종종 정확하지 않은 판단(즉, 자사제품에 대한 적절하지 못한 인지적 평가)에 토대를 두고 있을 수 있다. 따라서 기업은 소비자들이 정확하지 않은 판단에 근거해 자사제품에 대한 부정적 정서를 형성하는 것을 방지하기 위해 고객들이 자사제품에 대해 어떠한 인지적 평가(해석)를 내리고 있는지, 그리고 실제의 제품성능이나 자사가 추구하는 제품이미지와 다르게 평가

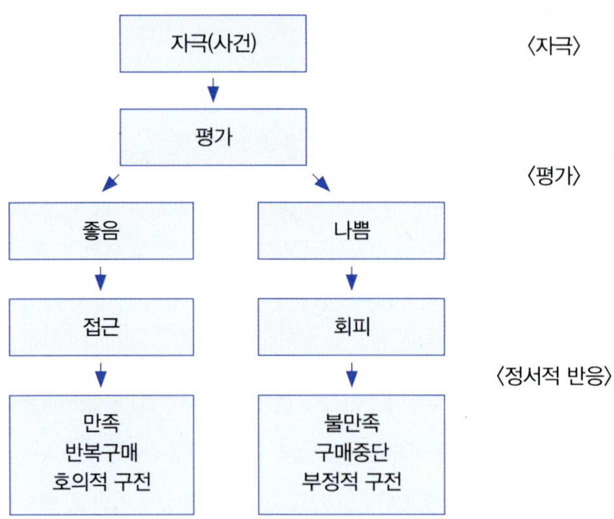

[그림 2.8] 인지적 정서이론의 개념적 틀

를 내리고 있는지를 마케팅 조사를 통해 정기적으로 조사해야 한다. 가령, 천연수 브랜드인 석수가 맛이나 성분에서 에비앙 못지않음에도 불구하고 소비자들이 브랜드명에서 연상되는 부정적 이미지에 영향을 받아 석수의 제품성능에 대해 부정적 평가를 내리고, 이에 근거해 석수를 마시면서 물맛이 밋밋하고 촌스러운 느낌을 준다고 부정적 감정을 경험할 수 있다.

[그림 2.8]은 인지적 정서이론이 가정하는 기본적인 개념적 틀을 보여준다.

인지적 평가이론에 의하면 실제상태와 자신이 추구하는 바람직한 상태를 비교하는 과정에서 이루어지는 주관적 판단과 해석이 정서경험의 결정적 요인이며, 특정한 정서 경험은 어떤 대상물이 자신이 추구하는 목표와 관련성이 있는지(goal relevance)와 추구하는 목표와 부합되는(goal congruence) 정도를 평가한 결과로 발생된다고 보고 있다. 즉, 어떤 대상물이 자신이 세운 목표와 관련되거나 일치하는 것으로 평가되면, 그 대상물에 대해 긍정적 감정이 유발된다는 것이다. 가령, 체중이 지나치게 불어 외모에 불만인(즉, 실제상태) 한 여성이 체중감소를 위해(즉, 바람직한 상태) 다이어트를 실시하려고 한다. 만약 체지방 감소에 효과적인 CJ의 팻다운(Fat Down)을 구매하는 것이 체중감소에 도움을 줄 것으로 평가한다면(즉, 평가대상물이 추구하려는 목표와 관련성이 있다고 평가한다면), 그 소비자는 팻다운의 구매·사용에 대해 기쁨과 즐거움을 느끼게 될 것이다.

인지적 평가이론이 시사하는 바는 어떤 대상물(자극)에 대한 정서적 반응은 그 대상물이 개인적으로 이해관계가 있는지, 그리고 그 대상물이 이러한 이해관계를 촉진하거나 좌절시키는지에 대해 판단(평가)을 내린 결과로 발생된다는 것이다. 좀 더 자세히 살펴보면, 사람들은 정서유발에 영향을 미치는 다양한 차원(요소)들을 토대로 특정 자극이 매력적인지를 평가 혹은 감평하게 된다. 따라서 평가는 정서유발의 선행요인이 된다. 평가 혹은 감평(appraisal)은 특정의 사건, 행위, 속성들이 개인의 주요 관심사(혹은 핵심가치)와 관련성이 있는지를 이해(감지)하는 과정이다. 소비자들은 직관적으로 어떤 자극(가령, 식당종업원의 성의 없는 접객태도)에 대해 정서적 반응(emotional reaction 또는 reflex emotion)이 유발되었음을 인식할 수도 있지만, 많은 경우 어떤 형태의 의식적 평가가 있었는지 알지 못할 수 있다. 따라서 정서적 자극에 대한 평가 혹은 감평은 반드시 의식적 과정을 거쳐야 하는 것은 아니다. 즉, 어떤 사건이 개인적으로 가치가 있는 것인지에 대한 평가(appraisal)는 의식적 수준에서 이루어지지 않고 감각적 이해(감지)를 통해(즉, 무의식수준에서의 평가를 통해) 이루어질 수 있는 것이다.

위에서 설명했듯이 사람들은 여러 가지 차원(요소)들을 고려하여 특정 자극에 대해 평가를 내리고, 그 결과로 정서적 경험을 갖게 된다. 가령, Ellsworth(1994)는 사람들이 정서적 자극을 평가하는 데 사용하는 차원들로, 진기성(novelty), 양극성(valence), 불확실성(uncertainty), 장애 및 통제의 정도(obstacles and control), 사건발생의 원천(agency), 규범/자아개념과의 양립성(norm/self-concept compatibility)을 제시하였다.

• 자극의 진기성(novelty) : 진기한 자극은 특정한 정서를 유발시킨다. 왜냐하면 새롭고 참신한 자극은 흥분을 유발할 가능성이 있기 때문이다. 진기한 자극은 호기심(curiosity)을 유발시키고 그 결과로 흥미와 재미 등의 특정한 정서경험을 갖게 하는데, 티저광고(teaser advertising)는 진기성에 기반한 정서유발효과를 잘 이용한 대표적인 예이다. 자동차 회사는 곧 출시될 신규 자동차에 대한 광고에서 자동차 모습을 볼 수 없는 덮개에 덮힌 장면을 담은 티저광고를 사용함으로써 소비자의 호기심을 유발시키려고 한다.

진기한 자극을 추구하는 것은 인간의 타고난 욕구이다. 그리고 이러한 욕구는 특히 생존(즉, 의식주)욕구가 해결되고 삶에 무료함(boredom)을 느낄 때 더 강해진다. 새로운 자극은 어떤 의미로라도 반드시 경계하고 주목하여야 하기 때문이다. 사람들은 이러한 새로운 자극의 탐색과정에서 과거의 경험과 어느 정도는 유사한 새로운(진기한) 자극에 대해 더 관심(흥미)을 보이는 경향이 있다. 가령, 기존의 온라인 게임에 익숙해 싫증을 느낀 게이머(gamer)들은 새로운 온라인 게임프로그램이 출시되기를 기대하지만, 완전히 새로운 형태의 게임프로그램보다는 기존의 게임방식을 더욱 정교화시키거나 활용할 수 있는 새로운 프로그램에 더 많은 흥미를 느낄 것이다.

• 자극의 양극성(valence) : 사람들은 자극의 특성이 매력적인지를(즉, 호감이나 비호감을 갖는 신체적 특성을 갖고 있는지를) 평가하고, 이에 기반해 특정의 정서적 반응을 보인다. 가령, 우리는 잘 생긴(신체적으로 매력 있는) 사람에게 호감을 가지며, 더 많은 도움을 주고, 보다 바람직한 성격을 가지고 있다고 생각한다. 흥미 있는 것은 상대방에 대한 이러한 평가가 그 사람의 신체적 매력에 의해 영향을 받고 있다는 사실을 잘 인식하지 못한다는 사실이다. 사원을 선발하는 한 모의면접 실험에서 입사지원자의 깔끔한 외모가 직업적 자질보다 고용결정에 더 많은 영향을 미친다는 연구결과가 나타났는데, 면접자들

은 자신들의 결정에 지원자의 외모가 별 영향을 미치지 않았다고 주장하였다.

• 자극의 불확실성(uncertainty) : 자극의 불확실성을 어떻게 수용하느냐에 따라 사람들이 갖는 정서적 경험이 달라질 수 있다. 가령, 출시될 신제품의 제품성능이 기대를 충족시킬 수 있을지 불확실한 상황에서 모험추구적인(위험추구성향이 강한) 소비자는 이러한 불확실성을 긍정적으로 받아들여, 호기심과 희망감 등의 정서를 경험할 것이며 반면에 위험회피성향이 강한 소비자는 이러한 불확실성을 부정적인 것으로 지각함으로써 근심과 두려움의 정서를 경험하게 될 것이다. 기업들은 광고를 통해 제품성능에 대한 약속을 제시하는데, 이는 불확실성을 낮추어 희망감을 유발시킬 수 있다. 이에 반해 자사제품을 구매하지 않을 경우에 부정적인 사건(가령, 병의 발생)이 발생될 가능성이 높음을 부각시키는 광고메시지는 근심과 두려움을 창출하게 될 것이다. 사람들은 대체로 무언가를 얻는다는 생각보다는 잃는다는 생각에 대해 훨씬 강한 정서적 경험을 하게 된다. 특히 어떤 행동을 취하거나(가령, 흡연) 취하지 않음(가령, 세콤의 설치)으로 인해 무언가를 잃을 수도 있다는 생각을 갖게 하는 것은 강한 정서를 유발시켜 의사결정의 결정적 기준으로 작용할 수 있다. 가령, 암 검사와 같은 정기검진을 받는 것은 심각한 질병이 발견될 수 있고 그러한 질병의 치료가 불가능할 수 있다는 불안감을 수반할 수 있다. 이 경우 그러한 검사를 통해 얻는 것보다 검사를 하지 않아 잃게 되는 것이 더 크다는 것을 강조하는 메시지가 정기검진을 받도록 유도하는 데 더 효과적이다.

• 장애 및 통제의 정도(obstacles and control) : 행동대안에 대해 자신이 충분히 통제할 수 있고 그 행동을 수행하는 데 있어 장애가 크지 않을 것으로 판단하는지에 따라 사람들이 보이는 정서적 반응은 달라질 것이다. 특정의 행동대안(가령, 정기적인 운동을 통한 체중감량)을 수행하는 것이 통제하기 어렵다고 판단되면, 사람들은 좌절감을 느낀다. 어려움을 통제할 수 있다는 자신감은 도전의식을 불러일으키지만, 통제감의 상실은 두려움과 좌절감을 초래할 것이다. 기업들은 자사제품이 소비자의 삶에 대한 통제력을 높여줄 것이라는 약속을 담은 제품광고를 흔히 사용한다. 사실 많은 광고들이 통제와 관련된 메시지를 담고 있는데, 문제가 발생되어 어려움을 겪다가 광고된 제품의 도움으로 통제력을 회복한다는(문제를 해결한다는) 형식의 광고가 전형적인 예이다(가령, 휴가 중에 신용카드를 잃고 곤경에 처했다가 신속하게 재발급을 받아 이를 극복한다는 내용의 신용카드 광고). 통제력을 상실했다가 제품의 도움으로 이를 회복할 수 있다는 메시지는 강한 정서

적 반응을 유발시킬 수 있다.

• 사건발생의 원천(agency) : 특정의 사건이나 결과가 자신의 실수나 잘못으로 인해 발생되었는지(즉, 내적 귀인) 혹은 환경적 요인이나 제품 자체의 결함과 같은 외부적 요인에 의해 발생된 것으로 평가하는지에 따라 사람들은 서로 다른 정서적 경험을 갖게 된다. 영업사원이나 제품 자체의 잘못으로 인해 유발된 부정적 결과는 분노를 유발하며, 자신의 잘못으로 인해 발생된 부정적 사건이나 결과는 수치심(shame)이나 죄책감(guilt), 혹은 실망감을 유발시킨다. 2007년 2월 뉴욕 소재 저가 항공사인 JetBlue 항공은 미국 북동부지역에서 발생된 기상악화에 적절히 대처하지 못함으로써 수천 명의 탑승객들을 실망시켰다. 이 지역에서 항공서비스를 제공하는 다른 항공사들은 기상악화를 예상하고 항공스케줄을 취소했지만, JetBlue 항공은 이륙할 수 있을 것으로 판단해 항공스케줄을 정상적으로 유지했다. 그러나 폭풍을 동반한 폭설이 잠잠해지지 않음에 따라 항공스케줄이 취소되고 승객들은 공항에서 큰 불편을 경험했다. 이러한 난국을 타개하기 위해 JetBlue 항공은 사건발생(스케줄 취소)의 원인이 기상악화와 같은 통제 불가능한 외부요인 때문인지 혹은 회사직원의 판단실수와 같은 내부요인 때문인지를 해명해야 했다. 이러한 의사결정 상황에서 회사는 회사직원의 잘못된 판단, 즉 내부요인에 의해 이러한 사태가 발생된 것으로 인정했다. 그러나 잘못된 판단이나 조치와 같은 통제 가능한 기업내부요인으로 인해 부정적 사태가 발생되었다는 기업의 사과는 오히려 분노하고 실망한 고객들로 하여금 그 기업이 정직하고 용기가 있는 것으로 긍정적 평가를 내리게 할 수 있다.

또한 우연하게 발생된 부정적 사건은 슬픔(sorrow)을 유발한다. 흔히 자선단체의 기금모집광고는 타인에 의해 발생된 부정적 사건(가령, 전쟁피해자)을 보여줌으로써 사람들의 수치심이나 죄책감을 유발시키거나 또는 우연하게 발생된 부정적 사건(가령, 홍수나 지진)을 보여줌으로써 슬픔의 감정과 이로 인한 연민의 감정을 유발하려고 한다.

• 규범/자아개념과의 양립성(norm/self-concept compatibility) : 소비자들은 사회적 규범이나 자아개념에 부합되는 것으로 평가되는 제품의 구매·소비에 대해 긍정적 정서경험을, 그리고 이에 부합되지 않는 것으로 평가되는 제품의 구매·소비에 대해 부정적 정서경험을 하게 될 것이다. 사회적 규범의 위반은 사회적 비난이 뒤따를 것이라는 두려움과 수치심을 유발한다. 기업은 제품광고를 통해 유명인들이 자사제품을 사용하는 모

습을 보여줌으로써 제품에 대한 사회적 거부감이나 부정적 인식의 부당성을 반박하거나(가령, 레이건 대통령이 보청기를 사용한다는 정보를 제공함) 또는 소비자들의 일반적 습관(가령, 평소에 방취제를 사용하지 않는 것)이 사회적 규범에 어긋난다는 것을 보여준다. 이와 같이 많은 제품광고들은 소비자들이 사회적으로 금기시되는 행위를 저질렀음을 갑자기 지각하고 당황해 하는 모습을 보여줌으로써 구매행동을 유발한다. 방취제는 19세기 프랑스에서 개발된 후 1920년대에 미국에서 광고되었는데, 체취에 대한 사회적 거부감으로 인해 당황하고 두려움을 느끼는 모습의 광고가 방영된 이후에야 널리 사용되었다.

소비자들이 정서적 자극을 어떻게 평가했는지를 파악하는 다른 방법은 소비자들에게 경험했을 것으로 생각되는 긍정적·부정적 느낌에 대해 물어보는 것이다. 이러한 느낌은 소비자의 주요 가치들과 직접적으로 관련되어 있으므로, 이러한 긍정적·부정적 느낌의 분석을 통해 평가에 사용된 소비자들의 가치들(평가기준들)을 추론해 볼 수 있다. 가령, 소비자가 청량음료의 소비과정에서 활성화(activation), 동료들과의 연대감(relatedness), 쾌락적 즐거움(hedonic tone), 자신감(competence) 등의 긍정적 느낌을 경험했다면, 기업은 이를 토대로 청량음료의 소비행위 및 청량음료 속성과 소비자 가치 간의 관련성 정도에 대한 소비자 평가(혹은 감평)를 분석해 볼 수 있다.

정서에 대한 인지적 평가이론을 지지하는 대표적인 연구자가 Lazarus(1991)이다. Lazarus는 사람들이 환경을 어떻게 인지(혹은 평가)하느냐에 따라 정서적 경험이 달라지며, 정서를 조직화된 반응신드롬(response syndrome)으로 보아야 한다고 주장하였다. 성인의 스트레스와 이에 대한 대처방안에 관한 연구에 상당부분의 시간을 할애한 Lazarus는 스트레스를 주는 자극과 스트레스를 주지 않는 자극들의 특성을 비교하는 많은 연구들을 토대로 그의 정서이론을 정립하였다. 그의 정서이론의 핵심에는 인지적 평가라는 개념이 자리 잡고 있다. Lazarus에 의하면 특정의 자극에 노출된 개인은 그 자극 속에 위험이 내재되어 있는지(즉, 자신에게 해가 되는지 혹은 득이 되는지)를 평가하며, 정서는 이러한 인지적 평가에 근거하여 유발되며, 유발된 정서에 적합한 대처반응(coping response)이 이루어진다고 주장한다. 즉, 처한 상황이 자신에게 해가 되는지 또는 득이 되는지를 평가한 후 이를 근거로 해 정서가 발생된다는 것이 그의 믿음이다.

Lazarus는 인지적 평가가 이루어지는 과정이 일차 평가 → 이차 평가 → 대처반응의 세 단계로 구성된다고 보았다. 일차적 평가는 특정의 사건(자극)이 개인의 목표를 실현하는 데 방해하는지 혹은 촉진하는지를 평가하는 것이다. 즉, 특정의 사건이 개인의 목표와 관련되어 있는지, 관련된다면 어느 정도 목표와 일치하는지, 그리고 자신이 목표달성에 어느 정도 몰입되어 있는지 등을 판단하는 것이다. 가령, 특정의 제품을 구매·소비한 소비자는 먼저 그 제품의 성능이 기대(자신이 설정한 목표)보다 나은지 혹은 기대보다 형편없는지를 평가하게 된다. 자극상황에 대한 평가를 내리게 되면, 이차 평가를 내리는 다음 단계로 넘어간다. 이차적 평가는 현재 자신이 처한 상황의 원인은 무엇인지(자신이 너무 높은 기대를 했기 때문인지, 회사의 잘못인지, 우연한 제품불량 때문인지), 이 상황에서 무엇을 해야 할 것인지, 대처방안에 대한 수행능력은 있는지, 대처과정에서 예상되는 결과는 무엇인지 등을 평가하는 것이다. 예를 들어, 만약 구매한 제품이 기대보다 못하다면(해가 된다고 판단된다면), 그래도 이를 수용할 것인지, 회사에 적극적으로 불만을 제기할 것인지 혹은 주위 사람들에게 불만을 토로할 것인지 등을 평가하게 될 것이다.

일차적 평가와 이차적 평가가 완료되면, 상황 적응적인 대처반응을 하는 단계로 넘어간다. 가령, 그 소비자는 해당 기업에게 제품에 대한 불만을 적극적 제기하기로 결정을 내릴 수 있다. 정서가 수행하는 주요 기능 가운데 하나는 개인이 설정한 목표를 조절하는 역할을 하는 것인데, Lazarus는 목표의 성공과 실패로 인해 야기된 정서에 대응하여 사람들이 보이는 대처반응(coping response)에 관해 많은 설명을 할애했다. 긍정적 정서(예를 들어, 행복, 기쁨, 고양감)는 자신이 세웠던 계획이 성공했을 때 혹은 성공 가능성이 확실할 때(즉, 목표가 달성되었을 때) 발생되는 반면 부정적 정서(예를 들어, 좌절, 실망, 불안 등)는 목표달성에 실패했거나 진행 중인 계획에 문제가 있을 때 발생된다. 긍정적 정서를 경험하게 되면 사람들은 이러한 정서에 상응하는 대처반응을 보이게 되는데, 긍정적 정서를 경험한 사람들이 보이는 반응의 예로는 긍정적 경험을 스스로 음미하거나, 자신의 행운을 다른 사람들과 공유하거나, 주어진 보상(즉, 기쁨)을 유지하거나 이를 더욱 높이려고 하거나, 신체적 활동을 증가시키는(가령, 환호하거나 펄쩍펄쩍 뜀) 것 등이 포함된다. 긍정적 정서는 높은 수준의 생리적 각성, 주의 및 낙관성의 증가, 회상의 향상, 자기지향성에서 타인지향성으로의 이동(예를 들어, 타인들에 대해 신경을 쓰고 좀 더 친절해짐) 등도 수반한다.

한편 자신이 원하는 목표달성에 실패한 것으로 평가함으로 인해(특정의 상황이 자신에게 위협적인 것으로 평가된 결과로서) 유발된 부정적 정서에 대해서는 사람들은 긍정적 정서와 다른 대처반응을 보이게 된다. 사람들은 목표달성에 실패하거나 불쾌한 사건을 경험하게 되면 부정적 정서(가령, 분노, 슬픔, 두려움)를 경험하게 되며, 이 같은 불안정하고 불편한 감정상태에서 정상적인(편한) 감정상태로 돌아가려고 한다.

Lazarus는 위협적인 상황에 의해 야기된 부정적 정서상태에 대처하는 방안에는 문제중심 대처과정과 정서중심 대처과정의 두 가지가 있다고 제시했다. 문제중심 대처과정은 직접적인 행동을 통해 유발된 부정적 정서를 완화시키려고 노력하는 것이다. 행동을 통해 부정적 정서를 (일시적으로) 완화시키는 형태의 대처반응에는 심리적 불편함을 완화시키려는 행동을 하거나 신체적 불편함을 완화시키려는 행동을 하는 것 등을 포함한다. 심리적 불편함의 완화는 처한 현실에 직접적으로 대면함으로써 발생될 마음의 갈등을 피하기 위해 사람들이 흔히 사용하는 대처방법인데, 갈등을 싫어하는 사람이 온화하고 소심한 성격의 사람을 친구로 선택하는 경우가 이에 해당한다. 신체적 불편함을 완화하려는 행동은 부정적 정서로 인해 발생된 자신의 생리적 반응을 변화시키는 것으로, 명상, 조깅, 음주, 약물복용 등의 방법이 이에 해당된다. 가령, 흡연이 폐암을 유발시키는 원인이 된다는 메시지에 접하면서 부정적 정서(암에 걸릴지 모른다는 불안감과 두려움)를 경험한 소비자는 금연하거나, 흡연의 양과 빈도를 줄이거나, 니코틴 함유량이 매우 적은 담배를 피우는 등의 대처반응을 보일 수 있다.

정서중심 대처반응은 상황의 재해석을 통해 부정적 정서에 대처하는 방법인데, 근심(부정적 정서)의 원천이 갖는 의미를 변화시키거나(가령, 위협의 존재를 부정하거나 자신이 위협에 직면해 있다는 것을 부정함) 문제에 대한 생각 자체를 회피하는 것 등이 이에 해당된다. 가령, 흡연이 신체에 미치는 부정적 효과에 관련된 메시지에 접하면서 부정적 정서를 경험한 소비자는 흡연을 한다고 해서 모든 사람이 폐암에 걸리는 것이 아니라고 해석하거나, 몇십 년간 흡연을 해 왔는데 건강상에 전혀 문제가 없다고 생각하거나, 혹은 메시지 자체를 무시하는 등의 대처반응을 보일 수 있다.

Lazarus는 사람들이 자신의 생활사에 부여하는 의미로부터 정서가 생겨나며, 정서는 근본적으로 자신에게 중요한 대상들을 판단하고 평가하는 과정에서 발생된다고 보았다. Lazarus는 인간의 정서를 독특한 극적 구상을 가진 대본(극적인 이야기)에 의해 야기되는 정서적 경험에 의해 설명할 수 있다고 제안했다. 예를 들어, 수치심은 자신이 이

정서적 경험에 대한 대처반응의 특성

Lazarus에 의하면 사람들은 특정의 사건(상황)에 대한 인지적 평가를 토대로 정서적 경험을 하게 되며, 유발된 정서를 유지하거나 해소하기 위한 대처반응을 보이게 된다고 하였다.

대처반응은 행위경향성과 밀접하게 관련되어 있다. 행위경향성이란 어떤 목표대상과의 상호작용을 더 많이 하려고 하거나 혹은 피하려 하는 마음의 준비상태(readiness for action)를 말하며, 이에는 가까이 하려는, 멀어지려는, 주목하는, 거부하는, 반대하려는, 활동을 중단하려는 등과 같은 행위성향이 포함된다.

네덜란드 심리학자 Frijda(1986)는 정서란 사건의 인지적 평가에 대한 반응뿐 아니라 행위경향성도 포함한다고 주장한다. Frijda는 사람들이 어떤 행위경향성(즉, 도망가거나, 공격하거나, 껴안으려는 충동)을 보이느냐에 의해 정서적 경험이 결정된다고 보았으며, 특정의 정서상태를 결정하는 행위경향성(의 변화)은 대체로 위기나 방해(개체의 삶에 중요한 의미를 갖는 사건)에 대한 반응으로 일어난다고 주장했다.

Frijda는 정서를 다음과 같이 자극사건에 대한 평가, 행위경향성(혹은 행위준비성), 그리고 외현적 활동과 신체적 각성을 포괄하는 전체과정으로 개념화했다.

자극사건 → 이에 대한 평가 (사건의 적절성, 긴급성, 심각성, 사건의 맥락 등) → 행위준비성 ↗ 행위 ↘ 신체적 각성

정서적 반응은 상황에 대한 평가결과에 따라 다르게 나타나기 때문에, Frijda는 어떤 유형의 정서범주가 발생되느냐에 따라 이에 상응하는 행위준비성의 패턴이 달라진다고 보았다. 예를 들어, 두려움에 대한 회피충동, 염려에 따른 도움주기, 슬픔에 따른 무력감, 분노에 따른 공격충동, 수치심에 따른 행동철회 등이 이에 해당된다.

특정사건(상황)의 의미를 부여하는 과정인 인지적 평가는 의도적이고 목적적이며 의식적일 수도 있고 또는 별 생각 없이 이루어지거나 자동적이고 무의식적일 수도 있다. 그러나 인지적 평가에 의해 유발된 정서에 대해 사람들이 보이는 대처반응은 많은 경우 의도적이다(Bagozzi, 1992; Mick and Frijda, 1998).

정서에 대한 대처반응은 사람들이 추구했던 목표의 결과(outcome)가 자신이 가졌던 기대 혹은 욕구(desire)와 일치했는지에 대한 평가에 의해 결정된다. 특정의 상황

(자극)에 노출된 사람들은 이를 평가하는 과정에서 성과–욕구의 갈등(outcome–desire conflict), 성과–욕구의 균형(outcome–desire fulfillment), 성과–욕구 간 갈등의 회피(outcome–desire avoidance), 성과–욕구 간 균형의 추구(outcome–desire pursuit) 등의 네 가지 평가범주 가운데 하나에 속하는 것으로 판단하는데, 당면한 상황이 어떤 평가범주에 속하는 것으로 판단하느냐에 따라 정서경험 및 이에 대한 대처반응이 달라진다.

성과–욕구의 갈등(outcome–desire conflict)은 사람들이 계획한 목표를 달성하는 데 실패하거나 혹은 불쾌한 사건을 경험한 경우를 말한다. 사람들은 목표실패 혹은 불쾌한 사건을 어디에 귀인하느냐, 즉 실패 혹은 위협적 상황의 원인이 어디에 있는 것으로 판단하느냐에 따라(가령, 자기 자신의 탓으로, 타인 때문에, 또는 통제할 수 없는 외부요인 때문에), 각기 다른 다양한 형태의 부정적 정서를 경험하게 된다(예를 들어, 불만족, 분노, 수치심, 죄의식, 슬픔, 실망, 후회 등). 사람들은 이러한 부정적 정서로 인해 야기되는 긴장(불균형)을 해소하기 위해 다양한 대처반응들(예를 들어, 불안정한 상태를 제거하거나 원래의 상태로 되돌리려는 의도, 도움받기, 목표성과의 축소, 목표의 재평가, 노력의 증대 등) 중의 하나 혹은 그 이상을 선택한다.

성과–욕구의 균형(outcome–desire fulfillment)은 원하는 목표를 달성하거나 유쾌한 사건을 경험하거나 또는 불쾌한 사건을 회피한 것으로 평가된 경우를 말한다. 성과–욕구의 균형이 발생되면, 사람들이 이러한 행운의 원천이 어디에서 비롯된 것으로 판단하느냐에 따라(어떻게 귀인하느냐에 따라) 한 가지 이상의 각기 다른 긍정적 정서를 경험하게 된다(예를 들어, 만족, 즐거움, 고양감, 유쾌함, 자부심, 안심, 사랑 등). 이러한 긍정적 정서를 경험하게 되면, 사람들은 이러한 높은 성과를 계속 유지하거나 이를 더욱 높이려는 의도, 이를 음미하려는 의도, 이를 타인들과 공유하려는 의도 등의 대처반응을 보인다.

성과–욕구 간 갈등의 회피(outcome–desire avoidance)는 계획된 미래성과와 관련하여, 저조한 성과나 목표의 미실현으로 인해 불쾌함이 야기될 것으로 평가될 때 발생되는 것이다. 이러한 평가에 대한 정서적 반응은 두려움, 걱정, 불안, 근심 등과 같은 부정적 정서를 포함한다. 이러한 부정적 정서를 경험하게 되면, 사람들은 바람직하지 않은 성과를 회피하려는 의도, 위협적인 상황에 대한 재해석 등의 대처반응을 보인다.

성과–욕구 간 균형의 추구(outcome–desire pursuit)는 계획된 미래성과(미래목표)와 관련하여 설정된 목표를 실현하거나 기대 이상의 성과를 달성할 것으로 평가될 때 발생되는 것이다. 이러한 평가결과는 희망과 같은 긍정적 정서를 유발시킨다. 이러한 유형의 긍정적 정서에 대한 대처반응은 계획된 성과를 실현하거나 이의 실현을 촉진하려는 의도의 형성, 높은 몰입을 유지하고 경계심을 늦추지 않으려는 의도 등을 포함한다.

대처반응에 포함된 다양한 행위의도 유형 가운데 어떤 것이 구체적으로 활성화될 것인지는 대처반응을 잘 실천할 수 있으리라는 자신감을 반영하는 자기 효능감(self-efficacy), 즉 자신이 특정 행위를 잘 할 수 있다는 확신감의 정도(Bandura, 1994) 혹은 행동통제지각(perceived behavioral control), 즉 행동의 수행이 얼마나 쉽거나 어려울 것인지에 대한 개인의 믿음(Ajzen, 1991)에 달려 있다. 가령, 자기 효능감이 높거나 지각된 행동통제 수준이 높은 사람은 성과-욕구의 균형과 성과-욕구 간 균형을 추구하기 위한 노력 등의 행위의도가 활성화될 가능성이 높다.

상적인 삶을 살지 못했다는 극적인 이야기(극적 구상)에 의해 유발되며, 질투심은 자신을 향한 다른 사람의 사랑을 빼앗길 위협을 받고 있다는 극적 구상에 의해 유발된다는 것이다. 자극(상황)에 대한 평가와 이에 의해 유발된 정서는 자극과 당사자가 가진 배경(지능, 학습경험, 대처양식, 사고방식 등)의 조합에 의해 이루어진다.

Lazarus는 특정 정서를 유발하는 핵심원인이 존재한다고 주장했다. 예를 들어, 연민(compassion)은 다른 사람의 고통이나 도움요청에 마음이 움직일 때 경험한다는 것이다. 〈표 2.4〉는 Lazarus가 제한한 각 정서유형을 유발시키는 핵심원인을 정리한 것이다.

Lazarus는 정서를 긍정적 정서와 부정적 정서로 구분하는 것을 이론적 연구의 오류라고 지적하고, 이러한 이분법적인 사고에서 벗어나야 한다고 주장했다. 그는 정서는 혼합된 형태로 발생될 경우가 많다고 지적하였다. 가령, 사람은 방금 발생한 즐거운 사건에 대해 행복해할 수도 있지만 이와 동시에 그 사건에 뒤이어 나타날 불쾌한 일(예를 들어, 다른 사람들의 시기)에 대한 예감 때문에 불안해할 수도 있다.

Oatley와 Johnson-Laird(1987)는 정서의 의사소통이론(communication theory of emotions)을 제안하면서, 사람들이 특정의 사건에 대해 내리는 평가와 이에 따른 정서적 경험은 이들이 자신이 추구하는 목표와 얼마나 관련이 있는지를 토대로 이루어진다고 주장했다. 만약 그 사건이 중요한 목표 또는 하위목표를 성취할 확률(성공가능성)에 상당한 변화를 줄 것으로 판단하면, 특정의 긍정적·부정적 정서를 경험하게 되며, 이러한 정서경험은 목표를 달성하기 위한 활동을 조절하는 기능을 수행한다고 보았다. 즉, 사람들은 목표달성을 위해 수립된 계획을 수행하는 과정에서 목표를 달성할 확률에 변화

〈표 2.4〉 Richard Lazarus가 제안한 정서유형과 그 정서의 핵심원인

정 서	핵심원인
노여움	나와 나의 것에 대한 품격을 저하시키는 타인의 공격
불안	실존을 위협하는 불확실한 상황의 직면
기겁	긴급하고 구체적이고 위압적인 신체적 위험
죄책감	도덕적 의무를 위반함
수치심	자기의 이상에 맞게 행동하지 못함
슬픔	돌이킬 수 없는 상실의 경험
선망	남의 것을 갖고 싶어 하며, 본인도 가질 자격이 있는데 빼앗겼다고 느낌
질투	어떤 사람의 애정이나 호의를 잃거나 위협받는 데 대해 제3자에게 화를 냄
행복	목표 실현을 향해 올바른 전진을 하고 있음
자부심	자신 혹은 자신이 동일시하는 사람이나 집단이 성취한 중요한 목표나 업적으로 인해 자아 정체성이 고양됨
안도	목표와 불일치하여 괴로움을 주던 상황이 개선되거나 사라짐
희망	최악의 상태를 두려워하면서도 나아지기를 갈망하며, 그러한 향상이 가능하다고 믿음
사랑	애정을 갈망하거나 함께 나누고 싶어함, 반드시 상호적일 필요는 없음
감사	자신에게 득이 되는 이타적인 선물에 대한 고마움
연민	다른 사람의 고통에 마음이 움직여 돕기를 원함

자료원 : Lazarus, R.S.(2000). Reason and our emotions: A hard sell. *The General Psychologist*, 35, p. 20.

가 발생하게 되면, 이러한 변화에 따른 (긍정적 혹은 부정적) 정서를 경험하게 된다. 이러한 정서의 경험은 목표달성을 위한 활동을 수정하거나 바람직한 상태(활동)를 유지하도록 더 많은 주의와 노력을 기울이도록 유도하는 역할을 한다. 가령, 부정적인 정서(예를 들어, 좌절, 실망, 불안 등)는 목표를 달성하기 위해 수행해온 행동에 문제점이 있거나 원하는 목표를 달성하지 못할 때 발생된다. 특정 행위를 수행하는 것(혹은 이로 인해 발생된 사건)이 목표실현에 부합되지 못한 것으로 평가되면, 사람들은 부정적 정서(가령, 분노, 슬픔, 두려움 등)를 경험하며, 이로 인해 불안정한 상태에 놓이게 된다. 사람들은 부정적 정서경험으로 인한 불안정한 상태에 대해 심리적으로 불편함을 느끼므로 정상상태로 돌

정서와 인지는 서로 독립적인 관계인가에 관한 Lazarus와 Zajonc의 논쟁

정서에 관한 연구에서 가장 유명한 논쟁 중의 하나가 정서와 인지 간의 관계에 관한 Lazarus와 Zajonc 간의 논쟁이다. Zajonc가 1980년에 발표한 논문인 'Feeling and Thinking: Preferences Need No Inferences'는 정서(선호)가 인지적 평가 없이도 일어날 수 있는지에 대한 논쟁을 촉발하였다.

이 논쟁은 정서연구의 패러다임을 전환시키는 데 중요한 역할을 하였는데, 이 논쟁은 정서와 인지는 서로 독립적이고 대립적인 것으로 보던 정서연구의 패러다임으로부터 이 두 요소가 서로 다른 특성을 지니지만 밀접하게 연결되어 있는 것으로 보는 패러다임으로 전환하는 계기가 되었다. Zajonc는 정서와 인지는 서로 분리된, 그리고 부분적으로 독립적인 개념이며, 정서는 인지적 과정이 선행되지 않아도 발생할 수 있다고 주장했다. 이러한 주장(가설)이 제기된 이유는 피험자들(미국 대학생들)이 반복해서 노출되었다는 사실을 인식하지 못할 정도로 빠른 속도로 반복 제시된 무의미한 그림 또는 글자(예를 들어, 한자(漢字))를 반복 제시되지 않은 그림이나 글자보다 더 선호한다는 것을 발견했기 때문이다. 이러한 연구결과를 토대로 Zajonc는 사람들은 그것이 무엇인지를 정확하게 알기 전에, 심지어는 그것이 무엇인지 알지도 못하면서 그 어떤 것을 좋아하거나 두려워할 수 있다고 주장했다.

Zajonc는 변형되지 않은 순수한 감각정보가 직접적으로 정서적 반응을 일으킬 수 있다고 하였다. 가장 단순한 수준의 물리적 자극도 강도만 충분하다면 유기체는 이에 대해 접근반응이나 회피반응을 일으킨다는 것이다. 따라서 모든 유기체들은 특정 자극에 대한 특정한 정서적 반응들(가장 광범위하게 일어나는 반응인 접근반응과 회피반응)을 선천적으로 갖고 태어난다고 주장했다.

반면에 Lazarus는 정서는 인지적 과정과 서로 밀접하게 연결되어 있으며 인지가 정서보다 선행한다고 주장하였다. Lazarus는 모든 정서적 경험은 사건(자극)의 의미에 대한 인지적 평가에 근거하여 발생되며, 때로는 생각(인지)과 느낌이 거의 동시에 너무나 신속하게 일어나기 때문에 이러한 과정을 의식하지 못할 수도 있다고 주장하였다.

Lazarus는 자극에 대해 상세히 알지 못해도 그것이 자신의 안녕에 도움이 되는 것인지 혹은 해로운(위협적인) 것인지를 순간적으로 인지할 수 있다고 주장하였다. 요컨대, 어떤 자극을 평가하기 위해 그 자극에 대해 반드시 상세히 알아야만 하는 것은 아니라는 것이다.

Lazarus는 평가라는 개념이 위험한 자극과 위험하지 않은 자극에 변별적으로 반응하는 선천적인 반응과정도 포함하는 것으로 가정하면서, 거의 모든 포유류는 정서를 유발시키는 최소한의 인지적 선행요소를 갖고 있다고 주장하였다. 따라서 일종의 지각과정인 평가는 원시적이고 선천적인 수준의 반응과정에서부터 상징적이고 경험을 바탕으로 하는 반응과정에 이르기까지 모든 수준에서 작동할 수 있다고 지적하였다.

두 연구자가 벌인 논쟁의 가치는 그 해답이 무엇인가에 있기보다는 그러한 논쟁이 정서와 인지 간의 관련성에 대한 다양한 이론과 연구들을 촉발시켰다는 데 있다. Kiesler(1982)는 정서와 인지 간의 관계를 개념화하는 데 있어서 어려운 점 중의 하나는 이 두 영역이 서로 겹친다는 것이라고 하였다. 단순한 정서적 반응은 인지적 요소 없이 발생하지만 복잡한 정서적 반응은 인지적 요소를 포함한다고 지적하면서 양측 모두의 견해를 지지하였다.

Zajonc는 특정의 자극(대상물)을 반복적으로 개인에게 노출시키면 이러한 단순노출(mere exposure)만으로도 그 자극에 대한 개인의 태도를 긍정적으로 만들 수 있다고 주장하였지만, 이러한 단순노출효과(mere exposure effect)는 자극이 단순하거나, 이전에는 개인에게 알려지지 않은 자극이거나, 개인에게 거의 혹은 전혀 알려지지 않은 자극(가령, 미국인들에게 한국어를 보여주는 것)인 경우에 주로 발견된다. 따라서 개인이 의미 있는(자신에게 중요한) 자극에 노출될 때는 단순노출효과를 유도하는 것이 어렵다. 의미 있는 자극에 대해서는 개인은 이것의 의미를 평가하고 이를 토대로 하여 정서적 반응을 보이게 되므로 인지과정이 개입될 가능성이 높다.

자료원: 이훈구(2002). 정서심리학. 법문사. pp.63-67; Lazarus, R.S.(1982). Thoughts on the relations between emotion and cognition. *America psychologist*, 37, pp.1019-1024; Zajonc, R.B.(1980). Feeling and thinking: preferences need no inferences. *American Psychologist*, 35, pp.151-175; Kiesler, C.A.(1982). Comments. In W.S. Clark and S.T. Fiske(Eds.), *Affect and cognition*. Lawrence Erbaum: Hillsdale, NJ.

아가려고 하는 성향을 보인다. 정상상태로 돌아가기 위해 사람들이 보이는 대처반응은 크게 문제중심적 대처와 정서중심적 대처로 나누어진다. 문제중심적 대처는 근심의 원천을 완화시키려는 노력을 말하며, 정서중심적 대처는 근심의 원천이 갖는 의미를 변화시키거나(가령, 위협의 존재를 부정함) 발생된 문제 자체에 대해 생각하지 않으려는 노력을 말한다. 한편 어떤 사건(행위)이 자신이 설정한 목표에 부합되면, 사람들은 긍정적 정서를 경험하게 되며, 그 결과로 경험의 음미, 보상의 유지, 신체활동 증가, 이타적 행위(남

〈표 2.5〉 여섯 가지 기본정서를 유발하는 조건(상황)

행복
1. 목표 지향적 활동 혹은 최종목표 달성
2. 새로운 취미나 활동 개발에 성공, 새로운 친구를 사귐, 새롭거나 유쾌한 일을 보거나 들음
3. 친근한 대상 인식, 즐거운 활동의 반복, 알고 있는 누군가를 만나거나 알고 있는 무엇인가를 봄
4. 사회적으로 인정받음(특히, 친구, 친척, 중요한 인물로부터)
5. 일반적인 이득: 돈, 지위, 보상 등
슬픔
1. 일반적인 상실
a. 사랑하는 대상(사람 혹은 동물)의 죽음
b. 사랑하는 사람과의 이별(일시적 혹은 영구적, 실제로 혹은 가상적으로)
c. 건강문제(만성적 장애, 질병, 고통)
2. 누군가가 울고 있는 것을 보거나 슬픔을 지각함
두려움
1. 위험 속에서의 생활, 예기된 또는 학습된 두려움, 어떤 사건, 사람 혹은 생각에서 비롯되는 위험
2. 어문적 혹은 신체적 공격에 대한 위협, 더 강한 적수의 처벌, 모욕, 노여움
3. 지지 상실
4. 낯설음
혐오
1. 감각경험에 의해 유발되는
a. 나쁜 혹은 불쾌한 맛
b. 나쁜 냄새
c. 찐득찐득한 혹은 기름기 있는 물건
2. 도덕적 준거, 습관 혹은 규범에 위배되는 부적절한 행동
놀라움
1. 예기치 못한 사건
2. 보통과는 다른 감각(광경, 맛)
노여움/분노
1. 장벽, 장애물, 좌절(사람, 사회적 제약, 그리고 위험스런 공격으로부터 오는 심리적 · 신체적 위협)
2. 모욕(심리적 혹은 언어적 위협)
3. 뭔가를 하도록 강요받음
4. 부당한 대우를 당하거나 목격함
5. 욕구충족을 방해하며 지속되는 누그러지지 않는 긴장감

자료원 : Dore, F. Y. & Kirouac, G.(1985). Identifying the eliciting situations of six fundamental emotions. *Journal of Psychology*, 119, p.436.

들에게 좀 더 친절해지고 신경을 쓰는 등 자기지향성에서 타인지향성으로 이동함) 등의 긍정적인 행위를 보이게 된다.

정서가 특정 상황에 대한 해석(평가)에 의해 유발된다는 인지적 정서이론의 가정은 자연스럽게 어떤 상황에서 특정의 정서가 유발되는지(혹은 정서유발조건)를 규명하려는 시도를 자극하였다. Dore와 Kirouac(1985)은 여섯 가지의 기본정서(두려움, 혐오, 행복, 놀라움, 노여움, 슬픔)를 유발할 것으로 판단되는 조건(상황)이 어떤 것인지를 연구하였다. 그들은 70개 문항으로 구성된 질문지를 개발했는데, 이들 문항은 특정정서를 유발한다고 판단되는 조건(상황)을 기술한 것이다.

〈표 2.5〉는 여섯 가지 기본정서를 유발한다고 판단되는 각각의 조건(상황)을 정리한 것이다.

그들은 실험에 참가한 대학생들에게 각각의 상황(정서유발조건)하에서 발생할 확률이 가장 높은 정서적 경험이 무엇인지를 지적하도록 하였는데, 각 상황(정서유발조건)과 실험 참가자들이 경험하게 될 정서유형이 일치하는 것으로 나타났다. 예를 들면, 행복을 유발하는 조건에서 행복을 경험하게 될 것으로 응답한 사람들의 비율이 93.3%로서, 행복을 유발하는 조건에서 대부분의 사람들이 공통적으로 행복감을 경험하는 것으로 나타났다.

Roseman(1991)은 어떤 정서를 느끼게 될 것인지는 사람들이 주어진 상황(사건)을 어떻게 해석하느냐에 따라 달라진다고 가정하였다. 구체적으로, 어떤 정서가 유발될 것인지는 사건을 평가하는 데 사용되는 다섯 가지 기준들이 결합되어 결정된다고 보았다. 여기서 다섯 가지 평가기준은 동기 일치/동기 불일치(사건이 개인의 동기와 일치하는가(즉, 긍정적 정서인가) 혹은 일치하지 않는가(즉, 부정적 정서인가)), 욕구적(appetitive)/회피적(aversive)(사건이 보상을 제공하는가 혹은 처벌을 주는가), 동인(動因, agency)(즉, 결과발생의 원인이 환경 때문인가, 타인 때문인가 아니면 자기 자신 때문인가에 대한 지각), 확률(결과가 발생될 가능성이 확실한가 아니면 불확실한가), 강도(발생된 결과에 대한 대처력이 강한가 아니면 약한가)이다.

인지적 정서이론을 지지하는 Roseman이 수행한 정서연구가 갖는 특징은 특정의 정서적 반응을 유발시키는 조건을 상세하게 서술하고 있다는 점이다([그림 2.9] 참조). 가령, 자부심이라는 정서적 경험은 자신의 노력으로 특정의 결과가 발생된 것에 대해 긍정적으로 평가함으로 인해 발생된다(예를 들어, 잘했다는 느낌을 가질 때 발생되는 정서). 즉, 이러

<table>
<tr><td rowspan="17">동인
(Agency)</td><td></td><td colspan="2">긍정적 정서
(동기 일관적)</td><td colspan="2">부정적 정서
(동기 비일관적)</td></tr>
<tr><td>환경유발적</td><td>욕구적</td><td>회피적</td><td>욕구적</td><td>회피적</td></tr>
<tr><td>기대하지
않은</td><td colspan="4">놀라움</td></tr>
<tr><td>불확실한</td><td colspan="2">희망</td><td colspan="2">두려움</td><td rowspan="2">약한</td><td rowspan="14">대처능력의
강도</td></tr>
<tr><td>확실한</td><td>즐거움</td><td>안심</td><td>슬픔</td><td>근심,
반감</td></tr>
<tr><td>불확실한</td><td colspan="2">희망</td><td colspan="2" rowspan="2">좌절</td><td rowspan="2">강한</td></tr>
<tr><td>확실한</td><td>즐거움</td><td>안심</td></tr>
<tr><td>타인유발적</td><td colspan="2" rowspan="5">좋아함</td><td colspan="2" rowspan="3">싫어함</td><td rowspan="3">약한</td></tr>
<tr><td>불확실한</td></tr>
<tr><td>확실한</td></tr>
<tr><td>불확실한</td><td colspan="2" rowspan="2">분노</td><td rowspan="2">강한</td></tr>
<tr><td>확실한</td></tr>
<tr><td>자기유발적</td><td colspan="2" rowspan="5">자부심</td><td colspan="2" rowspan="3">수치심, 죄의식</td><td rowspan="3">약한</td></tr>
<tr><td>불확실한</td></tr>
<tr><td>확실한</td></tr>
<tr><td>불확실한</td><td colspan="2" rowspan="2">후회</td><td rowspan="2">강한</td></tr>
<tr><td>확실한</td></tr>
</table>

[그림 2.9] Roseman(1991)의 정서평가이론

한 자부심은 욕구지향적인지(가령, 보상을 제공받으려고 하는 것) 혹은 회피적인지(가령, 처벌을 피하려고 하는 것), 환경조건에 대한 대처능력이 약한지 혹은 강한지, 그리고 결과의 발생가능성이 불확실한지 혹은 확실한지에 상관없이 그 결과가 자기 자신의 노력에 의해 발생하였으며 그러한 결과를 성취한 것에 대해 긍정적으로 평가할 때(그러한 결과의 발생이 자신이 추구하는 동기와 일치할 때) 발생한다는 것이다.

Roseman이 제안한 개념적 틀의 장점은 사람들이 경험하는 대부분의 정서유형들을 설명할 수 있다는 것이다. 가령, 분노와 후회는 한 가지 평가기준에서만 서로 다르고 나머지 네 가지 평가기준에서 동일하다. 즉, 분노는 다른 사람들 때문에 자신이 피해를 보았다고(부정적 결과가 발생했다고) 판단함으로 인해 발생되는 정서적 경험인 반면에 후회는 특정의 부정적 결과(성과)가 자신의 행위나 게으름 때문인 것으로 판단할 때 발생된다.

그러나 Roseman이 제안한 개념적 틀이 사람들이 경험하는 정서적 반응 모두를 설명하는 것은 아니다. 가령, Roseman의 개념적 틀에서는 수치심과 죄의식이 동일한 정서

적 평가기준들에 의해 발생되는 것으로 보고 있지만, 수치심, 죄의식, 당황스러움 등의 정서적 경험은 그 특징에서 서로 상당한 차이가 있다는 연구결과도 있다(Lewis, 1993). 마찬가지로 혐오(disgust)와 고통(distress)은 서로 다른 정서적 반응이라는 연구들도 있다(Rozin, Haidt and McCauley, 1993).

이러한 한계에도 불구하고 Roseman의 연구를 포함한 인지적 평가이론이 갖는 장점은 정서를 단순히 양극화된 개념으로 보는 다른 정서이론들(예를 들어, 유쾌-불쾌, 높은 각성-낮은 각성(Russell, 1980), 또는 강한 부정적 감정-약한 부정적 감정, 강한 긍정적 감정-약한 긍정적 감정(Watson and Tellegen, 1985))에 비해 다양한 유형의 정서들을 구분할 수 있고, 그 정서들의 발생조건들을 제시할 수 있다는 데 있다.

인지가 정서에 영향을 미친다는 관점을 취하는 인지적 정서이론을 지지하는 또 다른 대표적인 연구자로 Schachter를 들 수 있다. Schachter와 Singer(1962)는 생리적 각성상태가 정서유발의 필수적 선행요인이며, 정서적 반응은 어떤 상황(자극)에 대한 개인의 해석에 의해 결정된다고 주장하였다. 즉, 자극에 접한 사람들은 생리적 각성을 먼저 경험하게 되고, 일어난 상황과 그 상황에 대한 지각 등의 정보를 토대로 생리적 각성의 원인을 해석하며, 이러한 해석에 따라 구체적인 정서를 느끼게 된다는 것이다. Schachter와 Singer(1962)는 정서경험이 인지적 평가에 의해 이루어진다는 자신의 주장을 검증하기 위해 정교하게 설계된 실험연구를 사용하였다. 그들은 사람들이 설명할 수 없는 혹은 그 원천이 불확실한 생리적 각성(변화)을 경험하게 되면 그 상태를 설명(해석)하고자 하는 욕구가 발생하며, 지각된 당시 상황에서 그 증거를 찾아 생리적 각성에 대한 명칭(즉, 정서적 경험의 표현)을 붙이게 된다고 제안하였다. 그들은 이러한 논리적 추론을 토대로 다음과 같은 세 가지 가설을 제시하였다.

첫째, 사람들은 분명하게 설명할 수 있는(그 원인이 분명한) 생리적 각성을 경험하면, 이를 설명할 다른 원인을 찾지 않는다. 둘째, 그 원인을 설명하기 어려운 생리적 각성을 경험하게 되면, 사람들은 주어진 상황을 해석하여 이에 근거하여 생리적 각성에 적절한 명칭을 붙인다. 셋째, 생리적 각성이 먼저 이루어져야만 정서적 경험을 하게 된다.

이러한 가설을 실험을 통해 검증하기 위해 그들은 ① 생리적 각성 발생 여부에 대한 조작, ② 사람들이 생리적 각성의 원인에 대해 분명하게 설명할 수 있는가의 여부에 대한 조작, ③ 생리적 각성에 적절한 이름을 붙이는 데 도움이 될 상황단서의 조작 등의 세 가지 실험적 조작을 실시하였다.

첫 번째로 Schachter와 Singer는 생리적 각성의 발생 여부를 조작하였다. 실험에 참가한 피험자들에게 실험의 목적이 수프록신이라는 비타민 제재가 시력에 미치는 효과를 알아보기 위해 이 약물을 주사할 것이라고 설명하였는데, 한 피험자 집단에 대해서는 실제로는 비타민 제재가 아니라 생리적 각성(흥분)을 일으키는 에피네프린을 투여함으로써 생리적 각성을 유발시켰다. 그리고 다른 피험자 집단에 대해서는 비타민 제재가 아니라 식염수를 주사함으로써 생리적 각성을 유발시키지 않았다. 두 번째로는 생리적 각성의 원인을 설명하는 데 영향을 미칠 정보를 실험적으로 조작하였다. 그들은 피험자들에게 주사제를 투여하기 직전 주사제에 대한 설명을 해주었는데, 실험조건에 따라 각기 다른 설명을 하였다. 한 피험자 집단에 대해서는 수프록신이 약간의 생리적 각성과 같은 부작용(증상)을 일으킨다고 에피네프린의 효과와 유사한 내용을 설명해 준 반면 다른 피험자 집단에 대해서는 가려움, 두통, 손발감각이 무디어짐 등의 에피네프린의 효과와 전혀 상관없는 부작용(증상)이 발생할 가능성이 있다는 거짓정보를 제공하였다. 마지막으로 또 다른 집단에 대해서는 투여하는 주사제가 인체에 무해해 아무런 부작용이 없다고 설명해 주었다. 세 번째로는 피험자들이 자신의 정서상태를 추론할 증거로 사용할 수 있는 사회적 상황을 실험적으로 조작하였다. Schachter와 Singer는 주사를 맞은 피험자를 다른 피험자가 있는 대기실로 안내한 다음 수프록신이 충분히 약효를 발휘할 수 있도록 20분 정도 기다린 다음 시력효과에 관한 설문지 조사를 실시할 것이라고 설명하였다.

대기실에서 먼저 기다리고 있던 피험자들은 연구자들과 미리 짠 실험 협조자들로서 실제 피험자들과 함께 설문지를 작성하도록 하였다. 설문지는 뒤로 갈수록 매우 개인적이고 기분을 상하게 만드는 내용의 질문들로 구성되었다. 피험자들이 경험하게 될 사회적 상황에 대한 조작은 행복유발 조건과 분노유발 조건으로 조작되었다. 행복유발 조건에서는 실험 협조자들로 하여금 설문지를 작성하는 과정에서 사전에 계획한 대로 매우 친절하게 피험자를 대하도록 하였다. 그리고 종이비행기를 만들어 날리거나 종이뭉치를 쓰레기통에 던져 넣는 등 매우 즐거운 행동을 하게 하였다. 이에 반해 분노유발 조건에서는 실험 협조자들로 하여금 설문지를 작성하는 과정에서 점점 화를 내다가 마지막에는 설문지를 찢어 버리고 나가도록 하였다.

연구자들은 이러한 실험적 조작에 노출된 피험자들로 하여금 자신의 기분을 평가하도록 하였는데, 실험결과는 가설과 일치하는 것으로 나타났다. 첫째, 에피네프린을 투여받아 자연스럽게 생리적 각성이 유발되었으나 약물이 생리적 각성 등의 부작용을 일으킬 것이라는 설명을 들은(즉, 정보제공 조건의) 피험자들은 역시 에피네프린을 투여받았지만 그 효과에 대한 설명을 듣지 못한 피험자들보다 정서를 느끼지 못하는 것으로 나타났다. 둘째, 에피네프린이 투여된 집단 중 생리적 각성 같은 부작용이 전혀 없을 것이라는 설명을 해주었던 피험자들은 사회적 상황(즉, 행복유발 실험조건과 분노유발 실험조건)에 따라 행복하다거나 혹은 화가 났다고 응답하였다. 셋째, 식염수를 투여했던(즉, 생리적 각성을 유발시키지 않았던) 조건의 피험자들은 거의 정서적 경험을 하지 않은 것으로 나타났다.

Schachter와 Singer의 이론과 실험은 심리학에 상당한 영향을 미치면서 정서에 관한 많은 후속연구들을 촉발시켰으나 많은 비판을 받기도 하였다. Schachter와 Singer의 이론은 어떻게 생리적 각성과 인지가 결합하여 정서가 유발되는지를 설명하지 못하고 있다. 또한 생리적 각성상태를 유발시킨 원인을 찾아 그 상태에 맞는 명칭을 부여하는 인지적 과정(cognitive labeling)이 정서를 결정한다는 그들의 이론은 정서를 경험하기 위해서 반드시 경험된 정서를 표현할 적절한 명칭을 알고 있어야 함을 전제하고 있는데, 이러한 주장은 정서의 명명화(정서단어)에 대한 학습이 충분히 이루어지지 않은 어린 아이들은 완전한 정서를 경험할 수 없을 것임을 시사하는 문제점을 갖게 된다.

3) 생리적 정서이론

생리심리학자들은 정서의 생리적 측면에 주로 관심을 가져왔다. 정서경험에 대한 생리학적 전통은 James(1890)에서부터 시작되었다. James가 정서에 관한 그의 관점을 발표한 후 비슷한 시기에 덴마크의 생리학자 Carl Lange도 유사한 주장을 하였는데, 그 이후 이들의 주장을 묶어 James–Lange 이론이라고 부른다. James는 어떤 사건(자극)에 대한 지각이 신체적 각성(변화)을 불러일으키고, 그러한 신체적 각성에 대한 느낌이 정서라고 주장하였다. 예를 들어, 한밤중에 골목에서 낯선 사람을 보고 이를 지각하는 것이 신체변화(입이 마름, 심장이 뜀, 손에 땀이 남)를 일으키고, 이러한 신체변화가 사람들로 하여금 공포라는 정서를 느끼게 한다는 것이다.

이러한 그의 주장은 '일반적인 상식'과는 반대되는 것인데, 예를 들어, 일반인의 상식적인 생각은 슬픈 기분이 드니까(정서경험) 운다(생리적 변화)라고 보는 데 반해 James의 이론에 따르면 울기 때문에(생리적 변화) 슬픈 느낌(정서)을 갖는다는 것이다. 특정의 자극이 신체적 반응(예를 들어, 손바닥의 땀 분비, 심장박동 증가)을 일으키고, 이러한 생리적 반응의 결과를 정서경험으로 해석하게 된다는 James의 주장은 정서관련 연구자들의 많은 비난과 의문을 유발하였다. 그러나 James는 자신의 이론이 비탄(grief), 두려움(fear), 분노(rage), 사랑(love) 같은 거친 정서(coarse emotion)에 주로 적용되며, 도덕적·지적·미학적 느낌 등의 미묘한 정서(subtle emotions)에는 적용되지 않는다고 주장하면서 그의 이론을 정당화하였다.

개념적으로 모호하고 많은 비판을 받았음에도 불구하고 James-Lange 이론이 많은 연구자들에게 영향을 미쳤던 주요한 이유는 ① 정서가 주관적이고 개인적인 느낌이라는 그들의 견해를 대부분의 정서심리학자들이 수용하였으며, ② 정서와 관련된 자율신경계(신체적 감성)의 변화를 연구하는 데 있어 자극제가 되었다는 것에 있다.

하버드 의과대학 생리학과 교수였던 Walter B. Cannon(1929)은 James-Lange 이론에 대한 일련의 연구들을 토대로 James-Lange 이론의 대안적 이론을 제시하였다. James-Lange 이론은 자극의 지각에 따른 신체적 변화(각성)와 정서가 순차적으로 일어난다고 가정한 반면 Cannon은 뇌의 시상하부를 구성하는 신경세포의 반응(각성)이 정서적 경험과 신체적 변화를 동시에 일으킨다고 주장하였다.

[그림 2.10]은 상식적 관점과 James-Lange 이론, Cannon 이론 간의 차이를 보여주

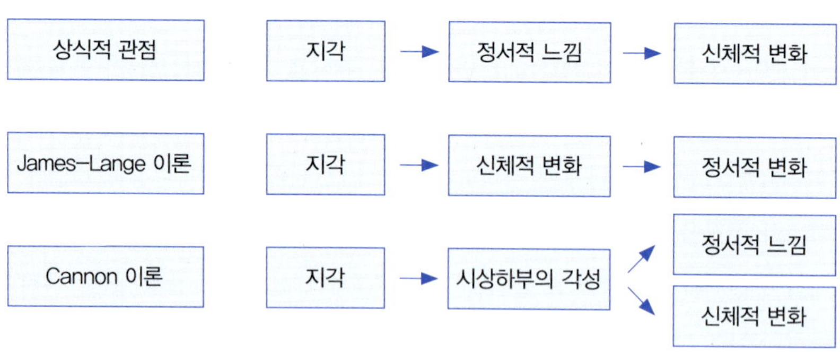

[그림 2.10] 생리적 정서이론들의 비교

고 있다.

James–Lange 이론과 Cannon 이론은 생리심리학자들이 말초신경계(특히 자율신경계)의 반응과 정서경험 간의 관계 및 뇌 기능과 정서 간의 관계를 연구하는 데 있어 개념적 토대가 되었다. 정서로 인한 자율신경계의 변화를 연구하는 생리심리학자들은 개별 정서에 따라 서로 다른 자율신경계의 활동양식이 존재하며, 자율신경계의 각성양식은 특정의 각성상황에 담겨진 정서적 의미가 무엇인지에 따라 결정된다고 보고 있다. 가령, 행복이나 분노를 느끼면 심장의 박동수가 증가하지만, 슬픔을 느끼면 심장박동이 감소하는 것으로 나타난다.

정서경험을 유발하는 데 있어 가장 중요한 생리적 체제는 신경계인데, 신경계는 뇌와 척수가 포함된 중추신경계와 말초신경계로 구분된다. 말초신경계는 다시 체성신경계와 자율신경계로 나누어지며, 자율신경계는 교감신경계와 부교감신경계로 구분된다. 자율신경계의 변화에 의한 신체적 각성을 정서경험의 지표로 간주하는 대다수의 생리심리학자들은 자율신경계의 활동을 측정하는 데 관심을 갖는다. 가령, 사람들이 위협적인 상황에 마주치게 되면, 교감신경계는 심장박동수의 증가, 혈압의 증가, 그리고 손에서의 땀 분비가 이루어지도록 함으로써 그 상황에 효과적으로 대처할 수 있게 한다. 이에 반해 부교감신경계는 생명을 유지하기 위한 생리적 기능을 수행한다. 따라서 부교감신경계가 활성화되면 심장박동이 안정되고, 호흡이 부드러워지며, 혈압을 낮추게 한다.

신경계의 대표적인 기관인 뇌는 감각정보(혹은 정서적 자극)를 처리하여 이에 적절한 반응(행동)을 하는 데 중추적 기능을 수행한다. 뇌는 다양한 정서적 자극의 의미를 처리하는 능력을 가지고 있으며, 특히 미묘하고 복잡한 정서적 자극을 평가하는 데 있어 중요하다.

뇌의 시상하부가 정서경험에 중요한 역할을 한다고 주장한 최초의 학자는 Cannon이지만 정서경험에 시상하부가 어떠한 결정적 역할을 하는지를 구체적으로 밝힌 학자는 Papez(1937)였다. 그는 시상으로 유입된 정보는 일단 시상을 거쳐 피질, 기저 신경절, 시상하부의 세 가지 통로를 통해 전달된다고 제안했다. 감각정보가 시상을 거쳐 대뇌피질로 전달되는 통로는 사고의 흐름을 조절하고, 시상을 통해 기저 신경절로 전달되는 통로는 운동의 흐름을 조절하며, 시상에서 시상하부로 연결되는 통로는 감정의 흐름을 조절한다고 주장하였다(이를 Papez 회로라고 부름). 시상에서 시상하부로 전달된 자극정보

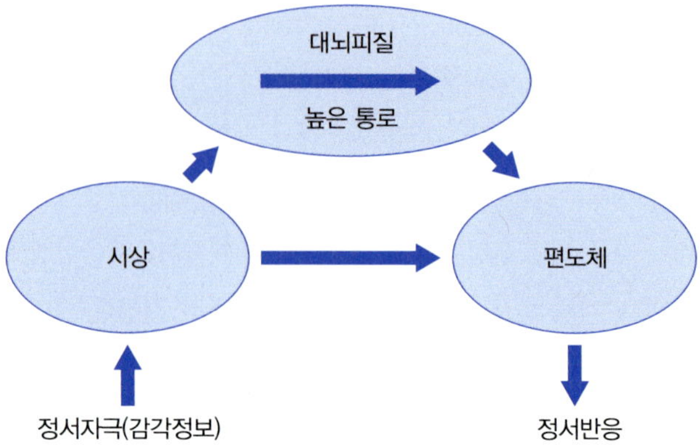

[그림 2.11] 정서정보 처리경로(Ledoux, 1996)

의 일부는 다시 대뇌피질로 전달되며, 일부는 말초신경계로 전달된다.

그 후 학자들은 Papez 회로에서 정서경험에 가장 중요한 역할을 하는 것이 대뇌피질 바로 아래에 위치한 변연계라고 보았다. Ledoux(1986)도 다른 학자들과 마찬가지로 정서경험에 있어 변연계의 중추적 역할에 동의했지만, 변연계 내에서 해마의 역할과 편도체의 역할이 다름을 지적하였다. 그는 변연계가 기저 신경절(cingulate gyrus)과 해마(hippocampal gyrus)를 포함하는 피질부분과 편도체, 시상하부 등을 포함하는 피질하부분으로 구별될 수 있다고 주장하면서, 이 중 정서경험에 더 결정적인 영향을 미치는 부분이 편도체 관련 부위임을 지적하였다.

Ledoux(1996)는 자극에 관한 정보의 복잡성 정도에 따라 정서반응을 유발하는 경로가 다르다고 주장했다. 비교적 단순한 정서적 자극(감각정보; 빨간 색상의 아반떼 승용차)은 뇌의 시상으로부터 편도체로 직접 이동하고, 다시 편도체에서 자율신경계로 전달되어 정확한 인지적 평가 없이 무의식적으로 정서적 반응(신체적 각성)이 발생된다. 이에 반해 중요하고 복잡한 정서적 자극(가령, 남성적 이미지를 전달하기 위해 카우보이를 등장시킨 말보로 담배광고)에 대해서는 그 자극의 의미를 평가하는 인지적 노력이 요구되는데, 이러한 의식적 정서경험은 정서자극이 시상으로부터 편도체로 직접 이동되는 낮은 통로와 대뇌피질을 경유하여 편도체로 이동되는 높은 통로의 두 가지 경로가 동시에 작동되어 발생된다. 이 경우 편도체로의 직접적인 입력과정은 의식적 과정 없이(즉, 대뇌피질과 독립적으로 작동하여) 정서반응을 일으킬 수 있으므로, 여러 감각정보에 대해 신속하고 대략적인 반응을 할 수 있도록 이들을 걸러주는 정서의 여과기 구실을 한다.

생리적 정서이론이 시사하는 바는 개별 정서에 따라 어떤 신경전달물질(신경 내 분비물)이 분비되어야 하는지가 원형적으로 프로그램화되어 있어 본능적이고도 즉각적으로 정서경험을 유도한다는 것이다. 즉, 개별 정서들은 피질, 변연계, 호르몬의 활성화에 의해 발생하며, 뇌 속에 정서행동의 생물학적 원형(biogrammers)이 내장되어 있는 것으로 보고 있다.

정서적 반응과 관련된 인간 뇌의 영역은 특정의 정서적 느낌이나 대처행동에 대한 의식적 자각이 이루어지기 이전에 활성화된다. 사람들은 정서적 반응이 이를 의식하기 훨씬 전에 형성되었음에도 불구하고 의식적 차원에서 비롯되었다고 착각하는 경우가 많다. 예를 들어, 예전에 치한(혹은 정신이상자)이 자주 출현했다는 이야기를 들은 골목길을 밤에 걸어가고 있다고 상상해 보자. 그리고 갑자기 골목 한편에서 어떤 것이 불쑥 튀어나오는 것을 보았다고 하자. 그것을 본 순간 우리는 즉각적으로 무의식적인 대처반응을 보이게 되는데, 이러한 무의식적인 대처행동은 특정한 정서(이 경우, 두려움이라는 감정)의 유발과 관련 있는 대뇌피질하부(subcortical area)에 위치한 편도체(amygdala)의 활성화에 의해 이루어진다. 이러한 편도체의 활성화는 그 자리에서 동작을 멈추거나 뒷걸음을 치는 등의 즉각적인 방어자세를 취하게 만든다. 이러한 신속하고 복잡한 대처행동은 뇌와 신체계통의 여러 부분이 관련되어 발생되며, 이에 대한 자각은 그러한 행동이 일어난 이후에 이루어지게 되는 것이다.

소비맥락에서 신체적 각성이 정서경험과 행동에 미치는 영향을 다룬 몇 가지 연구들이 있다. Sanbonmatsu와 Kardes(1988)는 브랜드 광고에 담겨진 정보가 브랜드 태도 형성에 영향을 미치는 과정에서 신체적 각성이 조정적 역할을 할 수 있음을 발견했다. 피험자들의 신체적 각성수준이 매우 높도록 실험적 조작을 한 경우에는 브랜드에 대한 태도가 광고물 속의 주변단서(가령, 광고에 등장하는 모델이 유명인인가 혹은 평범한 소비자인가)를 바탕으로 형성되는 반면 약간의 각성수준만을 경험한 피험자들은 광고메시지에 담겨진 주장의 강도에 주로 영향을 받아 태도를 형성하는 것으로 나타났다. 즉, 신체적 각성수준이 매우 높을수록 피험자들은 광고메시지보다는 광고모델이 누구인지를 토대로 하여 브랜드 태도를 형성하였는데, 이 경우 유명인 광고모델이 일반인 광고모델보다 호의적 브랜드 태도 형성에 더 효과적인 것으로 나타났다. 이에 반해 약간의 각성수준만을 경험한 피험자들은 광고모델과 같은 주변단서보다는 제품의 장점과 같은 광고메시지의 강도가 브랜드 태도 형성에 더 많은 영향을 미치며, 이 경우 강한 광고메시지를 사용하는 것이 약한 메시지를 사용하는 것보다 브랜드 태도 형성에 더 큰 영향을 미친다. Bagozzi(1994)는 각성수준이 높을수록 헌혈행위에 대한 호의적 태도를 증가시키고, 헌혈을 한 행위에 대해 자긍심을 갖는 등 긍정적 신념의 형성을 증가시키는 반면 각성수준이 높을수록 헌혈에 대한 호의적 태도를 증가시키고 헌혈행위에 후회감 등과 같은 부정적 신념을 형성할 가능성을 감소시킨다는 것을 발견했다.

생리적 정서이론이 19세기부터 시작된 오래된 이론임에도 불구하고 마지막으로 소개하는 이유는 최근 행동경제학의 영향을 받아 신체적 각성이 소비자행동에 미치는 중요성이 부각되기 때문이다. 생리적 각성을 경험하게 하는 캠페인들이 기부행동이나 자발적 참여행동 같은 사회적으로 바람직한 행동을 가져다주면서, 생각/인지 변화를 통해 긍정적 태도와 행동을 이끌어내려는 기존의 커뮤니케이션 접근방식에 대한 강력한 대안으로 부상되었다. 마케터들은 체험마케팅(Experiential Marketing) 등에 의해 유발된 생리적 변화가 인지적 관여(involvement) 수준을 높이고, 참여(engagement)와 깊은 몰입(flow)을 경험하는 데 큰 영향을 미친다는 것을 인식하고 있다. 아울러 유튜브 등 영상정보 위주의 매체환경 변화도 이러한 음악마케팅 등 감각을 자극하는 마케팅 활동의 중요성을 부각시킨다. 음악을 통한 소비자의 생리적 정서유발이 소비자의 브랜드와의 관계를 돈독히 해줄 수 있기 때문이다.

참고문헌

이훈구 · 이수정 · 이은정 · 박수애.(2002). 정서심리학. 법문사, pp.29-78.

Bagozzi, R. P., Z. Gurhan-Canli and J. R. Priester(2002). *The social psychology of consumer behavior*. 김완석 · 이성수 역, 시그마프레스.

Plutchik, R.(2003). *Emotions and life*. 박권생 역, 학지사, 2장, 3장, 5장.

Plutchik, R.(2003). *Emotions and life*(정서심리학). 박권생 역, 학지사, pp.81-91/pp. 145-173.

Ajzen, I.(1991). The theory of planned behavior. *Organizational Behavior and Human Decision Processes*, 50, 179-211.

Bagozzi, R. P.(1992). The self-regulation of attitudes, intentions, and behavior. *Social Psychology Quarterly*, 55, 178-204.

Bagozzi, R. P.(1994). The effects of arousal on the organization of positive and negative affect and cognition: application to attitude theory. *Structural Equation Modeling*, 1, 222-252.

Bandura, A.(1994). *Self-efficacy: The exercise of control*. New York: Freeman.

Cannon, W. B.(1929). *Bodily changes in pain, hunger, fear and rage*. New York: Appleton.

Cohen, J. B. and C. S. Areni(1991). Affect and consumer behavior. In T. S. Robertson and H. H. Kassarjian(Eds.), *Handbook of Consumer Behavior*. Englewood Cliffs, NJ: Prentice-Hall.

Damasio, Antonio R.(1994). *Decartes' Error: Emotion, Reason and Human Brain*. New York: Putnam.

Dore, F. Y. and G. Kirouac(1985). Identifying the eliciting situations of six fundamental emotions. *Journal of psychology*, 199, 423-440.

Ellsworth, P. C.(1994). Some reasons to expect universal antecedent of emotions. In Paul Ekman and Richard S. Davidson(Eds.), *The nature of emotion*. New York: Oxford University Press.

Frijda, N. H.(1986). *The emotions*. New York: Cambridge University Press.

Frijda, N. H.(1988). The laws of emotion. *American Psychologist*, 43(May), 348-358.

Holbrook, M. B. and R. Batra(1987). Assessing the role of emotions as mediators of consumer responses to advertising. *Journal of Consumer Research*, 14, 404–420.

Holbrook, Morris(1999). *Introduction to consumer value*. New York: Routledge, 1–28.

James, W.(1890). *The principles of psychology*. New York: Holt, Rinehart & Winston.

Lazarus, R. S.(1991). *Emotion and adaptation*. New York: Oxford University Press.

LeDoux, J.(1996). *The emotional brain*. New York: Academic Press.

Lewis, M.(1993). Self–conscious emotions: embarrassment, pride, shame, and guilt. In M. Lewis and J. M. Haviland(Eds.), *Handbook of Emotions*. New York: Guilford.

Mehrabian, A. and James A. Russell(1974). *An approach to environmental psychology*. Cambridge, MA: MIT Press.

Mick, D. G. and S. Fournier(1998). Paradoxes of technology: consumer cognizance, emotions, and coping strategies. *Journal of Consumer Research*, 25, 123–143.

Oatley, K. and P. N. Johnson–Laird(1987). Towards a cognitive theory of emotions. *Cognition and Emotion*, 1, 29–50.

Papez, J. W.(1937). A proposed mechanism of emotion. *Archives of Neurology and Psychiatry*, 38, 725–743.

Plutchik, R.(1962). *The emotions: Facts, theories, and a model*. New York: Random House.

Plutchik, R.(2000). *The emotions in the practice of psychotherapy: Clinical implications of affect theories*. Washington, DC: American Psychological Association.

Roseman, I. J.(1991). Appraisal determinants of discrete emotions. *Cognition and Emotion*, 5, 161–200.

Rozin, P., J. Haidt, and C. R. McCauley(1993). Disgust. In M. Lewisand and J. M. Haviland(Eds.), *Handbook of Emotions*. New York: Guilford.

Russell, J. A.(1980). A circumflex model of affect. *Journal of Personality and Social Psychology*, 39, 1161–1178.

Sanbonmatsu, D. M. and F. R. Kardes(1988). The effect of physiological arousal on information processing and persuasion. *Journal of Consumer Research*, 15, 379–395.

Schachter, S. and J. E. Singer(1962). Cognitive, social, and physiological determinants of emotion state. *Psychological Review*, 69, 379–399.

Watson, D. and A. Tellegen(1985). Toward a consensual structure of mood. *Psychological Bulletin*, 98, 219–235.

Zajonc, R. B.(1980). Feeling and thinking: preferences need no inferences. *American Psychologist*, 35, 151–175.

3

소비정서의 경험과 소비정서 유형이 소비자 반응에 미치는 효과

정서:n 소비자행동

chapter 3

소비정서의 경험과 소비정서 유형이 소비자 반응에 미치는 효과

1. 정서적 경험이 왜 중요한가?

소비자의 경험이 마케팅의 중요한 고려요인으로 떠오른 것은 다름 아닌 정보의 홍수 때문이다. 인터넷 시대로 들어서면서 수많은 브랜드들이 쏟아져 나오는 혼잡한(cluttered) 시장에서 소비자들이 대다수 정보를 흘려버리거나 회피해 버리는 현상이 기하급수적으로 증가했다. 이러한 상황에서 매스(Mass; 대중)를 대상으로 하는 광고와 같은 마케팅 커뮤니케이션 활동을 더 효율적으로 만들기 위해 소비자를 직접 초대하거나 감각적으로 느껴보게 하는 경험적 접근을 적극적으로 시도하기 시작했다. 처음부터 브랜드를 감성과 정서와 연결시키려는 의도는 아니더라도, 결국 이러한 이벤트에 참여한 소비자들은 브랜드를 체험하는 과정에서 적극적으로 정서체험을 하게 되었다.

앞서 정서이론을 다룬 장에서 우리는 무의식적으로건, 의식적으로건 정보를 선호와 비선호로 빠르게 판단한다는 것을 알게 되었다. 피질과 편도체에 동시에 도달하게 되는 정보는 지각단계에서 평가받게 되고 그에 따라 어떤 정서적 반응을 할 것인지 결정된다는 것도 설명했다. 어느 쪽으로든 기울어져야 하는 정서의 특징 때문이다.

정서적 경험이 브랜드의 마케팅 전략에 필요한 또 다른 이유는 이렇게 기울어진 마음(정서)은 꽤 오래 기억에 남는다는 점이다. 뇌의 정서사령탑인 편도체(amigdala)가 다음에 비슷한 자극을 감지했을 때 생존에 위험한 것인지 좋은 것인지를 파악하기 위해 과거의 정서경험을 기억하고 있어야 하기 때문이다. 그래서 그 위험함이나 용도가 쓸모없게 될 때까지 기억하는 특성이 있다. 우리가 가끔 수십 년 전의 유사한 냄새에 바로 반응하고 그때 기억으로 돌아갈 수 있는 것도 그 이유 때문이다. 마음을 기울게 하고, 그리고 기억에 품게 만드는 정서야말로 인간이 가진 가장 중요한 의사결정 기능일 수밖에 없다.

여기에 더해, 정서는 사람을 움직이게 한다. 정서는 호르몬, 맥박, 땀, 심장박동, 얼굴표정 등 다양한 생리적 현상을 동반한다. 강도가 높은 정서들은 일반적으로 평상시보다 업(UP)이 된 생리적 상태이다. 이를 진정시키는 강력한 방법은 몸을 움직이는 행동이다. 몸을 쓰면서 과도해진 생리상태를 궁극적으로 진정시킬 수 있기 때문이다. 정서가 이렇게 몸을 움직여 행동하게 만든다는 점은 다음 장에서 설명될 체험마케팅의 강력한 모티브가 된다. 나아가 몸을 통한 정서의 경험이 중요한 이유이기도 하다.

이 장에서는 정서적 경험이 만들어내는 반응들과 그 특징을 설명하고, 그것이 궁극적으로 소비자 만족, 행복과 같은 긍정적 정서나 불만, 불안 등과 같은 부정적 정서와 어떻게 연계되어 있는지를 중심으로 살펴볼 것이다. 이 장에서는 특히 정서가 어떻게 소비자와의 관계를 잘 형성하는 단초가 될 수 있는지 주목해 본다면 유용한 시사점을 얻을 수 있을 것이다.

2. 정서적 경험은 어떤 반응을 유발시키는가?

사람들은 특정의 정서를 유발시키는 자극(emotive stimuli)을 어떻게 평가 혹은 감평(appraisal)하느냐에 따라 서로 다른 정서적 반응(emotional response)을 경험하게 된다. 여기서 정서적 자극이란 정서적 반응을 유발하는 어떤 사건(가령, 아시안 게임의 야구 결승전)일 수도 있고, 행위(가령, 자동차 운전이나 등산)일 수도 있으며 또는 대상물의 어떤 속성(가령, 스마트폰의 디자인)일 수도 있다. 소비자들이 구매과정에서, 그리고 소비과정에서 기쁨 혹은 분노를 경험하면, 이러한 정서적 경험은 어떤 후속반응들을 유발시킬까?

1) 정서적 경험은 사람들의 생각과 이성적 판단에 영향을 준다.

현실세계에서 사람들은 정서가 개입되지 않은 순수한 의미의 이성적 의사결정을 내리기란 불가능하다. 사람들은 의사결정과정에서 각 대안별로 자신이 중요하게 생각하는 가치에 어느 정도 부합되는지를 판단하는데, 정서는 그 과정에서 중요한 판단기준이 될 수 있다. 이를테면, 두 가전제품 A, B가 성능에서 차이가 없는 것으로 판단되더라도 가전제품 A의 제조업체가 제공한 A/S에 불만족한 경험을 가진 소비자는 가전제품 B를 더 선호할 수 있다. 따라서 정서는 사람들이 의사결정과정에서 순수한 이성적 판단에 의해 채울 수 없는 부분을 보완해 주는 역할을 한다. 이와 같이 정서는 의사결정과정에 활력을 불어 넣어 주고 이에 영향을 준다.

때에 따라 강한 정서적 경험은 이성적 판단을 지배하고 유발된 정서를 행동으로 곧바로 표현하도록 촉발시킨다. 가령, 가전대리점을 방문하거나 전화로 제품정보를 탐색하는 소비자가 고객서비스 담당자의 무례함을 경험했을 때, 분노한 고객이 보이는 통상적 반응은 바로 걸어 나가버리거나 수화기를 내려놓는 행동을 통해 상대방과의 대화를 거부하는 것이다. 그러나 즉각적으로 기업의 서비스 담당자가 자신의 잘못을 인정하고 이를 수정하려는 자세를 취하면, 고객들은 자신의 분노감을 가라앉힐 가능성이 높다.

정서는 이성적 판단과정에 필요한 평가기준을 선택하고 각 평가기준의 현저성(상대적 중요성)을 결정하는 데 영향을 주기 때문에 소비자의 의사결정과정에서 이성적 판단에 의해 해결될 수 없는 부분을 채워주게 된다. 경우에 따라 소비자의 제품선호도는 순전히 감정에 의해 결정될 수 있다(affect(feeling)–driven). 느낌이나 감정은 제품선호도를 형성하는 과정에서 기억 속에서 바로 인출가능하며 인지적 노력을 덜어주는 이점이 있다. 소비자는 과거 코카콜라를 마시면서 가졌던 즐거웠던 경험들을 기억 속에 저장할 수 있는데, 청량음료를 마시고 싶은 욕구가 발생될 때마다 이러한 긍정적 감정이 상기된다면 여러 청량음료제품들 가운데 코카콜라가 선택될 가능성이 높아진다.

따라서 전문적 제품지식이 부족하거나 충분한 제품정보를 갖고 있지 못한 소비자는 감정에 호소하는 광고유형에 쉽게 설득되거나 다른 사람들이 좋아하는 시장선도제품을 선택하는 경향을 보인다. 소비자들은 부족한 제품정보에 대처하기 위해 종종 대안에 대한 호감도만으로, 즉 감(gut feel)에 의존하여 선택을 하게 되는 것이다. 브랜드 대안들 간에 제품성능에서 별 차이가 나지 않을 때, 단순히 느낌이 좋은 대안을 구매하는 호감성 의존의 휴리스틱 선택방식(likability heuristic)이 활용될 수 있다는 것이다. 많은 마케팅 조사에서 소비자들은 제품의 장·단점을 신중하게 생각하여(즉, 많은 인지적 노력을 투입하여) 제품을 구매한다고 응답하지만, 실제로 많은 구매상황에서 소비자들은 심사숙고를 하지 않은 상태에서 단순히 느낌으로 구매를 하며 구매 이후에 자신의 선택에 대해 합리화하는 경향이 있다.

이와 같이 정서는 소비자가 제품속성에 대한 신념을 형성하고 대안을 판단하는 데 영향을 준다. 즉, 소비자는 제품(가령, 스타벅스 커피)에 대한 정서적 경험에 맞추어 그 제품의 속성수준(성능)이 어떠할 것이라는 속성신념들의 집합(coherent set of emotionally held beliefs)을 구성하고, 이를 토대로 의사결정을 내리고 행동한다. 어떤 제품에 대해 긍정적 정서를 경험한 소비자는 그 제품이 실제로 바람직한 속성들을 많이 가지고 있는 것으로 믿으며, 긍정적인 정서경험이 우수한 제품속성 수준에서 비롯된 것으로 판단한다. 가령, 여자친구와 영화를 관람하면서 스타벅스 커피를 함께 마셨던 즐거운 경험은 스타벅스가 취급하는 모든 원두커피의 맛과 향이 풍부하며, 당분이 많이 함유되었기 때문에 프라푸치노 커피가 맛이 있다고 지각하며, 스타벅스에서 흘러나오는 음악들이 자신의 기분에 맞고 듣기 좋다고 믿게끔 하는 데 영향을 미친다. 따라서 소비자가 어떤 제품의 구매에 정서적으로 끌리게 되면, 이에 반(反)하는 (제품속성에 대한) 정보를 무시하는 경향이 있다.

기업들은 이와 같이 제품에 대한 정서적 경험과 제품속성에 대한 신념(믿음)이 어떻게 서로 관련되어 있는지를 이해할 필요가 있다. 가령, 시리얼 제조회사가 광고를 통해 소비자들로 하여금 결장암에 대한 두려움을 갖게 하고 시리얼이 결장암 예방에 효과적이라고 주장할 수 있다. 그러나 결장암에 대한 두려움이 시리얼 제품의 구매를 유발시키지 않을 수 있는데, 그 이유는 소비자들이 시리얼 제품보다 채소가 결장암 예방에 더 효과적이라는 믿음을 가질 수 있기 때문이다. 따라서 구매를 자극하기 위해 정서에 호소하는 광고를 도입하려는 기업은 광고된 자사브랜드가 최선의 선택대안인 이유도 함께 제시해야 한다.

광고주가 정서소구 광고에서 흔히 저지르는 실수 가운데 하나는 자사브랜드(혹은 메시지)의 구매를 지지해 줄 소비자의 기존신념들과 연계시키지 않고 단순히 관련 정서를 유발시키는 것만으로 충분히 소비자를 설득시킬 수 있다고 가정하는 것이다. 제품에 대한 긍정적 혹은 부정적 정서를 유발시키는 데 성공하면, 그 제품을 사용하거나 사용하지 않아야 할 충분한 이유가 제공되지 않더라도 제품의 구매를 조장·억제할 수 있다고 판단한다. 가령, 금연 캠페인 광고에 담겨진 공포소구 메시지는 오히려 광고주가 원하지 않는 행동이나 생각을 점화시킬 수 있다. 흡연이 건강을 위협한다는 명백한 메시지에도 불구하고 포스터에 그려진 커다란 담배사진이 오히려 청소년층의 흡연욕구를 무의식적으로 자극하는 단서(trigger cue)가 될 수 있는 것이다. 2007년 대선에서 정동영 캠프는 끊임없이 네거티브 광고를 사용했는데, 이러한 광고가 유권자들의 이명박 후보에 대한 부정적 정서를 유발시키는 데 성공했을지 모르지만 왜 그래야만 하는지에 대한 논리적 근거를 제시하지 못했기 때문에 큰 효과를 거두지 못했다.

2) 정서적 경험은 전체적으로 어떤 정도의 느낌(arousal)을 갖게 한다.

소비자들이 마케팅 자극에 대해 매우 긍정적이거나 부정적인 평가를 내리게 되면, 즉각적으로 이에 상응하는 느낌을 감지하게 된다. 그러나 자신의 감정을 신체적으로 감지하기 위해서는 그 느낌이 점화수준(threshold level) 이상의 강도(intensity)를 가져야 한다. 사람들이 어떤 자극에 대해 어느 정도 강한 느낌을 받는지는(사람들의 자극에 대한 정서적 환기수준의 정도는) 사람들에 따라, 그리고 자신이 수행하는 역할에 따라 달라질 수 있다. 예를 들어, 불쾌한 경험을 했을 때 공격성이 각성된(aroused) 정도는 평상복보다는 간호복을 입었을 때 상대적으로 낮아질 수 있다. 마찬가지로 평상복에 비해 해병대 군복을 입었을 때 사람들은 상대적으로 더 공격적이고 거친 행동을 보일 수 있다. 거리의 불량 청소년들의 복장(가령, 힙합 패션)이 중산층 청소년들에게로 상향 확산되는 최근의 현상(trickle-up effect)은 중산층 청소년들의 보다 공격적인 성향을 조장할 수도 있다.

서비스 기업들은 자신들이 제공하는 서비스 제품의 역할을 고객에게 설명하는 방식과 서비스 요원들의 복장에 대한 규정들에 신경을 씀으로써 기업이 기대하는 정서가 환기되도록 해야 한다. 가령, 일상복 추세에 따라 기업이 캐주얼한 복장을 허용한다면 직원들은 이에 대해 호의적인 반응을 보일 것이지만, 자칫 그 복장이 산만하고 정결치 못한 느낌을 줄 수도 있어 경영성과에 부정적 영향을 미칠 수도 있다.

특정한 마케팅 자극에 대해 소비자들은 다양한 느낌을 가질 수 있는데, Mehrabian과 Russell(1974)은 쾌감(pleasure), 환기(arousal), 지배(dominance)의 세 가지 차원을 사용하여 소비자들의 정서상태를 측정할 수 있다는 PAD(pleasure-arousal-dominance) 모형을 제시하였다. 그들은 특정의 마케팅 자극을 평가한 결과로 소비자들이 갖게 되는 느낌 상태를 다음과 같이 표시할 수 있다고 주장했다.

- 유쾌(pleasure) / 불쾌(displeasure)
- 환기(arousal) / 비환기(nonarousal)
- 지배(dominance) / 순종(submissiveness)

소비자들이 정서적 자극(가령, 특정의 사건, 행위, 대상 속성)에 대해 매우 긍정적이거나 부정적인 평가를 내리면, 자연스럽게 그들은 다음과 같은 느낌을 갖게 된다는 것이다.

- 즐겁거나 불쾌한 느낌
- 신체적으로 환기(각성)되었다는 느낌
- 전반적으로 자신의 지위가 향상되었다거나 또는 낮아졌다는 느낌

이와 같은 세 가지 차원에서 느끼는 감정상태는 기업이 원하는 형태의 정서를 유발할 광고물을 개발하는 데 지침이 될 수 있다. 왜냐하면 모든 광고가 단순히 소비자의 유쾌한 감정을 유발하는 데 초점을 맞추는 것은 아니기 때문이다.

느낌이 어느 정도 강하게 환기(각성)되었는지는 생리학적인 방법에 의해 측정될 수 있다. 예를 들어, TV 광고와 같은 마케팅 자극에 대해 시청자들이 보이는 피부반응(basal skin response; 피부전류의 변화를 측정)을 측정하여 이를 시청자의 다른 특성자료들과 함께 분석하거나 혹은 뇌파를 측정하는 장치를 이용하여 광고를 보는 동안 시청자들의 주의수준이 어떻게 변하는지를 분석하는 것 등이 이에 해당된다. 이외에 광고를 보여준 다음 여러 사진들을 제시하고 이 가운데 자신의 느낌을 가장 잘 반영해 주는 사진을 선택하도록 요구하는 방식의 비생리학적 측정방식도 있다. 사진을 이용한 은유추출기법(잠재된 정서상태를 의식수준으로 이끌어내는 방식)은 느낌을 말로 표현하도록 하는 방법에 비해 소비자의 정서적 반응을 더 정확하게 파악할 수 있다. 그러나 이러한 측정방법들이 갖는 공통적인 문제점은 광고가 환기수준을 유발하는 유일한 자극원(원인)으로 사용되며(현실에서는 광고 이외의 여러 가지 상황요인들이 환기수준에 영향을 미칠 수 있음), 느낌의

각성수준이 구매의도와 구매행동에 어떻게 영향을 주는지 파악하기 어렵다는 것이다.

느낌을 감지하는 것은 어떤 정서상태를 경험하기 위한 필요조건이지만 사람들은 자신의 느낌을 의식하지 못할 수도 있다. 가령, 사람들은 화가 났지만 이를 의식하지 못할 수 있는 것이다. 사람들은 자신이 어떤 대상에 대해 화가 났다는 느낌을 가지고 있지만, 이를 의식수준에서 충분히 확인하지 못하거나 경우에 따라서는 자신이 화가 났다는 사실을 인정하지 않기도 한다. 흔히 소비자들은 레스토랑 종업원의 불성실한 서비스에 대해 비언어적 행동(가령, 얼굴표정)이나 실제의 반응행동을 통해 표현하고 있음에도 불구하고 자신이 이에 대해 분노하고 있다는 것을 부인한다. 그러므로 어떤 사람이 특정의 정서적 느낌 상태에 있음을 판단하는 데 있어 당사자보다는 제3자(관찰자)가 더 정확한 심판관일 경우가 있다. 왜냐하면 소비자 자신이 의식하지 못하는 정서적 표현(emotional displays)과 생리적 반응(가령, 혈압의 상승)이 겉으로 나타날 수 있기 때문이다.

마케팅 자극에 대한 느낌의 감지는 그 느낌이 긍정적이냐 부정적이냐에 따라 그 자극에 대한 태도와 구매행동에 미치는 영향이 서로 다를 수 있다. 소비자가 어떤 제품이나 서비스에 대해 긍정적 느낌을 감지하면, 그 소비자는 이에 대해 호의적 태도를 형성하고, 이를 구매할 가능성이 높다. 그러나 반복되는 긍정적 느낌은 싫증을 유발할 수 있다. Frijda(1988)는 즐거운 감정(feeling of pleasure)이 지속되려면 자극에서의 변화가 필요하다고 설명한다. 왜냐하면 자극의 변화는 사람들에게 새로움(novelty)의 느낌을 유발하기 때문이다.

새로움 추구의 일종인 다양성 추구성향(variety-seeking)은 즐거움 혹은 쾌감을 계속 유지하려는 인간욕구의 일환으로 볼 수 있다. 가령, 액션영화에서 계속되는 장면변화는 권태를 막는다. 최근의 TV 드라마나 영화에서 나타나는 빠른 장면전환은 젊은 소비자층의 강한 다양성 추구성향(혹은 쉽게 싫증을 느끼는 성향)을 잘 반영한 것이다. 사실 소비자의 다양성 추구성향을 누구보다 잘 간파하고 이를 제품에 반영하는 사람은 미국 할리우드의 영화제작자들이다. 빠른 속도로 계속 진행되는 형식의 액션영화는 할리우드 영화가 세계시장을 지배하는 토대가 되었다. 마찬가지로 동일한 주제를 바탕으로 변형된 광고를 계속 사용하는 것도 소비자의 광고에 대한 주의유발을 유지하고 권태를 방지하는 데 효과적이다.

즐거움 또는 쾌감과 같은 긍정적 느낌은 쉽게 사라지는 경향이 있는 반면 부정적 느낌은 처음만큼 강렬한 수준은 아니지만 계속 지속되는 경향이 있다. 부정적 느낌이 갖는 이러한 특징은 기대(또는 기업의 약속)에 미치지 못하는 제품·서비스 경험에 대해 분노한 소비자들이 다시는 그 기업과 거래하지 않는 이유를 설명해 준다. 소비자들은 무례한 대우나 서비스로 인한 불쾌한 경험에 대해 잘 잊지 못한다. 이에 반해 기대 이상의 소비경험은 소비자를 매우 기쁘게 만들지만 이러한 즐거움은 장기간 지속되지는 않는다. 이와 같이 느낌이란 매우 복잡 미묘한데, 위대한 문학작품은 인간 감정의 미묘함을 정교하게 잘 표현하여 성공하였다.

3) 정서는 외형적 감정표현(behavioral expression/displays)을 동반한다.

사람들은 자신의 감정을 겉으로 표현한다. 정서표현은 어떤 구체적 행동이 일어나기 전에 신체적 변화(가령, 심장박동의 증가, 혈압 상승)로 나타난다. 또한 정서는 얼굴표정으로 바로 나타나기 때문에 의식적으로 이를 감추기가(통제하는 것이) 어려울 수 있다. Damasio(1994)는 의식하지 못하는 정서상태가 의사결정(혹은 판단)에 영향을 미칠 수 있다고 주장했다. 그의 주장에 따르면 사람들은 어떤 대안이 바람직한지를 판단하기 전에 본능적(직관적)으로 각 대안에 대한 유쾌한 또는 불쾌한 느낌을 경험하고, 이러한 느낌에 기반하여 일부 대안들을 고려대상에서 제외한다고 주장한다. 신체적으로 유쾌한 느낌 또는 불쾌한 느낌에 따라 의사결정(판단)이 긍정적 또는 부정적 방향으로 편향되는 성향을 Damasio는 신체표식(somatic markers)가설이라고 불렀다. 가령, 어린 시절에 교통사고로 피를 흘리는 어떤 운전자를 목격한 소비자는 붉은색에 대한 부정적 감정을 기억 속에 담고 있을 수 있다. 그 소비자는 식품이나 음료의 몇 가지 대안들 중 붉은색의 패키지를 고려대상에서 무의식적으로 제외할 가능성이 높다.

사람들이 어떤 감정을 갖고 있음을 부인하더라도, 관찰자들은 신체 자세의 변화, 제스처, 얼굴표정, 목소리의 톤 등을 통해 그 사람이 어떤 정서상태에 있을 것으로 미루어 짐작할 수 있다. 그러나 사람들이 보이는 외형적인 반응을 해석할 때, 관찰자는 전반적 맥락을 고려해야 한다. 가령, 제품의 외양, 냄새, 소리, 맛, 느낌 등에 대한 평가가 맥락에 따라 달라지듯이(가령, 브랜드명을 감추고 각 제품을 평가하는 블라인드 테스트의 경우와 브랜드명이 부착된 상태에서 각 제품을 평가하는 경우는 완전히 다른 소비자 경험을 유발할 수 있음), 사람들의 제스처나 얼굴표정도 맥락에 따라 그 의미가 달라질 수 있다. 가령, 어떤 소비자가 제품을 사용하는 과정에서 짜증스러운 표정을 짓고 있다면, 이는 제품품질에서 문제가 있기 때문일 수도 있고 제품을 능숙하게 사용하지 못하는 자신의 무능력 때문일 수도 있다.

사람들은 자신의 감정을 흔히 상징적 수단을 통해 표현하기도 한다. 군중들은 미워하는 정치인의 초상이나 국가의 국기를 불태우는 것과 같은 행위를 통해 자신의 적개심을 표시한다. 마찬가지로 근면하고 성실함을 중요하게 여기는 소비자는, 디자이너 명이 표시된 고급의류에 대해 거부감을 느끼고 이의 구매를 거부함으로써 자신의 가치를 상징적으로 표현할 수 있다. 최근 현장실험이나 현장관찰조사 등이 소비자행동 연구의 주요 분석도구가 되는 이유이기도 하다.

4) 정서적 경험은 구체적 행동과 행동 준비태세를 유발시킨다.

정서는 어떤 행동을 하기 위한 마음의 준비를 하게 하거나 구체적인 행위를 실행하도록 만든다. 정서는 생존을 위한 행동을 취하도록 이끄는 동기유발상태(motivational state)로 볼 수 있다. 예를 들어, 공포감은 사람들로 하여금 위험한 상황에 대처하기 위해서 도피 혹은 투쟁의 행위를 취하도록 만든다. 따라서 정서는 행위를 위한 준비태세(predisposition to action readiness)를 갖추도록 동기를 유발시킨다.

나름대로 장단점이 있는 대안들 가운데 하나를 선택해야 하는 상황에서 소비자의 가치체계는 의사결정에 큰 영향을 미친다. 왜냐하면 소비자 가치는 정서경험과 밀접한 관계를 가지며, 소비자는 자신의 가치와 조화되는 특성을 가진 제품에 대해 긍정적 감정을 갖게 되기 때문이다. 소비자는 자신이 중요하게 생각하는 가치를 가장 잘 충족시켜 주는 대안을 선택하며, 이러한 핵심가치는 소비자의 정서경험과 직접 연결된다. 즉, 소비자는 자신이 추구하는 가치를 잘 충족시켜 주는 대안을 선택한 것에 대해 정서적으로 매우 만족해하고 기쁨을 느낀다.

소비자들은 단순히 정서에 기반하여 구매의사결정을 내리기도 하는데, 무작위 선택(random picking), 호감도에 따른 선택(mere liking), 습관에 기반한 선택 등이 그 예이다. 무작위 선택방식은 브랜드들이 성능이나 품질에서 서로 유사하거나 이들 간의 차이를 무시할 수 있는 구매상황에서 별 생각 없이 특정 브랜드를 즉석에서 선택하는 것인데, 이와 같은 무작위 선택방식에서도 소비자들은 무의식 중 기억에 저장된 정서적 경험지식과 조화되는 브랜드를 선택하는 경향이 있다. 즉, 가장 친숙한 브랜드를 선택하는 것인데, 왜냐하면 가장 친숙한 브랜드가 기억에서 더 쉽게 회상되거나 상대적으로 그 정보에 접근하기 용이하기(available) 때문이고, Kahneman과 Tversky(1973)는 이러한 선택방식을 가용성 휴리스틱(availability heuristic)이라고 명명했다.

호감도에 따른 선택방식은 인상이 좋은 사람을 신입사원으로 뽑듯이, 제일 좋은 느낌이 드는(가장 호감을 주는) 대안을 선택하는 것이다. 소비자 구매행동은 대안에 대한 호감도(likes and dislikes)에 의해 상당히 영향을 받으며, 경우에 따라 호감도가 구매결정의 유일한 기준이 되기도 한다. 사실 사람들이 하는 행동의 상당부분이 무의식 수준에 잠재된 정서적 동기에 의해 영향을 받으며, 고통을 회피하려는 인간의 본질적 목표에 의해 조정된다(실제로 고통이 발생될 가능성이 매우 낮음에도 불구하고). 이러한 사실은 소비자 행동이 그들이 의식하지 못하거나 의식수준 이하에 잠재되어 있는 동기에 의해 조정될 수 있음을 시사하는 것이다. 경우에 따라 제품에 대한 호감이 구매를 유발하는 유일한 근거가 될 수 있다. 왜냐하면 호감을 주는 대상은 자연스럽게 신체적·정신적으로 흥분을 불러일으키기 때문이다.

그러나 소비자들이 강한 호감에 근거하여 대안을 선택하더라도 가격 등의 평가기준을 무시하는 것은 아니다. 단지 호감도가 구매를 결정하는 데 있어 지배적 요인이 될 수 있다는 것이다. 특히 구매의 가장 중요한 목적이 즐거움 추구에 있다면, 소비자는 취향(taste), 심미성(aesthetics), 느낌(feel), 냄새나 소리 등에 근거하여 대안을 선택할 가능성이 높아진다. 어떤 대안을 사용하는 것을 상상만 해도 흥분이 된다는 표현에서 나타나듯이, 즐거운 경험에 대한 예상(anticipation) 자체가 긍정적 정서를 유발한다. 따라서 쾌락적 즐거움이 주요 구매동기인 소비자들에게 왜 특정의 청량음료나 식품을 구매했는지를 질문하는 것은 어리석은 짓인지도 모른다. 젊은 소비자들에게 왜 특정의 음료브랜드를 마시는지를 물어보면, 그들은 종종 "그냥 느낌이 좋아서요"라는 응답을 한다.

습관에 기반한 선택방식은 과거에 구매해 왔던 동일의 대안(특정 브랜드)을 계속 선택하는 것이다. 이는 소비자에게 안정감, 편안함, 통제감의 느낌을 준다. 이러한 습관적 행동은 과거에 이루어진 행동을 선택의 근거로 삼아 이러한 선택룰을 계속 유지하는 것

(rule-governed habit)일 수도 있고, 사회적 규범에 따르려는 것을 선택룰로 채택하고 이를 계속 사용하는 행위(rule following habit)일 수도 있다.

3. 소비자 만족은 어떤 정서적 경험을 수반하는가?

만족의 정서적 표현에 대한 연구는 별로 이루어지지 않았는데, 이는 많은 연구자들이 만족을 대부분 정서적 반응인 것으로 생각했기 때문이다. 예를 들어, 행복한, 유쾌한(pleased) 등의 정서단어는 만족감(satisfaction feelings)을 표현하는 데 사용되는데, Andrews와 Withey의 Delight(환희)–Terrible(역겨움) 척도에서 동일한 정서표현으로 사용된다. 만족은 Russell 모형, Watson과 Tellegen 모형, Plutchik 모형 등에서 정서를 표현하는 단어로 등장하기도 한다.

Russell의 연구에서 응답자들은 일상생활에서 일어나는 사건들을 행복한, 만족한 등의 정서단어(emotional descriptor)상에 평가하도록 요구받았는데, 행복한(happy)과 유쾌한(pleased)은 거의 동일한 정서표현이며, 만족은 '행복한–유쾌한'과 흡족한(contented) 사이에 위치한 정서표현인 것으로 나타났다. Watson과 Tellegen(1985)은 정서구조를 분석한 10개의 연구에 사용된 자료를 재분석하였는데, 이들 연구에 등장하는 만족한(satisfied)이라는 정서단어는 부정적 정서가 존재하지 않는 상태로 간주되었다. 이들은 만족을 흡족(contentment)을 나타내는 정서단어로 보고, 원형 정서구조상에서 강도가 높은 긍정적 정서와 강도가 낮은 부정적 정서 사이의 유쾌함 차원에 위치하는 것으로 보았다. 그러나 불만족이라는 정서단어는 Russell의 연구나 Watson과 Tellegen의 연구에서 별 언급이 되지 않고 있다.

또 다른 2개의 연구에서도 만족을 각성(arousal)–유쾌(pleasantness)의 차원상에 표시하였다. 가령, Havlena와 동료들은 만족을 행복한(happy), 기쁜(joyful), 유쾌한(pleased)에 가까운 정서이며, 흥분된(excited)보다는 느슨한(relaxed)에 가까운 것으로 보았다(1989). 이에 반해 Mano의 연구는 만족을 '행복한', '유쾌한'보다 강도가 높으며, 느슨한(relaxed)보다 흥분된(excited)에 더 가까운 정서로 보았다. 따라서 연구의 맥락에 따라 만족은 행복감과 유쾌함을 수반하며, 환기수준이 낮은 긍정적 정서(가령, 느슨한(relaxed))와 환기수준이 높은 긍정적 정서(가령, 흥분된(excited))의 중간에 위치한 정서인 것으로 보

Russell(1980)

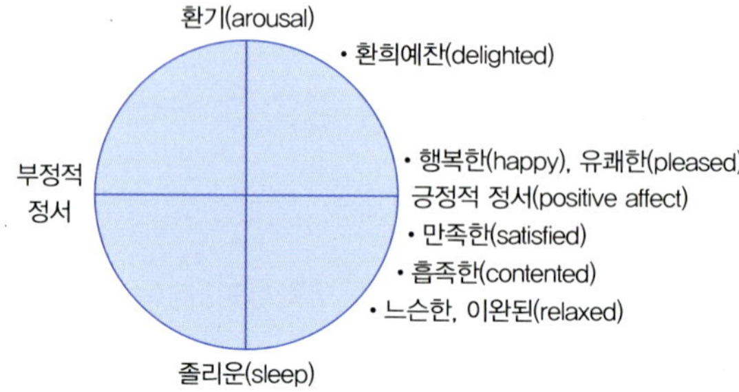

Watson and Tellegen(1985)

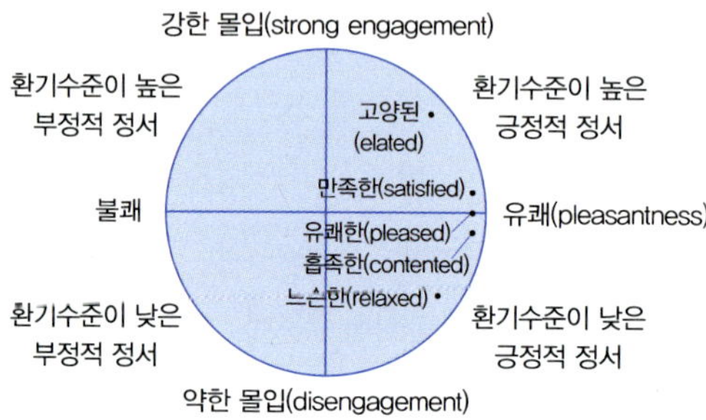

Havlena et al.(1989)

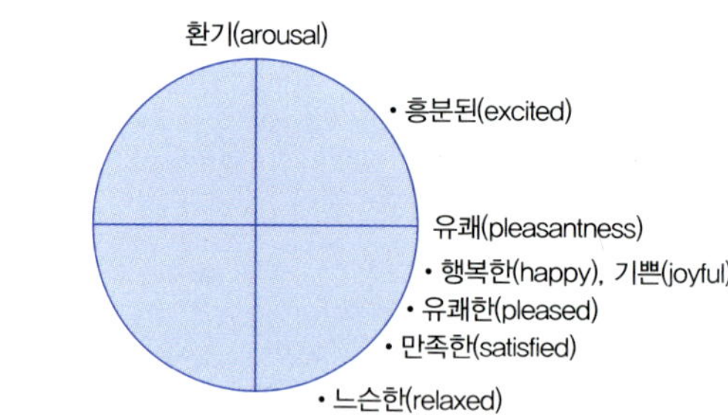

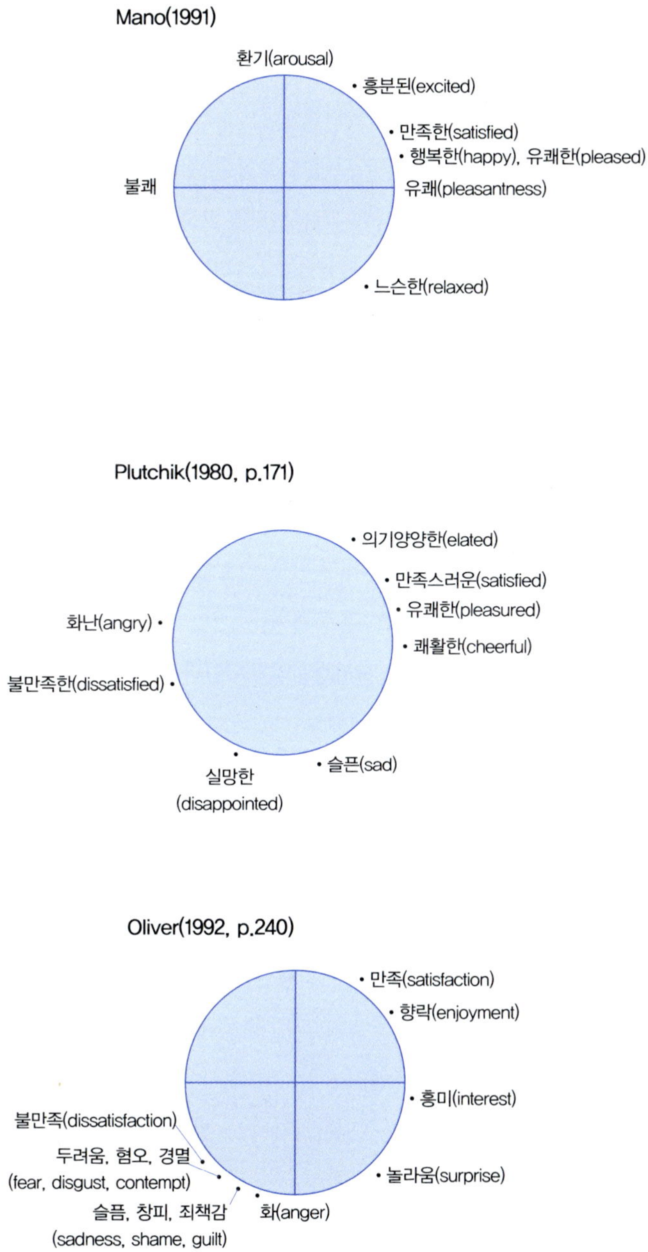

[그림 3.1] 원형 정서구조모형상에서 만족의 위치

인다.

Plutchik의 정서구조모형에 포함된 정서단어들은 환기수준의 강도와 정서의 (긍정적 혹은 부정적) 방향에서 유사한 순서로 나열되어 있지 않기 때문에 엄격한 의미의 원형 정서구조모형은 아니다. 다만, 만족과 불만족이 정서구조모형상에 표시되어 있다는 점에서 관심을 끈다. Plutchik의 정서구조모형에 포함된 정서단어들을 긍정적·부정적 정서 차원과 환기수준 차원을 축으로 하여 회전시키면 Russell 혹은 Watson과 Tellegen의 원형 정서구조모형과 거의 일치하게 된다.

Oliver는 Izard의 10가지 정서유형을 토대로 다차원 척도분석을 실시한 결과 만족(satisfaction)은 향유(enjoyment)와 거의 일치했으며(거의 동일한 정서단어로 간주되며), 불만족(dissatisfaction)은 모든 부정적 정서들 및 놀라움(surprise)과 밀접한 관계를 갖는 것으로 나타났다. 여러 연구들에서 나타난 결과들을 소비자 영역으로 확장시켜 보면 여러 가지 흥미 있는 시사점(특히, 환기수준 차원과 관련하여)을 얻을 수 있다. 가령, 소비자 만족에 관한 조사에서 나타나는 긍정적(만족한) 제품경험은 유쾌한(pleasurable), 흥분된(excited), 환희에 찬(delighted), 혹은 흡족하거나 이완된(contentment or relaxation) 등의 환기수준에서 차이가 나는 긍정적 정서경험일 수 있다. 마찬가지로 불만족스러운 제품경험은 불쾌한(unpleasant), 실망스러운(disappointing), 화나는(angering) 등의 정서경험일 수 있다. 따라서 소비자 조사에서 사용되는 불만/불만족이라는 응답항목은 불만 혹은 불만족의 환기수준을 반영하지 못하거나 정서경험에 대한 인지적 해석을 반영하지 못한다는 점에서 완전하지 못한 정서적 경험 측정항목이다.

위에서 다루어진 정서단어들의 유사성/비유사성에 대한 여러 관점들은 만족/불만족 반응에 담겨진 정서적 특징(경험)에 대해 유용한 시사점을 제시한다. 첫 번째 이슈는 쾌락 혹은 유쾌(pleasure)와 흡족(contentment)은 만족과 동일한 의미를 갖는 대안적 정서 표현일 수 있다는 것이다. 다른 이슈는 정서의 환기수준을 고려할 경우 두 가지 흥미 있는 결과를 이끌어낼 수 있다는 점이다. 하나는 환희(delight), 흥분(excitement), 고뇌(distress) 등의 환기수준(강도)이 높은 정서들은 만족/불만족을 경험하는 과정에서 자연스럽게 유발된다는 것이다. 다른 하나는 환기수준이 높은 정서상태는 황홀(ecstasy), 화(anger), 격노(rage) 등의 정서단어를 사용하여 용이하게 표현될 수 있다는 것이다. 따라서 연구자는 정서적 반응을 측정함에 있어 흡족(contentment), 즐거움(pleasure), 각성수준에서 차이가 있는 기타 유형의 정서적 만족상태를 구분하고, 각성수준이 비슷한 정서 단어들을 함께 사용할 필요가 있다.

정서유형에 대한 여러 연구들은 정서적 관점에서 만족이 무엇을 의미하는지에 대해 혼란을 가중시킨다. 소비자가 한 제품에 대해 만족한다는 반응을 보인 경우, 이러한 반응이 흡족한 상태를 의미하는 것인가 아니면 유쾌하거나 환희에 찬 느낌을 의미하는가? '만족스러운'이라는 표현은 만족상태가 각성수준에서 어느 정도 차이가 나는지를 구분하지 못한다. 단순히 흡족스러운 느낌이 환희에 찰 정도로 만족한 것과 동일하지 않은가 혹은 동일한 반응인가에 대한 좀 더 많은 연구들을 살펴볼 필요가 있다.

4. 소비자가 경험하는 주요 긍정정서는?

소비자들은 얼핏 매우 다양한 정서를 경험하는 것처럼 보이지만, 실상 이들을 범주화해 보면 몇 개의 기본정서로 정리될 수 있다. 즉, 진화론적 정서심리학자들은 소비자 및 문화권에 상관없이 공통적으로 나타나는 몇 가지 기본정서가 있음을 밝혔다. 또한 각각의 기본정서는 서로 다른 독특한 행위성향을 보이는데, 이들 연구의 가장 중요한 것은 소비자들이 경험하는 정서가 일관된 원인과 행위적 결과를 수반한다는 점이다. 소비자의 정서경험은 마케팅 환경 내의 다양한 감각단서로부터 인지 없는 상태에서 영향을 받아 발생되지만, 의외로 실제 나타나는 결과는 단순하게 정리된 형태일 수 있다는 것을 시사한다.

여러 연구결과에 따르면 일반적으로 긍정정서는 부정정서보다 행복에 더 많은 영향을 미친다(Kahneman et al., 2004; Kahneman and Sugden, 2005; Dolan and Kahneman, 2008). 특히 긍정정서가 부정정서보다 더 많을 때 주관적 안녕감(subjective well-being: SWB)이 높아진다는 것이다. 주관적 안녕감은 소비자행동이나 마케팅 커뮤니케이션 수용의 주요 영향요인으로, 안녕감이 높은 소비자가 훨씬 더 적극적으로 다양한 브랜드 커뮤니케이션 활동에 참여하는 등 행동적 효과를 만들어낸다.

기업이 관심을 가져야 할 긍정적 기본정서는 비교적 명확하다. 사람들이 경험하는 대표적인 긍정적 기본정서는 행복(happiness) 혹은 기쁨(joy)이다. 정서심리학자들은 행복, 기쁨, 사랑(love), 쾌락(pleasure), 의기양양(elation), 만족(satisfaction) 등을 유사한 의미로 사용하고 있다. 이하에서는 행복, 기쁨, 사랑 등의 기본정서, 소비과정에서 주로 경험하는 자부심과 소비자행동 간의 관계에 대해 살펴보기로 한다.

1) 행복

행복이란 인간이 추구하는 가장 중요한 목표 중의 하나이다. 사람들에게 왜 사냐고 물으면 많은 사람들이 행복해지기 위해서라고 대답한다. 따라서 모든 기업들이 소비자의 마음속에 심어주고 싶은 감정이 바로 행복일 것이다. 미국의 경우 TV 광고의 57%가 행복, 즐거움 혹은 기쁨 등을 주제로 삼고 있으며, 특히 음료, 장난감, 식당 광고의 경우에는 80% 이상을 차지한다고 한다. 그러나 모든 사람들이 행복을 경험할 때 이에 대해 잘 알고 있다고 생각하는 경향이 있지만 막상 행복이 무엇인지에 대해 물으면 쉽게 답하지 못한다.

행복을 정의내리기 어려운 이유는 행복이 인지적, 정서적, 그리고 행동적인 모든 측면을 가진 역동적 개념이며(Mathews, 2013) 어떤 차원에서 접근하느냐에 따라 그 의미가 달라지기 때문이다. 예를 들어, 즐겁고(pleasurable), 뜻깊고(meaningful), 몰입되는(engaged) 정서는 모두 행복을 규정짓는 상태지만 그것을 느끼는 사람이 어떤 차원에서 행복을 바라다보고 추구하느냐에 따라 그 강도에서 차이가 날 수 있다(Kavcic & Avsec, 2014). 가령, '즐거운' 느낌은 주로 정서적인 표출이기 때문에 '뜻깊은'이라는 느낌이 주는 행복감과 같이 사회적 평가나 반응을 근거로 하는 행복과는 그 강도에서 차이가 있다. Kavcic과 Avsec(2014)의 연구에 의하면 정서적 행복감이 인지적 평가를 통한 만족감에서 오는 행복감보다 더 강한 것으로 나타났다.

행복에 대한 여러 정의에도 불구하고 지금까지 행복 결정요인에 관한 연구들은 크게 세 갈래의 시각으로 나누어진다. 그중 첫 번째는 행복은 개인의 성격과 높은 상관관계가 있다는 견해이다. 사람 개개인의 관점에서 어떤 것이 행복을 초래하는지를 설명하기는 어렵지만, 많은 연구에서 개인의 성격특성과 욕구충족을 행복의 주요한 결정요인으로 지적하고 있다. 대체로 자신의 삶이 행복하다고 말하는 사람은 외향적·낙천적 성격인 반면 자신이 불행하다고 말하는 사람은 내향적·우울한 성격을 갖고 있다.

외향적 성격의 사람은 생활의 사소한 것(맛있는 저녁식사, 감동을 주는 영화 등)에서 행복을 느끼는 반면 불행함을 느끼는 사람은 생활에서의 사소한 즐거움을 간과하고 불행한 사건을 크게 지각한다. 사람의 특성에 따라 행복에 대한 느낌 정도가 다르다는 사실은 소비자들의 성격특성에 따라 행복한 내용을 담은 동일한 메시지를 다르게 지각할 수 있음을 의미한다. 따라서 행복함을 기업광고나 제품광고의 주제로 설정한 기업은 목표 고객의 성격특성에 대한 이해가 필요할 것이다.

Holder와 Klassen(2010)은 외향적 성격, 높은 자존감과 자기 효능성이 행복감을 더 많이 갖게 하는 주요 요인임을 밝혔다. Diener 등(1999)은 심리적 안정성과 성숙도가 높은 사람이 오랜 기간 지속적으로 행복해 한다는 연구결과를 발표했다. 만약 행복을 느끼는 주요 요인이 성격이라면, 이는 시장세분화의 유용한 변수로 활용할 수 있다. 즉, 행복을 느끼는 성격의 소비자 집단과 그렇지 않은 소비자 집단으로 세분화해 각기 다른 광고메시지를 전달할 수 있을 것이다.

성격특성 중 외향성(extraversion)이 행복감과 큰 상관관계를 보인다는 것을 밝힌 연구들(Fujita, 1991; Cheng and Furnham, 2003)에 의하면, 이 성향의 사람들은 파티를 좋아하고 사람들과의 관계를 중요시한다. 따라서 이러한 특징은 특정 제품군(예를 들면, 대용량 식품류)의 광고콘셉트나 체험 이벤트 개발 등 프로모션 전략수립에 유용하게 활용할 수 있을 것이다. Lucas(2007)는 개인의 성격에서 한 걸음 더 나아가 심리적 안정성도 행복감 경험에 중요함을 주장하였다. 정서적 안정감이나 성숙도는 분위기에 따라 기분이 오르락내리락하지 않도록 하는 중요한 요인이다(Hills and Argyle, 2001). 따라서 한 번에 또는 갑자기 표출시키는 정서를 느끼게 하는 마케팅 활동보다는 점진적으로 시간을 두고 고객과의 정서적 관계를 형성하도록 하는 마케팅 활동이 더 효과적일 수 있다.

행복을 느끼는 또다른 중요한 성격특성 중 하나는 자존감이다. 자신에 대해 긍정적 평가를 내리지 못하거나 자존감이 낮은 사람들은 환경에 상관없이 긍정보다는 부정적 정서를 보이는 경향이 크다(Orth et al., 2008). 또한 내적 자기 통제감(internal locus of control)이 높은 사람은 외적 요인에 의해 기분이 좌우되는 사람들에 비해 훨씬 더 행복감을 느끼며(De Neve and Cooper, 1998), 자기 효능감(self-efficacy) 역시 행복과 긍정적 관계가 있다(Bandura, 1998).

이러한 연구결과들을 토대로 할 때 기질적으로 낙천적인 사람이 행복감을 더 많이 느낀다(Scheier and Carver, 1985)는 것은 의문의 여지가 없다. 이처럼 이미 행복함을 장착한 낙천적인 소비자에게는 양면적 메시지(two-sided message: 제품의 장점과 단점을 모두 포함한 광고메시지)나 부정적 소구 같은 커뮤니케이션 방법은 잃는 것이 더 많으며, 자존감을 확신시켜 주는 긍정적 메시지가 보다 효과적이다. 이러한 소비자들은 사회적 문제들이 제도 등 외부요인에서 기인하기보다는 스스로 개선해 나가야 할 일이라고 생각하며 부정적인 메시지를 담은 캠페인보다는 긍정적인 메시지의 캠페인을 더 선호한다(부경희, 2001). 특히 이들이 브랜드의 핵심 인플루엔서(Influencer)일 경우 안정적이고 지속적인 브랜드 선호를 구축할 수 있을 것이다.

행복연구의 두 번째 시각은 사람들이 자신이 하고 싶은 욕구나 동기가 성취되었을 때 행복을 느낀다고 보는 것이다. 이를 행복의 욕구단계모델(a need-hierarchy model of happiness)이라고 하는데, 실존주의 심리학의 대가인 Maslow는 5단계 욕구설을 통해 이를 좀 더 구체화했다. 그는 인간의 기본욕구를 생리적 욕구, 안전추구 욕구, 소속감 욕구, 자존심 욕구, 자아실현 욕구의 다섯 가지로 분류하고, 이들 다섯 가지 욕구들은 계층적 구조를 이루고 있어 가장 밑에 위치한 생리적 욕구가 충족되어야만 다음 단계의 욕구가 발생된다고 주장한다. 이론적으로 보면 자아실현 욕구를 충족시킨 사람이 가장 큰 행복을 느낄 것이다. 따라서 기업은 목표고객이 가장 우선적으로 충족시키고 싶어 하는 기본욕구가 무엇인지를 파악하여, 이를 중심으로 소비자-브랜드(혹은 기업) 관계를 형성해야 할 것이다.

Andrew와 Withey(1973)는 행복(주관적 안녕)에 영향을 미치는 삶의 차원들을 연구하였다. 그들은 삶의 차원을 30여 개의 영역으로 나누고 이들이 삶에 대한 만족에 미치는 상대적 영향을 분석하였는데, 자기 효능감(self-efficacy), 가정(가정생활에 대한 만족), 금전(금전적 만족), 재미(자신이 느끼는 재미의 양에 대한 만족), 주택(집에 대한 만족), 가족과 함께 하는 일, 하고 싶은 일을 할 수 있는 시간의 양, 여가시간 활동 등이 전반적 삶의 만족을 많이 설명하는 차원들로 나타났다. 그들의 연구에서 자기 효능감이 행복의 조건으로 가장 중요한 것으로 나타났는데, 자기 효능감이 자신감이나 자기 자신에 대한 만족감을 나타낸다는 점에서 Maslow의 자아실현 욕구의 충족과 크게 관련된다고 볼 수 있다.

그러나 Lyubommirsky와 Boehm(2010)은 사람들이 높은 수준의 자아실현뿐 아니라 기본적인 인간욕구를 실현했을 때도 행복감을 느낀다고 주장한다. 나아가 Mitchell과 Daniels(2003)는 각성, 방향성, 그리고 강도 등 세 개의 요소가 조합되어 행복이 결정되기 때문에, 긍정적인 방향으로 상당히 강한 정서적 각성이 일어나지 않으면 행복감은 미약할 수밖에 없다고 주장한다.

욕구성취모델에 의하면 긍정적 정서, 소속감, 사교성, 동반자 등과 같은 친밀한 사회적 관계에서 오는 욕구의 충족(Kitayama et al., 1995), 또는 친구와의 관계에서 오는 친밀감 등이 행복을 가져오는 원동력이다(Demir et al., 2013). Demir 등은 연구를 좀 더 확장하여 Maslow의 욕구 5단계설에서 3번째 단계인 사회적 욕구의 충족에서 오는 행복감을 강조하였는데, 이를 사회적 행복감(social happiness)이라고 명명하였다. 이러한 연구들은 소비자의 욕구만족을 통해 행복감을 실현시켜 주는 것이 마케팅 전략수립의 주요 목표 중 하나이어야 함을 시사한다.

그러나 자아성취나 향상을 위해 대인관계로부터 자유로울 수 있을 때 행복감이 극대화된다는 연구결과들도 있다. 최근 연구들에 의하면 개인의 자율적 성장, 창의성, 독특성, 자기표현 및 회복, 자기탐구 같은 능동적 자세가 개인의 몰입(engagement) 수준을 높이며 이에 따른 행복감이 오래 지속된다(O'Brien, 2013). 이러한 연구들이 시사하는 바는 기업이나 브랜드는 소비자 욕구를 충족시켜 주는 것에서 더 나아가 그들의 자존감을 세울 수 있는 기회를 제공하고 그들 고유의 취향이나 스타일을 찾아갈 기회를 제공하는 것이 더 오랫동안 브랜드와의 행복한 관계를 유지하는 데 효과적이라는 것이다.

결국 행복이 소비자의 성격 특성과 환경적 특성의 조합에서 귀인한다는 것은 〈표 3.1〉로 정리될 수 있다. 사람들은 성격과 같은 내적 요인(internal factors)과 외적 요인(external factors)이 어떻게 조합되느냐에 따라 다른 유형의 행복감을 갖게 된다는 것이다. 예를 들어, 성격 같은 내적 요인이 상당히 긍정적이고 외부환경도 긍정적일 경우 사람들은 안정적 행복감(stable happiness)을, 내적 요인은 그렇게 긍정적이지 않고 외부환경은 상당히 긍정적일 경우 감각적 행복감(sensory happiness)을, 성격적으로 그렇게

〈표 3.1〉 행복감의 유형(type of happiness)

	낮은 내적 요인	높은 내적 요인
높은 외적 요인	감각적 행복감	안정적 행복감
낮은 외적 요인	일시적 행복감	초월적 행복감

자료원 : Mathews, J.(2013). THE NATURE AND DYNAMICS OF HAPPINESS: A PSYCHOLOGICAL VIEW. *Journal of Research in Social Sciences*, 3(1), 483–501.

긍정적이지 않고 외부환경도 그렇게 긍정적이지 않는 경우에는 일시적 행복감(transient happiness)을, 마지막으로 환경이 그렇게 긍정적이지 않지만 내적 긍정성은 높은 경우 종교인과 같은 초월적 행복감(transcendental happiness)을 가질 수 있다.

행복연구의 세 번째 시각은 정서처리과정에서 행복이 규정된다는 관점이다. 앞서 설명한 것처럼, 정서는 감평이나 해석이라는 인지적 과정을 거치며 의식적으로 정서가 잘 해석될 때 행복감을 느끼게 된다는 것이다. 그리고 그 해석이나 감평은 개인에 따라 다를 수 있다(Fernandez-Dols & Rusell, 2003). 한 연구에 의하면 접근 가능한 감성정보가 많고 감성지능(EQ)이 높을수록 자신의 정서나 느낌을 보다 긍정적으로 해석할 가능성이 높아 더 행복감을 느낄 수 있다(Robinson and Clore, 2002b).

사람의 행복에 대한 이러한 이론적인 논쟁은 추상적이고 주관적이기에 측정하기가 쉽지 않다. 가령, 소비자가 특정의 커피브랜드를 마시면서 행복감을 느꼈다면, 그 소비자의 행복감 정도는 어떻게 측정할 수 있을까? 많은 학자들은 행복이냐 아니냐는 보다 인지적인 차원이라고 주장한다(Diener et al., 1999; Teachman and Saporito, 2009). Diener와 Larsen(1993)은 주관적 안녕(subjective well-being)이라는 개념을 사용하여 사람들의 행복을 측정하려고 했다. 주관적 안녕은 정서적 안녕과 인지적 안녕의 두 가지 차원에서 측정될 수 있다고 제안했다. 정서적 안녕은 긍정적 감정점수(즉, 기쁜, 유쾌한 등과 같은 긍정적 정서형용사의 점수)에서 부정적 감정점수(우울한, 슬픈 등과 같은 부정적 정서형용사의 점수)를 뺀 점수로 측정했는데, 장기간에 걸쳐 평균을 내어보면 개인의 정서점수는 평균 수준에서 크게 벗어나지 않음을 발견했다. Diener와 Larsen은 행복의 두 번째 차원인 인지적 안녕의 측정에 의해 정서적 안녕 점수를 보완할 필요가 있다고 보았다. 인지적 안녕은 '당신은 얼마나 행복하십니까?'와 같은 설문에 응답자가 반응한 것으로, 응답자들이 자신의 주관적 안녕에 대해 평가한 것을 말한다.

Kahneman 교수는 경험적 행복(experienced happiness)과 삶에 대한 만족도(satisfaction with your life)를 구별해야 한다고 제안했는데, 경험적 행복은 인생을 살아가면서 느끼는 기분을 말하며, 삶에 대한 만족도는 자신의 삶에 대해 생각할 때 느끼는 기분을 말한다. 일반적으로 이 두 가지는 반드시 밀접하게 연결되어 있는 것은 아니다. 즉, 기분 좋게 살아가긴 하지만 자신의 삶에 대해 생각해 볼 때 만족감을 별로 느끼지 못하는 사람이 있는 반면 압박감 등으로 우울해 하면서도 자신의 전반적 삶에 대해서는 상당히 만족해하

〈표 3.2〉 행복의 방향성과 강도에 기반한 행복유형

		상황			
		우호적인		비우호적인	
		명시적인	암묵적인	명시적인	암묵적인
감평 스타일	긍정적	더 행복한	행복한	행복하지 않은	덜 행복한
	부정적	행복하지 않은	행복하지 않은	더 불행한	불행한

자료원 : Fernandez-Dols, J. M. and J. A. Russell(2003). Emotion, affect and Mood in social judgments. In T. Million and M. J. Lerner(Eds.), *Handbook of Psychology*, 12, 283-298.

는 사람도 있다. 행복은 사회적 관계의 산물이며, 사랑, 호의, 수용 등과 같은 여러 관련개념을 포함하고 있다. Kahneman(2000)은 특히 우리가 어떤 경험으로 얻는 효용성(experienced utility)이나 의사결정의 효용성(decision utility)을 어떻게 인지하는가에 따라 행복감이 달라진다고 제안하였다.

〈표 3.2〉는 주어진 상황이 긍정적/부정적인지, 그 상황이 명시적인지 혹은 암묵적인지, 그리고 상황에 대한 개인의 감평 스타일(appraisal style)이 긍정적/부정적인지에 따라 행복 여부와 행복의 강도에서 서로 다른 8가지 유형의 행복으로 분류될 수 있음을 보여준다. 사람들은 주어진 상황이 긍정적이고 명확하다고 지각하고 이에 대해 긍정적인 감평을 하는 성향을 가질 때 가장 큰 행복감을 경험한다.

그 외의 경우는 정도의 차이는 있지만 큰 행복감을 가져다주지 못하기 때문에 행복을 느끼는 것이 그리 자주 또는 쉽게 일어날 수 없음을 보여준다. 그러나 대부분의 학자들은 즐거운 기억, 긍정적 사고, 긍정적 평가, 낙관적 사고, 현실적 사고, 적응적 사고 등이 행복을 가져오고, 반면 불쾌한 기억이나 부정적 평가, 염세적 사고, 비현실적 생각, 부적응적 사고는 불행하다고 느끼게 한다는 것에 동의한다.

그렇다면 실제로 행복함이란 어떤 느낌이고 어떻게 표현되는 것일까? 기업은 소비자들이 어떤 느낌을 행복감이라고 생각하는지를 이해함으로써 광고와 같은 마케팅 커뮤니케이션 활동에서 행복이라는 감정을 효과적으로 전달할 수 있을 것이다. 행복함은 육체적 징후와 외현적 행동을 통해 표출된다. 행복한 감정은 사람들의 체온을 상승시키고, 심장박동을 촉진시키고, 미소를 짓게 하며, 경우에 따라 웃음을 터뜨리게도 한다. 사람들은 행복한 감정을 느끼면 솔직한 몸짓을 구사하고, 이를 기꺼이, 그리고 열정적

가족의 행복을 콘셉트로 하여 브랜드 파워를 구축한 맥도날드

최근 들어 웰빙 추세로 인해 성장에 어려움을 겪고 있지만, 뛰어난 제품력과 가격경쟁력, 그리고 가족이라는 인간적 요소를 토대로 형성된 맥도날드의 높은 브랜드 가치는 여전히 유지되고 있다. 전 세계 2만여 점포에서 QSC&V를 기반으로 하여 제조된 제품을 인간미 넘치는 매장에서 맥도날드를 먹으면서 갖는 다양한 경험은 저관여 제품인 햄버거를 고관여 제품으로 승화시켰다. 이하에서는 엄청난 가치를 창출해낸 맥도날드의 브랜드 자산 구축과정을 살펴본다.

맥도날드의 품질관리 시스템은 서비스업계의 표본이 되고 있다. 맥도날드 매장의 직원들은 매번 매장에 들어오는 손님들과 그들이 먹을 프렌치프라이의 양을 가늠해 준비하는 능력을 길러야 한다. 맥도날드에서는 튀긴 지 7분이 지난 프라이는 무조건 버려야 하기 때문이다. 음식은 시간이 지남에 따라 맛이 엄청난 속도로 나빠진다. 프라이든 햄버거든 맥도날드에는 일정시간이 지난 제품들을 손님에게 판매해서는 안 된다는 엄격한 룰이 있으며, 이 룰은 맛없는 음식은 절대 손님이 맛보지 못하게 한다는 맥도날드 퀄리티(Quality, Q) 정신의 한 예이다.

맥노날드와 같은 서비스 기반 소매업에서 판매하는 제품은 슈퍼에서 판매되는 패키지 제품과는 상당히 다를 수밖에 없다. 맥도날드라는 장소에는 빅맥, 프렌치프라이, 콜라 등 여러 가지의 물리적 제품이 존재하고 있지만, 이것만으로 맥도날드에서 제공되고 있는 '제품'이 완성되는 것은 아니다. 맥도날드에선 자신들이 판매하는 것을 '경험(experience)'이라고 부른다. 맥도날드에서 판매하고 있는 제품은 고객이 문을 열고 들어선 후부터 음식을 즐기고 최종적으로 점포 문을 나설 때까지의 총체적인 경험인 것이다.

이 경험에서 매우 중요한 부분을 차지하고 있는 것이 바로 맥도날드의 두 번째 정신인 서비스(Service, S)이다. 콜라를 받아 들고 가던 손님이 콜라를 엎질렀을 때, 손님들 대부분은 매우 당황하며 바닥을 어지럽힌 데 대해 미안하게 생각한다. 하지만 맥도날드에선 전혀 그럴 필요가 없다. 매장 내 직원에게 이 사실이 발각(?)되는 즉시 "손님, 걱정하지 마세요"라는 말과 함께 새 콜라 한 잔을 공짜로 얻게 되기 때문이다. 손님에게 기억에 남는 서비스를 제공하기 위해 맥도날드에는 이것 이외에도 수많은 내용들이 서비스 항목의 룰로 정해져 있다.

맥도날드 매장에서 가장 엄격한 일 중의 하나는 클로징(closing)이라는 작업이다.

클로징 팀은 건장한 남자 직원들로 구성되는데, 이 팀은 매장 문을 내리고 나서부터 본격적 활동에 들어간다. 이들의 임무는 매장 내 거의 대부분의 기기와 장비를 낱낱이 분해하여 소독하고 닦고 말리며, 바닥과 벽, 식탁, 의자 등 눈에 보이는 대부분의 부위를 닦고 또 닦는 것이다. 맥도날드 대부분의 매장은 자정이 지난 한밤중에도 불이 훤하게 밝혀져 있는 경우가 많은데, 그 이유는 바로 이런 엄청난 작업이 매일 밤마다 진행되기 때문이다. 이렇게까지 해야 하나라는 생각이 들 정도지만 맥도날드에는 한 치의 양보도 없다. 이것이 바로 맥도날드의 세 번째 정신인 청결성(Cleanness, C)이다. 맥도날드에서 일하는 크루(Crew, 직원)가 주방에서 하루 평균 손을 소독하는 횟수는 최소한 열 번이 넘는다. 옷깃만 잘못 손에 닿아도 소독용 세제를 바르고 정성스럽게 닦아 내어야 한다. 청결성을 맥도날드가 생명처럼 중요시하는 이유는 결국 위생적으로 안전한 음식을 고객에게 제공하기 위한 것이며 그만큼 믿고 다시 찾을 수 있는 장소로 만들기 위함이다.

최고의 제품을 가장 실속 있는 가격에 제공해야 한다는 신념은 맥도날드의 네 번째 정신인 가치(Value, V)이다. 맥도날드의 가격파괴는 전 세계적으로 경쟁사들에겐 공포의 대상이 되고 있다. 하지만 고객들에게 맥도날드의 가치이야기는 들어도 들어도 싫지 않은 희소식이었으며, 맥도날드의 오늘이 있게 한 큰 기둥 중의 하나가 되었다고 할 수 있다.

맥도날드는 열정적인 사업가 정신으로 중무장한 창업자 레이 크락(Ray Croc)이 만들어 놓은 'QSC&V'라는 토대 위에 지금도 우뚝 서 있다. 맥도날드라는 제품, 즉 '경험'은 한 공장에서 만들어지는 것이 아니라, 전 세계 2만여 개가 넘는 점포에서 제조되는 일종의 '분산 제조 시스템'이다. 이 분산 제조 시스템에서 핵심적인 것은 제품의 품질을 고급화 · 균질화하는 것인데, 이것의 중심에 QSC&V가 위치하고 있는 것이다.

맥도날드의 QSC&V가 품질이 뛰어난 제품을 만드는 데 토대가 되고 있지만, 이 제품만으로 엄청난 무형적 브랜드 가치를 만들어 내었다고 말하기 힘들 것이다. 어떤 제품이든 제품의 품질이 가장 중요하지만 그에 상응하는 브랜드 이미지가 추가로 있어야 글로벌 파워브랜드가 될 수 있기 때문이다.

맥도날드는 분명 저관여 계열에 속하는 제품이다. 어느 햄버거를 먹을까 며칠씩 고민하는 사람은 없기 때문이다. 길가다 눈에 띄면 불쑥 들어가는 그런 곳이다.

맥도날드는 마케팅을 통해 저관여 제품을 고관여화시키는 데 성공하였다. 아무리 저관여 제품군에 속한다 하더라도, 그 브랜드를 소비자에게 의미 있는 그 무엇으로 만들어 주지 못하면, 그 브랜드의 운명은 결코 길지 못하다.

맥도날드라는 브랜드가 걸어온 길은 그야말로 저관여의 제품을 소비자들이 고관여의 브랜드로 느끼도록 키워내는 노력의 집합체였다고 말할 수 있다. 고관여화, 즉 소비자에게 어떤 의미를 갖게 해야 한다는 것은 창업자인 레이 크락의 혜안에서 시작되었다. "햄버거만 파는 것은 누구든지 할 수 있다. 맥도날드는 다른 곳과는 다른 특별한 포지셔닝이 필요하다. 맥도날드는 다른 데에서는 느낄 수 없는 매력과 따사로운 느낌을 가져야 한다."

맥도날드라는 브랜드가 가진 가장 큰 특징은 거의 대부분의 소비자 계층이 타겟이라는 점이다. 실제 맥도날드에 들어가 보면, 온갖 연령층이 골고루 섞여 있는 것을 볼 수 있다. 맥도날드의 타겟 그룹은 이처럼 다른 어떤 브랜드보다 상당히 광범위하며, 이 때문에 다양한 계층, 나이의 사람들에게 동시에 소구할 수 있는 맥도날드만의 이미지를 개발해내야 했다. 모든 이에게 동시에 소구될 수 있는 느낌. 맥도날드가 생각한 인간 공통의 특징은 모든 사람이 '따뜻하고 인간적인' 것을 좋아한다는 것이다. 창업자인 레이 크락은 '따사로운 느낌'이라는 말로 이 포지셔닝의 엄청난 힘을 예언하고 있었다.

맥도날드가 만들어낸 이 인간적이고 따사로운 느낌에는 '가족'이라는 중요한 요소가 중심적인 역할을 하고 있다. 모든 인간은 어떤 형태이든 가족의 일원이며, 가족관계야 말로 가장 인간적이며 따뜻한 관계이기 때문이다. 맥도날드는 따스하고 인간적인 가족이야기를 만들기 위해 일관되고 지속적으로 노력해 왔으며, 이 노력의 결실이 오늘날 320조 원이라는 천문학적인 브랜드 가치 속에 녹아 있는 것이다.

가족 고객에게 매력적인 장소를 만들기 위해, 맥도날드는 어린이 고객들에게 맞는 이미지와 제품을 지속적으로 가꾸어 왔다. 산타클로스 다음으로 전 세계에서 가장 많이 알려진 맥도날드의 캐릭터 로날드, 그리고 그의 친구들인 버디, 햄버글러, 그리미스 등을 매장 안에서나 어린이 세트 메뉴인 '해피밀' 광고에서 쉽게 접하도록 한 것은 어린이들에게 맥도날드가 얼마나 정성을 쏟는가를 보여주는 한 단면이다.

맥도날드가 소비자들에게 의미 있는 하나의 브랜드로 다가서는 노력, 즉 저관여의 제품을 고관여화된 브랜드로 승화시켜 나가는 과정에는 인간에 대한 통찰력이 자리하고 있었으며, 이 통찰력은 결국 맥도날드를 사람들과 떼려야 뗄 수 없는 존재로 만들어 준 것이다.

제품에 대한 열정과 노력, 엄청난 가격경쟁력, 그리고 인간에 대한 이해에 바탕을 둔 브랜드 이미지의 개발. 맥도날드라는 브랜드의 파워는 바로 이 삼두마차의 엄청난 견인력에서 나오는 것이며, 이 힘은 오늘 이 순간에도 계속 확대 재생산되고 있다.

맥도날드라는 브랜드를 장식하고 있는 많은 흥미 있는 이야기들은 결국 창업자가 가졌던 장기적인 혜안과 브랜드에 대한 이해, 그리고 수많은 사람들의 열정으로 만들어진 것이다.

〈표 3.3〉 행복이란 어떤 느낌인가?

행복의 느낌	백분율
내적인 환희와 희망이 넘치는 느낌	82
미소를 짓고 싶은 느낌	72
안녕감, 조화와 내적 평화	66
내적인 붕뜨는 느낌	64
뜨거운 흥분	64
활력, 생동감, 전율, 과외의 에너지 또는 추동분출	60
내가 참 행복하다는 생각을 계속함	56
놀러가고 싶은 생각	56
다른 사람을 행복하게 해주고 싶다	50
콧노래가 나옴	50
웃음이 나옴	42
성취감, 충족감	40

자료원: 이훈구 외 3명, 정서심리학, 법문사, 2002, p. 182에서 재인용

으로 음미하고 싶어 하며, 타인들과 자신의 행복감을 공유하려고 하며, 남들을 도우려는(사랑을 베풀려는) 이타적 행위를 보이려는 성향을 보인다.

Davitz(1969)는 성인남녀에게 정서를 묘사하는 556개의 표현들 가운데 어떤 것이 행복감을 잘 나타내는지를 응답하도록 한 다음 그 빈도를 분석하였다(〈표 3.3〉 참조).

〈표 3.3〉은 행복한 느낌을 가장 잘 묘사한다고 생각한 내용과 이를 경험한 백분율을 보여주고 있다. 〈표 3.3〉에서 내적인 환희와 희망이 넘치는 느낌, 미소를 짓고 싶은 느낌, 안녕감·조화·내적 평화 등이 높은 빈도를 보인다는 것은 기업이 광고에서 행복한 느낌을 표현하는 데 있어 유용한 시사점을 줄 것이다. 폴크스바겐(Volkswagen)의 뉴 비틀(New Beetle) 잡지광고는 친근하고 깔끔한 일러스트레이션과 오랜 기간 동안 이 제품의 상징이 되었던 1960년대식 정서의 표현을 통해 행복이라는 감정을 전달하는 데 성공하였다. 이 솔직담백한 광고는 아무런 배경이 없는 새하얀 바탕에 "0 to 60? Yes."라는 장난기 넘치는 헤드라인을 사용하고 있다. 딱정벌레 모양의 비틀은 히피문화로 대변되

과거의 행복했던 시절을 그리워하는 소비자들: 노스탤지어 마케팅

최근 많은 기업들이 과거에 사용했던 브랜드, 광고, 심벌, 로고, CM송 등을 다시 사용함으로써 제품에 대한 호의적 태도를 창출하려고 한다. 이러한 마케팅 노력은 흔히 노스탤지어 마케팅(nostalgia marketing)으로 불리어진다. 즉, 노스탤지어 마케팅을 통해 기업들은 자사제품과 소비자들이 과거에 경험했던 행복하고 즐거운 기억들 간에 긍정적인 연상관계를 구축하려고 한다. Quisp 아침식사용 시리얼, 폴크스바겐 비틀(Beetle) 자동차 등과 같은 오래된 브랜드들이 최근 들어 새로운 모습으로 재활성화되어 인기를 끌었다. Nickelodeon 케이블 채널의 성공에 힘입어 과거에 인기를 끌었던 TV 프로그램이 재방영되거나 KFC의 샌더스 대령(Colonel Sanders)과 같은 오래된 브랜드 심벌이 패키지와 광고에 재등장하고 Campbell Soup의 광고 슬로건이었던 'Mmm, Mmm Good!'도 제품광고에 다시 등장한 것이 그 예이다. 과거의 유명팝송들도 신제품 판매에 도움을 준다.

노스탤지어 마케팅이 인기를 끄는 이유는 무엇일까? 오늘날과 같이 빠르게 변하고, 정보의 홍수에 둘러싸여 있는 시대에 사는 소비자들은 익숙하지 않은 새로운 마케팅 자극들에 압도되어 있다. 이러한 상황에서 그들은 자신들에게 익숙한 제품, 노래, 이미지에 보다 긍정적인 반응을 보인다. 자신들에게 익숙한 어떤 대상물을 상기시키는 마케팅 단서들은 브랜드 인지도와 브랜드 지식을 강화시키는 데 기여할 수 있다. 왜냐하면 소비자들은 이미 자신의 기억 속에 이러한 대상물과 관련된 풍부한 개인경험을 축적하고 있기 때문이다. 이러한 기억의 상당수는 차분했고 보다 평화스러웠던 과거의 행복한 시절을 포함하고 있다. 오래된 제품명을 듣거나 오래전에 방영되었던 광고를 보게 되거나 혹은 과거에 인기를 끌었던 징글(Jingle: 광고에서 반복되는 짧은 노래나 멜로디)을 들으면, 과거에 가졌던 긍정적 느낌과 경험을 회상하게 되고 이로 인해 좋은 기분을 갖게 되는 것이다.

는 1960년대를 대표하는 상징물의 하나였다. 1990년대 들어 제품성능을 개선한 뉴 비틀을 출시하면서 행복한 향수를 불러일으키는 광고를 방영하였는데, 그 광고는 "정지상태에서 곧장 60마일? 당연하지"라는 1960년대식의 솔직함으로 뉴 비틀의 강점을 소개하였다.

소득이 삶에 대한 만족, 즉 행복을 느끼게 하는가도 많은 논쟁을 불러일으킨 주제이다. 1974년 경제학자 Easterlin은 이스털린 역설(Easterlin Paradox)을 발표했는데, 그는 많은 나라에서 부와 행복 간에 정비례 관계가 있지 않음을 발견했다. 최근 들어 이스털린 역설에 의문을 제기하는 연구자들도 있는데, 많은 국가에서 생활수준이 높아지면서 삶에 대한 만족도도 함께 높아지는 사실을 발견할 수 있기 때문이다. Kahneman 교수는 돈이 많다고 해서 행복해지는 것은 아니라고 주장하면서 사회적 요소들이 금전적 요소에 못지않게 행복에 큰 영향을 미친다고 제안한다. 그는 금전적 요소 이외의 다른 요소의 중요성을 평가하기 위해 인생 사다리(ladder of life)라는 개념을 개발했다. 그는 사람들에게 10개의 칸이 있는 사다리를 상상해 보도록 요구한 후 자신의 삶에 대한 만족도를 나타내는 칸에 표시하도록 했는데, 10은 주관점 관점에서 가장 훌륭한 삶을, 그리고 0은 최악의 삶을 의미한다. 이러한 조사방법을 사용해 국가적 부와 개인적 삶의 만족도 간의 관계를 분석한 결과 이들 간에 통계적으로 높은 상관관계가 있는 것으로 나타났다. 그러나 두 요소 간에 완벽한 정비례관계가 있는 것은 아니다. 조사결과에 의하면 덴마크 사람들이 인생 사다리에서 평균 8점을 기록해 가장 행복한 것으로 나타났는데, 덴마크는 부유한 국가이기는 하지만 가장 잘 사는 국가는 아니다. 그는 덴마크인이 가장 높은 점수를 받은 이유에 대해 사회적 요인이 개인적 행복에 큰 영향을 미치기 때문이라고 설명하면서 가장 중요한 사회적 요인 가운데 하나로 사회전반적인 상호신뢰수준을 제시했다. 경제적 관점에서 상호신뢰수준은 각국의 부패지수를 이용해 측정할 수 있다. 부패가 심하면 사람들은 상대를 신뢰하지 않고 낯선 사람을 믿지 않는다. 따라서 낮은 신뢰도는 사람들의 정서에 영향을 미친다. 덴마크는 부패수준이 매우 낮기 때문에 덴마크인은 상대방에 대해 높은 수준의 신뢰를 갖고 있고, 이방인에 대해 선의를 갖고 대할 것으로 추론할 수 있다. 높은 수준의 상호신뢰는 긍정적 정서를 향상시키는데 도움을 줄 수 있다.

행복감의 원인에 대한 연구결과들은 기업의 마케팅 활동에 유용하게 활용될 수 있다. 연구결과에 따르면 쾌활한 사람이 우울한 사람보다 더 행복감을 느낀다. 미국 최대의 혼수용품 판매업체인 데이비즈 브라이달은 이 연구결과를 직원교육에 적용하였다. 직원들에게 자신의 강점 다섯 가지를 외우도록 해 힘들 때에도 스스로를 격려하는 요소로 활용하였는데, 즐거운 직원들이 고객들을 더 즐겁게 할 수 있다고 생각했기 때문이다.

행복감에 관한 연구결과는 광고나 제품개발에 응용될 수 있다. 사람들은 뭔가를 얻을 수 있다는 기대감을 가지고 있을 때 큰 행복감을 느낀다는 연구결과를 토대로 러닝화 제조업체들은 러닝화 재질의 강점을 강조하던 기존 광고 대신에 "남들이 느낀 '뛰는 즐거움'을 당신도 얻을 수 있다"는 내용을 담은 경험전달식 광고의 비중을 늘리고 있다. 가전업체인 월풀은 소비자가 가장 선호하는 신제품 디자인을 찾기 위해 소비자의 말보다는 얼굴표정을 통해서 행복감을 측정하는 방법을 사용하며, 페인트 업체들은 페인트 색깔별 행복감을 측정하여 그 결과를 가격책정자료로 활용한다.

한 연구에서는 35개국 1만여 명을 대상으로 행복의 정도에 대한 설문조사를 실시한 뒤 그 결과를 연봉 등 돈과 연결시켜 분석했다. 분석결과에 의하면, 독신이거나 불행한 결혼생활을 하는 부부가 행복한 결혼생활을 하는 부부만큼의 행복을 느끼려면 연봉이 10만 달러 이상이어야 하는 것으로 나타났다. 또 한 달에 한 번 부부관계를 갖는 사람이 매주 한 번 이상 부부관계를 갖는 사람만큼 행복하려면 후자보다 연봉 5만 달러를 더 벌어야 하는 것으로 분석되었다. 제약회사들은 이런 연구결과를 성(性)기능 개선약을 판매하는 데 활용할 계획을 세우고 있다. 가령, "이 약을 먹으면 정신병이 치료되고 연봉 10만 달러를 받는 사람의 행복을 느낄 수 있다"는 메시지를 담은 제품광고를 통해 소비자의 행복감을 유발할 수 있다.

많은 연구자들은 재화구매보다는 경험구매에 지출하는 것이, 그리고 작은 행복을 자주 경험하는 것이 큰 행복을 가끔 경험하는 것보다 전반적인 행복감을 누리는 데 더 낫다고 제안한다. 연구결과에 따르면 사람들은 종종 물건이 아니라 경험에 돈을 지출할 때 더 행복감을 느낀다. 사람들은 가처분 소득 중 상당부분을 경험과 재화를 구매하는 데 지출한다. 그러면 경험을 위한 지출과 재화구매 중 어느 것이 행복을 증대시키는 데 더 큰 기여를 할까? Van Boven과 Gilovich(2003)는 구매유형을 경험적 구매와 물질적 구매로 구분하고, 어느 것에 투자하는 것이 사람들을 더 행복하게 만드는지를 연구하였다. 그들은 주로 삶의 경험, 즉 특정 이벤트나 일련의 이벤트를 얻기 위한 의도로 이루어지는 구매를 경험적 구매(experiential purchases)로, 그리고 소유물로 간직할 수 있는 유형재를 얻기 위한 구매를 물질적 구매(material purchases)로 정의하였다. 연구자들은 설문조사 참가자들에게 100달러 이상의 돈을 투자한 가장 최근의 경험적 구매 혹은 가장 최근의 물질적 구매에 대해 서술하도록 한 다음 이러한 구매가 자신들을 얼마나 행복하게 만들었는지 평가하도록 하였다. 조사결과에 의하면 경험적 구매를 평가하도록 요청받는 응답자들이 물질적 구매를 평가하도록 요청받은 응답자들에 비해 더 큰 행복감을 느끼는 것으로 나타났다. 즉, 과거에 이루어졌던 물질적 구매에 비해 과거에 했던 경험적 구매에 대해 곰곰이 생각할 때 사람들은 기분이 더 고양되는 것(elevated mood)을 경험했다. 경험에 대한 지출이 재화구매를 위한 지출보다 나은 주요 이유는 물질적 소유물보다 더 많은 사회적 가치를 갖기 때문이다. 즉, 경험은 물질적 소유에 비해 사회적 관계를 강화시킬 가능성이 더 높다. 그 이유 중 하나는 경험은 본질적으로 물질적 소유물보다 더 친사회적이기 때문이다. 우리는 다른 사람들과 함께 외식하고, 스키 타러 가고, 여행을 한다. 스웨터와 신발을 구매해 사용하는 것과 오디오제품을 구매하는 것은 혼자 즐기기 위한 의도가 더 높다.

경험이 물질적 소유물에 비해 사회적 관계를 강화하는 데 더 도움이 되는 또 다른 이유는 대체로 사람들이 물질적 구매에 대해 대화를 나눌 때보다는 경험에 대해 대화를 나눌 때 더 즐거움을 느끼기 때문이다. 사람들은 경험에 대해 얘기할 때 더 재미를 느낀다. 경험은 물질적 소유물에 비해 도입부, 본론, 결말로 구성되는 이야기 구조를 가질 가능성이 더 많다. 따라서 경험에 대해 얘기하는 것이 물질적 소유물에 대해 얘기하는 것보다 대화를 즐기는 데 있어 더 나은 원천이 된다. 사람들이 즐겁지 않은 대화를 나누는 상대방보다는 즐거운 대화를 나누는 상대방을 더 좋아한다면, 물질적 소유물보다는 경험에 대한 이야기를 나누는 것이 사회적 관계를 강화하는 데 기여할 것이다.

그리고 연구자들은 작은 기쁨(행복)을 자주 즐기는 것이 큰 기쁨(행복)을 가끔 즐기는 것보다 더 낫다고 제안한다. 인생에서 인정하고 싶지 않은 슬픈 진실 중 하나는 정말 멋진 일도 처음 경험할 때는 매우 큰 기쁨을 주지만 그것이 반복될수록 그 즐거움이 시들해진다는 것이다. 바로 쾌락에 대한 적응현상 때문이다. 이처럼 우리가 돈으로 살 수 있는 큰 기쁨에 곧 적응하게 된다면, 큰 기쁨을 가져다주는 대형(돈이 많이 드는) 구매(가령, 스포츠카, 호화여행, 유명 콘서트 로열석 티켓 등)에 돈을 쓰는 대신 작은 기쁨을 주는 다양한 것(가령, 더블 라떼, 매니큐어/페디큐어 서비스, 예쁜 면양말)을 자주 구매해 즐기는 것이 차라리 나을 수 있다. 이러한 연구결과들이 시사하는 바는 행복이 사람들이 경험하는 긍정적 감정의 강도(intensity)보다는 긍정적 감정경험의 빈도와 더 강하게 연결되어 있다는 것이다.

2) 기쁨

소비자들은 제품을 소유하고 소비하는 과정에서 행복뿐 아니라 기쁨의 감정을 갖기도 한다. 기쁨(혹은 즐거움), 사랑, 자부심 등의 긍정적 정서는 소비와 관련된 많은 긍정적 정서들을 포괄하는 정서차원으로 언급되고 있다(Richins, 1997). 가령, 어떤 소비자가 할리 데이비슨 오토바이를 타면서 느끼는 혹은 자기가 좋아하는 가수의 콘서트에 참가하면서 느끼는 기쁨 혹은 황홀감(ecstasy)을 생각해 보라. 그들은 자신의 소비경험을 내부에서 무엇인가가 용솟음치는 느낌, 하늘을 둥둥 떠다니는 느낌, 거의 폭발직전의 느낌, 강한 절정에 이른 느낌 등으로 표현한다.

강한 기쁨의 기본 특징은 쉽게 사라져버리며 기쁨은 흔히 고통과 연결되어 있다는 점이다. 사람들은 기쁨이나 황홀감 같은 강한 정서를 반복적으로 경험하면 더 이상 과거에 느꼈던 정서를 느끼지 못하게 되며 결국에는 그 반대되는 정서(싫음, 짜증, 고통)가 발생하게 된다. 두 남녀가 처음으로 사랑에 빠지면 그들은 강한 기쁨을 경험한다. 그러나 더 많은 만남을 지속하면서 그 기쁨은 감소하게 된다. 그들은 상대를 당연히 있어야 할 존재로 생각하며, 처음에 느꼈던 감정을 다시 갖기가 어려워지는 것이다.

Solomon(1980)은 사람들은 어떤 자극으로부터 강한 기쁨을 경험한 후 그 자극이 제거되면 반대되는 정서(고통)를 경험한다고 주장한다. 사람들은 긍정적 강화인자(positive reinforcer)에 습관화되면, 과거와 동일한 기쁨을 얻기 위해 더 많은, 그리고 더 빈번한 강화인자의 제공을 원하게 된다. 이러한 욕구가 충족되지 못하면 그들은 결국 기쁨과 반대되는 감정을 경험하게 된다는 것이다.

기쁨이나 황홀감이 갖는 이러한 특성은 기업이 고객에게 기쁨이라는 긍정적 감정을 유발하고 이를 계속 유지하기 위해서는 끊임없는 긍정적 강화요인(가령, 끊임없는 판촉제공, 빈번한 이벤트 개최, 광고의 변형 등)을 제공해야 함을 시사한다. 기쁨(joy, enjoyment)의 감정은 만족(satisfaction)이라는 정서적 경험과 밀접한 관련이 있으며(Oliver, 1993, 1999), 소비상황에서 가장 빈번하게 경험되는 정서차원의 하나이기도 하다(Richins, 1997). Richins(1997)는 자동차, 오락제품, 감성제품(sentimental products)의 소비상황에서 가장 빈번하게 경험되는 정서들로 기쁨(joy), 자부심(pride), 만족(contentment)을 들었다. Chaudhuri와 Holbrook(2001)은 소비자들이 브랜드를 통해 얻는 긍정적 정서를 브랜드 감정(brand affect)이라고 부르면서, 이는 주로 쾌락(pleasure)과 행복(happy) 등을 포함하고 있다고 주장했다. 이러한 정서들은 기쁨과 유사한 의미의 정서들이다.

한편 소비과정에서 소비자들이 추구하는 주요 가치의 하나는 새로운 또는 진기한 경험이 예상될 것임을 상상하는 과정에서 유발되는 기쁨이나 즐거움일 수 있다. 소비에서 기대되는 쾌락(즐거움)은 새롭고 진기한 경험을 마음속으로 상상하는 것에서 비롯될 수 있다. Campbell(1987)은 쾌락추구(pleasure-seeking)와 만족추구(satisfaction-seeking)를 구분하였다. Campbell은 소비에서의 쾌락적 경험은 소비로부터 예상되는 결과를 마음속으로 상상하는 것(fantasized anticipation)에서 생성된다고 보았다. 소비자들은 상상을 통해 신제품이 가져다줄 쾌락(즐거움)을 예상(기대)해 본다. 그러나 많은 경우 상상 속에서 예상한 것은 실제의 현실경험과 차이가 있다. 소비자들은 상상(imagination)을 통해 경험하는 쾌락에 대한 희망(기대)과 현실에서의 실망을 반복하게 되는데, 결국 완벽한 쾌락이란 소비자의 상상 속에서만 존재하는 것일 수도 있다. 이에 반해 만족추구는 단순히 생리적 욕구를 충족시키는 행위, 즉 배고픔이나 갈증에 의해 유발되는 불편한 느낌을 제거하는 행위로 보았다. 만족추구와는 달리 쾌락추구는 강한 정서적 경험을 동반한다.

만족추구가 욕구의 요구에 따라 만족을 성취하려고 하는 수동적 과정인 반면 쾌락추구는 신선한 자극을 경험할 것이라는 기대에서 비롯되는 능동적 과정이다. 흥미 있는 사실은 소비자들은 제품사용의 결과에 대해 의구심(doubt)을 갖는 상황에서 그들은 여전히 희망을 유지한다는 것이다. 소비자들은 실제의 제품성능에 대해 의구심을 갖지만 여전히 제품이 자신의 문제를 해결해 줄 것이라는 희망을 버리지 않는다. 왜냐하면 희망의 대안은 절망이기 때문이다. Revlon 화장품의 창업자였던 Revson은 "우리는 화장품을 판매하는 것이 아니라 희망을 판매한다"고 이야기했다. 마케터들은 흔히 희망과 의구심이 병존할 수 있음을 간과함으로써 시장조사과정에서 소비자들이 표현한 의구심 때문에 제품의 출시를 취소하기도 한다. 소비자들은 의구심을 가진 상황에서도 여전히 설득될 가능성을 열어놓고 있다. 상당수의 신제품(가령, 주름제거 크림)들이 제품의 효력에 대해 의구심을 갖고 있지만 여전히 그 제품을 사용해 보려는 마음을 가진 소비자들에 의해 판매되고 사실이 이를 증명하고 있다.

제품소비에 따른 만족에 초점을 맞춘 브랜드들은 소비자가 겪고 있는 불편함(가령, 소화불량)과 이러한 소비자 문제를 해결하는 데 있어 자사브랜드의 상대적 우수성 간의 관계를 소비자들에게 강조하는 반면 소비자의 쾌락추구에 초점을 맞춘 브랜드들은 소비과정에서 경험하는 오감의 즐거움(즉, 자사제품이 높은 쾌락적 즐거움을 유발하는 것으로 지각되도록 함)을 강조한다.

일반적으로 자극수준(level of stimulation)이 과다하여 소비자들이 통제할 수 없을 정도의 강렬한 정서상태를 경험하게 되면, 그들은 더 이상 오감의 즐거움을 충분히 느낄 수 없다. 그러나 자신의 의지에 의해 통제할 수 있는 긍정적 정서는 쾌락을 가져다준다. 그러므로 우리는 흔히 책과 신문을 읽거나 라디오를 청취하거나 TV를 보는 동안 유발된 공포, 연민, 슬픔, 두려움 등의 부정적 정서를 경험하면서 쾌락을 느낀다. 이러한 정서적 경험은 자신의 의지에 의해 통제될 수 있기 때문이다.

오늘날의 쾌락지향적(hedonistic) 소비자를 이해하기 위해 기업들은 먼저 소비자들이 어떻게 공상(day dreaming)을 사용하여 정서적 느낌을 경험하는지를 이해할 수 있어야 한다. 오감의 즐거움을 상상하는 것만으로는 강한 쾌락이 유발되지 않을 수 있지만, 특정의 상황(가령, 사랑을 하는 것)이나 사건(헤어졌던 첫사랑을 만나는 것)을 상상하는 것은 강한 정서적 경험을 자극할 수 있다. 이에 따라 많은 광고들이 실제로 굉장하고 멋진 어떤 것(the fantastic)보다는 환상(fantasy)을 토대로 하여 만들어진다. 왜냐하면 공상(day dreaming) 또는 환상의 세계는 별나고 황당한 세계가 아니라 어쩌면 일어날지도 모를 세계이기 때문이다.

소비자들은 흔히 제품과 관련된 위협적 상황(threats)과 희망적 상황(promises)에 대해 공상을 한다. 컵이 떨어져 산산조각이 난다거나, 설탕이 커피의 맛을 달콤하게 만든다거나, 오토바이가 충돌할 뻔한 위험을 모면하고 결국 목적지에 도달하게 했다는 식의 공상 같은 것이다. 제품이 주는 위험과 약속에 대한 상상은 희망과 두려움을 유발하고 이는 다시 제품구매에 영향을 미치게 된다. 소비자들은 (비록 그것이 실제로 거짓이더라도) 어떤 것이 진실하다고 느끼면, 그러한 느낌이 그 대상에 대한 선호도를 결정한다. 즉, 그들은 단순히 진실하다고 느끼는 것을 선호하고 이에 따라 행동하는 것이다. 어떻게 보면 이러한 현상은 자기기만(self-deception)일 수 있다. 소비자들은 다이아몬드가 돌이라는 것을 잘 알고 있지만, De Beers의 꿈과 환상을 자극하는 광고에 끌려 '다이아몬드는 가까이 하고 싶은 여성의 최고 친구'라는 생각으로 그러한 진실을 무시한다. De

Beers는 다이아몬드가 여성의 삶에서 귀중한 것이라는 메시지를 소비자 마음속에 계속 심기 위해 연 2억 달러의 광고비를 지출한 결과이기도 할 것이다.

현대의 쾌락주의(hedonism)는 이처럼 백일몽의 특징을 갖는다. 우리는 상상을 통해 어떤 것이 허위라고 하더라도 마치 진짜(정말)인 것처럼 느끼고 이에 대해 정서적 반응을 보이게 된다. 우리는 당혹스러운 어떤 상황을 상상함으로써 당혹감을 느낄 수 있고, 절벽에 매달려 있는 자신을 상상함으로써 두려움을 느낄 수 있는 것이다.

어떤 제품의 사용경험을 상상하는 것은 그 제품에 대한 실제적 신념과 독립적으로 소비자 반응에 영향을 미친다. 소비자의 상상에 의해 유발된 강한 정서가 제품에 대한 소비자 신념을 지배하면, 이러한 정서는 그 제품의 특성과 관련된 신념들을 기억으로부터 인출하는 것을 방해한다. 소비자들은 상상(imagining)을 토대로 대상을 좋아하고 이에 따라 행동할 수 있는 것이다. 즉, 호감성 휴리스틱(likability heuristic)에 따라 소비자는 단순히 대상에 대한 호감 정도에 근거하여 그 대상이 좋은 느낌을 제공하기 때문에 선택하기도 한다.

제품사용에 따른 기쁨(gratification)의 감정은 브랜드 이미지 및 그 제품에 부여된 관련 연상들(가령, 샴페인과 화려한 라이프스타일 간의 연상관계)과 밀접한 관계가 있다. 브랜드 이미지와 브랜드에 부여된 상징적 의미들은 소비자의 관점에서 보면 제품의 물리적 속성과 함께 제품 질을 결정하는 주요 구성원으로 간주된다. 소비자들은 흔히 제품이 출시되어 광고를 통해 그 제품이 상징하는 바를 학습할 때까지 자신의 잠재된 욕구를 알지 못할 수 있다. 어떤 대상이 상징하는 것은 그 대상과 관련하여 떠오르는 연상을 통해 나타날 수 있다. Rozin, Millman과 Nemeroff(1986)는 대상과 관련되어 떠오르는 연상들이 대상에 대한 지각에 영향을 미친다는 것을 실험을 통해 보여주었다. 가령, 육면체 모양으로 만들어진 사탕에 대해서는 피험자들은 즐거운 마음으로 먹으려고 했지만, 동물의 배설물 모양으로 만들어진 사탕에 대해서는 먹기를 매우 주저하는 것으로 나타났다. 마찬가지로 피험자들은 청산가리라고 적혀진 설탕박스에 들어있는 설탕을 먹기를 주저하였다(설탕을 청산가리라고 적혀진 상자에 붓는 것을 목격했음에도 불구하고). 부정적 연상에 의해 형성된 부정적 이미지는 실제의 사실(가령, 실제의 제품속성에 대한 소비자 신념)과 상반되는 정서적 반응을 유발할 수 있다. 이에 따라 많은 향수제품들이 이름이 갖는 상징성을 토대로 개발되고 있다. 향수제조업체들은 브랜드명을 먼저 정한 다음 이름이 갖는 개성적 특징과 함축적 의미(connotations)를 표현해 주는 향수 디자인을 개발한다.

3) 사랑

긍정적 정서로 자주 언급되는 또 다른 기본정서의 하나가 사랑이다. 우리는 흔히 이 브랜드를 좋아한다거나 이 브랜드를 너무나 아끼고 사랑한다고 표현한다. 어떤 대상을 좋아한다는 것과 사랑한다는 것은 완전히 다른 의미이다. 그러면 그 의미는 무엇일까?

사랑이라는 개념은 이미 4,000여 년 전에 고대 서양의 사고방식에 존재하고 있었고 구약성서와 신약성서에도 자주 등장한다. 사랑(love)이란 단어는 여러 맥락에서 사용되고 있으며 그 의미도 다양하다. 사랑은 연민(compassion), 기쁨(delight), 애착(attachment), 선호(preference), 충성(loyalty) 등의 의미를 가지기도 한다.

Rubin(1973)은 어떤 대상을 사랑하는 것과 좋아하는 것의 차이를 연구하였는데, 어떤 대상에 대한 사랑은 다른 사람을 이상화하는 것, 그 사람을 위해 무엇인가를 하려는 의지, 그 사람과 공유하려는 욕망, 성적 이끌림 등을 포함하는 것으로 보았다. 이에 반해 어떤 대상을 좋아한다는 것은 공통된 관심사를 공유하고 그 대상을 존중하는 것을 의미하는 것으로 보았다. Rubin은 사랑의 척도로서 '나는 _____를 위해서라면 무슨 일이든 할 것이다'와 '_____와 함께 있을 수 없다면 나는 비참해질 것이다' 등의 문항을 제시하였고, 좋아함의 척도로는 '나는 _____의 판단력을 확신한다'라는 문항을 제시하였다.

Pam, Plutchik과 Conte(1975)는 상호 간의 사랑을 규정하는 다섯 가지 구성요소로서 존경, (성격의) 합치성, 신체적 매력, 애착, 이타주의를 제시하고, 이를 토대로 사랑 척도(love scale)를 개발하였다. 다음은 각 구성요소별 척도문항의 예이다.

- 존경 척도 : _____를 알게 된 것을 특권이라고 느낀다.
- 합치성 척도 : 마음이 맞지 않는 일이 생겨도 당신과 _____는 그 일을 함께 할 수 있다.
- 매력성 척도 : _____에 대한 애정표현을 자발적으로 하고 싶다.
- 애착 척도 : _____와 함께 있으면 더 안전하다고 느낀다.
- 이타주의 척도 : 자신이 하던 일을 그만두고 _____가 즐겨하는 일을 한다.

사랑을 위한 제품시장

사랑이란 매혹당하는 것이며 황홀하게 되는 것이고, 서로에게 완전히 빠지는 것이다. 우리 자신은 사랑을 완벽하게 표현할 수 없고 단지 능란한 시인이나 작가들의 표현에 대해 "맞다, 바로 그것이구나"하고 맞장구를 칠 수밖에 없는 그런 주제이다. '로미오와 줄리엣', 그리고 '바람과 함께 사라지다'의 위대한 사랑에 대한 영원한 이야기들은 사랑이라는 감정을 가진 인간으로서 우리 자신을 이해하는 데 필요 불가결한 것이다.

사랑의 상징 중 하나인 선물은 보석의 형태를 띤다. 유러모니터는 미국의 보석시장 매출액이 매년 약 160억 달러에 이른다고 추산하는데, 이는 한 사람당 60달러를 쓴 것이다. 이런 수치는 우리가 얼마만큼 사랑의 표현을 원하는가를 반영한다. 보석은 전통적으로 부와 번영의 상징이었지만, 이제는 기본적으로 사랑의 상징이 되고 있다. 보석도 사랑의 시장에 속한다. 그렇다면, 보석 한 개가 어떻게 사랑을 상징하는가? 먼저 보석은 비싸기 때문에 돈으로 계산되었을 때 사랑의 깊이를 반영한다. 또 하나는 보석 자체가 사랑의 언어를 전달한다는 것이다. 예를 들어, 하트 모양의 목걸이는 부자들만 살 수 있는 값비싼 보석으로 꾸민 것이 아니어도 사랑을 표현할 수 있다. 이런 면에서 과연 중소 보석생산자들이 이 시장의 속성을 충분히 이해하고 있는지 의심스럽다. 많은 사람들이 아직도 보석은 오직 그 가격을 통해서 가치를 매길 수 있을 거라는 생각에 젖어 있다. 기업들이 보석의 상징적 가치와 그것이 구매되고 선물되는 감정을 면밀히 분석할 때만 시장개혁이 가능하다.

보석은 '나는 누구인가 시장(who-am-I-market)'의 한 부분으로도 볼 수 있다. 사랑의 시장에서 보석은 '티파니' 같은 보석점에서 판매되며, '나는 누구인가 시장'의 보석은 체인점이나 백화점에서 판매된다. 마찬가지로 화장품과 향수는 사랑의 시장과 '나는 누구인가 시장'에 속한다. 선물시장은 사랑의 일부이다. 다양한 향기를 발산하는 프랑스제 향수는 사랑과 유혹이라는 단어의 주위에서 맴돈다. 향수의 상표에 붙은 이름들 몇 가지만 보더라도 향수 생산자들이 이 시장을 얼마만큼 잘 이해하고 있는지 알 수 있다. 트루 러브, 쁘아종, 돌체 비타, 오리지널 위민, 이터니티, 나르시스, 에덴 등. 이런 것들은 강렬한 감정의 상징이기 때문에 할인판매가 불가능하다. 사랑과 관능에는 할인이 없다.

한편 음악시장도 전적으로 사랑의 시장이다. 성공한 모든 작곡가들은 사랑에 빠진 사람들, 위대한 사랑, 불행한 사랑 또는 그리움이나 재회에 대한 노래를 만든다. 이런 주제는 세계의 다양한 언어를 사용해 수백만 가지의 형태로 연주된다. 본질적으로 인간은 사랑 이야기를 듣고 싶어 하기 때문에, 음악시장에 관계하지 않고는 사랑의 시장에서 사업을 할 수 없다. 지난 10년 동안 음반으로든 라이브로든 음악에는 기술적인 혁명이 있었다. 컴퓨터가 음표를 바꾸기도 하고 작곡가를 도와주는 소프트웨어도 개발되었다. 장기적으로 보면 예술성이 배제된 전자음악이 만들어지고 확산될 가능성이 있다. 이런 일은 이미 기술적으로는 가능하지만, 아마도 우리들이 거부할 것이다. 이 시장은 이미 전자음악에 대한 반대 조류를 경험했다. 전자악기가 아니라 언플러그드 콘서트나 기술의 개입 없이 만들어지는 음악에 대한 수요가 늘고 있다. 왜냐하면, 우리가 찾는 것은 음악 자체가 아니라 정(情)과 사랑이기 때문이다.

자료원 : Rolf Jensen, *The Dream Society*, 서정환 역, 한국능률협회, 2000, pp.114–119.

이러한 사랑 척도는 여러 유형의 사회적 관계를 평가하는 데 사용될 수 있다. 가령, 교제관계와 친구관계에 있는 사람을 이 척도상에서 평가하도록 한 결과, 교제관계에서는 합치성과 신체적 매력이, 우정관계에서는 합치성과 존경이 가장 중요한 차원인 것으로 나타났다. Susan Fournier(1998)는 소비자들이 브랜드에 대해 갖고 있는 강한 감정을 소비자–브랜드 관계로 설명할 수 있다고 보았다. 가령, Fournier는 우정관계를 가벼운 친구관계, 절친한 친구관계, 상황에 따른 친구관계, 어릴 적 친구관계 등으로 나누었는데, 이 중 절친한 친구관계는 친밀하고 상호이익을 공유하는 자발적 관계이며, 상대방의 이미지와 개인적 관심이 자신과 일치한다고 지각하는 것으로 정의하였다. Fournier가 제시한 15개 유형의 소비자–브랜드 관계가 사랑척도상에서 어떤 차이가 나는지를 측정하는 것은 소비자–브랜드 관계를 정량화하는 데 도움이 될 수 있는 대안의 하나이다.

Sternberg(1986)는 친밀성, 열정, 관여의 세 가지 구성요소가 조합되어 다양한 형태의 사랑이 발생된다고 주장했다. 가령, 연인 간의 낭만적 사랑은 친밀성과 열정이 강하게 조합되어, 그리고 동반자적 사랑은 친밀성과 관여가 강하게 조합되어 나타난다고 보았다. Sternberg는 사랑관계가 진행되는 동안 세 가지 구성요소의 상대적 강도가 각기 다르게 나타난다고 주장했다. 예를 들어, 열정은 초기에 최대로 높아졌다가 점차 감소하고, 관여와 친밀성은 서서히 증가하면서 어느 시점 이후에 안정적으로 유지된다는 것이다. 만약 이러한 양상에 큰 변화가 발생되면, 사랑관계는 붕괴될 가능성이 높다.

Shaver와 Hazen(1988)은 진화론적 관점에서 사랑을 연구하였는데, 그들은 사랑을 애

감성적 즐거움을 통해 형성된 브랜드 사랑이 브랜드-고객 유대관계에 미치는 영향

제품이 주는 감성적 즐거움은 브랜드에 대한 사랑을 키움으로써 브랜드와 고객 간 유대관계를 형성시킨다는 점에서 브랜드 애착에 중요한 역할을 한다. 감성적 즐거움과 브랜드 애착의 상관관계는 우리의 일상생활에서 수많은 예를 통해서 쉽게 이해할 수 있다.

스타워즈 시리즈는 생생한 장면과 사운드 특수효과, 관객들이 처음 보는 생명체와 행성, 특이한 우주선들로 가득 찬 환상적인 세계로 관객들을 안내한다. 많은 사람들이 헬로키티 인형에 보이는 충성도는 감성적 즐거움이 브랜드에 대한 사랑으로 이어져 브랜드 애착을 강화시킨다는 점을 보여준다. 인기가 많은 온라인 비디오 게임은 강한 인지적 자극을 제공한다. 예컨대, 리그 오브 레전드 게임에서 플레이어는 챔피언이라 부르는 일련의 캐릭터들을 조정해 이들이 독특한 능력을 발휘하도록 조정하고 능력을 증강시킨다.

포시즌스호텔 브랜드는 호텔 산업계에서 감성적 즐거움을 제공하는 완벽한 본보기다. 시각적으로 놀랄 정도로 멋있는 실내장식과 아름다운 장소, 고급 음식, 골프를 비롯한 다양한 즐길거리부터 최고급 침대와 자쿠지 욕조 같은 편의시설, 부드러운 가운과 슬리퍼 등의 서비스 용품에 이르기까지 고객 입장에서 부족함을 찾기 어렵다. 아이맥스 극장의 3D 기술은 너무나도 현실적인 나머지 관객은 자신이 실제 영화의 한 부분이 된 것처럼 느낀다. 매혹적인 향수 샤넬 No.5, 캐나다 출신 인기가수 저스틴 비버의 멋진 헤어스타일, 고디바 초콜릿의 인상적인 포장을 떠올려 보라. 이 브랜드들은 모두 고객을 즐겁게 만든다.

감성적 즐거움을 통한 브랜드 사랑, 이런 사랑의 중요성은 사람 사이의 관계에서도 분명하게 나타난다. 사랑이 없는 인간관계는 여름이 없는 사계절과 같이 냉정하고 차가운 관계로만 이해될 뿐이다. 더군다나 사랑이 없는 관계는 당사자에게 그 관계를 더 발전시킬 동기를 유발하지 않는다. 예컨대, 인간관계에서 사랑이 없으면 서로의 접근성을 떨어뜨려 서로가 서로에게 보여줄 수 있는 정성 어린 보살핌이 나타나지 않는다. 같은 맥락에서 감성적인 즐거움이 없다면 고객도 브랜드에 대한 사랑을 느끼지 못해 브랜드의 기능에서만 의미를 찾게 된다. 이는 소비자의 브랜드 선택의 범위를 심각하게 좁히는 결과를 초래한다.

브랜드에 대한 사랑이 없을 때 고객은 브랜드에 접근할 동기를 갖지 못하게 된다. 브랜드에 관한 정보를 더 많이 찾아보거나 그 제품을 자세히 관찰하려는 동기, 제품과 관련된 정보를 수집하려는 욕구나 열망이 사라진다. 제품을 시험삼아 구매하고자 하는 욕망 또한 약해진다. 게다가 강력한 감성적 즐거움은 고객들이 제품의 기능적 혜택을 더 쉽고 분명하게, 더 신속하게 인지하고 받아들이는 데 중요한 역할을 한다. 다시 말해 제품에 대한 사랑은 기능적 혜택의 설득력을 더 높인다. 이를 통해 고객은 브랜드를 자기 자신과 더 가깝게 느낀다.

끝으로 고객은 감성적 즐거움을 통해 브랜드 소유에 따른 엄청난 자부심을 느끼며 외부에 그 브랜드를 과시하려는 욕망을 키우게 된다. 이런 욕망이 브랜드와의 관계를 유지하려는 동기를 유발하고 브랜드 충성과 옹호 행위를 형성하게 된다.

자료원 : 박충환, 기능은 순간, 감성적 즐거움은 영원, 오감의 교향악을 작곡하고 지휘하라, DBR, 2018년 9월, Issue 1, pp. 59–61.

착성 유대관계(bonding)를 형성하는 것으로 보았으며, 애착성 관계를 유지하는 것은 신체적·심리적 인접성에 따른 안전감 생성의 원천이라고 주장했다. 유아와 부모 간의 애착관계와 연인 간의 애착관계는 인접성과 접촉에 기반한다는 점에서 유사하다. 그들은 애착관계의 수립이 서로가 보살핌을 주고받는 행위로 연결된다고 주장한다.

사랑하는 대상과의 강한 긍정적 관계를 나타내는 정서적 애착은 소비자행동연구에서 자주 사용되는 개념이므로 이에 대해 자세히 설명하기로 한다. 애착이론(attachment theory)은 사람들 사이의 감정적 유대관계가 생성·발전되어 가는 과정을 다루는 것이다. 심리학에서 애착(attachment)이라는 개념은 유아행동과 관련된 연구에서 시작되었다(Bowlby, 1969). 애착은 한 개인이 자신과 가장 가까운 사람에 대해서 느끼는 강한 유대관계를 의미한다. 애착은 대체로 소수의 제한된 대상에 대해 형성되며, 애착이 형성된 대상에 대해서는 근접해 있고 싶은 욕구를 갖게 된다.

유아행동 분야에서의 애착은 유아와 부모 사이의 특별한 유대관계를 일컫는 개념이다. 아이들은 부모와의 관계에서 일련의 정서적 반응을 경험하게 됨에 따라(가령, 부모와 함께 시간을 보내고 신체적 접촉을 하게 됨), 부모에게 보다 의존하게 된다. 아이가 부모에 대해 갖는 애착은 부모와 물리적으로 가까이 있음으로써 안전을 유지하려는 욕구 이외에 심리적 안락함과 즐거움도 함께 경험하게 한다.

아이와 부모 간의 애착관계와 유사하게 성인 간의 인간관계(특히 사랑관계)에 있어서도

브랜드 관계의 질(Brand Relationship Quality)을 결정하는 정서적 요소

소비자들은 일상생활에서 여러 브랜드들과 다양한 관계를 맺고 있다. 기업은 자사 브랜드와 소비자 간에 높은 품질의 유대관계를 창출 · 유지하고 싶어 한다. 높은 품질의 브랜드-고객 관계는 고객이 브랜드와 혹은 브랜드가 고객과 끈끈한 관계를 형성하여 서로에 대해 높은 충성도를 보이는 것을 말한다. 따라서 브랜드 전략의 주요 목표는 높은 품질의 브랜드 관계를 가진(높은 브랜드 충성도를 가진) 고객집단을 창출 · 유지하는 것일 수 있다.

기업은 높은 품질의 브랜드-고객 관계를 창출하는 브랜드 전략을 개발하기 위해 강력하고 건강한 브랜드-고객 관계를 형성하는 데 기여하는 주요 차원을 파악할 필요가 있다. Susan Fournier는 심리학 분야에서 이루어진 (이상적) 인간관계형성에 관한 연구결과들과 선도적 브랜드들의 시장성공요인에 대한 조사들을 토대로 하여 브랜드-고객 관계의 질(브랜드-고객 관계의 강도)이 사랑/열정, 자아 관련성, 상호의존성, 몰입 정도, 친밀감, 파트너(즉, 브랜드) 품질의 6가지 하위차원으로 구성된다고 제안하였다.

① 사랑/열정(love/passion) : 이는 관계형성의 당사자들 간에 강한 정서적 유대관계가 형성되어 서로 떨어져 있는 것을 용납하기 어려운 관계를 말한다. 사랑은 한 대상에 대해 안정감과 신뢰감을 갖게 하며 새로운 관계형성을 통해 상호이익의 감정을 갖게 한다. 열정은 사랑하는 대상과 떨어져 있을 경우 불안한 감정을 유발하는데, 미래의 불확실성, 이별에 대한 두려움 등이 그 예이다. 가령, 한 브랜드와 뜨거운 관계를 형성한 소비자는 그 브랜드에 대해 '나의 것'이라는 독점욕을 가지며 그 브랜드가 주위에 없거나 구매할 수 없을 경우에 브랜드와 떨어져 있다는 불안감을 갖게 된다.

② 자아 관련성(self-connection) : 소비자가 특정 브랜드를 사용하는 것은 과거, 현재, 그리고 미래의 삶을 통해 형성되는 자아와 밀접한 관계가 있다. 즉, 브랜드는 소비자로 하여금 자아로 표현하는 데 도움을 준다(소비자는 (실제 혹은 이상적) 자아와 일치되는 브랜드 퍼스낼리티(브랜드 이미지)를 선호하고 구매한다).
소비자와 브랜드 간의 자아 일치성은 강력한 소비자-브랜드 관계를 형성 · 유지하는 데 기여한다. 자아 관련성을 중심으로 형성된 소비자-브랜드 관계는 다음과 같은 척도를 사용하여 측정될 수 있다.

• 브랜드 이미지와 나의 자아 이미지가 서로 비슷하다.
• 이 브랜드는 내가 어떤 사람인지를 알 수 있게 한다.

③ 상호의존성(interdependence) : 브랜드와 고객 간의 상호의존성 정도는 상호작용의 빈도, 중요성, 그리고 이에 대한 당사자들의 몰입 정도를 통해 나타난다. 마케터는 일상생활 속에서 소비자와 브랜드 간의 상호의존 정도를 측정함으로써 소비자-브랜드 관계의 품질을 파악할 수 있다. 브랜드에 대한 소비자의 정서적 관여도가 크게 높지 않더라도 일상생활을 통해 엮여진 높은 상호의존성 때문에 이들 간의 관계가 지속될 수도 있다.
브랜드-고객 간의 상호의존성은 다음과 같은 방법으로 측정될 수 있다.
• 이 브랜드는 내 삶에서 중요한 역할을 한다.
• 한동안 이 브랜드를 사용하지 않으면, 무엇인가를 잃은 것 같은 느낌을 갖는다.

④ 몰입 정도(commitment) : 소비자는 브랜드에 대해 정서적으로 깊이 몰입하기도 하는데, 높은 수준의 몰입은 높은 품질의 소비자-브랜드 관계의 한 구성요소이다. 소비자는 좋을 때나 나쁠 때나 특정 브랜드에 대해 한결같이 몰입할 수 있는데, 이러한 몰입은 소비자로 하여금 관계의 질을 계속 유지하거나 더욱 향상시키려는 욕구를 갖게 하며 그 관계가 손상된 것에 대해 죄책감을 느끼게 한다. 또한 특정 브랜드에 대한 몰입은 다른 브랜드 대안들을 탐색하려는 노력을 감소시킬 수 있다.
브랜드-고객 관계의 몰입 정도는 다음과 같이 측정될 수 있다.
• 나는 이 브랜드에 대해 충성심을 느낀다.
• 나는 좋을 때나 나쁠 때나 이 브랜드와 함께 할 것이다.

⑤ 친밀감(intimacy) : 소비자는 특정 브랜드, 그리고 그 브랜드의 제품속성에 대해 남들보다 깊이 이해하고 있다고(친밀하다고) 생각한다. 소비자는 어떤 브랜드에 대해 자세히 알게 됨에 따라 친밀감을 갖게 되는데, 이러한 친밀감은 광고단서(가령, 슬로건과 브랜드 캐릭터 등) 등의 제공에 의해 더욱 정교화되기도 한다.
고객의 브랜드에 대한 친밀감은 다음과 같은 방법으로 측정될 수 있다.
• 나는 이 브랜드에 대해 많이 안다.
• 나는 이 브랜드를 사용하는 방법에 대해 많은 것을 안다.

⑥ 파트너의 질(brand partner quality) : 사람들이 좋은 파트너십의 형성을 위해 상

대방이 바람직한 특성을 소유하고 있는지를 평가하듯이, 소비자들도 브랜드로부터 좋은 파트너에서 기대하는 특성을 추구할 수 있다. 예를 들어, 매우 친한 친구로부터 기대할 수 있는 바람직한 속성(특징)을 브랜드에서 추구할 수 있는 것이다. 브랜드 파트너의 품질은 브랜드의 (소비자에 대한) 태도와 파트너십 역할의 수행력에 대한 소비자 평가를 포함한다.

브랜드 파트너의 품질은 브랜드의 소비자에 대한 배려 정도(가령, 브랜드가 소비자를 필요로 한다는 느낌이나 브랜드로부터 존경받고 있다는 느낌을 소비자가 갖는 경우)나 브랜드가 바람직한 것을 제공할 것이라는 신뢰감이나 이의 예측가능성 등에 대한 판단을 통해 파악된다.

브랜드 파트너의 품질은 다음과 같은 척도를 사용하여 측정될 수 있다 :

- 나는 이 브랜드가 나에 대해 진심으로 고마워한다고 생각한다.
- 이 브랜드는 나를 매우 소중한 고객으로 대한다.

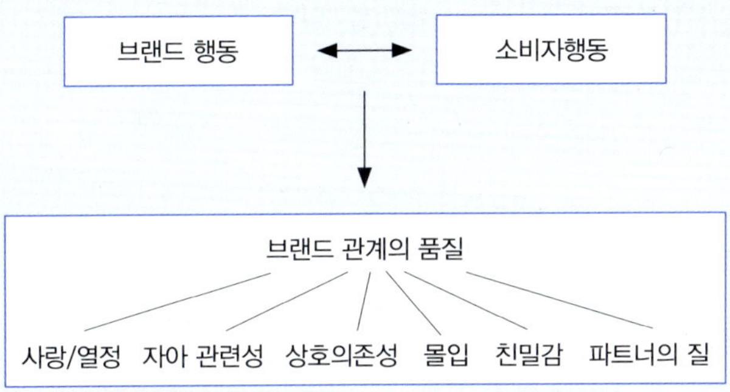

브랜드-소비자 관계의 품질을 구성하는 요소

애착은 중요한 역할을 한다. 성인 간의 사랑관계(romantic love)에서 연인들이 안정적인 애착을 경험할수록 더 행복하고 신뢰감 있는 사랑관계(감정)를 경험하게 된다. Collins와 Read(1990)는 성인들 간의 애착관계를 측정하기 위해 애착유형척도(Adult Attachment Scale: AAS)를 개발하였는데, 이들은 의존(depend), 걱정(anxiety), 친밀감(close)의 세 가지 차원의 18개 문항들로 구성된 척도를 제안하였다.

마케팅 분야에서 애착이라는 개념은 제품에 대한 소유와 관련된 연구들에서 찾아볼 수 있다(Kleine, Kleine and Allen, 1995; Wallendorf and Arnould, 1988). 특히 Kleine,

Kleine와 Allen(1995)은 개인은 자아(self)를 정의하고 이를 유지하기 위한 수단으로 특정 대상물에 대해 애착을 가지게 된다고 주장하면서, 소유제품에 대한 애착의 유형을 제시하였다. 그들은 다른 사람들과의 추억을 유지하고(keeping memories of others) 바로 자신을 표현하기 위해(It's me and I like it) 자신이 소유한 대상물에 대해 애착을 갖는다.

최근 들어 브랜드 애착이라는 개념이 이론적·실무적으로 관심을 끌고 있다. 브랜드 애착과정은 바로 브랜드에 대한 사랑의 감정을 의미하는데, 소비자들은 브랜드에 대해 애착을 느낄수록, 그 브랜드에 감정적으로 더 의존하게 되며 그 브랜드를 사용할 수 없을 때 강박감과 좌절감을 강하게 느낀다. 이러한 일련의 애착과정은 브랜드에 대한 사랑의 감정을 더욱 강하게 느끼게 만든다.

사랑이라는 정서적 느낌(love-related emotions)은 그 범위와 강도에서 매우 광범위한데, 애정(affection), 따뜻함(warmth)으로부터 열정(passion), 중독(addiction)에 이르기까지 긍정적 측면과 부정적 측면을 모두 포함할 수 있다. 소비자들은 브랜드의 사용을 통해 기쁨(혹은 즐거움)과 행복함으로 대표되는 브랜드 정서를 경험하며, 이러한 긍정적 정서의 경험은 브랜드와의 강한 유대감(즉, 브랜드에 대한 강한 애착과 이로 인한 사랑)의 출발점이 될 수 있다(Chaudhuri and Holbrook, 2001).

소비자들은 일상생활에서 여러 브랜드들과 다양한 관계를 맺고 있으며, 브랜드-소비자 관계의 강도는 브랜드에 대한 사랑/열정(love/passion), 브랜드의 자아 관련성(self-connection), 브랜드와 소비자 간의 상호의존성(interdependence), 브랜드에 대한 몰입 정도(commitment), 브랜드에 대한 친밀감(intimacy), 좋은 파트너에서 기대하는 바람직한 특성(brand partner quality) 등의 6가지 주요 차원에 의해 결정된다고 주장하였다. 브랜드-소비자 간의 사랑은 감정적 애착관계(affective attachment)로서, 곁에 없을 때 느끼는 그리움(separation anxiety), 다른 브랜드와 대체할 수 없는(irresolvable) 상태, 그리고 감정적으로 의존하는 상태를 의미한다.

브랜드와 소비자 간의 사랑관계는 성인(연인) 간의 사랑관계와 유사하다. 즉, 연인들 간의 사랑관계가 상대방에 의존하고, 상대방을 걱정하며, 서로 친밀감을 느끼는 것을 의미하듯이, 소비자들도 브랜드와의 지속적 관계를 통해 브랜드에 의존하게 되고, 사용할 수 없을 때 불안한 감정을 갖게 되며(separation anxiety; 격리불안), 브랜드와 친밀감을 형성해 감에 따라 그 브랜드에 대해 정서적 애착(affective attachment)을 가지고, 나아가 사랑한다는 감정을 경험하게 되는 것이다.

소비자는 강한 애착을 보이는 브랜드에 대해 매우 높은 브랜드 충성도를 보인다. Aaker(1991)는 Harley Davidson, Macintosh, Beetle 등과 같이 매우 높은 수준의 충성도를 가진 고객집단을 보유한 브랜드를 카리스마적 브랜드(charismatic brand)라고 하였다. Smothers(1993)는 브랜드 카리스마(Brand Charisma)를 특정의 브랜드가 기대 이상의 소비자 애착과 구매동기를 유발하는 것으로 정의했다. 그는 결혼반지, 국기 등과 같이 상징적 의미가 담긴 대상물뿐만 아니라 운동화(가령, 나이키 에어조던) 같은 일상적 제품도 카리스마를 가질 수 있다고 제안했다. 즉, 운동화와 같은 일상적 제품도 소비자가 그 제품에 대해 상징적 의미를 부여하고 제품에 대한 강한 애착과 구매동기를 갖는다면, 그 브랜드는 카리스마를 갖는다는 것이다.

이학식과 임지훈(2004)은 브랜드 카리스마의 형성에 영향을 미치는 요인으로 브랜드가 갖고 있는 개성적 특성(가령, 세련된, 신뢰할 수 있는, 투박한 등)에 대한 소비자의 긍정적·부정적 태도, 해당 제품범주 내에서의 브랜드의 대표성 정도, 지각된 브랜드 품질의 세 가지를 제시하고, 소비자가 제품에 대해 보이는 관여수준에 따라 세 가지 요인들이 브랜드 카리스마 형성에 미치는 영향이 어떻게 달라지는지를 연구했다.

그들은 제품군에 대한 소비자의 관여유형과 관여수준에 따라, 상징적 차원과 기능적 차원에서 높은 관여수준을 보이는 제품군(핸드폰), 상징적 차원에서는 고관여를 보이지만 기능적 차원에서는 저관여 수준을 보이는 제품군(액세서리), 상징적 차원에서는 저관여를 보이지만 기능적 차원에서는 높은 관여수준을 보이는 제품군(정수기), 그리고 상징적 차원과 기능적 차원 모두에서 낮은 관여수준을 보이는 제품군(스낵과자)으로 분류하였다. 실증분석 결과 상징적 고관여/기능적 고관여(즉, 핸드폰 제품) 상황에서는 브랜드 개성에 대한 소비자 태도, 지각된 품질, 브랜드의 대표성 정도의 순으로 브랜드 카리스마 형성에 의미 있는 영향을 미쳤다. 상징적 고관여/기능적 저관여 상황(즉, 액세서리 제품)에서는 브랜드 개성에 대한 소비자 태도와 브랜드의 대표성 정도가 브랜드 카리스마 형성에 긍정적 영향을 미친 반면 상징적 저관여/기능적 고관여 상황(즉, 정수기 제품)에서는 지각된 품질과 브랜드의 대표성 정도가 브랜드 카리스마 형성에 긍정적 영향을 미쳤다. 그러나 상징적 저관여/기능적 저관여 상황(즉, 스낵 제품)에서는 세 가지 요인 모두가 브랜드 카리스마 형성에 의미 있는 영향을 미치지 않는 것으로 나타났다.

유창조와 정혜은(2004)은 프로축구 서포터즈 커뮤니티의 형성과정과 그 구성원의 소비경험에 관한 정성적 연구에서, 서포터즈들은 커뮤니티 활동을 통해 커뮤니티에 대한 애착을 갖게 되고, 이러한 커뮤니티 애착은 팀 및 선수에 대한 애착의 증가와 각 팀이 판매하는 브랜드에 대한 평가에 영향을 미치는 것을 발견했다. 커뮤니티에서의 긍정적 경험은 브랜드(즉, 커뮤니티와 프로팀)에 대한 애착을 높이고 있었는데, 브랜드 애착이란 특정 브랜드에 대한 소비경험을 통해 그 브랜드에 대해 높은 정서적 유대감과 결속력을 갖는 것을 말한다. 서포터즈는 커뮤니티 참여를 통해 긍정적 경험을 반복하면서 브랜드(즉, 커뮤니티)에 대한 애착을 보이고 있었는데, 브랜드에 대한 애착은 물건(가령, 엠블럼, 머플러, 유니폼 등)에 대한 애착과 사회적 관계(가령, 서포터즈, 구단, 선수, 기업 등)에 대한 애착

〈표 3.4〉 커뮤니티 애착의 대상

	애착대상	의미	구체적인 예
커뮤니티 애착	물건에 대한 애착 (엠블럼, 머플러, 유니폼)	도구성	• 응원도구로서의 활용 가치가 있음 • 패션 소품으로 이용됨
		전시성	• 집에 전시해 놓고 감상함 ("전 제 방에 수원삼성 유니폼 세 벌, 국가대표팀 유니폼 두 개를 머플러와 함께 전시해 놓고 자랑스럽게 보죠.")
		상징성 (자아의 표현)	• 유럽풍, 현대적인 감각이 내가 추구하는 이미지(멋진, 선진화된, 고급스러운 이미지)와 부합됨 • 타인과 나를 구별, 비교할 수 있음 • 나의 이미지를 표현할 수 있음
	사회적 관계에 대한 애착	의존성	• 다른 사람, 이해관계자와 의견을 공유하는 것이 나 혼자 의견을 생각하고 있는 것보다 더 나음
		상징성 (자아의 표현 및 확장된 자아)	• 일류기업이 후원한다는 데서 오는 자신감 및 자부심이 있음 • 선수 또는 구단은 또 다른 나의 모습임(동일시 또는 차별화)

자료원 : 유창조 · 정혜은, 브랜드 커뮤니티 형성과정에 따른 커뮤니티의 특징, 구성원의 행태와 참여경험 및 관계의 질에 대한 분석, 마케팅 연구, 제19권 3호, p. 69.

으로 구성된다.

〈표 3.4〉를 살펴보면 커뮤니티에 대한 애착이 애착대상의 기능적 속성보다는 자아표현과 같은 상징적 의미에 의해 더 큰 영향을 받고 있음을 알 수 있다. 특히 애착대상과의 관계에서 손실을 입은 경우에는 허탈감, 무력감과 같은 부정적 정서를 경험하는 것으로 나타난다("경기가 있는데 유니폼이나 머플러를 갖고 오지 않은 날에는 너무 허탈한 거예요. 뭔가 중요한 것이 빠졌다는 허전함 때문에 허무한 느낌마저 들어요." "구단과의 대화가 아예 단절되니까 답답하고 무력감이 들 때가 있어요. 그만큼 기대감이 컸기 때문이겠죠."). 이들에게는 애착대상물의 상실은 자아의 상실을 의미할 정도로 큰 문제로 부각된다.

4) 자부심

행복, 기쁨, 사랑 등의 긍정적인 기본정서 외에 소비자의 구매행동에서 빈번한 동기로 작용하며 기업들이 마케팅에서 많이 활용하는 소비자 정서가 바로 자부심(pride)이다.

소비자들은 자부심의 감정을 경험하면, 주변 사람들로부터 호감과 부러움을 한 몸에 받는다는 느낌을 갖게 되며, 자아 정체성과 자존감의 상승을 맛보게 된다. 소비자들이 어떤 것에 대해 자부심을 느끼는 것은 그것이 자아 존중감(self-esteem)을 높여주기 때문이다.

소비자의 자부심은 쇼핑과정에서 또는 자신이 원하는 브랜드의 구매과정에서 유리한 거래를 확보했다고 지각할 때 생성된다. 유리한 거래를 이끌어냈다는 사실은 긍정적 정서를 유발시킨다. 마찬가지로 소비자들은 희소한 대상물을 소유했을 때, 이러한 성취에 대해 자부심을 갖는다. 판매자가 제품의 희소성을 더 부각시킬수록, 그 제품을 소유하려는 소비자 욕구는 더 강렬해진다. 어떤 소비자들은 마지막 남아 있는 제품을 반드시 구매하려고 하며 이의 획득에 대해 뿌듯한 감정을 느낀다. 희소성(scarcity)은 이를 소유하려는 욕구(desirability)를 강화시킨다. 콘서트 티켓과 아직 출시되지 않은 신규 자동차 모델은 희소성으로 인해 지각된 가치가 상승하는 것이다. 소매점들은 상품의 진열대를 가득 채우지 않음으로써 고객들로 하여금 상품의 희소성을 지각하도록 유도한다. Cialdini(1993)에 따르면 사람들은 이용가능성(availability)이 제한된 어떤 대상에 대해 더 가치가 지각된 것으로 지각한다. 가령, 우표수집가는 잘못 제작된 우표를 희소성 때문에 더 가치있게 생각한다. 사람들은 동일한 양의 이득(gain)보다는 동일한 양의 손실(loss)에 대해 정서적으로 더 민감하게 반응한다. 따라서 집에 단열재를 사용함으로써 많은 이득을 볼 수 있다고 이야기하는 것보다는 단열재를 사용하지 않음으로써 발생될 손실을 강조하는 것이 훨씬 효과적이다. Cialdini에 의하면 어떤 품목이 희소하고 이를 획득하기 위한 경쟁이 있을 경우에 그 품목을 획득하려는 사람들의 욕구는 더욱 강렬해진다고 한다. Cialdini의 주장이 시사하는 바는 소비자들의 기쁨은 희소한 제품의 소비를 경험하는 데서 비롯되는 것이 아니라 단지 이를 소유하는 것으로부터 발생된다는 것이다. 즉, 기쁨이란 단순히 제품을 소유했다는 자부심에서 비롯되는 것이며 소비경험은 부차적이라는 것이다.

어떤 제품의 소유에 대해 자부심을 느끼는 소비자들은 이러한 소유에 대해 다른 사람들이 부러워할 것으로 생각한다. 기업은 광고를 통해 소비자들로 하여금 자사브랜드의 소유에 대해 주위 사람들이 부러워하는 장면을 상상해 보도록 유도한다. 이와 같이 자부심은 다른 사람들이 갖고 싶은 어떤 것을 소유할 때 생성된다. 즉, 자부심은 타인들의 부러움 또는 시기심(envy)에 의해 생성되는 것이다. 그러나 시기심은 다른 사람보다 자신이 못하다는 것을 공개적으로 인정하고 싶지 않은 욕구를 함께 동반한다. 그러므로 많은 소비자들이 타인들의 분노와 악의를 낳게 하는 지나친 시기심(malicious envy)을 유발하지 않는 수준에서 자부심을 추구하고 싶어 한다.

지나친 자부심은 자만심(conceit 혹은 arrogance)을 낳게 한다. 자만심을 가진 소비자들은 자신의 성취를 타인들의 일반적(전형적) 성취와 대비시킴으로써 자신의 우월감을 느낀다. 지나친 자만심을 가진 사람들은 타인들이 생각하는 것보다 자신의 성취수준이 훨씬 높은 것으로 생각하기 때문에 타인들의 칭찬에 대해 자존심이 손상되는 것으로 생각할 수 있다. 소비자의 자만심을 충족시키는 것에 초점을 맞춘 제품광고(가령, 일부의 상류층을 겨냥한 최고급 고가브랜드)는 목표소비자들이 최고의 제품이라는 의미가 무엇인지를 정확히 알고 있고 그것을 누리는 것을 정당하다고 생각한다는 가정을 하고 있다.

소비자들이 브랜드의 소유에 대해 자부심을 느끼도록 하기 위해 브랜드는 다음과 같은 특징을 가져야 한다. 첫째, 일반소비자들이 브랜드에 대해 높은 존경심을 보여야 하며, 둘째, 브랜드가 목표소비자들의 자아 존중감을 고양시키려는 열망을 실현하는 상징적 수단이 되며, 셋째, 사회적으로 가시성이 높은 제품이어야 하며, 넷째, 브랜드의 소유가 목표소비자들의 자아 존중감과 지위를 강화시켜 주어야 한다.

후발브랜드들은 흔히 선두브랜드의 소유에 따른 고객들의 자부심을 타파하는 데 역점을 둔다. 즉, 현재 소비자들로부터 존경을 받고 있는 선도브랜드가 더 이상 그렇지 않음을 인식시키는 데 목표를 두는 것이다. 가령, British Knights 운동화는 1,500만 달러의 광고캠페인을 도입하면서 "여러분의 엄마는 나이키를 신었지만, 이제 여러분들은 변화를 선택하세요"라는 광고 주제를 사용하였다. 이 광고메시지는 나이키가 더 이상 최첨단의 제품이 아님을 목표소비자들에게 인식시키려고 한다. 청소년들은 항상 부모세대가 좋아했던 의류, 음악, 향수 등의 제품들로부터 자신을 차별화시키고 싶어 한다. British Knights 광고는 목표소비자 층의 이러한 성향을 반영한 것이다. 한때 젊은이들의 의류로 상징되었던 데님(denim)은 과거에 비해 젊은 소비자들로부터 큰 인기를 끌지 못하고 있으며, 군복, 힙합 스타일의 의류 등이 더 선호되고 있다. 이러한 추세는 부모세대의 상징들로부터 자신을 구분하고 싶어 하는 젊은층의 욕구에서 비롯된 것이다.

5. 소비자 부정정서는 어떤 소비자 반응을 가져오는가?

정서심리학에서 제시하는 기본정서들 중에는 부정적 정서들이 압도적으로 많다. 인간이 본능적으로 나쁜 소식에 먼저 귀를 기울인다는 것은 부정적 정서가 인간이 환경에 적응하기 위한 반응의 하나로 발달되었다고 보는 진화론적 관점을 차치하더라도 별로 이상할 것이 없다. 대표적인 부정적 기본정서로는 분노(rage)와 노여움(anger), 슬픔(sadness), 두려움(fear)을 들 수 있는데, 분노와 노여움은 능동적이고, 슬픔과 두려움은 수동적인 것이다. 분노는 접근(approach)과 관련된 정서인 반면 슬픔과 두려움은 회피(avoidance)와 관련된 정서이다. 이외에 기업이 마케팅 커뮤니케이션 활동에서 흔히 사용하는 부정적 정서로는 수치심과 죄책감이, 그리고 고객 만족/불만족 관리와 관련하여 기업이 관심을 갖는 부정적 정서로서는 후회감과 실망감이 있다.

1) 분노와 노여움

소비자의 분노는 지나치게 공격적인 광고, 실제성능보다 과대 포장된 제품, 형편없는 고객서비스 등의 여러 가지 원인으로부터 비롯된다. 어떤 기업도 이 감정만큼은 절대로 유발시키지 않도록 최선의 마케팅 노력을 기울여야 한다.

분노 혹은 노여움은 사람들의 일상생활에서 빈번하게 경험하는 정서인데, 원하는 목표를 달성하는 데 방해를 받거나 자존심이 손상되었다고 지각하거나, 위협을 받는 것으로 지각할 때 유발된다. 또한 불공정하다는 생각도 분노를 느끼게 한다. 분노는 이를 야기한 대상에 보복을 하려고 하는 충동을 일으키지만 그러한 충동이 반드시 외현적 행위로 연결되는 것은 아니다. 분노를 느끼면 사람들의 혈압이 상승하며, 심장박동이 빨라지고, 근육이 경직되고 체온은 올라가며, 분노를 유발한 대상과 맞서 싸우고 싶은 충동을 느끼며, 지각의 범위가 좁아져 한 가지에만 주위를 기울이는 것으로 나타났다. 즉, 분노를 느끼면, 사람들은 강한 생리적 변화와 분노를 유발한 대상을 공격하고 싶은 충동을 느끼게 되는 것이다.

사람들은 분노를 경험할 때 그 원인이 자신에게 있는지 또는 다른 대상이나 통제할 수 없는 상황적 요인에 있는지를 판단하게 된다. 대체로 사람들은 분노를 경험할 경우 그 원인이 타인이나 상황에서 비롯된 것으로 지각하는 경향이 있다. 이 경우에는 분노를 유발한 대상에게 보복을 하거나 공격적인 행동을 취함으로써 손상받은 자존심을 복구하고 싶어 한다. 이러한 공격적 행동은 순기능적인 역할을 하기도 한다. 분노는 이를 유발한 대상에게 자신이 무슨 일에, 그리고 얼마나 화가 났는지에 대한 정보를 제공해 줌으로써 분노의 원인을 해소하려는 노력의 기회를 제공해 주기 때문이다. 가령, 소비자가 제품에 대해 불만족으로 분노감을 느꼈을 때, 그 소비자는 불평행동 등의 적극적 행동을 취할 수 있다. 이러한 소비자 불평은 기업이 생각하지 못했던 제품상의 문제점을 파악하거나 새로운 제품에 대한 아이디어를 얻을 수 있는 유용한 정보원이 될 수 있다.

분노는 다양한 원인에 의해 발생될 수 있다. 첫째, 분노가 발생될 가능성이 가장 높은 경우는 목표지향적 행동에 방해를 받을 때이다. Brehm(1966)은 사람들은 자신의 의지대로 행동하려는 자유(욕구)를 박탈당하거나 제한되는 등의 위협을 느끼게 되면, 이에 대해 분노하며 심리적 반발이 발생한다는 반발이론(reactance theory)을 제시하였다. 이러한 심리적 반발은 사람들로 하여금 위협받은 행동의 자유를 다시 찾으려는 동기를 유발시키게 된다. 둘째, 사람들은 자존심에 손상을 입었다고 지각할 때 분노를 경험한다. 사람들은 무가치한 존재로 취급당하거나 정당한 대우를 받지 못한다고 지각할 때 분노

소비자는 유리한 불공정성을 좋아하는 이기적 동물이다.

요즘처럼 더운 날씨엔 청량음료를 찾는 사람이 부쩍 늘어난다. 코카콜라는 1999년 기발한 아이디어를 내놓았다. 자동판매기에 온도감지 센서를 달아 기온이 올라가면 콜라 값을 평소보다 더 올려 받겠다는 계획이었다. 제품 가격을 수요 · 공급 법칙에 따라 실시간으로 달리해 이윤을 극대화하겠다는 가격차별 정책을 실행한 것이다. 경제학적으로 볼 때 지극히 합리적이라고 볼 수 있다.

하지만 똑똑한 자판기에 대해 소비자들은 격렬히 저항했다. "소비자들을 착취(exploitation)하는 처사다", "갈취(gouging)와 다름없다" 등 원색적 비난도 난무했다. 결국 코카콜라는 "단순한 아이디어일 뿐 여름철 추가 요금을 부과할 계획은 전혀 없다"며 황급히 진화에 나섰다. 소비자들의 이 같은 비난은 이율배반적 측면이 있다. 동네 편의점에서 500원에 살 수 있는 콜라를 고급 레스토랑에서 5,000원에 팔아도 비난하는 소비자는 거의 없다. 여름철 해변가에 설치한 자판기와 회사 구내 자판기 콜라 값이 달라도 모두 수긍을 한다. 우리 주변엔 이미 가격차별화가 일상화돼 있다. 그런데도 왜 소비자들은 코카콜라의 아이디어에 분노했을까?

소비자들의 이런 반응을 설명하는 개념으로 '가격 공정성 인식(price fairness perception)'이라는 게 있다. 사람들은 어떤 가격이 높은지 낮은지를 평가할 때 과거경험이나 현재상황을 고려한다. 즉, 어떤 제품(혹은 대체재)을 어느 정도 가격에 구입했었는지 생각해 보고 자신이 수용할 수 있는 기대가격(준거가격 · reference price)을 정한 후 이에 비추어 적절성 여부를 판단한다. 제시된 가격이 준거가격과 차이를 보일 때 소비자들은 공정치 않다고 인식하고 때로는 불쾌감과 배신감, 분노 등 부정적 반응을 표출한다.

물론 소비자들이 가격차별을 언제나 용납하지 않는 건 아니다. 기업, 특히 원가정보를 투명하게 공개한 회사가 원재료가 인상을 이유로 가격을 올릴 때에는 공정하다고 판단한다. 반면 기업이 이윤 극대화를 목적으로 차별적 가격을 내세운다면 불공정하다고 본다. 또 가격이 오르더라도 소비자들이 가격책정 과정에 참여해 어느 정도 영향력을 행사했다고 생각하면 공정하다고 여긴다. 인터넷 경매 사이트에서 똑같은 제품의 가격이 천차만별이어도 소비자들이 별다른 이의를 제기하지 않는 건 이 때문이다.

따라서 가격차별이나 변동을 추진하는 기업들은 소비자가 반감을 갖지 않도록 하는 방안이 무엇인지 고민해야 한다. 이와 관련, 란 시아 미국 벤틀리대 교수 등은 2004년 Journal of Marketing에 발표한 논문을 통해 몇 가지 해결방안을 제시했다. 우선, 제품

판매 시 다양한 부가 서비스나 맞춤형 서비스를 제공하는 방법이다. 이렇게 하면 다른 제품과 직접적인 가격 비교가 힘들어 공정성에 대한 판단 자체가 어려워진다. 제품의 비용구조와 품질정보를 투명하게 공개하는 것도 도움이 된다. 상품의 비용구조상 가격인상이 불가피하다고 생각하면 소비자들도 공정하다고 여기기 때문이다. 좋은 평판을 쌓고, 다양한 보상 프로그램을 통해 충성도 높은 고객을 확보하는 것도 매우 중요하다. 소비자와의 신뢰가 쌓이면 설령 가격을 조금 인상한다고 해도 부정적인 반응을 어느 정도 줄일 수 있다.

많은 기업들이 흔히 투입비용과 목표이익 등 계량적 수치만을 고려해 가격을 책정하곤 한다. 그러나 부당한 가격(unfair price)이란 인식을 주지 않으려면 소비자가 인지하는 제품가치와 사회적으로 통용되는 가격수준 등을 종합적으로 고려해야 한다. 만약 코카콜라가 더운 날씨에 콜라 값을 올려 받는 게 아니라 추운 날씨에 싸게 판다는 점을 집중 홍보했다면 어땠을까? 사람들은 자신들에게 '유리한 불공정성(advantaged inequality)'에 대해선 부정적 감정 표출을 하지 않는 경향이 있다. 십중팔구 '멍청한' 자판기에 큰 호응을 보였을 게 분명하다. 코카콜라는 겨울철 콜라 소비량을 늘림으로써 가격인하에도 불구하고, 더 많은 매출을 올렸을지도 모른다. 코카콜라와 같은 실수를 반복하지 않으려면 마케터들은 인간의 비합리성에 대해 더 깊은 이해와 통찰을 가져야 한다.

자료원 : 동아비즈니스리뷰, 2010, JULY 2nd.

를 느낀다. 셋째, 사람들은 자신의 욕구가 충족되지 않았을 때 분노를 느낀다. 이러한 분노는 대상에 대한 사랑과 몰입이 강할 때 흔히 발생된다. 넷째, 사람들은 상대방의 말과 행동이 자신의 기존신념과 상반될 때 분노를 느낀다.

마케팅 상황에서 소비자의 분노는 소비경험과정에서 가장 빈번하게 발생된다. 소비자가 제품이나 서비스의 소비과정에서 제품성능이 기대(목표)보다 못하여 불만족하게 되면, 분노를 느낀다. 소비자 불만족은 제품에 대한 실제경험이 기대한 수준보다 못하거나 자신이 거래 상대방과의 거래관계에서 공정한 대우를 받고 있지 않다고 생각할 때 발생된다. Oliver(1980)가 제안한 기대불일치 이론(expectancy disconfirmation theory)에 의하면 실제의 제품성능이 사전 기대수준보다 못하면 불만족하게(emotional dissatisfaction) 되고, 실제의 제품성능이 사전 기대수준과 일치하거나 그 이상이면 만족감을 느끼게 된다고 한다. 소비자 만족/불만족의 형성에 결정적인 역할을 하는 사전기대는 소비자의 직·간접 제품경험, 광고, 판매원에 의해 제공되는 정보, 주변 사람들이 제공하는 정보 등에 의해 형성된다. 공정성 이론(equity theory)에 의하면 소비자들은 거래 상대방과의 교환관계에서 공정한 대우를 받는다고 생각하면 구입한 제품에 대해 만족하고 그렇지 않으면 불만족하게 된다고 본다. 즉, 소비자는 자신이 구매과정에 투입한 비용과 이로부터 기대되는 산출물(즉, 제품성능) 간의 비율을 기업이 투입한 비용(생산원가)과 이를 통해 획득한 산출물(매출이익) 간의 비율과 비교하여 이러한 비율에서 불균형이 자신에게 불리하다고 지각하면 불만족하게 된다는 것이다. 그러나 기업은 이러한 공정성 이론을 마케팅 의사결정에 적용함에 있어 신중을 기해야 한다. 소비자들은 자신들에게 유리한 불공정성에 대해서는 긍정적 감정을 보이거나 부정적 감정을 표출하지 않는 경향이 있는 반면 불리한 불공정성에 대해서는 공정하지 않은 거래라고 인식하고, 불쾌감과 분노 등 부정적 감정을 표출한다. 코카콜라는 1999년 자동판매기에 온도감지 센서를 달아 기온이 올라가면 콜라 값을 평소보다 더 올려 받겠다는 계획을 발표했었는데, 소비자들은 이에 대해 "소비자들을 착취(exploitation)하는 처사다", "갈취(gouging)와 다름없다" 등 원색적 비난을 퍼부으며 강한 부정적 감정을 표출했다. 소비자들의 강한 불쾌감과 분노에 직면한 코카콜라는 단순한 아이디어일 뿐이라고 해명하며 황급히 진화에 나섰다.

불만족을 경험하게 되면, 소비자는 제품 또는 서비스 실패의 원인이 어디에서 비롯되었는지를 찾게 되며, 이러한 귀인과정은 재구매 의도에 영향을 미치게 된다. 가능한 원인에 대한 추론(locus of causality)은 크게 내적 귀인(internal attribution)과 외적 귀인(external attribution)으로 나누어진다. 내적 귀인은 제품실패(즉, 특정사건)의 원인을 소비자 자신에게 돌리는 경우를 말하며, 외적 귀인은 그 원인을 제조업체(즉, 타인) 혹은 상황적 요인으로 돌리는 경우를 말한다.

소비자가 내적 귀인을 할 것인지 혹은 외적 귀인을 할 것인지는 사건의 원인의 통제가능성(controllability)과 시간적 영속성(temporal stability)에 의해 결정된다(Weiner, 1980). 원인의 통제가능성이란 제품실패가 제조업체(즉, 원인제공자)의 의지에 따라 통제될 수 있었는지의 여부를 말한다. 만약 구입한 냉동식품의 부패가 슈퍼마켓 냉동진열대의 온도조정 불량 때문인 것이라면, 제조업체는 그 책임을 면할 수 있을 것이다. 시간적 영속성이란 제품실패가 일시적인 것인지 혹은 영속적인 것인지를 말한다. 만약 구입한 냉동식품의 불량상태가 계속 발견된다면(제품실패가 영속적이라면), 제조업체 때문인 것으로 비난

소비자 분노, 막을 수 있다.

호주 뉴사우스웨일스대 경영대학원 폴 패터슨 교수 연구팀은 소비자가 분노하는 과정에 대한 체계적인 분석과 대응 전략을 담은 논문을 저명 경영학술지인 '캘리포니아 매니지먼트 리뷰'에 발표했다. 연구팀은 미국과 중국, 호주, 태국 등 4개국에서 서비스 불만 등으로 분노를 경험했던 소비자 50명에 대한 인터뷰를 실시했다.

연구결과, 흥미로운 사실이 발견됐다. 모든 소비자 분노는 일순간의 강렬한 경험 때문이 아니라, 지속적이고 반복적인 사건 때문에 발생한다는 점이다. 예를 들어, 처음에는 단순한 불만으로 전화를 했는데, 회사직원들이 책임 떠넘기기를 해서 화가 치밀었고, 결국 매장을 방문했는데 여기서 감정이 격화돼 극단적 분노가 형성된 사례처럼, 분노의 수준은 반드시 여러 개의 사건을 거치면서 상승하는 패턴을 보였다. 즉, 기업 입장에서 보면 소비자의 분노를 예방할 수 있는 기회가 적어도 몇 차례는 있었다.

특히 물질적 피해보다는 감정 훼손이 훨씬 심각한 소비자 분노의 동인이었다. 소비자의 피해 규모는 커피 한 잔에서부터 많아야 몇 십만 원 정도였다(1억 5,000만 원짜리 벤츠 승용차를 돌진시킨 남성도 40만 원짜리 휴대전화 때문에 분노했다). 소비자 대부분은 금전적 손실에 따른 경제적 고통 때문이 아니라, 자부심이나 무력감, 불공정성 등으로 인한 감정적 상처 때문에 분노했다. 따라서 기업이 분노한 소비자에게 물질적 보상을 해줬다고 모든 문제가 해결되진 않는다. 감정적 상처를 보듬어줘야 한다.

또 연구결과, 소비자들은 화가 분노로 바뀌는 한 차례 티핑포인트(tipping point)를 경험한 뒤, 다시 적의를 갖고 복수를 하는 두 번째 티핑포인트를 겪는 것으로 나타났다. 연구팀은 각 티핑포인트 별로 기업의 대책을 제시했다. 첫 번째 티핑포인트 전 단계, 즉 화가 났지만 아직 분노하지 않은 상태에서 잘 대처하면 피해를 최소화할 수 있다. 연구팀은 콜센터에서 고객들의 목소리를 분석해 흥분 정도를 알려주는 소프트웨어를 설치하면 전화 상담사들이 더 체계적으로 대응할 수 있다고 조언했다. 또 소비자들이 잘못된 기대를 갖지 않도록 유도하는 것이 중요하다. 객실전화 사용료로 자주 분쟁이 발생했던 호텔에서 전화요금이 유료라는 안내판을 전화기 바로 옆에 부착했더니 민원이 크게 줄었다고 한다. 이처럼 소비자가 오판하지 않도록 정보를 알기 쉽게 전달해야 한다. 서비스 마인드를 가진 직원을 채용하고 훈련시키는 것도 중요하다. 특히 화가 났을 때 목소리를 높이는 고객도 있지만, 더 차분하고 낮은 톤으로 말하는 사람도 있다. 이런 고객들의 미묘한 반응을 간파하는 베테랑 서비스 요원의 노하우를 체계적으로 전수해야 초기 단계에서 불만을 막을 수 있다.

첫 번째 티핑포인트를 넘어서 이미 분노한 소비자에게는 감정적 치료가 매우 중요하다. 자존심 손상, 무력감, 불공정성 등으로 상처를 입은 고객에게는 진심으로 사죄하고, 문제점을 바로잡아주면서, 적절한 보상을 제공해야 한다. 또 고객과 직접 접촉하는 직원이 현장에서 문제를 곧바로 시정할 수 있도록 적절한 권한을 부여해야 한다.

마지막으로 소비자의 분노가 폭발해버린 다음에는 정밀한 원인분석을 해야 한다고 연구팀은 강조했다. 분노가 폭발하게 된 가장 큰 원인은 초기 불만사항이 아니라 중간에 화를 돋운 직원들의 대응 태도나 프로세스 등에 있다. 따라서 소비자의 불만을 처리하는 과정 전체를 세밀하게 점검해야 한다. 이 과정에서 직원들이 상처받지 않도록 배려해야 하며, 사안에 따라 고위간부가 나서서 문제를 해결할 필요도 있다.

자료원 : 동아비즈니스리뷰, December 1st 2009, p. 90; Patterson, Paul G., Janet R. McColl-Kennedy, Amy K. Smith, and Zhi Lu. Customer Rage. *California Management Review*, Fall 2009, pp. 6–28.

의 화살을 돌리게 될 것이다.

Folkes, Koletsky와 Graham(1987)은 서비스 실패로 인한 소비자의 분노가 재구매 의사 및 불평의도에 미치는 효과를 연구하였다. 그들은 공항에서 출발이 지연되는 비행기를 기다리는 승객들이 그 이유를 어디에 귀인시키는지를 조사하였는데, 연발의 이유가 통제 가능한 이유였고(가령, 승객을 더 태우기 위해 일부러 연발시킴) 정시도착이 승객에게 중요한 요인인 경우에는 연발에 대해 강한 분노를 느껴 연발에 대한 불평욕구와 항공사를 재이용하지 않으려는 의사에 큰 영향을 미치는 것을 발견하였다.

이와 같이 제품 혹은 서비스 실패의 이유를 소비자 자신의 잘못이나 상황적 요인으로 귀인하는 경우에는 소비자는 제조업체나 서비스업체에 대해 별로 부정적 감정을 갖지 않으며 그 제품이나 서비스를 계속 구매하는 것이 일반적이다. 그러나 소비자가 실패의 이유를 제조업체나 서비스업체로 귀인하는 경우에는 실패의 정도에 따라 소비자는 분노를 표출하기 위해서 소극적 행동이나 적극적 행동을 취한다.

소극적 행동은 다른 기업의 제품이나 서비스를 구매하는 브랜드 전환행위를 보이거나 자신의 구매실패 경험을 주변 사람들에게 알리는 부정적 구전행동(negative word of mouth)을 보이는 것이다. 이러한 소비자들의 소극적 행동은 기업의 수익성에 큰 타격을 입힐 수 있다(특히 고관여 제품과 같이 제품정보 탐색과정에서 주변 사람들의 영향력이 큰 경우).

적극적 행동은 구매실패에 대한 지각의 정도가 강하여 강한 분노를 느꼈을 때 취하는 소비자 불평행동을 말한다. 소비자들은 제품 또는 서비스 실패에 관하여 제조업체나 서비스 제공자에게 불평을 하고 항의를 한다. 이러한 항의는 시간과 노력을 수반하는 것이므로 제품실패의 회복가능성과 소비자가 기대한 보상의 획득가능성 등에 영향을 받는다. 만약 기업에게 항의를 했음에도 불구하고 그 기업이 적극적으로 문제를 해결해 주지 못할 경우에는 소비자의 보복심리는 더욱 강해져, 해당 기업을 소비자보호원에 고발하거나 언론기관이나 인터넷 커뮤니티를 통해 자신의 실패경험을 공개적으로 알리는 등의 공격적 행위를 보이게 된다. 따라서 소비자의 불만과 이에 따른 불평행동에 대해 기업이 적극적으로 대응하지 않는다면 기업성과에 큰 부정적 영향을 미치게 된다. 소비자들의 불만(혹은 제품·서비스 실패(service failure))을 해결하려는 기업의 노력을 서비스 복구(service recovery)라고 한다. 성공적인 서비스 복구가 이루어지기 위해서는 소비자가 공정하다고 지각될 정도의 사후 서비스가 제공되어야 한다. 서비스 복구의 공정성에 대한 소비자 지각은 배분적 공정성(distributive fairness), 과정적 공정성(procedural fairness), 상호작용적 공정성(interactional fairness)의 실현 정도에 의해 결정된다. 배분적 공정성은 기업이 서비스 회복노력의 일환으로 실제로 제공하는 것(가령, 사과, 교환, 수리, 환불 등)의 공정성에 대한 지각 정도를 말하며, 과정적 공정성은 서비스 복구를 위한 노력과정과 절차(가령, 반응의 속도, 서비스 복구절차의 편의성 등)의 공정성에 대한 지각 정도를 의미하며, 상호작용적 공정성은 서비스 복구를 담당하는 종업원이 문제해결과정에서, 그리고 정보를 교환하는 과정에서 소비자를 대하는 자세와 태도(가령, 친절성, 정직성, 예의 등)의 공정성에 대한 지각 정도를 말한다. 만약 기업이 문제가 된 제품을 신속하게 수리해 주거나 신제품으로 교환해 주거나 환불을 해주는 등 배분적 공정성 측면에서 만족스러운 서비스 회복노력을 제공하더라도 과정적 공정성이나 상호작용적 공정성을 위반한 것으로 지각하는 경우에 고객은 배신감을 느껴(perceived betrayal) 크게 분노하게 되며, 이에 대한 앙갚음으로 기업의 담당자에게 욕설을 퍼붓거나 업무를 방해하는 등의 악의적 불평행위(vindictive complaining)를 하거나, 대중매체나 온라인 커뮤니티를 통해 자신의 부정적 경험을 널리 알리거나(third-party complaining for publicity), 혹은 친구들이나 동료들에게 부정적 구전행위를 하는 등의 보복행동(retaliatory behavior)을 한다(Bechwati and Morrin, 2003; Gregoire, Tripp and Legoux, 2009). 배신감에 따른 보복행동이 이루어질 가능성은 기업과 오랜 거래관계를 가졌던, 즉 기업-고객 간 관계의 질(relationship quality)

이 높은 고객이 그렇지 않은 고객에 비해 훨씬 더 많다.

2) 슬픔

슬픔을 유발하는 가장 흔한 경우는 한 개인에게 중요한 어떤 것을 상실할 때이다. 슬픔의 대상은 사람(부모의 죽음, 애인과의 이별)일 수도 있고, 어떤 사물(소장품의 상실)일 수도 있지만, 대부분의 경우 사회적 상호작용 속에서 촉발된다. 가령, 특정의 준거집단으로부터 거부당했다는 생각이나 사회로부터 유리되어 있다는 생각은 슬픔의 감정을 유발하게 된다. 또한 당연히 받아야 할 것으로 기대된 보상을 받을 수 없게 되었을 때 발생될 수도 있다.

슬픔의 감정을 느끼게 되면 일반적으로 사람들은 회피행동을 보이게 된다. 슬픔의 감정은 특유의 얼굴표정과 발성을 유발한다. 슬픔을 느끼면, 체온이 떨어지고 맥이 빠지며 몹시 괴로워하고 때로는 울음을 터뜨리기도 한다. 이러한 슬픔의 표시는 이에 노출된 주위의 사람들로부터 동정적 반응(즉, 도와주려는 행동)을 유발하게 한다. 광고 속에서 중요한 것을 상실하고 상심해 하는 소비자를 보여주고 광고제품이 상실에 따른 소비자의 고통을 완화하거나 해소할 수 있음을 보여주는 것은 슬픔의 감정이 개체의 생존을 돕는 기능을 한다는 진화론적 관점을 반영하는 것이다. 예를 들어, 올레이(Olay) 화장품 회사의 Total Effects Visible Anti-Aging Vitamin Complex 광고는 젊음의 활력을 잃어 상실감과 외로움을 느끼는 한 중년여성을 보여주고 그 화장품을 쓰면 노화의 일곱 가지 징후를 없앨 수 있음을 설득하고 있다.

대부분의 정서심리학자들이 슬픔을 초래하는 부정적 상황 때문에 슬픔을 부정적 정서로 간주하고 있지만, 슬픔의 감정이 주변으로부터 도움의 행동을 유발시키는 기능을 한다면 긍정적 정서로 간주될 수도 있다. 슬픔은 상실감을 수반하지만 삶의 의미를 다시 한 번 생각하게 해 보는 긍정적인 기능을 가질 수 있는데, 슬픔을 반영하는 대표적인 상품이 바로 장례식이다. 장례식은 세상을 떠난 소중한 사람을 추억하기 위해 행해지는 의식(儀式)으로, 살아있는 사람들에게 위로와 삶의 의미를 다시 한 번 생각하게 만든다. 선진국의 경우 장례산업의 규모가 매년 200억 달러에 이른다고 한다. 장례식은 사랑하는 사람을 잃은 슬픔의 감정을 표현하기 위해 전 세계 사람들이 사용하는 상징적 의식으로서, 세계 최대의 장례기업인 미국의 서비스 코퍼레이션 인터내셔널은 유럽 시장에도 진출하였다. 미국의 한 기업은 1,000달러의 비용으로 유족의 홈페이지 안에 망자를 추도하는 항목을 만들어서 묘소를 대신하는 전자묘지를 만들어주는 사업에 진출했다.

슬픔이 기업에게 중요한 의미를 갖는 이유는 구매 이후에 발생할 수 있는 후회가 소비자의 슬픔을 유발할 수 있기 때문이다. 소비자는 구매 후 제품성능이 기대보다 못하거나 구매과정이나 구매 후에 제공받은 서비스가 형편없거나, 제품광고에 속았다는 생각을 갖는 등 여러 가지 이유로 인해 구매에 대해 후회를 할 수 있다. 후회에 의해 유발된 슬픔은 회피반응으로 이어져 그 기업의 제품이나 서비스를 다시는 구매하지 않거나, 장기간 지속되어 온 브랜드–소비자 관계를 일순간에 무너뜨릴 수도 있다.

3) 공포

공포와 불안은 일상생활에서 피할 수 없는 정서적 경험이며, 진화론적 정서심리학자들은 공포와 불안이 위기상황에 대처하기 위해 진화된 것이라고 주장한다. 공포(fear)와 불안(anxiety)은 지각된 위험에 의해 유발되는 심리적 불편함(긴장상태)을 말한다. 공포와 불안은 사람들로 하여금 발한, 빠른 심장박동, 몸의 떨림 등의 불쾌한 주관적 경험을 느끼게 한다.

어떤 심리학자들은 공포는 확실한 위험이 임박한 상황에서 보이는 즉각적인 반응인 반면 불안은 미래에 예상되는 위험이나 위협을 통제할 수 없기 때문에 생기는 느낌으로 구분하고 있다. 그러나 공포와 불안이 생리적 변화, 주관적 경험, 행동경향성 등에서 유사하다는 점에서 이들을 구분하는 것은 별 의미가 없다.

사람들은 공포를 경험하면 교감신경 활동의 증가로 인해 심장박동수와 혈압이 증가하고, 호흡 횟수가 빨라지며, 근육으로 가는 혈류량이 증가하게 된다. 또한 공포와 불안을 느끼는 사람들은 심리적으로 불편함을 느끼게 된다. 사람들은 안전에 대한 불확실성과 상황에 대한 통제 불가능성 등을 느끼게 되는 것이다. 사람들의 주의는 위험을 유발하는 대상이나 상황에 집중되며, 이로 인해 사람들의 사고와 행동의 범위도 좁아진다. 공포와 불안은 사람들로 하여금 이를 유발한 대상이나 상황에서 벗어나려는 행동

성향을 갖게 한다.

정서와 관련된 마케팅 관리에서 중요한 것은 소비자의 마음속에 자사제품이 공포와 불안을 유발시키지 않을 만큼 확실한 성능을 가지고 있음을 확신시키거나 공포와 불안의 제거에 효과적임을 확신시키는 것이다.

소비자들이 구매상황에서 느끼는 공포와 불안은 지각된 위험(perceived risk)의 정도에 의해 영향을 받는데, 특히 새로운 제품, 비싼 제품, 자신의 신체나 이미지와 관련된 제품의 구매상황에서 더욱 높아진다. 지각된 위험은 재정적 위험(구매를 위해 지출한 금액의 손실이 발생할 가능성으로 인한 위험), 기능적 위험(구매할 제품이 제 기능을 수행하지 못할 가능성으로 인해 지각된 위험), 신체적 위험(구매할 제품이 신체에 해를 줄 가능성으로 인한 위험), 심리적 위험(구매할 제품이 자신의 이미지와 일치하지 않을 가능성으로 인한 위험), 사회적 위험(구매할 제품이 준거집단으로부터 긍정적 평가를 받지 못할 가능성으로 인한 위험), 시간적 위험(구매할 제품의 결함으로 인해 이를 대체하거나 수선하기 위해 투입되어야 할 시간적 비용으로 인해 지각된 위험) 등을 포함한다. 마케터는 목표소비자들이 지각하는 위험의 종류와 정도를 잘 파악하여 이를 줄이거나 없앨 수 있는 마케팅 노력을 기울여야 한다.

의사결정에 따른 두려움(공포)과 불안은 구매 전에 소비자가 느끼는 위험 정도에 의해 유발되기도 하지만 구매 후 부조화로 인해 발생하기도 한다. 소비자들은 제품을 구매하기 전에 제품에 대한 기대나 믿는 바(신념)가 있어 이를 토대로 구매가 이루어졌으나, 제품의 사용과정에서 원래의 신념(혹은 기대)과 상치되는 새로운 정보에 접하게 되어 인지적 부조화를 느낄 수 있다. 또한 소비자는 제품구매 이후 만족/불만족을 느끼기에 앞서 자신의 선택이 과연 옳은 것이었는가에 대한 불안감을 가질 수 있다. 특히 중요한 구매결정(가령, 승용차, 노트북, TV 등)을 내린 후 구매한 제품에 관한 부정적 정보에 접하거나 선택되지 않은 경쟁브랜드의 장점이 크게 느껴질 경우에는 심리적 불편함(불안감)이 더욱 커진다. 이와 같이 소비자가 구매 이후에 가질 수 있는 심리적 불편함(psychological discomfort)을 구매 후 부조화(post-purchase dissonance)라고 한다.

원래 구매 후 부조화는 1957년 Festinger에 의해 제기된 인지 부조화(cognitive dissonance)의 한 가지 유형인 결정 후 부조화(postdecision dissonance)와 사실상 동일한 것이다. 의사결정은 원래 2개 이상의 대안들 중 한 가지를 선택하는 행위로서 선택한 대안이 선택하지 않은 대안에 비하여 갖는 상대적 단점(혹은 선택하지 않은 대안이 선택한 대안에 비하여 갖는 상대적 장점) 때문에 결정 후 부조화가 발생한다.

그러므로 구매 후 부조화는 각각의 선택대안이 갖는 상대적 장점이 상충되기 때문에 발생한 것이다. 소비자의 구매 후 부조화는 보통 다음과 같은 경우에 발생할 가능성이 높다.

① 구매결정을 취소할 수 없을 때
② 선택한 대안이 갖지 않은 장점을 선택하지 않은 대안(들)이 가지고 있을 때
③ 마음에 드는 대안들이 여러 개 있을 때
④ 관여도가 높을 때
⑤ 소비자 자신이 전적으로 자기의사에 따라 결정을 하였을 때

부조화는 소비자에게 있어서 결코 바람직한 것이 아니므로 구매 후 부조화를 느낀 소비자는 당연히 부조화를 해소 혹은 감소시키려고 노력한다. 부조화의 감소방법에는 여러 가지가 있는데 이를 요약하면 다음과 같다.

① 자신이 선택한 대안의 장점을 의식적으로 강화시키고 단점을 의식적으로 약화시킨다.
② 자신이 선택하지 않은 대안의 장점을 의식적으로 약화시키고 단점을 의식적으로 강화시킨다.
③ 자신의 선택을 지지하는 정보를 탐색하고, 반박하는 정보(discrepant information)를 회피한다.
④ 의사결정 자체를 그리 중요치 않은 것으로 생각한다.

소비자가 위와 같은 방법으로 부조화를 적절히 해소하거나 감소시키면 자신의 선택이 현명하다고 판단하고 대안에 만족을 하게 된다. 그러나 그렇지 못한 경우 구매 후 부조화는 불만족을 유발한다. 그러므로 마케터는 소비자가 자사의 제품을 구매한 후 구매 후 부조화를 느끼면 이를 긍정적으로 해소·감소시킬 수 있도록 다음과 같은 방법으로 도와주어야 한다.

첫째, 마케터는 본질을 강화하는(reinforcement advertising) 것으로 자사제품의 좋은 면을 강조함으로써 구매자의 선택이 현명하였음을 확인시켜 준다. 자주 구매되고 비교

적 가격이 낮은 편의품인 경우 구매 후 부조화가 별로 발생하지 않지만, 승용차처럼 가격이 높은 고관여 제품인 경우 구매 후 부조화가 발생할 가능성이 높으므로 특히 강화 광고를 할 필요가 있다.

둘째, 마케터는 판매 직후 감사의 뜻과 함께 구매자에게 거래 후 서신(post-transaction letter), 안내책자, 혹은 전화 등으로 구매자에게 선택의 올바름을 확인시켜 줌으로써 구매 후 부조화를 감소시키는 데 도움을 줄 수 있다.

대부분의 마케팅 커뮤니케이션에서는 어떤 제품이나 서비스를 사용함으로써 소비자들이 얻을 수 있는 효용이나 편익을 알리려고 노력하지만, 경우에 따라 기업이나 조직체들은 공포소구를 통해 자신들이 원하는 마케팅 목표를 성취하려고 한다. 공포소구(fear appeal)는 소비자에게 어떤 제품의 사용이나 비사용으로 인한 위험을 알리려고 하는 것이다. 예컨대, 마약이나 담배의 사용과 관련된 위험을 소비자에게 알리거나 보험에 가입하지 않고 재난을 만났을 때의 위험을 보여주는 것 등이 그 예이다.

일반적으로 공포소구는 지나치게 위협적인 경우에는 실패할 가능성이 높다. 예컨대, 말기 암 환자의 모습을 보여주는 금연 캠페인의 경우, 흡연자들은 메시지를 무시해 버리거나 인지 부조화를 감소시키기 위한 지각상의 방어기제(perceptual defense)를 작동시키고 그 메시지를 받아들이지 않게 된다.

반면 공포소구가 소비자들의 근심(anxiety)을 불러일으키지 못하는 경우에도 설득효과를 갖기 어렵다. 공포소구가 가장 효과적인 경우는 극단이 아닌 중간 정도의 공포심을 불러일으키는 메시지들이다. 에이즈를 예방하기 위한 캠페인에 공포소구를 활용하여 Tanner와 그의 동료들은 다음과 같은 경우에 가장 설득효과가 높다는 것을 발견하였다: ① 메시지를 통해 에이즈가 얼마나 무서운 병인가를 인식할 수 있어야 한다. ② 메시지를 통해 소비자들이 에이즈에 걸릴 수 있다는 사실을 인식해야 한다. ③ 메시지에 공포심을 불러일으키는 내용뿐만 아니라 문제를 해결할 수 있는 해결책이 언급되어야 한다. ④ 그 해결책이 쉽게 실천할 수 있는 것이어야 한다.

결론적으로 공포소구는 메시지에 의해 야기되는 공포심의 수준이 중간 정도이면서 위협을 피할 수 있는 해결책이 함께 제시될 때 효과적이라는 것을 알 수 있다. 그러나 흡연을 하지 않은 사람들에게 흡연을 시작하지 않도록 하기 위한 공포소구는 높은 수준의 공포심을 야기시킴으로써 흡연을 조건 반사적으로 회피하도록 만드는 것도 효과적인 방법이 될 수 있다. 단, 어떤 경우에도 사실에 근거하여 진실성이 느껴지는 공포소구라야 설득효과를 가질 수 있을 것이다.

4) 수치심

수치심(shame)은 사람들이 반드시 지켜야 한다고 믿는 금기사항(taboo)을 위반한 것에 대해 실제로 또는 상상을 통해 청중들로부터 강한 비난을 받는다고 느끼는 것이다. 이러한 금기사항들은 문화에 그 기반을 두고 있다. 과거 그리스인들은 경쟁에서 지는 것에 대해서는 수치심을 느꼈지만 다른 사람들로 하여금 수치심을 갖게 하는 것에 대해서는 별 수치심을 느끼지 않았다.

수치심을 느끼는 사람들은 어디론가 달아나거나 숨고 싶은 심정이 든다. 이에 반해 죄책감(guilt)은 자신이 저지른 일을 복구(만회)해야 한다는 생각을 갖게 한다. 일본문화는 서구문화에 비해 수치심이라는 정서가 사회에 강하게 스며들어 있다. 따라서 수치심은 때에 따라 자결이라는 극단적 행위를 수반한다.

사회적 규범은 수치심의 감정 때문에 그 효력을 발휘한다. 사람들은 사회적 규범에 따라 행동하도록 학습되어 왔기 때문에 이를 위반한 것에 대해 수치심을 느낀다. 사회적 규범이 변하면 사람들은 과거에 금기시되었던 항목의 위반으로 인해 더 이상 수치심을 느끼지 않는다. 이와 같이 수치심의 감정은 사회적 환경의 변화에 의존한다. 즉, 새로운 가치관(가령, 동물보호나 환경보호)이 지배적 규범으로 대두되면, 이를 위반한 사람들은 수치심을 느끼게 되며, 과거의 사회적 규범은 더 이상 수치심 유발의 원천이 되지 못하는 것이다.

수치심은 눈을 아래로 깔거나, 얼굴을 감싸거나, 머리를 흔드는 등 신체적 표현을 통해 부분적으로 나타난다. 수치심은 자아 존중감에 손상을 입히고 굴욕감(humiliation)을 느끼게 한다. 이러한 굴욕감은 자신의 지위가 떨어지고 있다는 믿음을 갖게 한다.

수치심에 소구하는 설득적 커뮤니케이션은 흔히 사회적 규범에 따라야 한다는 의무감을 갖고 있는 표적청중이 사회적 규범의 위반으로 준거집단으로부터 비난을 받는 장면을 보여준다. 만약 광고의 목적이 제품사용에 따른 소비자의 수치심을 제거하는 데 있다면, 목표소비자와 연관된 준거집단의 구성원이 수치심을 느끼지 않고 당당하게 제품을 사용하는 장면을 보여주는 것이 효과적이다. 1920년대 여성의 흡연이 금기시되었던 미국에서 담배제조업체들은 유럽의 여성 저명인사를 담배광고에 출연시킨 예가 이에 해당된다. 수치심을 유발하는 광고는 상업광고보다는 임신중절·동물학대·마약복용 등의 금지를 촉구하는 비영리광고나 공익광고에서 많이 사용된다. 그러나 상업광고의 경우에도 메시지의 내용이 소비자의 책임있는 행동을 요구하는 것이라면 수치심 유발광고가 활용될 수 있다. 가령, 생명보험회사는 광고에서 목표청중이 지금까지 미래에 대한 대비를 하지 않은 것에 대해 수치심을 느껴야 한다는 것을 암시하는 내용을 제시할 수 있다.

5) 죄책감

사람들은 사회적으로 널리 수용되는 규범, 10계명, 또는 시민의식(civil government)에 어긋나는 행위를 했다고 믿을 때 죄책감(guilt)을 느낀다. 사회적으로 수용되는 룰은 흔히 권위 있는 사람(가령, 부모나 선생님)들에 의해 조건화된다. 가령, 사람들이 돈의 낭비에 대해 정서적으로 꺼리는 것은 어린 시절부터 부모에 의해 조건화되었기 때문이다. 기성세대는 젊은 세대에 비해 상대적으로 강한 의무감을 가지며 기존의 권위(룰)를 기꺼이 수용하려 하기 때문에 젊은 층보다 규범의 위반에 대해 죄책감을 더 느끼는 경향이 있다. 사람들은 다른 사람의 행위에 대해 죄책감을 느끼는 것이 아니라 다른 사람의 행위가 자신과 관련되어 있을 때 이를 느끼게 된다. 즉, 우리 자신이 어떤 식으로든지 책임이 있다고 믿을 때 죄책감이 발생되는 것이다. 죄책감은 후회를 수반하므로 잘못된 행위에 대해 보상하고 싶은 욕구를 유발시킨다.

죄책감 유발은 법칙준수의 중요성을 강조하는 공공광고에서 흔히 사용된다(가령, 음주운전 금지캠페인). 어떤 공익광고는 특정 주간에 사망한 모든 사람들의 사진을 게재하였다. 죄책감 유발은 사회적 마케팅에서 사용되는 강력한 소구방식인데, 한 동물보호캠페인은 "한 사람의 소비자를 위한 한 벌의 모피코트를 만들기 위해 20마리의 죄 없는 동물을 학살한다"라는 죄책감 유발의 메시지를 담고 있다.

죄책감 소구 광고는 소비재 광고에서도 자주 사용된다. 가령, 한 식품회사는 가족을 잘 먹이지 못한 것에 대해 죄책감을 느끼도록 하는 광고를 하였다. 상업광고(예를 들어, 사치용품 브랜드)는 과거의 권위주의적 인물(가령, 부모)로부터 학습된 규칙 위반 때문에 생기는 죄책감을 재해석함으로써 소비자의 죄책감을 완화시키는 데 그 목표를 둘 수 있다. 즉, 과거에는 낭비로 지각되는 행위를 투자로 재해석하는 것이다. 켄터키프라이드치킨은 패스트푸드(chunk food)를 먹는 것에 대해 소비자들이 잠재적으로 가지고 있는 죄책감을 완화시키기 위해 "음식을 먹으면서 좋은 기분을 갖는 것 자체가 좋은 것이죠(It's nice to feel so good about meal)"라는 광고슬로건을 도입하였다.

6) 후회감과 실망감

고객이 구매·소비과정에서 경험하는 부정적 감정은 고객 불만족을 유발한다. 그러나 동일한 부정적 감정이라고 하더라도 감정의 구체적 유형에 따라 고객 만족/불만족에 미치는 영향이 다르게 나타난다. 예를 들어, 수치심(shame)이라는 감정이 고객만족에 미치는 영향은 분명하지 않은 반면, 실망감(disappointment) 같은 감정은 고객만족에 강한 부정적 영향을 미친다.

세품이나 서비스를 구매·소비하면서 경험하게 되는 부정적 감정의 대표적 유형이 후회감과 실망감이다. 이러한 특정의 부정적 감정을 경험한 소비자는 그것을 행동적으로 표현하게 되는데, 경쟁제품으로의 전환, 불평행동, 부정적 구전 커뮤니케이션 등이 그 예이다. 후회감(regret)이란 의사결정의 결과가 선택되지 않은 대안에 비해 못할 경우에 야기되는 부정적 감정으로 기쁨 혹은 환희(rejoice)와 반대되는 개념이다. 예를 들어, '더 좋은 조건의 노트북 브랜드를 구입할 수 있었을 텐데' 등의 감정은 후회감에 해당한다. 후회감은 의사결정자가 마음속으로 선택되지 않은 대안을 현실 속에 시뮬레이션하는 과정, 즉 반 사실적 사고과정(counterfactual thinking)을 통해 야기되는 인지적 경험 혹은 감정적 경험을 말한다.

후회감에 대한 연구에 따르면, 행동을 취함(action)으로 인해 의사결정자가 경험하는 후회감과 행동을 취하지 않음으로(inaction) 인해 느끼는 후회감은 비대칭적 관계를 갖는다. 즉, 의사결정자가 행동을 취하였는데 그 결과가 부정적이면, 행동하지 않은 경우보다 더 큰 후회감을 경험한다는 것이다(Tykocinski and Pittman, 1998). 그러나 행동을 취

후회 최소화라는 판단기준을 토대로 인터넷 서점 아마존을 설립한 제프 베조스

1994년 제프 베조스는 월스트리트의 헤지펀드 회사인 D.E. Shaw의 최연소 부사장으로 일하고 있었고, 그 당시 그는 38세였다. 어느 날 그는 자신의 결심을 상사에게 말했다. "나는 미친 짓을 할까 합니다. 인터넷으로 책을 파는 회사를 창업할 겁니다." 그는 이미 여러 차례 비슷한 이야기를 했지만, 구체적으로 말한 것은 처음이었다. 상사는 함께 걷자고 제안했고, 두 사람은 두 시간 동안 센트럴파크를 걸으며 이야기를 나누었다. 상사는 다음과 같이 말했다. "자네 아이디어는 매우 훌륭하지만, 그 아이디어를 자네처럼 좋은 직장이 없는 사람이 갖고 있다면 더 좋지 않을까 하는 생각이 드네." 그러고는 베조스에게 최종 결정을 하기 전에 48시간 동안 더 생각해 보라고 조언했다. 같은 계획을 들은 그의 아내는 이렇게 말했다. "내가 당신을 100% 믿고 있다는 것 알죠? 당신이 무엇을 하든 말이에요."

결국 최종 결정은 베조스 본인에게 달려 있었다. 이때 그의 판단기준이 된 것이 '후회 최소화 프레임 워크'였다. 그는 자신이 여든 살이 되었을 때를 가정해 보기로 했다. 그리고 지금이 그때 시점이라면 인생을 되돌아보면서 후회할 일을 가장 줄이는 방법을 생각하기로 했다. 그는 자신이 여든 살이 되더라도 창업한 일을 후회하지는 않을 것이라고 생각했다. 앞으로 엄청난 기회가 될 수 있는 인터넷 신천지에 참여한 것 역시 후회하지 않을 것이다. 거기 뛰어들어 설사 실패하더라도 후회하지 않을 것이다. 그러나 그는 한 가지만은 후회할 게 틀림없다고 생각했다. 즉, 그것을 시도조차 하지 않은 일이었다. 그렇게 된다면 장차 그 생각이 하루도 머리를 떠나지 않을 것이라고 생각했다.

그렇게 생각하니 결정이 매우 쉬워졌다. 제프 베조스는 당시를 생각하며 이렇게 말한다. "만일 당신이 여든 살이 됐다고 가정하고 '그때 나는 어떻게 생각할 것인가'라고 생각해 보라. 그러면 당신은 일상적인 판단의 혼란으로부터 벗어날 수 있다."

결국 베조스는 월스트리트의 좋은 직장을 떠났다. 그래서 그는 두둑한 연말 보너스를 스스로 걷어찼다. 그런 것은 분명 단기적으로는 사람의 판단을 어렵게 하는 것임에 틀림없다. 하지만 그는 아주 긴 시간을 생각함으로써 나중에 후회하지 않을 결정을 할 수 있었다. 실험을 두려워하는 사람이라면 참고할 만한 방법이다.

자료원 : 이지훈, 혼창통, 쌤앤파커스, 2010, pp. 161–162.

함으로 인해 경험한 후회감과 비행동으로 인해 갖게 되는 후회감이 시간의 흐름에 따라 어떻게 변하는지를 분석한 연구에 따르면, 행동의 결과로 경험한 후회감은 단기적인 반면 비행동의 결과로 경험한 후회감에 대해서는 사람이 생각할 수 있는 만큼 무한하기 때문에 시간이 지남에 따라 후회감의 크기가 반전되어 행동하지 않음으로 인해 경험하는 후회감이 더 커지게 된다(Inman and Zeelenberg, 2002). 즉, 단기적으로는 행동에 대한 후회가 더 크지만 장기적으로는 비행동에 대한 후회(가령, 교육의 기회를 놓친 것, 친구나 가족과 충분한 시간을 함께 보내지 못한 것 등)가 더 커진다는 것이다.

그렇다면 왜 시간에 따라 이러한 변화가 나타날까? 첫째, 후회가 되는 행동에 대해서는 사람들이 실제 행동을 통하여 또는 심리적으로 보수작업(repair work)을 하게 되며, 그 결과 후회되는 행동으로 인한 괴로움이 후회되는 비행동으로 인한 괴로움보다 더 빨리 감소되기 때문이다. 가령, 이성교제의 상대가 마음에 들지 않아 절교를 선언하거나 현재의 전공이 적성에 맞지 않아 전과를 하는 등의 행동을 취하여 자신이 행한 과거의 선택으로 인한 불만족이나 괴로움을 해소하려고 노력을 하는 경우가 보수작업에 해당한다. 둘째, 시간이 갈수록 과거의 비행동이 이해할 수 없는 것으로 느껴지게 되고, 따라서 후회되는 비행동으로 인한 괴로움이 후회되는 행동으로 인한 괴로움보다 더 증가하게 되기 때문이다. 시간이 흘러 과거의 상황을 돌이켜 생각해 보면 더 잘 해낼 수 있었을 텐데 하는 식으로 자신감이 증가하게 된다. 따라서 자신이 과거에 행동을 취하지 않는 이유를 이해하기 힘들며, 그 결과 비행동으로 인한 후회감이 시간의 흐름에 따라 더 커지게 되는 것이다. 셋째, 후회가 되는 비행동이 후회가 되는 행동보다 더 잘 기억되기 때문이다. 일반적으로 사람들은 자신이 이룬 과업이나 목표보다 이루지 못한 것을 더 기억하는 경향이 있다. 이로 인해 사람들은 비행동에 대한 후회감에 대해 생각하는 빈도가 높아지며, 그 결과로 시간이 흐름에 따라 비행동에 대한 후회감이 커지게 되는 것이다.

소비와 관련된 후회감은 경험된 후회감(experienced regret)과 예상된 후회감(anticipated regret)으로 나눌 수 있는데, 경험된 후회감은 소비자가 구매행동을 한 후에 발생되는 부정적 감정이며, 예상된 후회감은 구매의사결정을 하기 전에 소비자가 예상하는 후회감이다. 예상된 후회감이 소비자의 구매행동에 영향을 미칠 수 있는데, 예상된 후회감이 생기면 소비자는 구매시점을 차후로 연기할 수 있다(Simonson, 1992).

감정은 극복이다: 나쁜 감정은 없다.

두려움(fear)은 위험지각에서 오는 심리적인 불편함이다. 걱정, 불안, 공포처럼 각성의 정도나 시점(지금인가 나중인가)에 따라 불리는 이름을 달리할 수 있지만 모두 두려움의 감정이다.

감정의 이유찾기에서 보면, 두려움과 희망은 한 가지 공통점이 있다. 바로 결과가 불확실할 때 느끼는 감정이다. 결국 두려움과 희망은 동전의 양면처럼 바라보기 나름이다. 불확실하다는 점에서 앞면을 보면 두려움이지만 뒷면에는 희망이 있을 수 있다. 그렇다면 두려움보다는 희망을 갖는 편이 한결 나아 보인다. 확실하지 않은데 미리 두려워할 필요가 있을까? 이런 의미에서 현대자동차의 '기프트카 캠페인'은 좋은 시도였다. 청년창업을 응원하는 희망의 메시지가 불확실한 미래를 두려워하는 젊은이들에게 훨씬 생산적이기 때문이다. 삼성생명의 '생명의 다리' 캠페인도 좋았다. 다리난간에 따뜻한 불빛과 함께 "별일 없지?", "밥은 먹었어?", "내일은 해가 뜬다."와 같은 따뜻하고 희망적인 메시지를 보여줌으로써, 그 어떤 방법이나 장치보다 자살시도를 막을 수 있었다. 불확실한 시대에 우리에게 필요한 것은 두려움보다는 역시 희망이다.

의외로 많은 감정들은 결과의 가능성에서 보자면 반반인 경우가 많다. 누군가를 좋아하는 감정은 상대방에 대한 확신이 있을 때도 있지만, 긴가민가한 경우도 있다. 이럴 경우 일단 확실하다고 생각하고 좋아해 보는 것은 어떨지? 망설이다가 좋은 사람을, 마음에 드는 제품을 영영 놓치게 될지 모른다. 반대로 누군가에게 화가 난다면 오히려 불확실할 수 있다는 점을 되새기자. 아마 화를 많이 줄일 수 있을 것 같다. 감정의 불확실성 이야기가 나와 덧붙인 생각이다.

두려움의 긍정적인 효과도 있다. 사람들은 본능적으로 무언가에 다가서고 싶어 하지만 또 피하고 싶은 경우도 많다. 예쁜 꽃을 보면 다가가서 향기를 맡아보지만 무서운 것을 보면 피한다. 맛집 소개 프로그램에서 본 식당은 언젠가 꼭 한번 찾아가 보고 싶지만 치과병원 앞에서는 언제나 발길을 되돌리고 싶다. 감정도 마찬가지인데 다가서고(approach) 싶을 때의 감정이 있다면 피하고(avoidance) 싶을 때의 감정도 있다. 두려움은 바로 피하고 싶을 때의 감정이다.

햇빛이 강한 여름철 자외선을 차단해 주는 선크림 화장품 광고는 보통 두 가지 다른 관점에서 만들어볼 수 있다. 우선 아름다운 피부를 보여주면서 이 화장품을 쓰면 그렇게 아름다워진다는 기쁨을 강조할 수도 있고, 반대로 햇볕에 상한 피부를 보여주면서 이 화장품을 쓰지 않으면 이렇게 피부가 상한다는 두려움을 자극할 수도 있다. 한마디로 아름다운 피부에 다가갈 것인가 아니면 햇볕에 상한 피부를 피할 것인가의 선택인데, 달성하고 싶은 향상목표(promotion goals)와 안 좋은 결과를 피하기 위한 예방목표(prevention goals)를 세울 것인가의 문제와 같다. 물론 사람들마다 목표성향(self-regulatory focus)에는 차이가 있어서 누군가에게는 아름다운 피부를 보여주는 향상목표 광고가 효과적이지만, 상한 피부를 보여주며 예방목표를 강조하는 광고가 더 효과적인 사람들도 많다.

요즘 들어 흡연의 폐해를 강조하는 금연광고를 자주 접하게 된다. 이들 광고들은 이전보다 훨씬 세져서 마치 한 편의 공포영화를 보는 것처럼 무섭기까지 하다. 담배 포장지에 부착된 사진들도 섬뜩하다. 흡연하는 사람들에게 부정적인 결과를 세게 보여주어 예방목표를 작동시키고 두려움을 느끼게 하려는 의도가 분명하다. 흡연으로 인한 질병에 대한 두려움은 정말 피하고 싶은 감정이기 때문이다. 음주운전, 환경파괴, 인터넷에서의 무분별한 댓글피해, 생각해 보면 우리 주변에는 예방해야 할 문제들이 무척이나 많다. 이들 문제들을 조금이나마 줄이는 것에는 두려움이 약이다.

자료원 : 김해룡 · 안광호, 감정을 팔아라, 원앤원북스, 2019, pp. 93-96; Higgins, E. T., Beyond pleasure and pain. *American psychologist*, 52(12), 1997, 1280.

제품의 소비과정에서 부정적 결과를 경험한 소비자가 부정적 감정(기령, 후회감)을 느끼는 정도에 있어서 귀인은 상당한 영향을 미친다. 즉, 부정적 결과(사건)의 원인을 내 탓으로 돌리느냐(내적 귀인) 혹은 외부의 탓으로 돌리느냐(외적 귀인)에 따라 소비자가 보이는 감정적 반응은 큰 차이를 보인다. 만약 소비자가 의사결정의 부정적 결과에 대해 자신이 책임이 있다고 느낄 경우 더 큰 후회감을 경험하게 된다.

귀인의 방향(즉, 내적 귀인 혹은 외적 귀인)은 개인(가령, 소비자)이 어떤 특성을 지닌 사람인지 또는 상대방(가령, 기업)이 얼마나 신뢰감을 주는지 등에 의해 달라진다. 예를 들어, 의사결정자가 의사결정과정에 깊이 관여되어 있을수록, 그리고 의사결정에 대해 강한 책임감을 느낄수록, 내적 귀인을 하는 경향이 있다. 또한 상대방이 신뢰감을 주는 존재이면 부정적 결과의 책임을 자신에게 돌릴(내적 귀인을 할) 가능성이 높다. 예를 들어, 브랜드 명성이 높은 기업의 제품과 서비스가 실패했을 경우 소비자들은 그 책임을 해당 제품이나 서비스를 제공한 기업이 아니라 자신에게 돌릴 가능성이 높을 것이다. 따라서 후회감은 다른 유형의 부정적 감정인 죄책감(guilt), 수치심(shame) 등과 같이 부정적 결과에 대한 스스로의 책임감에서 비롯되는 감정의 성격이 강하다.

올림픽 은메달리스트들이 인상 쓰는 이유

4년마다 열리는 올림픽 경기를 보노라면 의아한 것이 있다. 운동경기에는 늘 승자와 패자가 있기 마련이다. 올림픽에선 금·은·동메달로 순위를 매겨 희비가 엇갈린다. 그런데 유독 은메달리스트의 얼굴이 일그러져 있는 경우가 많다. 메달 색깔로 치자면 금·은·동 순서대로 기뻐해야 할 텐데, 은메달리스트는 시무룩하고, 오히려 동메달리스트는 희희낙락한다.

심리학에서 말하는 반 사실적 사고(反事實的 思考 · counterfactual thinking) 때문이다. 은메달리스트는 결과와 다른 상상을 하면서 "~할 뻔했는데", "~했었더라면" 하는 회한으로 마음 쓰려 한다. 반면 동메달리스트는 간발의 차이로 시상대에 오르지 못한 4위 선수와 비교하며 희색이 만면하다. 반 사실적 사고를 금·은메달이 아니라 아래쪽 4위로 맞추고, 하마터면 아무 메달도 따지 못했을 것이라며 스스로 위안을 삼고 안도의 미소를 짓는다.

1992년 바르셀로나올림픽 때 메달리스트들이 보인 반응을 1점(괴로움)부터 10점(희열)까지 행복도를 평가한 결과, 메달 획득자 확정 발표 직후 은메달리스트의 반응은 4.8점, 동메달리스트는 7.1점으로 나타났다. 시상대에 오르는 메달 시상식에서도 각각 4.3점과 5.7점을 보여 여전히 동메달리스트가 더 기뻐하는 것으로 조사됐다. 시상식과 기념촬영을 할 때 금메달·동메달리스트는 인위적으로 지을 수 없는 자연스러운 '듀센 미소(duchenne smile)'를 보이는 데 비해 은메달리스트는 억지로 꾸민 진정성 덜한 미소를 지어 보이는 것으로 분석됐다. 2012 런던올림픽 조사에선 금메달 기록과 차이가 작을수록 은메달리스트의 얼굴 모양과 표정이 더 굳어졌다. 그렇다면 금메달을 따기는커녕 동메달 기록과 워낙 차이가 작아 자칫 은메달을 빼앗겼을 수도 있는 경우엔 어떨까? 그래도 상당수 은메달리스트는 오로지 놓친 금메달에 연연해 붉으락푸르락한다. 인생도 하나의 올림픽 경기라고 가정할 때, 우리는 반 사실적 사고를 금메달과 동메달 어느 쪽에 맞춰야 더 행복감을 느끼게 될까? 확실히 제품을 구매하는 소비자행동에 주는 시사점이 크다.

자료원 : 조선일보, 2016.7.26.

한편 실망감(disappointment)은 의사결정자가 이전에 형성된 기대와 의사결정에 의해 얻어진 결과를 비교함으로써 야기되는 부정적 감정이다. 예를 들어, 예고편을 보고 재미있을 것으로 기대했던 영화가 스토리, 주연배우의 연기 등에서 기대보다 못하거나, 구입한 핸드폰의 성능이 기대에 미치지 못했을 때 느끼는 부정적 감정이 실망감에 해당된다. 실망감은 희망(hope), 바람(desire), 혹은 약속(promise)과 상반되는 개념으로, 단지 부정적 결과가 발생되었기 때문에 유발되는 감정이라기보다는 긍정적 결과를 얻지 못했기 때문에 발생되는 감정이다. Bell(1985)이 제안한 실망감 이론(disappointment theory)에 따르면, 실망감의 정도는 의사결정자가 이전에 갖고 있던 기대수준(level of expectation) 및 기대하는 결과가 얻어질 가능성(probability of outcome)의 두 가지에 의해 영향을 받는다. 즉, 이전의 기대수준이 높을수록 부정적 결과에 대한 실망감의 정도가 강해지고, 기대하는 결과가 도출될 가능성이 낮을수록 실망감의 정도가 낮아진다는 것이다. 또한 기대한 결과를 얻기 위해 투자한 노력이 클수록 실망감의 정도도 커진다(Van Dijk and Vander Plight, 1997).

만약 소비자가 구매한 제품이나 서비스의 부정적 결과에 대해 그 책임을 해당 기업의 탓으로 외적 귀인을 하게 되면, 그 소비자는 강한 실망감을 경험하게 될 것이다. 실망감은 자신의 기대에 미치지 못한 대상에 대한 부정적 감정이기 때문에 소비자는 자신의 구매행동을 돌이키려(즉, 경쟁제품으로 전환하려) 하기보다는 기대에 미치지 못한 제품이나 시비스에 대한 불평행동을 통해 자신의 실망감을 표출할 가능성이 높다.

후회감과 실망감은 의사결정의 결과로 인해 소비자가 경험하는 부정적 감정이라는 점에서 공통점을 갖는다. 후회감과 실망감은 모두 반 사실적 사고과정에서 비롯되는데, 획득된 결과와 이전에 기대했던 결과를 비교하는 사고과정을 통해 경험하는 실망감과 이미 획득된 결과와 획득할 수도 있었을(그러나 획득하지 못한) 결과를 비교하는 사고과정을 통해 겪는 실망감은 모두 반 사실적 사고과정으로 볼 수 있다. 그러나 소비자가 후회감과 실망감을 느끼는 상황과 각각의 감정이 의사결정에 미치는 영향에서 서로 차이가 있다. 가령, 후회감은 행위에 초점을 둔(behavior-focused) 반 사실적 사고과정을 통해 유발되는 반면 실망감은 상황에 초점을 둔(situation-focused) 반 사실적 사고과정을 통해 유발된다. 가령, 소비자가 고급레스토랑에서 저녁식사를 한 후, 그 레스토랑이 제공한 서비스가 기대에 미치지 못했을 때 경험하는 감정이 실망감에 해당된다면, 다른 레스토랑을 선택했으면 더 좋은 결과(서비스)를 얻었을 것이라고 생각했을 때 느끼는 감정은 후회감으로 표현할 수 있다. 그리고 의사결정의 결과에 대해 의사결정자가 자신에게 책임이 있다고 느끼는 정도는 후회감이 실망감에 비해 더 높다.

마지막으로, 긍정적 정서와 부정적 정서가 소비자의 만족이나 선호에 어떤 영향을 미치는가에 대한 논의에서 간과할 수 없는 변화 중 하나는 최근 많은 브랜드에서 시도하는 부정정서의 전략적 활용에 관한 것이다. 강도가 그리 높지 않은 부정정서는 마케팅에 적절히 이용되기도 하는데, 특히 공익캠페인 등에 많이 활용되고 있다. 밝고 귀여운 어린이를 보여주며 그들에게 부족한 것을 지원하자는 캠페인과 이와 대조적으로 팔다리를 잃은 아이들의 고통스러운 모습 등의 부정적 모습을 보이며 사람들의 부정적 정서를 자극하는 캠페인 중 어떤 것이 효과적일까? 소위 'well-baby vs. sick baby' 논쟁과 같은 것이다.

여기서는 그 논쟁 자체보다는, 부정적 정서가 마케팅 현장에서 효과적으로 활용될 수 있는지가 논의의 초점이다. 일단 부정적인 메시지로 유발된 소비자의 부정적 정서는 동정심 등과 같이 그 정서를 긍정으로 바꾸고 싶어 하는 소비자 욕구를 유발시킨다는 가설이 있다. 좌절회복가설(repair hypothesis)로, 이는 부정적 정서경험이 사람들의 행동까지 변화시키고 싶어 하는 강도 높은 긍정정서를 유발할 수 있다는 것이다. 또한 부정정서를 경험한 소비자를 현장에서 어떻게 대처하느냐에 따라 긍정적 관계로 연결될 가능성이 높은데, 부정정서를 겪는 소비자에게 방어나 변명보다는 상황에 대한 공감 등 정서적 지지를 해 주는 것이 오히려 좋은 관계를 만들 단서를 제공할 수 있다.

나아가 부정정서는 두드러지고(salient) 그래서 더 주의 집중을 하게 만들기 때문에 강력한 브랜드 기억으로 남을 수 있다. 노이즈마케팅이 그 한 예이다. 의도했든 하지 않았든, 노이즈마케팅에 의해 유발된 부정정서는 시간이 지나면서 잊혀지고, 그 브랜드 또는 제품에 대한 기억만 남는 수면효과(sleeper effect)를 가져다줄 수 있다. 통념과는 달리, 약간의 부정정서가 나쁘지만은 않다는 연구결과들은 실무적으로 활용할 마케팅 시사점을 제공한다.

마케팅 커뮤니케이션에서 '긍정 정서의 전달 = 긍정적 브랜드 이미지 형성'이라는 공식이 불문율처럼 여겨져 왔으나, 소비자의 선호와 만족에 긍정적 영향을 미칠 수 있는지를 살펴볼 필요가 있다. 특히, 긍정적 정서와 부정적 정서가 소비자의 만족이나 선호에 미치는 영향에 대한 논의에서 간과할 수 없는 몇몇 요인들에 대해 생각해 보자. 우리나라와 같은 집단주의적 문화권에서는 개인주의 문화권에서보다 부정적 정서들이 더 잘 수용된다(Eid & Diener, 2001; Tsai et al., 2006). 나아가 아시아 등 집단주의 문화권에서는 즐거움, 기쁨과 같은 긍정정서를 불러일으키는 촉진적(promotional) 정서보다는 안정과 공동의 평화를 지향하는 예방적(preventive) 정서가 더 만연하고 잘 받아들여진다(Lee et al., 2000; Bu et al., 2011). 이러한 결과는 글로벌시장으로 진출하는 우리 기업이 신경써야 할 요소일 것이다.

한편 시간적 요인도 정서경험에 영향을 미친다. Freedman과 그의 동료들은(2014) 시간이 갈수록 정서경험의 크기가 변할 수 있는데, 특히 행복함, 차분함과 같은 정서는 시간이라는 요소에 크게 연관되어 있지 않지만, 좌절, 걱정, 슬픔, 피로함과 고통 같은 부정적 정서들은 시간과 높은 상관관계를 보인다는 것을 밝혔다. 즉, 행복한 순간은 시간이 흐른다고 과장되지 않지만, 좌절했던 부정적 정서는 시간이 갈수록 크게 과장된다는 것이다. 이러한 연구결과가 시사하는 바는 브랜드는 행복한 경험을 최대한 자주 다양한 방법으로 제공하는 것에 힘쓰는 동시에, 소비자의 부정적 경험을 최소화하도록 노력하고 이를 오랜 시간 묵혀 두지 말아야 한다는 것이다.

소유효과(endowment effect)도 긍정정서를 유발하는 요인 중 하나이다. 이는 내가 물리적인 제품 또는 서비스를 직접 가지고 경험하기 때문에 생기는 정서인데, 무언가 가장 원하던 것을 가졌을 때 이 소유효과는 배가되며, 그 기업이나 브랜드가 무엇을 하든 무조건 좋아하고 기대하는 상태가 되게 된다. 많은 명품이나 애착이 높은 브랜드에서 잘 나타나지만, 실제 그렇지 않은 브랜드에서도 충분히 시도해 볼 여지가 있다. 비행기 좌석이 무료 업그레이드되었을 때를 생각해 보자. 전혀 기대하지 않았던 서비스의 소유가 비즈니스 좌석 구매의도를 높일 뿐 아니라, 그때의 즐겁고 행복한 정서상태를 다시 경험하고 싶은 마음을 만들어 그 브랜드의 충성고객이 되도록 만들 수 있다. 그렇게 큰 선물이 아니라도 기대하지 않았던 제품과 서비스가 주어질 때 많은 사람들은 그 즐거운 놀람의 정서를 잊지 못하며 강력한 기억으로 남는다는 점을 주목할 필요가 있다.

그밖에 문화마케팅, 스포츠마케팅 같은 이벤트마케팅은 소비자의 몸이 관여하는 높은 브랜드 몰입(consumer brand engagement: CBE)을 낳게 한다. 높은 브랜드 몰입은 브랜드 관련 행동의 선행지수로서 소비자가 자기와 브랜드를 스스로 연계 짓고 브랜드를 사용하고 싶어 하는 동기를 불러일으키는 결과로 연결될 수 있다(Hollebeek and Chen, 2014). 실제 스포츠마케팅을 열심히 하는 브랜드에 대한 지불의사(willing to pay: WTP)를 물은 한 연구에서 스포츠마케팅을 하는 회사의 브랜드에 더 높은 지불의사를 보였고 충성고객으로까지 발전될 수 있는 것으로 나타났다(Lau, White and Schnall, 2013).

마지막으로 체감(embodiment)도 정서경험에 영향을 미치는 주요 요인이다. 정서는 인지적 자각 없이 신체·생리적인 체험에 의해 유발될 수 있다. 예를 들어, 따뜻한 커피를 마시는 사람은 찬 음료를 마시는 사람과는 달리 별 이유 없이 그저 따뜻한 커피를 마셨기에 더 온화하고 편안하고 행복한 정서가 느껴지고, 차가운 음료를 마신 사람은 반대로 좀 더 냉철한 정서를 느낄 수 있다. 인생의 가장 행복한 순간을 떠올려보라는 미션에서 대단한 외부적 보상이나 안정적인 내적 감정보다는 집으로 가는 버스 안에서 솔솔 부는 가을바람을 맞을 때, 또는 예쁜 구두를 신고 처음 보는 좋은 음식을 먹던 장면 등 얼핏 사소해 보이는 장면을 떠올리는 건 왜일까? 이에 대한 더 깊은 논의는 체험마케팅에서 다루기로 하겠다.

참고 문헌

부경희.(2001). 공익광고 메시지의 귀인(attribution)효과에 관한 실증연구 : 메시지 프레이밍(framing) 중개요인들을 중심으로. 광고학연구, 12(4), 7-35.

안광호.(2003). 마켓리더의 브랜드 경영. 학현사.

유창조 · 정혜은.(2004). 브랜드커뮤니티 형성과정에 따른 커뮤니티의 특징, 구성원의 형태와 참여경험 및 관계의 질에 대한 분석. 마케팅연구, 3, 47-80.

이학식 · 임지훈.(2004). 브랜드카리스마 형성요인, 그리고 효과: 상징적/기능적 관여도의 조정적 작용. 마케팅연구, 3, 137-177.

이학식 · 안광호 · 하영원.(2015). 소비자행동. 집현재.

이훈구 · 이수정 · 이은정 · 박수애.(2003). 정서심리학. 법문사.

Bagozzi, Richard P., Z. Gurhan-Canil and J. R. Priester(2002). *The Social Psychology of Consumer Behavior*. 김완석 · 이성수 역, 시그마프레스.

Plutchik, R.(2003). *Emotions and life*(pp.103-141). 박권생 역, 학지사.

Aaker, David A.(1991). *Managing brand equity*. The Free Press.

Andrew, F. M. and S. Withey(1973). Developing measures of perceived life quality: Result from several national survey. *Social Indicators Research*, 1, 1-26.

Bechwati, N. N. and Maureen Morrin(2003). Outraged consumers: Getting even at the expense of getting a good deal. *Journal of Consumer Psychology*, 13(4), 440-453.

Bell, Davis E.(1985). Disappointment in decision making under uncertainty. *Operations Research*, 33, 1-27.

Bowlby, J.(1969). Attachment and loss: Vol.1. *Attachment*. New York: Basic Books.

Brehm, J. W.(1966). *A theory of psychological reactance*. Academic Press.

Bu, K., D. Kim and J. Son(2013). Is the culture-emotion fit always important?: Self-regulatory emotions in ethnic food consumption. *Journal of Business Research*, 66(8), 983-988.

Campbell, C.(1987). *The romantic ethic and The spirit of modern consumerism*. Oxford: Blackwell.

Chaudhuri, A. and Morris B. Holbrook(2001). The chain of effects from brand trust and brand affect to brand performance: The role of brand loyalty. *Journal of Marketing*,

65(April), 81−93.

Cheng, H. and A. Furnham(2003). Personality, self−esteem and demographic predictions of happiness and depression. *Personality and Individual Differences*, 34, 921−942.

Cialdini, Robert B.(1993). *Influence: The Psychology of Persuasion*. Pearson Education.

Collins, N. L. and Stephen J. Read(1990). Adult attachment, Working models, and relationship quality in dating couples. *Journal of Personality and Social Psychology*, 58(4), 644−663.

Davitz, J. R.(1969). *The language of emotion*. New York: Academic Press.

Demir, Meliksah, Ö. F. Simsek and A. D. Procsal(2013). I Am so happy 'cause my best friend makes me feel unique: friendship, personal sense of uniqueness and uniqueness. *Journal of Happiness Studies*, 14(4), 1201−1224.

De Neve, K. M. and H. Cooper(1998). The happy personality: A meta analysis of personality traits and subjective well−being. *Psychological Bulletin*, 124, 193−229.

Diener, E. D. and R. Larsen(1993). The experience of emotional well−being. In M. L. Lewis and J. M. Haviland(Eds.), *Handbook of Emotions*(pp.417−434). New York: The Guilford Press.

Diener, E., E. M. Such, R. E. Lucas, and H. L. Smith(1999). Subjective well−being: Three decades of progress. *Psychological Bulletin*, 125(2), 276−302.

Eid, M. and E. Diener(2001). Norms for experiencing emotions in different cultures: Inter− and intra− national differences. *Journal of Personality and Social Psychology*, 81, 869−885.

Ekman, P.(1982). *Emotion in the human face*. London: Cambridge University Press.

Ekman, P., W. V. Friesen and S. Ancoli(1980). Facial signs of emotional experience. *Journal of Personality and Social Psychology*, 39, 1125−1134.

Fernandez−Dols, J. M. and J. A. Russell(2003). Emotion, affect and Mood in social judgments. In T. Million and M. J. Lerner(Eds.), *Handbook of Psychology*, 12, 283−298.

Folkes, V. S., S. Koletsky and J. L. Graham(1987). A field study of causal inferences and consumer reaction: The view from the airport. *Journal of Consumer Research*, 13, 534-539.

Fournier, Susan(1998). Consumer and their brands: Developing relationship theory in consumer research. *Journal of Consumer Research*, 24(March), 343-372.

Freedman, V. A., F. G. Conrad, J. C. Cornman, N. Schwarz and F. P. Stafford(2014). Does time fly when you are having fun? A day reconstruction method analysis. *Journal of Happiness Studies*, 15(3), 639-655.

Fujita, F.(1991). An investigation of the relation between extroversion, neuroticism, positive affect, and negative affect(Masters thesis). University of Illinois, Urbana-Champaign, USA.

Gregoire, Y., Thomas M. Tripp and Renaud Legoux(2009). When customer love turns into lasting hate: The effects of relationship strength and time on customer revenge and avoidance. *Journal of Marketing*, 73(Nov.), 18-32.

Hills, P. and M. Argyle(2001a). Emotional stability as a major dimension of happiness. *Personality and Individual Differences*, 31, 1357-1364.

Holder, M. D. and A. Klassen(2010). Temperament and happiness in children. *Journal of Happiness Studies*, 11, 419-439.

Hollebeek, Linda D. and Tom Chen(2014). Exploring positively- versus negatively-valenced brand engagement: a conceptual model. *Journal of Product & Brand Management*, 23(1), 62-74.

Inman, J. Jeffrey and Marcel Zeelenberg(2002). Regret in repeat purchase versus switching decisions: the attenuating role of decision justifiability. *Journal of Consumer Research*, 29(2), 116-128.

Izard, C. E.(1972). *Patterns of emotions, A new analysis of anxiety and depression*. New York: Academic Press.

Kahneman, D.(2000). Experienced utility and objective happiness: A moment-based approach. In D. Kahneman & A.Tversky(Eds.), *Choices, values and frames*(pp. 673-692). Cambridge: Cambridge University Press.

Kahneman, D., Alan B. Krueger, David A. Schkade, Norbert Schwarz and Arthur A. Stone(2004). A survey method for characterizing daily life experience: The day reconstruction method. *Science*, 306(3), 1776–1780.

Kahneman, Daniel and Amos Tversky(1982). The Simulation Heuristic. In D. Kahneman et al.(Eds.), *Judgement under uncertainty: Heuristics and Biases*(pp. 201–208). NY: Cambridge.

Kahneman, D. & R. Sugden(2005). Experienced utility as a standard of policy evaluation. *Environmental & Resource Economics*, 32, 161–181.

Kavcic, T. & A. Avsec(2014). Happiness and pathways to reach it: Dimension–centered versus person–centered approach. *Social Indicators Research*, 118(1), 141–156.

Kemper, T. D.(1987). How many emotions are there? Wedding the social and the autonomic components. *American Journal of Sociology*, 93, 263–271.

Kitayama, S., H. R. Markus and H. Matsumoto(1995). Culture, self and emotion: a cultural perspective on "self–conscious"emotions. In J. P. Tangney and K. W. Fischer(Eds.), *Self-conscious emotions: The psychology of shame, guilt, embarrassment and pride*(pp. 439–464). New York: Guilford Press.

Kleine, S. S., Robert E. Kleine and Chris T. Allen(1995). How is a possession "Me" or "Not Me"?: characterizing types and an antecedent of material possession attachment. *Journal of Consumer Research*, 22(Dec.), 327–343.

Lau, Hi Po Bobo, Mathew P. White and Simone Schnall(2013). Quantifying the Value of Emotions Using a Willingness to Pay Approach. *Journal of Happiness Study*, 14, 1543 – 1561.

Lee, A. Y., J. L. Aaker and W. L. Gardner(2000). The pleasures and pains of distinct self–construals: The role of interdependence in regulatory focus. *Journal of Personality and Social Psychology*, 78, 1122 – 1134.

Lucas, R. E.(2007). Personality and the pursuit of happiness. *Social and Personality Psychology Compass*, 1(1), 168–182.

Lyubomirsky, S. and J. K. Boehm(2010). Human motives, happiness and the puzzle of parenthood. Commentary on Kenrick et al., *Perspectives on Psychological Sciences*, 5(3), 327–334.

Mathews, J.(2013). The nature and dynamics of happiness: A psychological view. *International Journal of Research in Social Sciences*, 3(1), 483–501.

Mitchell, T. R. and D. Daniels(2003). Motivation. In W. C. Borman, D. R. Ilogan and R. J. Klimoski(Eds.), *Handbook of Psychology*(pp.225–254), Vol. 12, New York: John Wiley and Sons.

O'Brien, Catherine(2013). Happiness and Sustainability Together at last! Sustainable happiness. *Canadian Journal of Education*, 36(4), 228–256.

Oliver, Richard L.(1980). A cognitive model of the antecedents and consequences of satisfaction decision. *Journal of Marketing Research*, 17, 460–469.

Oliver, Richard L.(1993). Cognitive, affective, and attribute bases of the satisfaction response. *Journal of Consumer Research*, 20(Dec.), 418–430.

Oliver, Richard L.(1999). Whence consumer loyalty? *Journal of Marketing*, 63, 33–43.

Orth, U., R. W. Robins, and B. W. Roberts(2008). Low self–esteem prospectivity predicts depression in adolescence and young adulthood. *Journal of Personality and Social Psychology*, 95(3), 695–708.

Pam, A., R. Plutchik and H. R. Conte(1975). Love: A psychometric approach. *Psychological Reports*, 37, 83–88.

Plutchik, R.(1962). *The emotions: Facts, theories and a new model*. Random House, New York.

Richins, Marsha L.(1997). Measuring emotions in the consumer experience. *Journal of Consumer Research*, 24(Sept.), 127–144.

Robinson, M. D. & G. L. Clore(2002b). Belief and feeling: Evidence for an accessibility model of emotional self–report. *Psychological Bulletin*, 128, 934 - 960.

Rozin, P., L. Millman and C. Nemeroff(1986). Operation of the laws of sympathetic magic in disgust and other domains. *Journal of Personality and Social Psychology*, 50, 703–712.

Rubin, Z.(1973). *Liking and loving: An invitation to social psychology*. New York: Holt, Rinehart & Winston.

Russell, T. A.(1997). How shall an emotion be called. In R. Plutchik and H. R. Conte(Eds.), *Circumplex Models of Personality and Emotions*. Washington, DC: American Psychological Association.

Schier, M. F. and C. S. Carver(1985). Optimism, coping and health: Assessment and implications of generalized outcome expectancies · *Health Psychology*, 4, 219–247.

Shaver, P. R. and C. Hazan(1988). A biased overview of the study of love. *Journal of Social and Personal Relationships*, 5, 473–501.

Simonson, I.(1992). The influence of anticipating regret and responsibility on purchase decision. *Journal of Consumer Research*, 19(2), 105–118.

Smothers, N.(1993). Can products and brands have charisma? in brand equity and advertising. In D. A. Aaker and A. L. Biel(Eds.), *Lawrence Erlbaum Associates*, 97–111.

Solomon, R. L.(1980). The opponent–process Theory of acquired motivation: The cost of pleasure and the benefits of pain. *American Psychologist*, 35, 691–712.

Sternberg, R. J.(1986). A triangular theory of love. *Psychological Review*, 93, 119–135.

Teachman, B. A. and J. Saporito(2009). I am going to gag: Disgust cognitions in spider and blood–injury–injection fears. *Cognition and Emotion*, 23(2), 399–414.

Tomkins, S. S.(1962). Affect imagery consciousness(Vol. I). In *Positive affects*. New York: Springer.

Tomkins, S. S.(1970). Affect as the primary motivational system. In M. Arnold(Ed.), *Feeling and Emotions*. New York: Academic Press, pp. 101–110.

Tsai, J. L., B. Knutson and H. H. Fung(2006). Cultural variation in affect valuation. *Journal of Personality and Social Psychology*, 90, 288–307.

Tykocinski, E. Orit and Thane S. Pittman(1998). The consequences of doing nothing: inaction inertia as avoidance of anticipated counter–factual regret. *Journal of Personality and Social Psychology*, 75(3), 607–616.

Van Boven, L. and T. Gilovich(2003). To do or to have? That is the question. *Journal of*

Personality and Social Psychology, 85(6), 1193−1202.

Van Dijk, W. W. and Plight J. Vander(1997). The impact of probability and magnitude of outcome on disappointment and elation. *Organizational Behavior and Human Decision Processes*, 69, 277−284.

Wallendorf, M. and Eric J. Arnould(1988). My favorite things: A cross−cultural inquiry into object attachment, possessiveness, and social linkage. *Journal of Consumer Research*, 14(Mar.), 531−547.

Watson, D. and A. Tellegen(1985). Toward a consensual of mood. *Psychological Bulletin*, 98, 219−235.

Weiner, B.(1980). *Human motivation*. New York: Holt, Rinehart & Winston.

4

정서의 측정과 정서척도의 개발

chapter 4

정서의 측정과 정서척도의 개발

오랫동안 소비자의 정서를 측정하여 그것을 마케팅 전략에 활용하고자 하는 많은 시도와 노력이 있어 왔다. 정서의 주관성과 추상성 등으로 인해 측정과 활용에 한계가 있음에도 불구하고, 많은 기업들은 다양한 정량적·정성적 방법을 활용하고 있다. 전통적으로 정서측정은 그룹인터뷰 형식의 FGI(표적집단면접)나 자기보고식 설문 등을 통해 기분이나 느낌을 묻는 방식으로 이루어졌다. 최근 들어 광고회사와 마케팅 회사들은 언어기반 측정의 한계를 극복하기 위해 Zmet과 같은 이미지 기반 정서측정방법을 도입하는 등 정성적 조사방법의 범위를 확대하고 있다.

민속지학적(ethnographic) 접근이나 신경생리적(neuro-physiological) 접근도 적지 않게 사용되는 정성적 정서측정방법이다. 민속지학적 접근은 사람들 간 또는 집단 구성원 간 상호작용이 실제로 이루어지는 현장을 일정 기간 관찰하는 것으로, 관계 속에서 나타나는 정서를 파악한다. 이 연구방법은 특히 구성원들이 상호작용에서 느끼는 정서와 원초적 정서표현을 역동적으로 파악할 수 있어 주로 집단주의 경향이 강한 문화나 조직을 이해하는 데 유용한 연구방법이다. 최근에는 민속지학적 접근의 단점인 주관적 해석을 최소화하기 위해 연구나 실무에서 관찰의 조건을 미리 정하는 실험관찰적(field experiment) 조사방법 등을 추가해 시도하는 경우가 늘어나고 있다. 나아가 fMRI와 같은 신경생리적(neuro-physiological) 방법들은 잠재적이거나 전의식적(preconsious) 정서를 이해하는 데 유용하게 사용된다.

그러나 정성적 정서측정방법들은 마케팅 전략수립에 제한적으로 활용되었다. 이러한 조사방법들은 제품콘셉트를 개발하거나 제품사용에 따른 고객의 불만족 요인을 파악하는 데 주로 활용되었다. 최근 Youtube, Facebook, Instagram, Twitter와 같은 SNS를 통해 소비자들이 표현하는 풍부한 정서데이터는 새로운 접근의 정성적 정서측정방법을 개발하는 촉매제가 되고 있다. 다양한 디지털 커뮤니케이션 채널을 통해 사람들이 자발적으로 표현하는 가공되지 않은 주관적 언어와 정서표현, 그리고 이미지 등의 정성적 데이터들은 마케팅 전략과 프로그램 개발의 중요한 원천이 되고 있다.

최근 연구자와 마케터는 초기의 자연어 분석(예: 특정 언어의 사용빈도 분석)과 데이터 감축(data deduction) 단계를 넘어서 A.I.와 같은 딥러닝(Deep Learning) 로직을 개발·활용하고 있다. 이 장에서는 정서측정의 방법, 측정항목 및 척도, 그리고 최근 정서측정의 유용한 방법으로 부상한 딥러닝 로직에 대해 살펴본다.

1. 정서, 어떤 방법으로 측정할까?

정서란 기본적으로 외부의 자극에 대해 사람들이 내적으로 겪는 주관적인 경험이다. 따라서 주관적인 정서적 경험을 측정하기 위해서는 우선 정서가 무엇인지에 대한 정의가 이루어져야 한다. Kleinginna와 Kleinginna(1981)는 그동안 심리학자 및 그 밖의 다른 연구자들에 의해 제시되었던 정서에 대한 수많은 정의 속에서 발견된 공통점을 토대로 다음과 같은 통합적인 정의를 제시하였다. 정서는 주관적 요인과 객관적 요인의 상호작용으로 신경·호르몬계의 활성화에 의해 발생되며, ① 생리적 각성이나 유쾌·불쾌의 느낌 같은 (긍정적·부정적) 경험을 일으킬 수도 있고, ② 정서와 관련된 지각, 평가(appraisal), 분류와 같은 인지과정을 유발할 수도 있고, ③ 자극에 대한 광범위한 생리적 조절이 이루어질 수도 있으며, ④ 표현적이고 목표지향적이고 적응적인 행동을 유발할 수도 있다(p. 371).

Kleinginna와 Kleinginna가 내린 통합적 정의는 정서를 신경생리학적 측면, 행동적 측면, 인지적 측면을 함께 포괄한 것으로 본 Izard(1992, 1993)의 견해와 일맥상통한다. Izard는 정서경험을 ① 신체적 또는 생리적 변화를 수반하는 정서의 신경생리학적 측면, ② 얼굴, 신체, 목소리 등에서 나타나는 관찰 가능한 변화를 반영하는 행동적 측면, ③ 생리적 변화, 얼굴표정과 신체 등의 변화를 지각하고 이를 인지적으로 평가하는 과정을 반영하는 인지적 측면이 결합하여 발생되는 것으로 보았다.

정서에 대한 이러한 정의를 토대로 정서의 측정기법도 크게 ① 신경생물학적 측정도구를 사용하여 신경생리학적 수준에서 개인의 정서적 경험을 측정하는 방법, ② 얼굴표정이나 음성의 변화와 같은 행동측정치를 토대로 정서를 측정하는 방법, ③ 개인이 느낀 주관적인 정서적 경험을 서술하도록 하는 자기보고식 측정방법으로 분류될 수 있다.

1) 신경생리학적 방법을 이용한 정서측정

생리심리학자들은 사람들의 생리적 반응, 뇌 구조의 특정부분, 그리고 신경내분비율의 활성화 양상과 정서경험 간의 관계를 연구함으로써 정서경험을 설명하려고 하였다. 이에 따라 이들은 다양한 전자기기들을 사용하여 정서경험 중에 사람들이 보이는 생리적 반응을 기록·분석하여 정서유형을 파악하고자 하였다. 신경생리학적 연구자들은 자율신경계의 변화를 정서경험의 주요 지표로 간주하고, 뇌파, 심장박동수, 안구운동, 동공크기, 피부전기활동, 체온, 호흡, 피부온도, 혈압, 혈류량, 내분비물질 등의 측정을 통해 자율신경계를 구성하는 교감신경과 부교감신경이 어떤 패턴의 변화를 보이는지를 관찰한다.

일반적으로 교감신경계는 심장박동수를 증가시키고 심장활동을 촉진하며, 혈관을 수축시켜 혈압을 상승시키고, 동공을 확대시키며, 소화기능을 억제시킨다. 이에 반해 부교감신경계는 이러한 자율신경계의 활동들을 이완시키는 역할을 한다.

불쾌한 자극의 경우가 유쾌한 자극의 경우에 비해 자율신경계의 교감신경 활동을 더 활발하게 한다. 신경생리학적 연구자들은 뇌파, 심장박동수, 혈압, 맥박, 호흡, 체온 등을 측정하기 위해 다양한 의료도구를 활용한다. 가령, EEG와 ERP는 정서적 경험의 발생 정도를 뇌파의 움직임을 관찰하여 파악하는 기법인데, EEG는 대뇌피질 표면의 불수의적인 뇌 활동을 주로 측정하는 반면, ERP는 대뇌피질 바로 밑의 변연계의 기능을 측정할 수 있다. 피부 전도도 검사기법(skin conductance level: SCL)은 손가락에 부착한 센서에 의해 피부를 통과하는 전류의 양을 토대로 땀샘의 활성화 정도를 측정함으로써 특정 자극에 대한 흥미유발 정도를 파악한다. 근전도 검사기법(electromyograph: EMG)은 얼굴에 부착한 작은 전극봉에 의해 얼굴근육 수축 시에 신경이 방출하는 전기적 에너지를 측정하여 도출된 피부 반응치를 통해 피험자가 특정의 자극을 얼마나 좋아하거나 싫어하는지를 추정하는 것이다.

최근에는 정서경험에 있어서 핵심적인 역할을 하는 뇌의 변연계(특히, 대뇌피질 바로 아래에 위치한 편도체)의 반응을 측정하기 위해 자기공명 영상기법(MRI), 확산광학 촬영기법(DOT), 전산화 단층촬영술(CAT), 양전자방사 단층촬영법(PET) 등의 뇌 영상 촬영기법(neuroimaging)이 도입되고 있다. 이에 따라 연구자들은 다양한 인지활동과 정서적 경험이 이루어지는 동안 뇌를 직접 관찰할 수 있는 기회를 확보하게 되었다. 이하에서는 뇌 영상 촬영기법 중 정서경험 측정에 흔히 이용되는 MRI, DOT 등을 간단히 소개하기로 한다.

자기공명 영상기법(Magnetic Resonance Imaging: MRI)은 대뇌의 특정영역에서 일어나는 신경활동의 변화를 추적할 수 있는 방법인데, 가장 일반적인 MRI 유형은 뇌가 활동할 때 혈류의 산소수준(Blood Oxygen Level Dependent: BOLD) 신호를 반복 측정하여 특정 뇌 영역의 활성화 정도를 측정하는 방법이다. 이러한 측정방법은 상대적으로 더 활성화된 뇌 영역에 더 많은 혈류공급이 이루어질 것이라는 가정에 근거하고 있다.

MRI의 기본절차는 다음과 같다.

첫 번째 단계는 특정의 마케팅 자극(가령, 감성적 메시지를 담은 자동차 광고)에 대한 정서적 경험을 처리할 때 활성화되는 뇌의 우반구와 같이 관심의 대상이 되는 뇌 영역에 대하여 초기 촬영을 실시하는 것이다.

두 번째 단계는 피험자가 다른 마케팅 자극(가령, 동일한 자동차 광고이지만 자동차 성능을 강조하는 광고)에 노출되어 인지적·정서적 반응을 경험하는 동안 뇌 촬영을 실시한다.

세 번째 단계는 두 번째 촬영에서 얻은 영상에서 첫 번째 영상을 제외하는 것이다. 이때, 잔존한 영상은 정서적 광고에 의해 활성화된 뇌 영역만을 반영할 것으로 가정된다. 연구자들은 동일한 제품에 대한 서로 다른 콘셉트의 광고들이 뇌의 어떤 영역을 활성화시키는지를 확인하기 위해 기억처리과정, 긍정적 정서, 부정적 정서 등을 담당하는 뇌의 다른 영역들을 비교 관찰할 수 있다. 연구자들은 이러한 관찰과 분석을 통해 어떤 콘셉트의 광고가 긍정적 정서와 과거 기억을 더 잘 유발시켜 광고정보를 부호화하는(처리하는) 데 도움이 되는지를 확인할 수 있다.

디자인 스타일에 따른 소비자 선호의 차이를 분석한 한 연구는 특정 조건에서 활성화되는 뇌 영역을 파악할 수 있는 fMRI(Functional Magnetic Resonance Imaging: 기능성 자기공명영상)를 사용하여 각기 다른 스타일의 디자인으로 인해 비의식 수준에서 유발되는 다양하고 미묘한 소비자 반응차이를 알아보았다(성영신·신주리·김숙진, 2005).

이 연구에서 실험 참가자들은 fMRI 촬영기기에 누워, 제시된 클래식 스타일, 모던 스타일, 포스트모던 스타일의 가구제품 사진들을 보면서 그것에 대한 선호판단을 하라고 요청받았다. 제품 사진을 보고 그 디자인이 마음에 들면 마우스의 오른쪽 버튼을 누르고, 마음에 들지 않으면 왼쪽 버튼을 누르도록 하였다.

뇌 영역의 활성화 정도를 토대로 하여 스타일에 따른 소비자 잠재반응의 차이를 조사한 결과, 소비자는 클래식 스타일의 가구를 보면 자신이 그것을 얼마나 좋아하는지를 상대적으로 더 강하게 생각해 보는 것으로 나타났다. 클래식 스타일의 가구제품 사진을 보았을 때 활성화되는 뇌 영역을 모던 스타일, 포스트모던 스타일에 노출되었을 때 활성화되는 뇌 영역과 비교했을 때, 클래식 스타일의 조건에서 상측두이랑(superior temporal gyrus)과 대상이랑(cingulate gyrus)이 상대적으로 강하게 활성화되었다. 이 두 영역은 사람들이 어떤 것을 얼마나 좋아하는지 또는 싫어하는지를 판단할 때 활성화된다. 클래식 스타일의 가구제품 사진에 대해서만 유독 선호판단과 관련된 뇌 영역이 강하게 활성화되었다는 것은 소비자들이 클래식 스타일의 가구에 대해 선호판단을 함에 있어 다른 스타일의 가구에 비해 더 많이 자신을 몰입시킨다는 것을 의미한다. 즉, 소비자는 클래식 스타일의 가구를 더 친숙하게 생각하여, 자신이 앉아보았을 때의 느낌을 상상해 보고 그것이 얼마나 좋을지를 생각해 본다는 것이다.

확산광학 촬영기법(Diffuse Optical Tomography: DOT)은 피험자가 시끄럽고 갑갑한 장치 안에 누워 있어야 하고, 장비의 규모가 너무 크고 비용이 많이 드는 등의 MRI 장비가 갖고 있는 결점을 보완해 준다. DOT 장비는 촬영 중에 어느 정도 움직일 수 있고, 실험실이 아닌 곳에서도 활용될 수 있고, 소음이 적으며, 비용도 MRI에 비해 상대적으로 적게 드는 장점이 있다. DOT는 근적외선(near infrared light)을 뇌의 표면에 비추어 뇌의 특정 영역에서 일어나는 혈류의 변화를 감지할 수 있도록 하는 촬영기법이다. 연구자들은 산소를 품은 혈액과 탈산소화된 혈액 간 흡수스펙트럼의 차이를 이용하여 뇌의 특정 영역의 신경활동을 간접적으로 측정한다. 연구자들은 확인하고자 하는 뇌 영역의 오른쪽 위에 레이저 광원을 비추어 뇌의 신경활동을 촬영하게 되는데, 초기영상을 피험자가 특정의 정서적 반응을 경험하는 동안 촬영한 두 번째 영상과 비교한다는 점에서 MRI 기법과 유사하다. 가령, 연구자는 행복함이라는 광고콘셉트를 토대로 제작된 여러 광고대안들을 피험자에게 보여준 다음, 각 광고대안에 대한 정서적 경험이 뇌의 어떤 영역을 얼마나 강하게 활성화시키는지를 확인할 수 있다.

뇌 영상 촬영기법은 다양한 마케팅 자극에 대한 소비자 반응을 이해하는 데 효과적으로 활용될 수 있는 기회를 제공하지만, 가격이 매우 비싸고 실행하는 데 어려움이 따를 뿐 아니라 자료의 해석이 상당히 까다롭다는 문제점이 있다.

2) 외현적 행동측정방법에 근거한 정서측정

많은 전문가들이 의사소통의 약 80%가 비언어적 수단(가령, 신체적 접촉, 말의 억양, 제스처, 말할 때의 자세, 눈 맞춤, 사람과의 거리, 복장 등)으로 이루어진다는 것에 동의한다. 사람들의 얼굴과 몸은 자신이 느끼고 생각하는 것을 그대로 반영해 준다. 사람의 정서적 경험은 눈에 보이지 않는 미세한 얼굴근육의 움직임을 동반한다. 가령, 한 번도 학습을 받은 적이 없는 아이들이 아빠의 기분을 얼굴표정만 보고도 알아챌 수 있다. 이에 따라 사람의 얼굴표정이나 음성은 정서를 반영하는 매력적인 지표로 간주되어 왔다.

(1) 얼굴표정 측정방법

Ekman, Tompkins, Izard 등의 정서심리연구자들은 얼굴표정에 근거하여 정서경험을 연구한 대표적인 학자들이다. Ekman, Sorenson과 Friesen(1969)은 얼굴표정이 다양한 인종과 문화권에 걸쳐 유사하게 나타난다고 믿고 얼굴표정에 관한 문화 간 연구를 하였다. 이들은 3,000장의 사진 중에서 6개의 기본정서(기쁨, 슬픔, 분노, 공포, 혐오, 놀라움)를 나타내는 것으로 판단되는 30장의 사진을 선정하였다. 이 사진은 백인 남자와 여자, 성인과 아동, 배우, 정신질환자의 얼굴표정을 담고 있다. 연구자들은 이들 사진을 미국, 브라질, 일본의 대학생들과 뉴기니아와 보르네오의 성인들에 제시한 다음, 각국 언어로 번역된 정서단어 6개를 평가자들에게 제시하고 각 단어를 나타내는 얼굴표정들을 골라보라고 지시하였다. 수집된 자료를 분석한 결과 평가자들 간에 대체로 높은 일치율을 보이는 것으로 밝혀졌다.

Ekman의 안면운동 인식시스템(FACS)

- 배경: 1960년대 초 Paul Ekman과 Wallace V. Friesen은 정서와 생리적 활성화 간의 상관관계를 체계적으로 연구하기 시작했다. 이들은 7년 동안 지구촌 곳곳에서 이루어진 연구결과들을 토대로 안면운동 인식시스템(Facial Action Coding System), 즉 FACS를 개발해냈다. 현재 이 방법은 정신의학 분야에서 활발히 이용되고 있을 뿐만 아니라, FBI나 CIA와 같은 미정부기관 및 컴퓨터 애니메이션 회사인 픽사(Pixar, 〈토이 스토리〉 제작사)와 드림웍스(DreamWorks, 〈슈렉〉 제작사) 등에서도 활용되고 있다. 여러 가지 부호화 기법들 중에서도 FACS는 가장 활용성이 높으면서 포괄적인 방법으로 인정받고 있다.

- 방법: FACS는 표정을 짓는 데 사용되는 안면근육의 움직임에 토대를 두고 있는데 그 이유는 표정에는 문화권에 상관없이 일관된 패턴이 존재하기 때문이다. 동작단위(Action Unit: AU) 혹은 얼굴표면의 특징요소는 안면운동에 포함된 미세한 해부학적 동작들을 말한다. 43개로 정의된 동작단위는 얼굴의 세 영역, ① 눈썹과 이마, ② 눈, 눈꺼풀, 콧날, ③ 볼, 코, 입, 턱선, 턱으로 나뉜다. 각각의 표정은 혼자서 혹은 여러 동작단위들의 조합으로 이루어지며, 안면운동을 일으키는 특정한 동작단위들을 토대로 설명될 수 있다. FACS는 이러한 동작단위들 중 어떤 것이 기본감정 표현 – 슬픔, 분노, 기쁨, 공포, 놀라움, 혐오의 수치 – 을 구성하는지 보여준다. 거짓 웃음과 진짜 웃음 또한 추적해낼 수 있다. 이 둘은 서로 다른 근육이 사용되기 때문이다.

- 평가: 실험 참가자들이 얼굴표정을 통해 보이는 감정표현은 일대일 인터뷰 혹은 테스트용 자극을 체험하는 과정에서 모두 비디오테이프로 녹화된다. 이 비디오테이프를 가지고 초 단위로 동작단위를 분석하게 되는데, 정지 화면과 느린 화면 속에서 안면운동을 반복해서 면밀히 살핌으로써 신뢰성 있는 분류가 가능해진다. 근육의 움직임이 비자발적으로 짧은 시간 동안 노출되는 미세표정도 분석되는데, 이를 통해서 피험자들이 진짜로 느끼는 감정이 무엇인지를 바로 밝혀낼 수 있다.

자료원 : Dan Hill, *Body of Truth*, 이정명 역, 비즈니스북스, 2004, p. 165.

초기의 얼굴표정 연구는 주로 연구자의 주관적 판단이나 일반사람들의 평가자료에 근거하여 이루어졌지만, 근래에 들어 얼굴근육의 움직임을 부호화하여 이를 내적 정서상태와 연계시키는 체계적 연구가 이루어지고 있다(Ekman, 1982; Izard, 1979).

표정부호화(facial coding)에 근거한 정서측정방법은 정서적 반응에 실시간으로 접근가능하고, 의식적 정서반응과 무의식적 정서반응 나아가 비자발적으로 순식간에 나타나는 미세표정들을 감지할 수 있는 장점이 있다. 여러 표정연구자들의 연구에 의해 축적된 안면근육의 다양한 움직임에 대한 해석체계는 기업이 제품 포지셔닝, 신제품 개념, 마케팅 커뮤니케이션 프로그램 등에 대한 소비자들의 정서적 반응을 정확히 읽어내는 데 기여하였다. 표정연구자들은 다양한 얼굴표정을 부호화하여 정서적 반응을 체계적으로 측정하는 시스템을 개발했는데, 그중 대표적인 것이 Ekman(1982)이 개발한 안면운동 인식시스템(facial action coding system: FACS)이다. FACS는 얼굴근육의 움직임을 상세하게 기록하여 부호화한 후 이를 토대로 6가지 기본정서(기쁨, 슬픔, 분노, 공포, 혐오, 놀라움)를 판별할 수 있도록 구성되어 있다.

심리학자인 Cacioppo와 Petty(1979)는 자극의 유형(가령, 기분 좋은 이야기 혹은 불쾌한 이야기)에 따라 얼굴표정에서 어떠한 차이를 보이는지를 연구하기 위해 실험을 이용하였다. 그들은 피험자들에게 매력적인 메시지와 불쾌한 메시지를 들려준 다음 안면근육의 근전도(electromyograph: EMG)를 측정하였는데, 안면 근육활동은 메시지에 대해 피험자들이 보이는 정서적 반응에 따라 다른 양상을 보이는 것으로 나타났다. 기분좋은 메시지를 들은 피험자들은 뺨과 눈 주변의 근육활동이 증가하고 이마, 눈썹의 근육활동은 미미한 것으로 나타난 반면 불쾌한 메시지를 들은 피험자들은 이마, 눈썹의 근육활동이 증가하고 뺨과 눈 주변의 근육활동은 미미한 것으로 나타났다. 즉, 피험자들은 자신이 갖고 있는 기존신념을 지지하는(즉, 매력적인) 메시지에 접했을 경우에는 비록 웃음이 눈에는 보이지 않을지라도 웃는 경향을 보이고, 자신의 기존신념과 반대되는(즉, 불쾌한) 메시지를 들었을 때는 비록 찌푸림이 눈에는 보이지 않더라도 찌푸리는 경향을 보인다는 것이다. 이와 같은 표정부호화를 이용한 정서적 반응 측정방법이 마케팅에 유용한 이유의 하나는 정서적 반응에 따라 사람들이 보이는 얼굴표정(가령, 노여운 얼굴표정이나 행복한 얼굴표정)이 인종과 문화권에 관계없이 유사하다는 점에서 글로벌 기업의 소비자 행동조사에 효과적으로 활용될 수 있다는 것이다. 가령, 글로벌 기업은 제품광고에 포함된 메시지와 사진에 대한 소비자들의 정서적 반응이 국가에 따라 유사한지를 표정부호화 방법을 통해 조사해 볼 수 있다.

(2) 음성분석방법

말할 때의 음조나 말하는 방식 등의 준 언어(paralanguage: 목소리 음조, 강세, 전달 속도, 크기, 억양 등과 같이 언어적 내용과 분리된 음성적 요소를 말함)는 사람들 간에 자신의 메시지와 그 메시지에 담겨진 의미를 상호 교환하는 데 상당한 영향을 준다. 예를 들어, "너 잘났어 진짜!"라는 말은 냉소적인 어조로 말하면 정반대의 의미를 전달할 수 있다. 이와 같이 동일한 언어적 메시지도 목소리의 음색, 억양, 단어에 주어진 강세 등에 따라 다른 의미가 될 수 있다. 특별한 어조나 몸짓을 섞어 전달하는 메시지는 단순히 말로 전달할 때보다 훨씬 더 자신의 생각과 감정을 솔직하게 전달한다.

사람들은 음성의 변화만으로도 정서를 전달할 수 있으므로, 연구자들은 주파수나 에너지 측정치(pitch) 등의 분석을 통해 각 정서의 음성학적인 특성을 분석해 왔다. 음성분석은 호흡, 발성, 발음 등의 변화에 따라 정서적 반응을 구별할 수 있지만, 슬픔, 분노, 기쁨, 역겨움 등과 같이 감정상태를 정확히 파악할 수 있는 제한된 수의 정서만을 측정하는 데 효과적이라는 한계가 있다.

정서의 표현에 있어 음색(가령, 감미로운 음색, 거칠고 억센 음색, 건조한 음색 등)의 중요성에 대해 언급되어 왔으나, 이의 객관적 정의와 측정의 어려움으로 인해 그동안 간과되었다. 그러나 최근 들어 컴퓨터에 의한 음성합성 기술의 발달에 따라 기업과 연구자들에 의해 이에 대한 관심을 보이기 시작했다. 한 통신회사의 연구개발팀은 설문지를 이용하여 자사의 서비스에 대한 만족도를 조사한 다음 설문조사에 참여한 일부 고객들을 대상으로 음조분석(voice pitch analysis)을 실시하였다. 음조분석은 사람들의 음성을 분석하여 이를 토대로 사람의 다양한 심리상태를 구별해내는 방법이다. 이 조사를 통해 연구팀은 만족도 조사에서 나타난 긍정적 응답이 실제보다 과장되어 있다는 것을 발견했다. 즉, 설문조사 결과는 자사의 서비스에 대한 고객만족도가 상당히 높은 것으로 나타났지만, 음조를 통해 나타난 고객심리상태를 토대로 고객의 만족도에 상당한 불확실성이 내포되어 있음을 확인하였다. 만약 기업이 설문조사 결과에만 의존했다면, 자사의 서비스에 대해 잘못된 확신을 갖게 되었을 것이다.

음성분석과 같은 준 언어 기반의 분석방법은 텔레마케팅, 방문판매, 음성광고(voice-over advertising)와 같은 마케팅 환경에서 유용하게 활용될 수 있다. 가령, 텔레마케팅 기업은 텔러(teller)가 전달하는 메시지의 신뢰성에 대해 음성차단방법을 이용하여 확인할 수 있을 것이다. 이때 말하는 사람의 실제 목소리는 변조했으나 피험자들이 그 어조를 구별할 수 있도록 한다. 텔러가 하는 말의 진실성 평가는 말하는 상대방의 어조를 피험자가 어떻게 평가하느냐에 의해 좌우된다. 가령, 텔러의 목소리가 정직하고 진지하게 들린다면, 피험자들은 그 사람이 전달하는 언어적 메시지를 액면 그대로 받아들일 것이다. 그러나 피험자가 말하는 사람의 실제어조와 메시지 내용 간에 분명한 모순이 있는 것으로 지각한다면, 피험자는 메시지 내용보다는 어조에 의존하여 메시지의 진실성 여부를 판단하게 될 것이다.

3) 주관적 자기보고식 방법을 이용한 정서측정

주관적 자기보고법은 사람들이 주관적으로 느끼는 정서상태를 질문지상에 응답하도록 하는 방법으로, 많은 정서심리학자들이 신뢰도와 타당성을 가진 정서척도를 개발·사용해 왔다. 주관적 자기보고법은 크게 형용사 체크리스트 방식과 자기보고 질문형 방식으로 분류된다.

(1) 형용사 체크리스트 방식

형용사 체크리스트 방식은 피험자들에게 침착한(calm), 두려운(fearful), 화난(angry), 행복한(happy) 등과 같은 정서관련 형용사 목록을 제시하고 주어진 상황에서 자신의 감정(정서)을 나타낸다고 생각되는 형용사에 표시하도록 하는 것이다. 형용사 체크리스트 방식의 장점으로는 간결한 정서측정이 이루어지고, 안면타당성(face validity)이 높으며(즉, 각 형용사 척도가 정서를 측정하고 있는 것으로 보임), 혼자서 용이하게 실시할 수 있다는 것을 들 수 있다.

형용사 체크리스트를 구성함에 있어 제기되는 두 가지 문제점은 현재의 정서상태를 묘사하는 단어(척도)로 어떤 단어를 사용해야 할 것인가와 개별 정서단어(척도) 등을 어떻게 기본 정서차원별로 그룹핑시킬 것인가 하는 것이다. 연구자에 따라 10만 개 이하

〈표 4.1〉 Plutchik의 정서-기분지표

신뢰(수용)	우울(슬픔)	공격성(노여움)
신뢰하는	우울한	공격적인
정다운	침울한	노하여 펄펄뛰는
잘 돌봐주는	슬픈	으스대는
흡족해하는	공허한	자랑하는
협조적인	협조적인	성가신
아량이 있는	무기력한	호전적인
침착한	낙담한	짜증난
인내심 있는	절망적인	화난
역통제(놀라움)	**불신(혐오)**	**군거성(기쁨)**
기민한	혐오스런	붙임성 있는
매력적인	무관심한	관대한
놀란	지루한	쾌활한
혼란스런	불신의	애정어린
주의 깊은	쓰라린	행복한
이상히 여기는	빈정대는	만족스러운
난해한	성 잘내는	기뻐하는
난처한	진저리나는	진저리나는
소심성(두려움)	**통제(예상)**	**활성화/각성**
겁내는	희망에 찬	느린
겁먹은	캐기 좋아하는	부진한
신경질적인	호기심이 강한	긴장을 푼
소심한	열렬한	약한
걱정스러운	흥미로운	적극적인
불안한	대담한	강한
수줍은	충동적인	활기찬
신중한	참견 잘하는	들떠있는

자료원 : Plutchik, R.(1980). *Emotion: A Evolutionary Synthesis*, p.206.

에서부터 100개 이상에 이르기까지 다양한 숫자의 정서단어를 형용사 체크리스트에 포함시키고 있는데, 정서단어를 선택함에 있어 문제점은 어떤 단어가 정서단어인지 아닌지에 대해 사람들 간에 의견이 일치하지 않는다는 것이다. 예를 들어, 배고픈, 목마른,

그리고 피로한 등을 정서라고 믿는 사람들도 있지만, 대부분의 사람들은 이에 동의하지 않는다.

정서심리학자인 Plutchik(1980)은 사람들의 정서와 기분을 측정하는 데 자주 이용되는 정서형용사들을 조사하여 정서-기분지표(Emotion-Mood Index: EMI)라는 형용사 체크리스트를 개발했는데, 이 지표는 9개 군집(정서차원)의 72개 정서단어로 구성되어 있다. 9개 군집(정서차원) – 신뢰(trust), 우울(depression), 공격성(aggression), 역통제(dyscontrol), 불신(distrust), 군거성(gregarious), 소심성(timidity), 통제(control), 활성화/각성(arousal) – 가운데 첫 8개 군집은 기본정서 8개 차원(수용, 슬픔, 노여움, 놀라움, 혐오, 기쁨, 두려움, 예상)을 반영하고 있다.

Plutchik을 포함한 여러 정서심리학자들(가령, Zuckerman and Lubin, 1965; Lorr and McNair, 1984)이 개발한 형용사 체크리스트는 주로 조울증, 우울증 환자를 진단하거나 마약과 같은 약물의 효과를 측정하는 등의 임상적인 목적으로 개발되었기 때문에, 소비자행동이나 일상생활에서 나타나는 정서적 경험을 측정하는 데는 한계가 있다.

형용사 체크리스트 방식이 갖는 두 번째 문제점은 정서단어(즉, 개별 정서형용사)들을 어떻게 기본정서 차원으로 범주화(분류)할 것인가 하는 것이다. 일반적인 관행은 (정서단어들을) 긍정적 정서와 부정적 정서의 두 가지 범주로 나누는 것이다. 가령, Watson, Clark과 Tellegen(1988)은 20개의 정서단어를 각각 10개씩 긍정적 정서와 부정적 정서로 나누었다. 이러한 유형의 형용사 목록에서 발견되는 문제점의 하나는 정서단어가 갖는 의미가 분명하지 않다는 것이다. 가령, 긍정적 정서로 범주화된 흥분된(excited)이라는 단어는 분노를 수반한 것일 수도 있다. 이 경우에는 '흥분된'이라는 정서단어는 부정적 정서로 분류되어야 한다. 마찬가지로 부정적 정서로 범주화된 속이 뒤집힌(upset)이라는 단어는 기분이 나쁘다거나 속이 불편하다는 의미일 수도 있으므로, 부정적 정서로 보기 어렵다.

(2) 질문형 자기보고 방식

질문형 자기보고 방식은 지금 현재의 정서상태나 평소의 정서적 경향(즉, 성격특성)을 물어보는 척도로 구성된다. 질문지는 보통 다음과 같은 질문(척도)으로 구성된다.

- 운전을 두려워합니까?

• 자신감이 부족합니까?
• 외롭고 울적한 기분입니까?
• 마음속에 있는 것을 다른 사람들에게 말할 수 있습니까?

이러한 질문에 대한 피험자의 응답은 질문지의 지시문에 따라 측정 당시의 정서상태를 반영한 것일 수도 있고, 피험자가 평소에 갖고 있는 정서적 성향을 반영한 것일 수도 있다. 질문이 현재나 최근의 기분을 묻는 것이라면, 응답은 일시적인 정서상태를 측정하는 것이고, 질문이 평상시의 행동이나 감정을 묻는 것이라면, 응답은 피험자의 정서적 성향(즉, 성격특성)을 반영하게 된다.

Plutchik과 Kellerman(1974)은 심리진화적 정서이론을 토대로 정서 프로파일 지수(emotion profile index: EPI)를 개발하였는데, 이는 사람들이 기본정서를 얼마나 경험하는지를 측정하는 강제선택형 검사지이다. EPI는 일시적 정서상태를 측정하거나 혹은 성격특성을 측정하는 데 모두에 이용될 수 있다. 피험자들은 짝지어진 두 단어 중 어느 것이 자신을 더 잘 표현하는지를 선택해야 한다. 예를 들어, 피험자들은 자신이 호전적인(quarrelsome) 편인가 혹은 소심한(shy) 편인가? 곰곰이 생각하는 편인가 혹은 화를 잘 내는 편인가? 각 쌍의 정서단어 중에서 하나를 선택해야 한다. 연구자들은 선택된 정서단어가 기본정서 가운데 어디에 해당되는지를 기록하여 EPI 점수를 매긴다.

(3) 잠재적(비 의식적) 차원에서의 정서경험에 대한 측정방법

마케팅 조사의 가장 중요한 목적의 하나는 기업의 마케팅 활동에 소비자들이 어떻게 반응하는지를 파악하는 것이다. 전통적인 마케팅 조사에서는 소비자들은 이성적·의식적으로 사고하고 이를 토대로 의사결정을 내린다는 가정을 토대로 설문지와 같은 언어적 표현을 이용한 정보수집기법을 주로 사용해 왔다. 전통적인 마케팅 조사는 표본으로 선정된 소비자들을 대상으로 설문지를 사용하여 그들의 생각, 태도, 감정, 행동을 측정하는 서베이법이나 소수의 소비자 집단을 실험실에 초대하여 그들의 제품구매 동기, 사용경험 등을 이야기하도록 하는 표적집단 면접법 등의 조사기법에 주로 의존하고 있다. 문제는 인간의 정신활동에 있어 의식적인 사고가 차지하는 비중은 빙산의 일각에 불과하여, 인간의 의사결정과 행동은 많은 경우 감각적·정서적 반응에 근거하여 이루어진다는 것이다. 인지 과학자들의 연구결과에 따르면 인간의 사고와 감정의 95%가 무의식적 차원에서 이루어지며, 이를 의식적 차원에서 지각하지 못한다고 한다(Wegner, 2002; Damasio, 1999; Ledoux, 1996). 즉, 인간이 의식적 차원에서 경험하는 생각과 감정은 빙산의 일각에 불과하다는 것이다.

소비자들은 광고나 판촉 같은 마케팅 자극에 대해 자신이 특정의 반응을 보인 이유나 구매동기에 대해 제한된 지식만을 가지고 있으며 이에 대해 명확하게 설명하지 못하는 경우가 흔히 있다. 또한 소비자들은 흔히 마케팅 자극에 대해 본능적으로 반응한다. 즉, 마케팅 메시지(자극)는 이를 거의 의식하지 못하는 상태에서 소비자에게 전달되며, 소비자는 이에 대한 감각적·정서적 반응에 근거하여 의사결정을 내린다.

소비자들은 마케팅 자극에 접하면 그것이 전달하려고 하는 메시지를 직관적으로 느끼며, 감각적·정서적 토대 위에서 형성된 결론(결정)을 의식적·이성적으로 합리화하게 되는 것이다. 가령, 식사와 관련된 사회적 맥락은 무의식적으로 소비자의 소비경험에 상당한 영향을 미칠 수 있다. 똑같은 저녁식사라도 가까운 친구와 함께 하느냐 혹은 부담스럽거나 마음에 들지 않는 사람과 하느냐에 따라 음식의 맛과 종업원의 서비스에 대한 느낌이 달라질 것이다. 무의식적인 부분이 사람들의 정서와 판단에 미치는 영향의 다른 예로 블라인드 테스트(blind test)를 들 수 있다. 소비자들을 대상으로 음료의 맛에 대한 블라인드 테스트를 실시한 결과 대부분의 소비자들이 A 음료를 B 음료보다 선호하는 것으로 나타났다고 하자. 그러나 브랜드명과 제품의 포장을 보고 난 후에는 그 반대로 B 음료의 맛을 더 선호하는 경우가 흔히 발생한다. 즉, 브랜드명과 제품의 포장이 무의식적으로 음료 맛의 평가에 영향을 미치는 것이다.

무의식 차원에서 이루어지는 정서적 경험이 소비자의 판단과 행동에 상당한 영향을 미친다는 많은 연구와 사례들이 축적되어 있음에도 불구하고, 많은 기업들이 의식적 차원에서 이루어지는 정서적 경험, 제품평가, 구매행동 정보를 수집하기 위해 설문조사와 같은 자기보고식 조사방법과 표적집단 면접법 등의 전통적 조사방법에 여전히 의존하고 있다. 우리가 알고 있는 지식이나 감정적 경험의 상당부분이 무의식적이거나 말로 표현하기 어려운 것이므로, 이러한 전통적 조사방법에 의해 수집된 소비자 정보(가령, 제품에 대한 감정, 가격이나 제품의 장단점에 대한 평가, 소비자들이 밝힌 구매의사 등의 마케팅 정보)는 소비자들의 실제 감정이나 행동을 확인·예측하는 데 별 도움이 되지 않을 수 있다.

따라서 마케팅 의사결정에 유용한 마케팅 조사가 되기 위해서는 소비자의 무의식적 구매동기, 마케팅 자극에 대한 소비자의 감각적·정서적 반응을 측정할 수 있는 조사기법이 전통적 조사기법과 함께 활용되어야 할 필요가 있다.

최근 들어 소비자의 무의식적 사고와 정서를 조사할 수 있도록 설계된 조사방법의 하나로 은유추출기법이 연구자들과 기업의 관심을 끌고 있는데, 이 중 대표적인 것이 Zaltman 교수에 의해 개발된 은유추출기법인 ZMET(Zaltman Metaphor Elicitation Technique)이다. ZMET은 은유를 통해 인간의 심층심리를 파악할 수 있는 조사방법이다. 은유란 한 사물을 다른 사물에 비추어 표현하는 것을 말하는데, '마음씨가 천사로군요'라는 말은 고마움을 표시하기 위해 흔히 사용되는 은유적 표현의 예이다.

ZMET은 특정 주제에 관한 연구에 참여하는 참가자들에게 동 주제에 대한 자신의 생각과 감정을 표현하는 그림을 찾아서(주어진 주제와 직접적인 관련이 없는 그림일 수도 있음) 가져와 달라고 요청한 다음 가져온 그림에 담겨진 다양한 표상(마음속으로 떠오르는 이미지)을 단서로 삼아 일대일 심층인터뷰를 통해 조사 참여자의 무의식 속에 잠재되어 있는 생각과 감정을 추출해 낸다. ZMET을 이용한 대부분의 소비자 조사에서는 소비자들에게 조사대상이 되는 제품이나 서비스가 직접적으로 나타나지 않지만 그 제품이나 서비스에 대한 사용경험을 통해 형성된 감정과 생각을 묘사하는 것으로 판단되는 그림을 가져와 달라고 부탁하는데, 이러한 방법은 소비자들로 하여금 해당주제에 관해 깊이 생각할 수 있게 하므로 자신이 생각하지 못했던 무의식 차원에서 잠재되어 있던 정서나 생각을 이끌어낼 수 있도록 한다. GM은 자동차 디자인을 위한 단서를 얻기 위해 은유추출기법을 사용하였다. GM의 디자이너팀은 친근한 (디자인의) 자동차라는 의미를 이해하기 위해 소비자들에게 '친근한' 손목시계를 가져와 달라고 요청했는데, 참여자들은 보기 쉽고 함부로 다루어도 망가지지 않을 것 같은 시계사진을 가져왔다. 그 시계 디자인의 특징은 문자판이 크고, 숫자가 잘 보이며, 복잡한 기술이 사용되지 않았으면서 수작업으로 만든 느낌을 주는 것이었다. 디자인팀은 소비자들에게 자동차가 아닌 다른 예를 사용함으로써 자동차 디자인에 적용가능한 친근함이 갖는 다양한 의미를 이해하게 되었다. ZMET은 코카콜라, P&G, 휴렛패커드, 메르세데스 벤츠, 홀마크, GM 등 세계적 기업들의 신제품 개발과 마케팅 커뮤니케이션 전략개발에 활용되고 있다.

잠재된 고객니즈를 이해하기 위한 정성조사기법으로 주목받는 ZMET

1. ZMET의 이론적 토대

국내 마케팅 조사회사인 R&R(리서치 앤 리서치)이 도입하여 기업의 마케팅 전략수립에 활용하고 있는 ZMET이라는 정성조사기법이 기업들의 관심을 끌고 있다.

조사방법으로는 최초로 미국 상무성의 특허(No. 5436380)를 받은 최신 정성조사기법인 ZMET은 고객의 잠재니즈를 발견할 수 있는 정성조사에 대한 수요가 증가하면서 미국의 주요 기업들에게 주목을 받고 있다. 오늘날 정성조사가 주목을 받게 된 배경은 소비자의 구매의사결정이 단순한 기능적 속성 이외의 복잡한 동인에 의해 결정되고 있고, 그러한 메커니즘을 이해하는 데 기존의 정량조사가 갖는 한계에서 비롯된다. 예를 들면, 각 기업은 경쟁우위를 확보하거나 유지하기 위해 자사의 브랜드 자산(brand equity)을 증가시키는 데 주력하고 있는데, 브랜드 자산창출의 토대가 되는 브랜드 이미지는 '소비자들의 브랜드에 대한 주관적인 해석에 기반한 전반적 인상'으로서, 이의 창출을 위해 소비자에 대한 심층적 이해를 필요로 한다. 그러나 정량조사만으로는 브랜드 이미지 구축전략에 필요한 충분한 통찰력을 확보하기 어렵다. 우리나라의 기업들은 여전히 저렴한 비용과 짧은 조사기간, 이해의 용이성 등의 이유로 통계적 검증이 가능한 정량조사기법을 선호하는데, 정량조사는 객관성 측면에서는 유용하지만 구매의사결정에 결정적 역할을 하는 잠재니즈를 발견하는 데는 한계를 갖는다. 따라서 복잡하고 숨겨져 있는 고객니즈를 발견할 수 있도록 구미의 선진기업들과 같이 선진 마케팅 조사기법을 적극적으로 도입하여 활용할 필요가 있다. 일례로 ZMET에 대한 독자적인 라이센스를 보유하고 있는 P&G는 자체 스크리닝 과정을 거친 신상품 아이디어의 40%가 ZMET을 통해 발굴된 것이라고 한다. 그러나 과학적 연구성과에 기반하지 않고 시장에서도 검증을 받지 않은 조사방법은 수명이 짧을 수밖에 없는데, 1995년에 개발되어 이미 미국의 메이저 기업들을 대상으로 수백여 건 시행된 ZMET은 신뢰할 만한 조사방법으로 인지되고 있다.

1995년 하버드대 경영대학원의 마케팅 교수인 Zaltman에 의해 ZMET이 탄생하게 되었다. ZMET은 소비자의 구매의사결정이나 정보처리과정에서 기억에 떠올리는 구성개념(construct)들 및 그 구성개념들 간의 연계구조를 규명할 수 있게 한다. 가령, 외제 승용차를 구매하려는 소비자는 기억으로부터 자연스럽게 고품격의, 고품질의, 비싼 가격의, 멋있고 고급스러운 외양의, 벤츠, BMW 등의 구성개념을 떠올리게 되며, 이러한 구성개념들은 네트워크 형태로 서로 연계되어 있다. ZMET은 이러한 구성개념들 간의 연계구조를 파악하기 위해 은유기법을 활용한다. 은유는 한 사물을 다른 사물의 관점에서 경험하거나 이해하는 현상을 의미하거나 어떤 사물을 마치 다른 종류의 사물로 지각하는 현상을 의미한다. 예를 들어, '뜨겁다'와 같은 온도 특성(temperature quality)은 인기의 정도를 전달하는 데 사용되곤 한다. 은유는 인간의 마음을 이해하는 데 중심적인 역할을 담당한다. 은유는 특히 숨겨진 지식을 표면화하는 데 효과적이다. 심리치료 분야의 수많은 전문가들은 은유를 명시적으로 사용함으로써 환자들이 무의식적 경험을 보다 의식적 차원으로 점진적으로 표면화시켜 소통 가능하도록 도와준다. 은유는 문자적 언어로 표현되지 못한 인지과정을 추출할 수 있기 때문에 문자적 언어에서는 간과되거나 제대로 표현하지 못했던 생각과 느낌을 표면으로 끌어올릴 수 있다.

2. ZMET의 진행절차

ZMET의 진행단계는 〈인터뷰 준비–실시–분석〉 등 3단계로 구분된다. ZMET이 다른 조사방법과 갖는 가장 큰 차이점은 소비자들이 직접 가져온 그림을 가지고 인터뷰를 진행한다는 점이다.

(1) 인터뷰 준비단계

인터뷰 준비단계는 소비자들이 어떤 그림을 가져와야 할지를 결정하는 단계로서, 조사목적에 가장 부합하는 주제를 선정하는 단계이다. 소비자가 가져오는 그림은 전체 인터뷰의 진행과정과 결과를 좌우하고, 소비자의 주제와 관련된 사고를 점화시킨다는 점에서 중요하다. 예컨대, 모토롤라는 2001년에 새로운 주택보안시스템을 개발하는 과정에서 신제품의 콘셉트를 개발하기 위해 ZMET을 사용하였는데, 그때 주제를 "안전할 때와 불안할 때 드는 본인의 느낌과 생각을 가장 잘 표현해 주는 그림"을 가져오라는 것으로 정했다. 만일 단순하게 "주택보안시스템에 대한 본인의 느낌과 생각을 가장 잘 표현해 주는 그림"으로 주제를 설정했다면, 참여자의 사고를 보다 협소하게 틀 지음으로써 전자만큼의 성과를 거두기 어려웠으리라 예상된다.

ZMET의 참여자는 조사목적에 따라 달라진다. 대상자가 누구이더라도 이미지/은유/스토리 등의 방법을 통해 구성개념을 추출할 수 있기 때문에 FGI(Focus Group Interview)와는 달리 조사대상자들의 언어표현능력은 별로 중요하지 않다. 다만 주제에 관한 관여도가 높은 소비자일수록 주제와 관련하여 다양한 구성개념을 추출할 수 있다는 면에서 선호된다. ZMET의 표본크기는 최소 12명으로 구성되는데, 그 이유는

Eastman Kodak, DuPont, General Motors 등의 합동조사(consortium research) 결과에서도 확인할 수 있듯이 일대일 인터뷰의 경우 12명 이상의 표본 크기가 주요 구성개념 수에서 안정적인 경향을 보이기 때문이다.

구성개념의 추출에서 ZMET이 FGI에 비해 상대적으로 우월한 이유는 8명 정도의 구성원들에 의해 2시간 정도의 집단토론이 이루어지는 FGI의 경우 1인당 평균발언시간은 15분 정도에 불과하므로 자신의 의사를 충분히 표현할 수 없으며 낯선 환경에서 낯선 사람들과의 대화로 인해 내면의 의사를 표명하는 데 한계가 있기 때문이다.

인터뷰는 ZMET 전문 면접진행자의 주재하에, 일대일로 2시간 동안 6단계에 걸친 프로빙(probing)에 의해 실시되는데, 이를 통해 참여자의 주제에 대한 구성개념의 상당부분을 추출할 수 있다. 특히 ZMET은 소비자가 직접 준비해 온 그림을 기반으로 인터뷰가 진행된다는 점이 특징인데, 이러한 참여자의 주도성(participant control)은 다음과 같은 장점을 가진다. 첫째, 그림을 고르는 과정에서 소비자 자신의 지식과 기대, 그리고 경험이 반영됨으로써 소비자에게 보다 풍부한 의미를 갖는 그림을 고를 수 있다는 점이다. 둘째, 소비자가 그림을 직접 고름으로써 기존의 조사방법에서 발견할 수 없었던 새롭고 중요한 이슈를 발견할 가능성이 높아진다는 점이다. 인터뷰 전에 주제와 관련된 그림을 소비자가 고르는 과정은 소비자의 잠재의식에 숨겨져 있는 구성개념들을 활성화시키고, 이를 표면화시키는 기회를 제공한다는 점에서 유용하다.

(2) 인터뷰 실시단계

면접진행자는 다음과 같은 6가지 유형의 프로빙 기법을 사용하여 참여자의 마음속에 잠재된 구성개념들 및 이들 간의 연결관계(네트워크)를 이끌어낸다.

- **Storytelling(스토리텔링)** : 스토리텔링은 면접진행자가 참여자로 하여금 가져온 그림에 대한 이야기를 하도록 하고 그러한 이야기에 맞춰 프로빙함으로써(관련 생각과 느낌을 표현하는 단서가 될 질문을 함으로써) 주제에 대해 소비자가 갖고 있는 구성개념을 추출하는 단계이다. 스토리텔링은 2시간 정도 진행되는 인터뷰에서 1시간 정도 차지하는데, ZMET 인터뷰에서 가장 중요한 단계라고 할 수 있다. 인간의 기억과 의사소통이 이야기에 기반되어 있고 인터뷰 이전에 주제와 관련된 그림을 고르는 과정에서 많은 생각을 했기 때문에, 참여자들은 자신이 하고 싶은 이야기를 이미 사전에 준비한 것으로 볼 수 있다. 이 단계에서 면접진행자는 참여자의 그림 속에 숨겨진 보다 심층적인 의미를 추출하기 위한 프로빙(probing)을 진행한다. 이때 참여자의 그림은 그들의 마음속에 잠재된 구성개념들을 추출하기 위한 촉발단서의 기능을 한다.

  이 단계에서의 인터뷰는 주로 래더링(laddering) 기법에 의해 진행된다. 기존

래더링 기법과 차이는 소비자가 직접 가져온 그림을 이용한다는 점과 소비자의 은유를 중심으로 래더링 과정이 진행된다는 점 등이다. 가령, '이 제품들이 내 다리를 길게 보이게 한다. → 긴다리가 왜 중요한가? → 남자들이 긴 다리를 좋아하기 때문에. → 왜 남자들은 긴 다리를 좋아하나? → 그런 다리가 섹시하기 때문에.' 등의 래더링 과정을 통해 소비자의 마음속에 잠재된 동인을 추적해간다.

- **Missing Pictures(못 찾은 그림이야기)** : 시간과 자료의 제약으로 인해 참여자가 자신이 원하는 것을 가져오지 못한 경우에는 그러한 그림을 가져왔다고 가정하고 그 그림 속에 숨겨진 소비자의 사고와 감정을 프로빙하는 단계이다. 이를 통해 원하는 그림을 가져오지 못한 참여자의 중요한 니즈를 놓치는 경우를 방지할 수 있다. 그러나 대개 참여자들은 자신이 원하는 그림을 찾아오는 경우가 많아 이 단계를 건너뛰는 경우가 많다.
- **Triad(그림비교)** : 인간이 자신의 경험을 이해하는 데 있어 경험대상들에 대한 범주화가 갖는 중요성에 착안하여 그들의 범주화 과정을 파악하는 인터뷰를 포함시켰다.

  이 단계에서 면접진행자는 참여자들이 가져온 그림 중에 세 가지를 임의로 골라, 그 그림 간 유사점과 차이점을 조사주제의 관점에서 이야기해 달라고 요구한다. 이러한 프로빙을 통해 참여자들이 주제와 관련하여 갖고 있는 구성개념들을 파악할 수 있다.
- **Expand Frame(그림틀 확장)** : 이 단계는 미술치료기법(art therapy)을 응용한 프로빙이다. 면접진행자는 참여자의 그림 중 하나를 골라, 참여자에게 그 그림의 틀이 사방으로 확장되었을 때 자신의 생각과 감정을 더 잘 표현해 줄 수 있도록 무언가가 들어간다면 무엇이 그 그림 속에 들어갈 수 있는지를 묻는다. 그 답변에 맞추어 이와 관련된 또 다른 질문들을 연속해서 던질 수 있는데, 그러한 질문들은 조사목적에 맞추어 미리 준비된다. 그렇게 그림을 변형시키는 과정을 통해 참여자는 자신의 내면에 숨겨져 있던 또 다른 생각과 감정을 포착하여 표현할 수 있다.
- **Sensory Image(감각이미지)** : 감각은유는 말로써는 구체화하기 힘들었던 잠재의식 속의 사고를 의식적 차원으로 표명시킬 수 있는 기제인데, 시각, 청각, 후각, 촉각, 미각 등 오감은 각각 재현되는 계기가 다르지만 참여자의 기억을 재생시키는 데 도움을 준다. 이 단계에서 참여자들은 조사대상을 잘 표상하는 감각적 느낌과 그렇지 않은 감각적 느낌에 대한 질문을 받는다. 이 단계에서는 특정 답변이 중요한 것이 아니라, 그러한 답변들이 조사주제와 관련을 맺는 방식과 이유를 이해하는 것이 중요하다. 그러한 이해과정을 통해 소비자의 사고와 행동에 대한 추가적인 통찰력을 획득할 수 있다.

- Vignette(**동영상 은유**) : 이 단계에서 면접진행자는 참여자들로 하여금 주제와 관련된 자신의 생각과 감정을 잘 표현해 주는 짧은 영화를 만들어 보도록 한다. 이 단계의 도입은 동적 이미지는 정적 이미지와는 다른 뇌 영역을 활성화시키기 때문에, 또 다른 추가적인 구성개념들과 이들 간의 연계관계를 추출할 수 있다는 데 그 이론적 기반을 두고 있다.
- Digital Image(**합성이미지**) : 인터뷰의 마지막 단계로서, 참여자가 전문 디자이너의 도움을 받아 그래픽 프로그램을 이용하여 자신이 가져온 그림들을 한 장의 합성이미지(collage)로 만들어냄으로써 주제에 대한 자신의 생각과 느낌을 압축 · 표현하는 단계이다. 특히, 합성이미지를 제작하는 단계에서 기존의 그림을 그래픽 프로그램을 이용하여 참여자가 원하는 대로 변형(distortion)시킬 수 있는데, 이러한 변형을 통해 그 참여자의 생각과 느낌에 대한 새로운 통찰과 아이디어를 획득할 수도 있다. 합성이미지가 완성이 되면 참여자에게 그 이미지를 처음 보는 사람에게 설명하듯이 이야기해 달라고 면접진행자가 요구한다. 창의력은 본질적이며 또 선천적인 능력이기 때문에, 거의 대부분의 참여자가 이 단계에서 무리없이 자신이 원하는 이미지를 만들어낸다. 이 단계의 목적은 보기에 아름다운 그림을 만드는 것이 아니라 주제에 대한 자신의 생각을 표현하는 데 있다는 점을 면접진행자는 유념할 필요가 있다. 합성이미지에서 조각그림의 방향과 위치, 다른 그림과의 거리와 관계, 전체적인 구도와 패턴 등은 조사문제와 관련된 중요한 의미를 내포하고 있다.

(3) 인터뷰 분석단계

인터뷰가 완료되면 조사자(researcher)는 참여자의 스크립트와 그림을 가지고 공유개념도(consensus map)를 작성한다. 공유개념도는 소비자의 사고와 행동에 영향을 주는 주요 구성개념(node)과 그들 간의 링크(link: 연결, 연계, 관계)로 구성되는데, ZMET은 FGI와는 달리 구성개념 간의 연계구조를 보여줄 수 있다는 장점을 가지고 있다. 공유개념도 작성과정은 일단 참여자 개인별 스크립트를 단어 단위로 분석하여 인지지도(mental map)를 작성한 후 ZMET 전용 프로그램에 입력하여, 참여자 집단이 공유하고 있는 구성개념들(nodes)과 이들 간의 링크(link)를 추출한다. 공유개념도는 인간의 사고와 감정이 표층적인 차원에서는 다양해 보이지만, 심층적인 차원에서는 기본적인 사고와 감정을 서로 공유하는 보편구조가 존재한다는 패러다임에 기초하고 있다. 공유개념도를 통해 개인이 아닌 목표집단이 공유하고 있는 사고와 감정구조를 포착함으로써 보다 효과적인 마케팅 전략을 수립할 수 있다.

ZMET이 은유라는 수단을 통해 고객의 잠재니즈에 접근해간다는 점은 앞서 밝힌 바와 같다. 이러한 은유들은 계층적 구조를 가지고 있으며, 표층의 다양한 은유를 지배하는 심층은유(deep metaphor)가 있다. 심층은유는 참여자의 진술과 그림, 그리고 공유개념도의 분석을 통해 추출하는데, 이를 통해 주제에 대한 소비자의 핵심적인 준거틀을 확인할 수 있다. 이러한 심층은유는 제품이나 브랜드의 핵심콘셉트 결정과 마케팅 전략수립에 활용될 수 있다.

ZMET 조사의 결과물은 크게 은유분석, 공유개념도, 디지털 이미지, 그리고 심층은유 등의 4가지로 구성된다. 결과보고서는 110~130페이지 정도의 분량을 갖는데, 상당 부분은 공유개념도와 그 공유개념도를 구성하는 구성개념에 대해 참여자의 진술과 그림을 토대로 설명하는 부분이 차지한다. 그러한 공유개념도 분석을 토대로 심층은유를 제시하고 이를 통해 조사목적의 달성을 위한 마케팅 제언을 한다.

(3) ZMET의 적용사례: Coke의 브랜드 이미지 조사사례

브랜드 자산(brand equity)은 기업들이 높은 수익을 창출함에 있어 중심적인 역할을 하고 있다. 브랜드 자산을 제고시키기 위해서는 먼저 소비자들이 자사의 브랜드를 어떻게 이해하고 있는지를 살펴보아야 한다. 자사의 브랜드 이미지를 깊이 있게 이해할수록 브랜드 (재)포지셔닝과 같은 마케팅 전략의 성공가능성을 높일 수 있다. 브랜드 이미지와 관련된 ZMET 조사로 가장 유명한 사례는 코카콜라에서 2001년에 실시한 조사를 들 수 있다. 코카콜라는 소비자들이 자사브랜드에 대해 가지고 있는 숨겨진 느낌과 생각을 알아내기 위해 ZMET 기법을 사용하였다. 과거 FGI와 설문조사에서는 코크(Coke)의 이미지가 '에너지 충전, 갈증해소, 해변의 즐거움' 등으로 나타났는데, ZMET 조사에서는 코크가 활기차고 사교적인 느낌(invigoration and sociability)뿐만 아니라 고요함, 고독, 긴장해소(calm, solitude, relaxation) 등과 같이 상반된 느낌도 함께 불러일으킨다는 점을 발견했다. 그러한 상반된 이미지를 발견하게 된 계기 중의 하나가 참여자가 직접 가져온 그림이었다. 한 참여자는 코크의 이미지를 가장 잘 표현해 주는 그림 중의 하나로 '관중이 가득 차 있는 축구경기장에서 명상에 잠겨있는 불교 승려' 그림을 가져왔는데, 그 그림 속에 나타난 참여자의 느낌을 프로빙(probing)한 결과 코크에 대한 새로운 이미지를 발견할 수 있었고, 이는 다른 참여자들에게서도 공통적으로 드러났다. 자사브랜드 이미지의 새로운 측면을 발견하게 된 코카콜라의 경영자들은 조사결과에 놀라워하면서 새로운 마케팅 전략수립에 활용하였다.

자료원 : 정효명, 새로운 고객니즈 이해수단: ZMET; Gerald Zaltman, *How customers think*, 노규형 역, 21세기북스, 2004.

4) 민속지학적 방법을 이용한 정서분석

소비자 정서의 측정은 주로 개인 차원에서 이루어져 왔는데 집단 내 상호작용에서 표출되는 정서를 포함하는 다차원적 접근이 필요하다. 특히 트위터, 인스타그램 및 페이스북 등 SNS에서 커뮤니티를 중심으로 많은 상호작용이 일어나면서 좀 더 세심하게 설계된 정서분석의 필요성이 점점 커지고 있다. SNS에서 일어나는 상호작용의 다이내믹을 잘 분석하기 위해서는 그것이 개인수준의 정서표현과 어떻게 다른지를 이해해야 한다. 즉, 특정 문화적·사회적 맥락에서 자주 표출되는 정서적 표현과 이러한 표현에 영향을 미치는 요인을 알아야 비로소 SNS가 제공하는 빅데이터 기반 정서분석에 도움이 될 수 있다.

집단 내 상호작용에서 나타나는 정서의 측정을 위해서 우선 그룹 상호작용의 다이내믹을 이해하고, 각각의 맥락에 표출되는 정서를 연계하는 것이 중요한데, 그 초기 단계에서 가장 적합한 조사기법 중 하나가 민속지학적 방법이다. 민속지학적 방법은 관찰조사를 기본으로 한다. 그러나 특정 한 시점보다는 좀 더 긴 기간 동안 그 현장과 현상에 들어가 그들의 대화나 서사(dialog & narrative)를 기록하고, 다각적 시각을 이해하는 방법이다. Arnould(1998)는 민속지학적 방법은 관찰조사와 마찬가지로 참가자의 순수한 현상을 있는 그대로 알아낼 수 있는 좋은 방법일 뿐 아니라, 그 복잡하고 역동적인 관계 내에서의 현상을 파악할 수 있는 유일한 방법이라고 설명했다. 특히 집단 내 상호작용 과정에서 나타나는 정서적 표현을 수집·분석하는 데 유용하다. 관찰 및 참여를 기본으로 하는 이 접근방법은 특정 시점보다는 일정 기간 동안 현장에서 사람들의 대화나 서사를 수집함으로써 집단 구성원들 간의 상호작용과 다양한 맥락에서 표출되는 정서를 이해하려고 한다.

민속지학적 방법을 다른 개인 정서측정방법들과 결합하면 집단정서를 분석하는 데 좀 더 효과적일 수 있다. 예를 들어, 이 기법은 주로 특정 문화를 가진 집단에의 장기간 참여를 기본으로, 구조화된 관찰과 사후 심층면접과 같은 체계적인 자료수집을 포함한다. 그동안 이 접근방법은 가설검증의 연구방법에 비해 덜 활용되었으나 최근 현장실험의 수행 등 현상이해에 대한 기업의 관심이 커짐에 따라 이러한 민속지학적 접근방식의 활용이 증가하고 있다. 특히 빅데이터 및 A.I.를 통한 감정분석의 한계를 극복하기 위한 보조방법으로 활용될 수 있는 가능성이 커지고 있다. 빅데이터 분석 시 '맥락 없는 언어 분석'이라는 한계를 보완하는 데 도움이 될 수 있다. 이에 대해서는 이 장의 마지막 절에서 살펴보기로 한다.

민속지학적 방법은 최근 여러 연구를 통해 점차 더 정교화되고 있다. 특히 Joy와 Sherry(2003)의 연구는 기존 몇몇 민속지학적 연구들의 장점을 포함한 체계적이고 다각적 분석을 시도하였을 뿐 아니라, 현장실험조사까지 포함했다는 점에서 조금 자세히 살펴볼 만하다. 이 연구자들은 사람들의 예술작품 감상 시 오감이 활용되는 체감효과(embodiment effect)와 그에 따른 정서를 연구하기 위해, 작품을 전시하는 뮤지엄 현장에서 연구를 진행하였다. 우선 그들은 11개월에 걸쳐 자료를 수집하였는데, 민속지학적 연구는 장기간이어야 한다는 것을 잘 보여준 사례이다. 물론 그 기간 동안 현장에 방문해 작품을 감상하는 참가자들의 모든 신체적 움직임, 표현, 의견, 평가 등을 기록하였으며, 그 기록에는 현장노트, 현장다이어리, 시청각 재료를 활용한 반응 영상 기록, 그리고 심층 인터뷰 녹취록 등을 모두 포함하고 있다.

이 연구는 민속지학적 접근방식에 따라 세심하게 체계적으로 진행되었다. 먼저, 참가자들로부터 인터뷰나 관람행동 및 설문 등을 모두 녹화하겠다는 동의를 받아내었다. 이 동의에는 참가자들이 자신이 선호했던 특정 작품에 대해 대화를 하거나 전시를 둘러본 경험에 대해 느낀 바를 함께 이야기한다는 내용이 포함되었다. 연구자들은 관람 후 라운지에서 작품감상 시 나누었던 대화에 대한 질문으로 시작하는 인터뷰를 실시하였다. 일부 참가자 그룹은 연구자들의 방해 없이 전시를 관람했는데, 그 관람시간 내내 뒤를 따라가며 그들의 작품과의 거리, 작품감상에 소요된 시간 등을 기록하였다. 그 후에 참가자들과 이와 관련된 인터뷰도 진행하였다. 첫 번째 그룹과 라운지 카페에서 인터뷰를 진행하는 동안 다른 그룹은 전시장을 자유롭게 다니도록 하고 그 그룹의 공간적 움직임도 역시 관찰하였다. 그러나 또 다른 그룹에 대해서는 전시장 관람과정을 관찰하지 않고 인터뷰만 진행하는 등, 현장실험 조건에 적합한 연구설계를 하였다.

연구자들은 Heisley와 Levy(1991)의 연구에서 시도되었던 방법을 적용해, 몇몇 참가자들의 특정 작품에 대한 언급을 화두로 참가자들과의 관계를 만들고 이를 관람기억에 대한 기억의 단서로 활용하였다. 이러한 다각적이고 체계적인 자료수집방법을 토대로 그들은 30명의 관람자와의 인터뷰 녹취록, 작품전시회에 대한 뉴스기사, 작품 카탈로그

등의 문서화된 자료를 수집했다. 이러한 문서데이터와 관찰데이터는 관람자들의 예술작품 경험에 대한 의미 있는 해석에 도움을 주었다. 또한 Thompson(1997)의 연구에서와 같이, 참가자들과의 인터뷰를 해석할 때 각 개인의 인터뷰뿐 아니라, 인터뷰의 특정 부분에 대한 참가자들 간의 상호작용도 심도 있게 분석하였다. 연구자들은 이러한 다차원적 분석을 통해 그룹 다이내믹을 이해하려고 했다.

연구자들은 Wallendorf와 Belk(1989) 연구에서 시도된 것처럼, 현장 인터뷰를 실시한 이후에도 오랫동안 이메일을 통해 그 기록들을 토대로 인터뷰를 반복하였다. 이 과정은 Kozinets(2001)가 시도해 성공을 거두었던 방법이다. 이러한 연구방법들은 참가자들로 하여금 다른 참가자들과 자발적으로 이메일을 통해 인터뷰의 질문에 대한 자신의 응답에 대해 서로 의견을 교환하거나 특정의 관람경험기억을 회상하는 등 연구자들이 기대하지 않았던 상호작용을 만들어냈다.

요약하면, 위 연구는 장기간의 참여, 서로 다른 전시 스타일에 대한 참가자의 관람반응의 3각도(triangulation) 관찰, 정확하고 잘 계획된 체계화된 관찰, 좋은 인터뷰 기술 등이 모두 잘 어우러진 민속지학적 연구로 향후 다른 연구들의 지침이 될 수 있다. 연구자들은 참가자들이 현장에서 정보를 공유하는 과정에서 경험하는 집난성서를 이해한 다음 이메일 인터뷰를 통해 전시회 관람경험이 미친 후속효과를 살펴보았다. 특히 자발적으로 발생한 상호 의견교환 과정에서 보이는 정서공유 등을 심층적으로 살펴보았다. 이 과정은 특히 자신들끼리 서로 정보를 공유하는 상황이어서 참가자 간에 보이는 자연스러운 집단정서를 잘 이해할 수 있었다는 점에서 SNS의 댓글, 코멘트 분석에 활용될 수 있다.

2. 기본정서 측정에는 어떤 항목들이 사용되나?

사람들이 경험하는 기본정서는 어떻게 측정할 수 있을까? 정서의 측정은 자극(가령, 특정 광고물)에 대한 주관적 느낌, 신체의 자세와 움직임, 얼굴표정, 생리적 반응, 행위경향성 혹은 외현적 행위 등 여러 차원에서 이루어질 수 있지만, 어떤 측정방법을 사용하든 그 토대는 정서이론에 두어야 한다고 설명하였다.

정서를 하나의 정신적 상태나 과정으로 보는 정서심리학자들(가령, 인지적 정서이론 지지자들)은 주관적 정서경험을 자기 보고하는 방식에 의해 정서를 측정하고 있다. 정서를 정신적 상태(대상에 대한 인지적 평가의 결과)로 개념화하는 인지적 정서이론가들의 관점에서 보면 생리적 반응이나 신체적 반응을 나타내는 지표들은 정서에 대한 간접 측정치에 불과한 것이다.

좀 더 포괄적인 관점에서 정서를 해석하는 정서심리연구자들(가령, Plutchik, Izard 등)은 자기보고방식 이외의 다른 정서측정방법도 함께 사용되어야 한다고 강조한다. 즉, 외형적 행동이나 생리적 반응은 정서의 일부분, 즉 정서의 선행요인이나 정서의 결과로 간주될 수 있으므로 다른 정서 측정치(정서척도)도 함께 사용되어야 한다는 것이다.

연구자들마다 정서를 서로 다르게 정의하였기 때문에 정서를 측정하는 척도도 연구자에 따라 다양하게 제안되었다. 정서를 측정하기 위해 개발된 대표적인 척도로는 Plutchik(1980)의 여덟 가지 기본정서 척도(primary emotions), Izard(1977)의 DES(Differential Emotions Scale), Mehrabian과 Russell(1974)의 PAD(pleasure-arousal-dominance) 척도, Watson, Clark과 Tellegen(1988)의 PANAS(Positive Affect Negative Affect Schedule) 등이 있다. Plutchik(1980)은 기본정서로서 두려움(fear), 노여움(anger), 기쁨(joy), 슬픔(sadness), 수용(acceptance), 혐오(disgust), 기대(expectancy), 놀라움(surprise) 등의 여덟 가지를 제안하였으며, 그 밖의 정서는 여덟 가지 기본정서가 결합되어 생겨난다고 보았다. 가령, 사랑(love)은 기쁨과 수용이 결합되어, 그리고 복종(obedience)은 두려움과 수용이 결합되어 발생된다고 보았다. Plutchik이 제안한 8개의 기본정서는 사람들이 경험하는 정서를 측정하는 데 가장 많이 사용되는 척도들 가운데 하나이지만, 심리학 분야에서 많은 비판을 받고 있기도 하다. Plutchik의 정서척도에 대해 제기되는 중요한 비판 가운데 하나는 여덟 가지 기본정서들이 동물이 생존과정에서 해결해야 할 필수적인 문제들(배고픔, 성적 욕구 등)에 근거해서 개발되었기 때문에 인간의 미세한 감정을 설명하는 데는 미흡하다는 것이다.

Izard(1977)는 정서와 연관되어 나타나는 안면근육의 반응을 토대로 10개의 기본정서(fundamental emotions)를 제안하고, 이를 DES(Differential Emotions Scale)로 명명하였다. Izard의 기본정서에는 흥미(interest), 즐거움(enjoyment), 놀라움(surprise), 고뇌/슬픔(distress/sadness), 노여움(anger), 혐오(disgust), 모욕(contempt), 두려움(fear), 부끄러움/수줍음(shame/shyness), 죄책감(guilt)이 포함된다. Izard(1989)는 DES에 이어 DES-Ⅱ

〈표 4.2〉 DES 척도

기본정서 측정항목	정서형용사 측정항목
흥미(Interest)	주의 깊음(Attentive) 집중하는(Concentrating) 기민한, 정신이 맑게 깨어있는(Alert)
즐거움(Enjoyment)	아주 기뻐하는(Delighted) 행복한(Happy) 기쁜(Joyful)
놀라움(Surprise)	놀란(Surprised) 몹시 놀란(Amazed) 깜짝 놀란(Astonished)
고뇌/슬픔(Distress/Sadness)	낙담한(Downhearted) 슬픈(Sad) 좌절한(Discouraged)
노여움(Anger)	격분한(Enraged) 화난(Angry) 성난(Mad)
혐오(Disgust)	싫증난(Feeling of distaste) 정떨어진(Disgusted) 불쾌한(Feeling of revulsion)
모욕(Contempt)	업신여기는(Contemptuous) 경멸하는(Scornful) 무시하는(Disdainful)
두려움(Fear)	겁먹은(Scared) 걱정하는(Fearful) 두려워하는(Afraid)
부끄러움/수줍음(Shame/Shyness)	소심한(Sheepish) 수줍음을 타는(Bashful) 수줍어하는(Shy)
죄책감(Guilt)	뉘우치는(Repentant) 죄책감이 드는(Guilty) 비난받을 만한(Blameworthy)

〈표 4.3〉 PAD 척도

쾌감(Pleasure)	환기(Arousal)	지배(Dominance)
행복한(happy) – 불행한(unhappy)	자극받은(stimulated) – 편안한(relaxed)	통제하는(controlling) – 통제받는(controlled)
기쁜(pleased) – 짜증스러운(annoyed)	흥분된(excited) – 평온한(calm)	영향력있는(influential) – 영향을 받는(influenced)
만족하는(satisfied) – 만족하지 않은(unsatisfied)	광분한(frenzied) – 나태한, 활기가 없는(sluggish)	지배하는(in control) – 보살핌을 받는(cared for)
만족한(contented) – 우울한(melancholic)	조바심 나는(jittery) – 기운 없는(dull)	권위있는(important) – 위축된(awed)
희망에 찬(hopeful) – 절망적인(despairing)	주의 깊은(wide awake) – 멍한(sleepy)	지배적인(dominant) – 복종하는(submissive)
느긋한(relaxed) – 지루한(bored)	흥분한(aroused) – 차분한(unaroused)	자주적인(autonomous) – 지도받는(guided)

를 개발하였는데, DES-Ⅱ는 소비정서의 측정에 많이 사용되고 있다. DES-Ⅱ는 한 개의 기본정서당 3개의 정서형용사 측정항목들을 두어, 모두 30개의 정서형용사 항목들로 구성되어 있다.

Mehrabian과 Russell(1974)은 PAD(Pleasure-Arousal-Dominance) 척도를 개발하였다. 이들은 정서를 쾌감(pleasure), 환기(arousal), 지배(dominance)의 세 가지 차원으로 측정하였으며, 각 차원당 6개의 의미차별화(semantic differential) 정서측정항목들을 두어 총 18개의 정서측정항목들로 구성하였다. PAD 척도와 다른 척도 간의 가장 큰 차이점은 PAD 척도는 정서 그 자체를 측정하는 것이 아니라 환경적 자극에 의해 유발되는 쾌감, 환기, 지배를 측정한다는 것이다. Havlena와 Holbrook(1986)은 PAD와 Plutchik 척도(1980)를 비교한 실증연구에서 PAD가 Plutchik 척도보다 소비경험에서 나타나는 정서적 반응에 대한 정보를 더 많이 제공하기 때문에 보다 우수한 소비관련 정서척도라고 주장하였는데, 소비자들이 점포환경의 자극에 의해 혹은 제품소비과정에서 유발된 정서경험들을 측정하는 데 자주 이용된다.

Watson, Clark과 Tellegen(1988)은 정서가 긍정적 감정과 부정적 감정이라는 두 개의

〈표 4.4〉 PANAS 척도

긍정적 정서 (positive affect)	부정적 정서 (negative affect)
관심있는(interested)	괴로운, 고뇌하는(distressed)
기민한, 정신이 맑게 깨어있는(alert)	속상한(upset)
집중하는, 주의를 기울이는(attentive)	죄책감이 드는(guilty)
흥분된(excited)	부끄러운(ashamed)
열정적인(enthusiastic)	적대적인(hostile)
영감을 받은(inspired)	화가 난(irritable)
자랑스러운(proud)	불안한, 초조한(nervous)
단호한(determined)	조바심 나는, 조마조마한(jittery)
강인한, 굳센(strong)	겁먹은(scared)
활기찬, 활동적인(active)	두려워하는(afraid)

독립적 차원으로 이루어졌다는 기존 연구결과들(Watson and Tellegen, 1985; Westbrook, 1987)에 기초하여 신뢰성과 타당함을 갖춘 정서척도를 개발하였으며, 이를 PANAS로 명명하였다. 그들은 60개의 정서단어들(정서측정항목)을 수집한 다음 요인분석을 통해 20개의 단어를 선정하였다. PANAS(Positive Affect Negative Affect Schedule)는 긍정적 감정과 관련된 10개의 측정항목과 부정적 감정과 관련된 10개의 측정항목을 두어, 총 20개의 정서측정항목으로 구성되어 있다. 긍정적 감정에는 관심있는(interested), 흥분된(excited), 영감을 받은(inspired), 자랑스러운(proud), 기민한 혹은 정신이 맑게 깨어있는(alert), 활기찬(active) 등의 측정항목이 포함되었으며, 부정적 감정에는 괴로운(distressed), 속상한(upset), 죄책감이 드는(guilty), 적대적인(hostile), 불안한(nervous), 겁먹은(scared) 등이 포함되었다. 이러한 정서측정항목들이 갖는 문제점 중의 하나는 많은 정서측정항목들의 의미가 모호하여 긍정적 정서와 부정적 정서로 명확히 분류되기 어렵다는 것이다. 즉, 정서측정항목에 담겨 있는 의미가 분명하지 않다는 것이다. 예를 들어, '흥분된'이라는 긍정적 정서측정항목은 분노의 감정을 수반할 수도 있다. 또한 '속상한'이라는 정서측정항목은 기분이 나쁘다거나 속이 좋지 않다거나 우울함을 느낀다는

의미를 가질 수도 있다.

3. 소비자 정서경험 척도에는 어떤 것이 있나?

소비자행동 분야에서는 주로 자기보고방식에 의존하여 소비자의 정서경험을 측정하고 있다. 즉, 질문지상에 단극(unipolar) 또는 양극(bipolar)의 정서형용사로 구성된 정서문항들을 제시하고 소비자들로 하여금 이에 응답하도록 하는 방법을 주로 사용한다. 가령, 특정 백화점에서의 쇼핑경험을 조사하기 위해 즐거운, 짜증스러운, 흥분된 등의 단극 정서형용사를 사용하거나 즐거운–짜증스러운, 흥분된–차분한 등의 양극 정서형용사를 사용할 수 있다. 소비자행동 연구자들이 사용하는 전형적인 정서측정방법은 긍정적 정서와 부정적 정서를 나타내는 많은 개별 정서문항들을 이용해서 특정 자극(가령, 광고나 브랜드, 혹은 소매환경)에 대한 정서적 반응을 측정한 다음, 요인분석, 다차원 척도법(multidimensional scaling method), 군집분석(cluster analysis) 등과 같은 통계기법을 이용하여 소수의 기본적 정서차원을 확인하는 것이다.

소비자행동 분야에서 이루어진 정서반응의 측정은 주로 광고물에 노출된 소비자들이 보이는 정서반응을 측정하는 경우, 소비자 만족/불만족의 형성과 관련된 정서경험, 그리고 소비과정에서 소비자들이 경험하는 정서반응을 측정하는 경우로 나누어진다.

광고물에 대한 정서반응을 측정한 대표적인 연구로는 Edell과 Burke(1987) 및 Holbrook과 Batra(1987)의 연구를 들 수 있다. 그들은 개별 정서항목들을 사용하여 여러 광고물에 대한 정서적 반응을 측정한 다음, 이들이 소수의 기본적 정서차원으로 압축될 수 있는지를 조사하였다. 그들은 52문항의 개별 정서척도를 사용하여 여러 유형의 광고물에 대한 소비자의 정서적 반응을 측정한 다음, 이로부터 소수의 기본적인 정서차원을 추출하였다. 그 결과 소비자들이 광고물에 대해 보이는 다양한 정서적 반응들은 경쾌한 느낌(up-beat), 부정적 느낌, 따뜻한 느낌(warm)의 세 가지 기본적 정서차원으로 압축되었다.

Holbrook과 Batra(1987)는 정서를 측정하는 94개 문항들을 29개의 정서지표로 재분류한 다음, 이를 사용하여 광고에 노출된 소비자가 경험하는 정서반응을 측정하였다. 예를 들어, 기쁜, 행복한, 짜릿한, 즐거운 등의 정서항목들은 기쁨(joy)지표를 나타내는

〈표 4.5〉 Richins의 16개 소비관련 정서군집(CES)

노여움(anger)	불만(discontent)	걱정(worry)	슬픔(sadness)
• 좌절한 • 화난 • 짜증나는	• 충족되지 않은 • 불만족한	• 초조한 • 걱정하는 • 긴장한	• 우울한(depressed) • 슬픈 • 비참한
공포(fear)	**수치심(shame)**	**질투(envy)**	**외로움(loneliness)**
• 무서운 • 두려운 • 공황의(전전긍긍하는)	• 당황스러운 • 수치스러운 • 모욕적인	• 부러운 • 질투하는	• 외로운 • 향수병의
낭만(romantic)	**사랑(love)**	**평온함(peacefulness)**	**만족(contentment)**
• 섹시한 • 낭만적인 • 열정적인	• 사랑스러운 • 감상적인 • 따스한(warmhearted)	• 고요한 • 평화로운	• 만족스런 • 충족된(fulfilled)
낙관론(optimism)	**기쁨(joy)**	**흥분(excitement)**	**놀라움(surprise)**
• 낙관적인 • 고무된 • 희망적인	• 행복한 • 기쁜 • 즐거운	• 흥분된 • 짜릿한 • 열광적인	• 놀란(surprised) • 경탄스러운, 몹시 놀란(amazed) • (깜짝)놀란(astonished)

것으로, 수치스러운, 난처한, 창피한 등은 수치심(shame) 지표를 나타내는 것으로 보았다. 29개 정서지표를 사용하여 광고물에 대한 소비자의 정서적 반응을 측정한 결과, 이들은 쾌감(pleasure), 환기(arousal), 지배(domination)의 세 가지 기본적 정서요인으로 묶여지는 것을 발견하였다. 즉, 광고에 대한 정서적 반응은 쾌감의 정도, 각성(환기)수준, 우월감(지배) 정도 등의 정서유형으로 나누어질 수 있다는 것이다. 다른 연구자들(가령, Westbrook, 1987; Oliver, 1994)도 여러 정서문항들이 긍정적 정서와 부정적 정서의 두 가지 기본요인으로 압축되는 것을 발견했다.

한편 Richins(1997)는 제품/서비스를 소비하는 과정에서 소비자들이 경험하는 정서를 연구하였는데, 소비관련 정서는 광고관련 정서나 소비자 만족/불만족 관련 정서에 비해 훨씬 복잡하다고 주장하였다. 따라서 광고에 대한 정서적 반응 연구나 소비자 만

한국인의 소비관련 정서는 어떻게 측정해야 하나?

이학식 · 임지훈은 한국인의 소비관련 정서를 측정하는 소비정서측정척도(Consumption-Related Emotion List: CREL)를 개발하는 연구를 하였다. 이들은 기존의 척도개발 연구들과 전문가의 판단을 토대로 얻은 190개의 정서항목과 조사에 참여한 전체 응답자의 20% 이상이 제품 · 서비스의 소비과정에서 경험했다고 기술한 5개의 정서항목을 포함한 195개의 정서항목 목록 가운데서, 소비과정에서 경험한 적이 있다고 응답한 응답자들이 전체 응답자의 20% 미만인 62개 항목과 전문평가자 3인에 의해 소비관련 정서로 부적절하다고 판단된 52개 항목을 제외한 81개의 정서항목을 추출하였다.

다음으로 81개의 정서항목들에 대해 소비자의 익숙성 평가(81개 각각의 정서항목에 대해 얼마나 익숙하게 느끼는지를 질문하는 5점 척도)와 사용가능성 평가(소비자들이 타인에게 말이나 글로써 표현할 때 어느 정도 자주 사용하는지를 질문하는 5점 척도)에 근거한 내용타당성 평가를 통해 최종적으로 38개의 정서항목들인 CREL을 개발하였다. 〈표 1〉은 CREL에 포함된 38개의 정서항목들이다.

〈표 1〉 CREL의 항목

걱정스럽다	만족하다	상쾌하다	좋다
귀찮다	매력적이다	슬프다	즐겁다
기분 나쁘다	믿을 만하다	신경질나다	짜증나다
기분 좋다	부끄럽다	신나다	편안하다
기쁘다	부담스럽다	절망스럽다	형식적이다
긴장되다	불만족하다	싫다	화나다
놀랍다	불신하다	어쩔 수 없다	후회스럽다
답답하다	불쾌하다	유쾌하다	흥분하다
당황스럽다	불편하다	의심스럽다	
두렵다	산만하다	정이 가다	

38개의 CREL 정서항목들을 유사한 항목끼리 묶기 위해 군집분석을 실시하였는데, 그 결과 21개의 군집으로 구분되었으며 각 군집 내에 포함된 정서항목들은 비교적 유사한 성격을 갖고 있다. 〈표 2〉는 CREL의 각 군집과 각 군집을 구성하는 정서항목들

〈표 2〉 CREL의 군집명과 항목

군집명	항 목
걱정	걱정스럽다
귀찮음	귀찮다
불쾌함	기분 나쁘다, 답답하다, 불쾌하다, 싫다
만족	기분 좋다, 만족하다
즐거움	기쁘다, 좋다, 즐겁다
상쾌함	상쾌하다, 신나다
놀라움	놀랍다
슬픔	슬프다
당황스러움	당황스럽다
의심스러움	의심스럽다, 짜증나다
신경질	신경질나다, 불만족하다
신뢰	매력적이다, 믿을 만하다
부담	부담스럽다, 산만하다
두려움	두렵다, 긴장되다
흥분	흥분되다
편안함	유쾌하다, 정이 가다, 편안하다
화남	불신하다, 실망스럽다, 화나다, 후회스럽다
형식적임	형식적이다
어쩔 수 없음	어쩔 수 없다
불편함	불편하다
부끄러움	부끄럽다

을 보여준다.

기업이나 연구자들은 소비관련 정서를 측정하기 위해 CREL을 사용함에 있어 38개의 세부항목을 이용할 수도 있고 21개의 축약된 항목들을 이용할 수도 있다.

자료원 : 이학식 · 임지훈, "소비관련 감정척도의 개발," 마케팅연구, 2002. 9, pp. 55-90.

족/불만족과 관련된 정서적 반응 연구에서 발견된 두 가지 혹은 세 가지 기본적 정서차원들보다 훨씬 많은 차원(요인)을 가지는 것으로 보았다. 그녀는 16개의 소비관련 정서군집(Consumption Emotion Set: CES)을 확인하였으며, 각 군집은 2~3개의 항목들로 구성되어 있다. 16개의 정서군집은 노여움(anger), 불만(discontent), 걱정스러움(worry), 슬픔(sadness), 공포(fear), 수치심(shame), 질투(envy), 외로움(loneliness), 낭만(romantic), 사랑(love), 평온함(peacefulness), 만족(contentment), 낙관론(optimism), 기쁨(joy), 흥분(excitement), 놀라움(surprise)을 포함한다. Richins는 자신이 제안한 CES(Consumption Emotion Set)가 심리학자들에 의해 개발된 정서척도들인 DES(Izard, 1977), Plutchik 척도(1980), PAD(Mehrabian and Russell, 1974) 등에 비해 소비관련 정서를 측정하는 데 있어 더 우수하다고 주장하였다.

Richins가 제안한 16개의 소비정서군집(Consumption Emotion Set: CES)은 소비에서 경험하게 되는 대부분의 정서반응들을 포괄하며, 각 정서군집을 구성하는 측정항목들도 만족스러운 신뢰도를 확보하고 있다는 점에서 설득력이 있다. CES는 특정 정서범주들을 선행변수, 결과변수 또는 조절변수로 사용하거나 경험지향적 소비행동연구에서 정서를 조작적으로 정의하는 데 유용하게 활용될 수 있다. 그러나 각 정서차원(정서군집)을 구성하는 측정항목들이 변별 타당성(discriminant validity)을 확보할 수 있는지에 대해서는 주의가 요구된다. 왜냐하면 정서적 반응과 관련된 대부분의 소비자행동 연구에서 정서측정 항목들이 긍정적 정서와 부정적 정서의 두 차원에 부하된다는 것이 발견되었기 때문이다. 따라서 정서적 경험을 연구하는 연구자들은 어떤 경우에는 특정의 개별적·정서적 반응이 발생하고, 어떤 경우에는 개별적·정서적 반응들이 긍정적 정서와 부정적 정서(가령, 슬픔, 두려움이 서로 높은 상관관계를 갖는 정서적 경험을 가짐)로 묶여 나타나는지를 이해할 필요가 있다. 정서의 인지적 평가이론은 어떤 조건(상황)하에서 개별의 특정 정서가 발생되는지를 예상할(가설화할) 수 있다는 장점을 갖는다. 즉, 연구자들은 특정의 정서자극(사건)에 대한 평가의 근거가 될 조건들을 조작화함으로써 개별적 정서반응을 얻을(유도할) 수 있다.

다른 가능성으로는 정서반응연구에서 단순히 개별 정서만을 만들어내는(유발하도록 하는) 것이 매우 어렵다는 것을 반영하는 것일 수 있다. 소비자행동 연구에서 개별 정서반응들이 주로 긍정적 정서와 부정적 정서의 두 차원으로 묶여 나타나는 것을 설명하는 또 다른 원인은 연구에 사용된 정서자극 자체의 특징에 있다. 즉, 소비자행동 분야에서의 정서반응연구에 사용된 마케팅 자극(가령, 광고, 제품, 브랜드 등) 자체가 복잡하며, 이런 자극에 대한 다양한 측면의 평가(가령, 광고를 보는 동안에 경험한 정서적 느낌, 광고태도, 브랜드 이미지, 브랜드 태도 등)들이 상호관련되어 있기 때문이다.

소비자행동 분야에서의 정서연구에서 생각해 보아야 할 또 다른 쟁점은 정서를 측정함에 있어 단극문항(척도)을 이용하느냐(가령, 기쁨, 슬픔 등 개별 정서단어에 대해 측정함) 혹은 단일차원의 양극문항(척도)을 이용하느냐(가령, 기쁨–슬픔의 양극성 정서단어상에 자신의 정서상태를 표시하게 함)의 문제이다. 이 문제는 긍정적 정서와 부정적 정서가 서로 독립적인 개념인가 하는 문제와 연결되어 있다.

긍정적 정서와 부정적 정서 간의 독립성(혹은 양극성) 여부에 관련된 연구들이 상반된 결과를 보여주고 있으므로, 정서적 반응에 관한 경험연구에서 어떤 유형의 정서척도를 사용하는 것이 바람직한지에 대한 결론을 제시하기는 어렵다. 그러나 다양한 정서적 반응 간의 차이를 모호하게 만드는 양극척도를 사용하는 것보다 각 정서에 대한 응답자 자신의 주관적 느낌을 표현할 수 있도록 하는 단극척도를 사용하는 것이 정서경험에 대한 풍부한 정보를 얻는 데 더 효과적일 수 있다. Westbrook(1987)은 단극척도(즉, 긍정적 정서차원과 부정적 정서차원이 서로 독립적인 개념이라는 견해)를 사용하는 것이 긍정적이지도 부정적이지도 않은 정서상태, 긍정적 정서와 부정적 정서가 결합되어 발생하는 혼합적 정서상태, 긍정적 정서와 부정적 정서가 병존하는 상태가 존재할 수 있음을 반영하는 것이므로 단일차원의 양극척도를 사용하는 것에 비해 제품에 대한 소비경험을 연구하는 데 더 적절하다고 제안하였다.

4. 만족/불만족 정서평가 및 측정방법은?

소비자행동에서 정서측정이 가장 많이 이루어진 분야는 광고에 대한 정서적 반응에 관한 연구들이다. 광고는 구매 전 인지적·정서적 반응에 주로 영향을 미칠 목적으로 수행되기 때문에 구매 후 행동에서 나타나는 높은 관여수준과 정서적 경험을 유발시키지 못한다. 또한 광고에 대한 정서적 반응을 조사하는 연구들은 대체로 제품 자체보다는 광고물에 대한 정서적 반응에 관심을 둔다.

정서(emotion)와 감정(affect)을 측정하는 데 가장 자주 이용되는 방법에는 자기평점척도(self-rating scale)가 있는데, 응답자들은 특정의 상황에서 경험했던 여러 정서들의 수준을 보고하도록 요청받는다. 응답자들이 경험했던 정서수준을 측정하기 위해, 연구자들은 다양한 정서항목들을 제시하고, 각 정서항목에 대한 경험의 강도(해당 정서항목을 얼마나 강하게 경험했는가) 혹은 경험의 빈도(해당 정서항목을 얼마나 자주 경험했는가)를 묻는 척도상에 응답자로 하여금 자신의 정서적 경험을 표시하도록 한다.

이하에서는 소비 후 만족/불만족 상태에서 겪게 되는 정서적 경험을 측정하는 데 설명의 초점을 맞춘다. 만족/불만족 상태에서 소비자들이 경험하는 다양한 정서들을 측정함에 있어 연구자들은 두 가지 문제를 고려해야 하는데, 그 하나는 양극척도(bipolar scale)를 사용할 것인지 혹은 단일척도(unipolar scale)를 사용할 것인지의 문제이며, 다른 하나는 정서반응수준을 측정함에 있어 경험한 정서의 강도(intensity)를 물을 것인가 혹은 정서경험의 빈도(frequency)를 물을 것인가의 문제이다.

1) 양극척도와 단일척도

정서를 측정함에 있어 양극척도(bipolar scale)와 단일척도 가운데 어느 것을 사용할 것인지는 논쟁의 대상이 되어 왔다.

가령, '쾌감(pleasure)'이라는 정서반응을 측정한다고 하자. 2차원 정서구조모형이나 원형 정서구조모형을 제안한 정서연구자들은 양극척도를 사용한다. 만약 양극척도를 사용한다면, 응답자들에게 다음과 같은 형태의 정서측정항목이 제시될 것이다.

불쾌한(displeased) −3 −2 −1 0 1 2 3 유쾌한(pleased)

양극척도는 '불쾌한'과 '유쾌한'이 서로 반대되는 정서경험이며 상호배타적이라는(즉, 둘 가운데 어느 하나만 발생됨) 가정을 포함한다. 그러나 응답자들이 동일한 자극물에 대해 유쾌한 경험과 불쾌한 경험을 동시에 가지게 되는 경우에는 양극척도의 사용은 적절하지 않다. 가령, 자극물의 복합적 특성(multiple features) 때문에 유쾌한 감정과 불쾌한 감정을 함께 경험할 수 있다(가령, 놀이공원의 회전열차). 또한 시간의 흐름에 따라 동일한 자극물에 대한 정서경험이 달라질 수 있다(가령, 식당에서 식사를 하는 경우). 한 자극물에 대해 유쾌한 감정과 불쾌한 감정을 동일한 빈도로 경험한 응답자들은 '유쾌하지도 혹은 불쾌하지도 않은(0)'이라는 정서반응에 표시할 가능성이 높다. 문제는 응답자의 정서경험은 이 점수상에 표시되어야 할 성격이 아니라는 것이다. 즉, 0점은 긍정적 감정을 갖는 것도 아니고 부정적 감정을 갖는 것도 아닌 중립적인 감정을 의미하므로, 응답자의 혼재된 정서경험을 정확히 반영하지 못한다.

이러한 경우에는 다음과 같은 단일척도(unipolar scale)의 사용이 적절할 수 있다.

	1	2	3	4	5
유쾌한 (pleased)	전혀 아닌 (not at all)	조금	적정수준의	상당한	매우
불쾌한 (displeased)	전혀 아닌 (not at all)	조금	적정수준의	상당한	매우

단일척도는 개별 정서항목들을 측정하는 데 사용된다. 이 경우 응답자들은 '유쾌한'과 '불쾌한'의 감정을 동시에 보고하거나, 유쾌한(pleased)과 불쾌하지 않은(not displeased)의 감정을 동시에 보고할 수 있다. 단일척도를 사용하는 데 문제점은 일부 소비자들은 자신의 정서경험들을 합하여 전반적으로 유쾌하거나 혹은 불쾌한 감정을 가지는 것으로 판단한 다음 이에 맞추어 개별 정서항목들을 평가한다는 것이다. 가령, 단일정서척도들에 대해 점수를 표시할 때, 응답자들이 전반적 정서경험을 토대로 '유쾌한'에서 5점을, 그리고 '불쾌한'에서 1점을 주거나, '유쾌한'에서 1점을, 그리고 '불쾌한'에서 5점을 주거나, 혹은 '유쾌한'에서 2점을, 그리고 '불쾌한'에서 4점을 주는 방식으로 매길 수 있다는 것이다. 대부분의 소비자들이 이러한 방식으로 응답한다면, 복수의 단일척도들을 사용하는 것이 불필요하며, 하나의 단일척도만으로 응답자의 정서경험을 측정하는 것이 가능하다.

2) 정서반응의 강도와 빈도의 측정

소비자들이 다양한 소비상황에서 소비경험을 하거나 복합적인 특성을 가진(multifaceted) 제품과 서비스를 경험하는 경우에는 정서반응의 강도와 빈도 가운데 어느 것을 토대로 정서반응수준(degree of the emotion response)을 측정할 것인지를 생각해야 한다. 정서반응수준은 실제의 정서강도를 척도로 사용하거나 혹은 정서발생빈도를 척도로 사용하여 측정될 수 있다.

먼저 정서경험의 강도(intensity of felt emotion)는 다음과 같은 방법으로 측정될 수 있다.

유쾌한(pleased) :	1	2	3	4	5
	전혀 아님 (not at all)	조금 (a little)	적정수준 (moderately)	상당한 (quite a bit)	매우 (extremely)

정서경험강도를 척도로 사용하는 것의 단점은 특정의 상황에서 발생된 강한 정서경험만을 반영한다는 것이다. 가령, 고객이 식당서비스에 대한 경험들 중 한 번은 매우 유쾌하지만, 나머지 경우들에서는 적정수준의 유쾌함을 경험했다면, 고객은 이러한 정서경험에 대해 어떤 응답을 할 것인가? 어떤 응답자들은 가장 유쾌했던 경험을 근거로 척도상에서 5점에 표시할 것이다. 다른 응답자들은 3점에 표시할 수 있는데, 그 이유는 그 식당의 방문에서 거의 대부분 적정수준의 유쾌함을 경험했기 때문이다. 또 다른 응답자들은 매우 유쾌했던 식사와 보통수준의 유쾌함을 경험했던 심사들을 평균하여 4번에 표시할 수도 있다. 동일한 정서경험에 대한 응답상에서의 이러한 차이는 수집된 자료의 타당성을 저해한다.

정서반응수준을 측정하는 데 사용될 두 번째 척도는 다음과 같이 정서발생빈도를 측정하는 것이다.

	1	2	3	4	5
1. 유쾌한	1	2	3	4	5
	전혀 발생되지 않음	거의 발생되지 않음	가끔 발생됨	자주 발생됨	매우 자주 발생됨
2. 유쾌한	1	2	3	4	5
	어떤 경우에도 발생되지 않음	몇 번의 경우에 발생됨	반 정도의 경우에 발생됨	거의 대부분의 경우에 발생됨	모든 경우에 발생됨

이 척도는 여러 번에 걸쳐 이루어진 제품·서비스에 대한 정서경험 혹은 여러 상황들에서 발생된 제품·서비스에 대한 정서경험을 측정하는 데 더 나은 방법이다. 이 척도의 문제점은 제품사용과정에서 경험한 정서의 실제 강도를 정확히 반영하지 못한다는 것이다. 정서발생빈도를 측정하는 것은 여러 번의 정서경험이 다양한 수준의 정서들을 모두 포함할 것으로 가정하지만, 이러한 가정은 추측에 불과할 수 있다. 만약 표본에 포함된 응답자들의 대부분이 서비스를 거의 이용하지 않거나 가끔 이용하는 사람들로 구

성된다면, 정서발생빈도를 근거로 정서반응수준을 측정하는 것이 측정상의 문제점을 발생시킬 수 있다. 왜냐하면 그들은 한 번의 혹은 몇 번의 경험에서 발생된 정서수준임에도 불구하고 항상 그러한 수준의 정서를 경험한 것으로 간주하여 응답할 것이기 때문이다.

따라서 한 번의 사용/소비경험에서 발생된 정서를 측정할 경우에는 정서경험강도 척도를 사용하는 것이 바람직하며, 여러 번의 사용/소비경험들에서 일어난 다양한 정서들을 토대로 정서반응수준을 측정해야 한다면, 정서발생빈도 척도를 사용하는 것이 적절하다(가령, 이사 경험과 주택구매 경험, 그리고 대학재학 경험 등). 정서발생빈도를 척도로 사용하는 경우, 동일한 기본정서 경험을 나타내면서 그 강도에서 차이가 있는 정서단어들을 척도에 포함시키면 정서강도 차원에 관한 정보가 상실되는 문제점을 해결할 수 있을 것이다. 가령, 노여움은 속상한(upset), 화난(anger), 분노(격분)한(enraged) 등과 같이 강도에서 차이가 나는 정서단어들을 함께 사용하여 측정될 수 있다. 이 경우 노여움이라는 정서의 강도는 세 가지 척도의 합으로 간주될 수 있다.

사람들은 정서적 경험을 토대로 의사결정(판단과 행동)을 내린다고 설명한 바 있다. 그렇다면 소비자들의 정서상태는 기업과 제품에 어떤 영향을 미칠까? 기업들은 자사제품을 구매하도록 하기 위해 소비자의 마음속에 어떤 감정을 불러일으켜야 할까? 기존의 부정적 감정을 해소시킬 마케팅 전략은 무엇일까? 등은 기업이 확실히 이해해야 할 주제이다.

기업과 브랜드가 소비자를 이끌고 선도적 시장점유율을 확보하기 위해서는 소비자들과의 상호작용과정에서 감성적 공감대를 형성해야 한다. 기업은 소비자의 부정적 정서에 대해서는 조심스럽게 분석해 예방·활용할 방법을 생각해 내어야 하고, 긍정적 정서에 대해서는 이를 유지·확대할 수 있도록 모든 마케팅 노력을 기울여야 한다.

5. A.I.와 빅데이터를 활용한 정서측정은 어디까지 왔나?

마케팅 전략수립에 점차 소비자의 정서정보가 필요함은 아무리 강조해도 지나침이 없다. 넘치는 브랜드 대안과 제품정보로 인해 소비자들은 복잡한 정보처리과정을 거치기보다는 '직관(intuition)'이나 '주먹구구식 판단(heuristic)'에 기반한 단순한 의사결정에 의존하는 경향을 보이기 때문이다. 어떤 제품의 특정 디자인 특성이나 수백 개 구매후기 중 한 개의 표현에 끌려 구매결정을 하는 경우와 같은 소비자 행태가 늘어나고 있는 것이다. 이러한 상황에서 SNS의 텍스트나 이모지 등이 마케팅 전략수립에 활용할 수 있는 무궁무진한 보물창고로 부상하고 있으며, 기업들은 이러한 텍스트에 포함된 주관적 단어들을 분석하여 마케팅 전략에 활용하려고 한다.

이에 따라 최근 머신러닝 같은 과학적 분석기법을 활용해 텍스트에 내재된 소비자들의 주관적인 감성, 정서, 태도 등을 추출하는 분석방법인 감성분석(Sentiment Analysis)에 대한 기업들의 관심이 증가하고 있다. 빅데이터와 A.I.를 활용한 감성분석기법들은 구매한 후에 고객의 왜곡된 의견이나 감정을 묻는 설문조사의 한계를 해결하고 많이 사용되는 단어들에 대한 빈도분석 같은 초기 언어분석에서 진일보했다는 점에서 정서기반 마케팅 전략수립에 상당한 도움을 줄 수 있다. 기존의 빅데이터에 대한 언어분석은 특정 단어가 얼마나 자주 언급되었는지 같은 빈도분석을 제공하거나 그 단어와 함께 언급된 단어들을 찾아내 제시해 준다. 제시하는 방법은 빈도에 따라 글자의 크기를 다르게 시각화하고 동반단어들의 주제단어로부터의 거리계산을 통해 그 단어들을 위치시킨다. 이러한 분석은 그다지 큰 시간과 노력이 필요하지 않기에 빠르게 변하는 시장 트렌드를 파악하는 데 적절할 수 있다.

그러나 이러한 기존의 빅데이터 분석은 한계점을 가진다. 우리의 언어는 특정 단어가 어떤 환경, 어떤 문장에서 쓰이느냐에 따라 전혀 다른 뉘앙스를 가질 수 있기 때문이다. 이러한 한계는 점차 개선된 빅데이터 분석기법을 개발하는 노력으로 이어졌는데, 텍스트 마이닝(Text Mining) 기법이 그 한 예이다. 텍스트 마이닝 기법은 단어나 문장을 긍정·부정으로 분류하는 것으로, 보다 정교한 감성/정서분석이 가능해지게 되었다. 아울러 이 기법의 한 유형인 오피니언 마이닝(Opinion Mining) 기법의 개발로 분석의 기술이 더 진전되었다. 오피니언 마이닝 기법에서는 감성정보가 전혀 포함되지 않은 의견인 객관적 텍스트와 감성이 포함된 의견인 주관적 텍스트를 분류한다. 그리고 그 주관적 텍스트를 다시 긍정적 정서가 포함된 단어와 부정적 정서가 포함된 단어로 분류한다. 더 나아가, 이 기법은 각 긍정·부정 정서단어의 강도를 1부터 10까지의 수치로 전환시키는 방법을 적용한다. 이 기법은 어떤 대상의 평판도를 분석하는 데 유용하다. 예를 들어, 이 기법을 이용해 트럼프라는 대통령 후보자에 대해 사람들이 SNS에 표현한 정서의 강도를 분석함으로써 트럼프 후보의 당선가능성을 예측할 수 있었다.

그러나 오피니언 마이닝의 한계점은 긍정·부정 감정으로 분류하는 기준이 모호하다는 것이다. 그것이 놓여진 환경과 맥락(context)에 따라 전혀 다른 의미가 될 수 있어 객관적 기준을 마련하기 어렵다는 점이다. 더구나 SNS상의 문장들은 극단적 표현들이나 창조적 표현들이 많아, 그 맥락을 알지 못하면 이해하지 못하는 경우가 많다. 이러한 어려움을 극복하기 위해 감성분석 연구자들은 분석틀의 기준을 '감성적'인 단어와 뉘앙스(nuiance)에 더 집중하는 방법을 찾으려 노력한다.

이에 따라 감성적 표현이 담긴 문장을 긍정 또는 부정으로 분류하기 위한 언어분석 기법들이 개발되었는데, 나이브 베이즈(Naive Bayes), 로지스틱 회귀(Logistic Regression) 등이 그 예이다. 이들은 감성사전을 작성해 이를 추후 단어분류에 적용할 기준으로 삼고 유사단어가 입력되면 컴퓨터가 이들을 비슷한 위치에 자동으로 배치하는 기술이다. 나이브 베이즈 기법의 특징은 긍정적인 문장에 자주 쓰인 단어가 어떤 문장에 포함될 경우 그 문장을 모두 긍정으로, 그리고 부정으로 표식화된 단어가 어떤 문장 또는 구절에 포함될 때 이를 모두 부정적인 정서로 인식하는 방법이다(김범진, 2018). 예를 들어, 유튜브에 등장하는, '오늘 관 짰어. 믿을 수 없어!'와 같은 문장을 맥락 없이 보면 긍정·부정을 추측하기 어렵다. 일반적 맥락에서 관을 짜는 것은 장례식 같은 부정적인 정서일 수 있으나, 스타의 팬들이 모인 사이트에서 '관 짰다'는 구절은 '죽을 정도로 좋다'는 강한 긍정정서로, 나이브 베이즈 기법에서는 긍정꼬리표를 달게 된다. 그 꼬리표로 '관 짰다'는 표현이 포함된 전체문장은 긍정으로 인식되는 기법이다. 아울러 '믿을 수 없다'라는 주변단어 역시 주제어(관 짰다)와의 거리에 따라 긍정정서로 점수화된다.

로지스틱 회귀모델은 문장을 긍정·부정으로 범주화하는 통계기법이다. 애매한 구절 또는 문장을 이 회귀모델에 넣어 긍정일 확률과 부정일 확률을 구하고 이에 기반해 긍정 혹은 부정으로 분류한다. 결과적으로 나이브 베이즈나 로지스틱 회귀기법 이 두 모델은 확보된 문서입력이 얼마나 많은지, 그리고 입력된 정보가 얼마나 잘 학습이 되었는지에 따라 그 결과의 정확도가 높아진다. A.I. 및 빅데이터 기반의 데이터베이스가 넓고 커지면서 정서를 좀 더 정확하게 추측해낼 수 있는 것이다.

그러나 로지스틱 회귀모델처럼 작은 확률차이로 우리의 정서를 한 방향으로 규정하는 방법은 마케팅에 활용할 때 주의를 요한다. 즉, 49.999%의 긍정확률을 가진 단어와

50.001의 부정확률을 가진 단어를 시장에 어떻게 적용할 수 있을까와 같은 문제가 여전히 남는다. 이를 해결하기 위해 서포트 벡터머신(Support Vector Machine) 기법을 활용할 수 있는데, 이는 긍정과 부정 사이에 있는 애매한 경계 단어들을 찾아내어 따로 분류하는 방법이다.

정서분석 연구자들은 A.I.같이 컴퓨터가 스스로 학습을 통해 정서를 분석하는 기법을 원한다. 인간의 정서적 표현은 미묘한 차이로 전혀 다른 의미를 가질 뿐 아니라, 외부로부터 끊임없이 유입되는 많은 정보를 빠르게 지각하고 분석할 수 있는 순발력을 가져야 하기 때문이다. 이러한 욕구를 충족시킬 수 있는 정서 분석기법 중 하나가 딥러닝(deep learning)인데, 인공지능 알파고에 적용되었던 콘볼루션 신경망(Convolutional Neural Network: CNN)이라는 딥러닝 시스템이 대표적이다. 조금 먼저 개발된 순환 신경망(Recurrent Neural Network: RNN), 장단기 기억망(Long Short-Memory Network: LSTM)과 거의 유사한 시스템으로, 문장 안의 단어들이 어떤 순차에 의해 입력된다는 점에 착안해, 들어오는 순서대로 긍정·부정을 예측하는 학습방법을 장착하고 있다.

콘볼루션 신경망 시스템은 효율성 증대를 위해 단어가 들어올 때 굳이 모든 단어를 분석하기보다는 앞 뒤 5개 정도의 단어만 선택해 분석한다. 우리 뇌가 새로운 단어를 습득할 때 스키마에 기반해 유입된 정보를 처리하는 방법과 유사한데, 새로운 단어가 유입되면 스키마 내의 몇 개의 단어만을 연계해 한 개의 덩어리(chunk)로 만들어 지각하고 해석하는 방법이다. 이런 방법을 통해 데이터의 양이 대폭 줄어들면서 처리속도를 기하급수적으로 늘릴 수 있다. 콘볼루션 기법은 인간의 뇌와 유사한 방식으로 정보를 습득하고 그 정보를 스키마와 같은 틀에서 해석하려고 한다. 기업은 콘볼루션 기법을 활용해 소비자 스키마에 맞는 정서를 파악하고, 그와 함께하는 단어와 단어의 쌍을 찾아내어 이에 상응한 제품속성과 브랜드 이미지를 개발할 수 있다.

감성분석의 잠재적 유용성에도 불구하고, 아직은 이를 기업의 마케팅 활동에 활용하는 데는 한계가 있다. 감성분석 기법들의 기술적 한계점은 단어나 문장의 정서적 방향과 강도를 분류하는 과정에서 맥락을 충분히 고려하지 못한다는 것이다. 그러나 최근 아마존이나 넷플릭스 등 빅데이터 분석을 적극적으로 마케팅에 활용하는 기업들은 소비자의 댓글 및 공유데이터를 통해 그들의 관심영역과 제품군 등에서 자주 등장하는 정서를 분석해 구매패턴과 연계하는 시도를 하고 있다.

시장은 현재 트렌드나 현재의 습관에만 의존할 수 없을 정도로 빠르게 변하고 있다. 빅데이터의 구매행동패턴 분석이 현재의 구매습관이나 시장의 현황을 많이 알려주기는 하지만, 향후 트렌드의 변화에 대한 예측력은 낮다. 그러나 빅데이터를 활용한 정서분석이 더해지면 향후 시장을 예측하는 데 더 유용할 것이다. 어떤 대상에 대한 선호·비선호를 넘어서 고객이 표현하는 구체적 정서(귀엽다, 포근하다, 세련됐다 등)에 관한 분석정보는 그 제품 또는 브랜드를 개발하거나 특정 세분시장의 규모 등을 예측하는 데 도움을 줄 수 있다.

향후 정서분석을 마케팅 전략에 활용하고자 할 때 주의할 점은, 정서분석의 가장 큰 기술적 한계인 맥락(context) 안에서 정서단어나 문장을 분류하는 기술과 이에 대한 축적된 데이터가 적다는 것이다. 맥락별 분석은 모호한 분석을 명확히 해줄 수 있는데, 앞서 예를 든 '관을 짜는 중'이라는 문장은 '너무나 감동받아 죽을 것 같아요'라는 표현이다. 따라서 이러한 문장이 댓글로 달린 영상은 '너무나(very much)'와 같은 강한 긍정의 감동으로 분류되어야 한다.

A.I.나 빅데이터를 활용한 정서분석 활용 시 주의해야 할 또 다른 점은 이 분석의 결과가 '왜'에 대한 답을 주지 못한다는 것이다. 긍정 또는 부정 정서를 읽기는 하지만, 그 원인을 파악하지 못한다. 뇌 과학이나 신경생물학적 접근들이 마케팅에 충분히 활용되지 못하는 것과 유사하다. 그러나 대상이 좁혀지면 그 원인을 추적하기가 용이하기 때문에 앞서 기술한 맥락(context)은 더욱 중요하다.

기술을 활용한 정서분석의 또 다른 문제는 외현적으로 드러나지 않는 정서표현이나 문장의 억양(accent) 등을 고려하지는 못한다는 점이다. 'slayed', 'killed', 'smacked'와 같은 단어는 상대적 강도에서 차이가 있으며, 숫자화할 경우 서로 다른 정서점수를 가질 수 있기 때문이다. 이러한 문제를 해결할 대안 중 하나는 음성인식이 탑재된 A.I. 기술이다.

A.I. 기술에 기반한 정서분석은 최근 고객관계에서 활용되는 챗봇(chatbot) 기술과 구별될 필요가 있다. 예를 들어, 불만을 가진 고객이 이를 해결하기 위해 챗봇과 대화를 하는 과정에서 원인을 모르고 무조건 죄송하다는 말로 위로하는 것은 문제해결에 도움이 되지 않을 것이다. 이는 통화과정에서 매뉴얼에 따른 기업의 응대에 더욱 분노를 느끼는 것과 유사하다. 현재의 챗봇 시스템은 질의응답의 패턴을 분석하는 알고리즘에 의

존하고 있다. 그러나 소비자가 ARS 응답기 사용을 꺼리는 이유와 같이, 소비자는 대다수 자신의 문제가 특정 카테고리로 정의할 수 없는 복합적 문제로 인식하기 때문에 일대일 질의응답(responsiveness)을 통한 즉각적·상호적(reciprocity) 해결방식을 원한다. 그러나 챗봇과 같은 시스템은 알고 싶은 정보를 제공하는 데는 효과적이지만, 복잡한 문제를 해결하고 싶은 소비자의 답답함이나 불안함과 같은 감성을 공유하는 데는 한계가 있어 고객관계관리에는 유용하지 않을 수 있다.

인간의 정서 중 상당 부분은 신체적으로 표현되며, 그 중에서도 표정으로 많이 나타난다. A.I. 기술에 기반한 딥러닝은 얼굴표정을 읽는 데 유용하게 활용될 수 있는데, 그 중 좋은 예가 로봇 페퍼이다. 소프트뱅크가 개발한 페퍼는 얼굴표정을 통해 인간이나 할 수 있었다고 믿었던 진짜 웃음과 가짜 웃음을 구별해 내어 많은 사람을 놀라게 했다. 앞서 설명한 Paul Ekman 교수의 FACS(Facial Action Coding System) 덕분에 얼굴표정을 읽는 방법은 최근 빠르게 발전하고 있는데, 이 '얼굴지도' 이론은 이마의 주름, 눈썹의 각도, 오르내림, 동공의 크기와 위치, 입 꼬리의 위치 등을 코딩해 기쁨, 즐거움, 분노와 같은 기본감정을 파악한다.

최근 하드웨어의 발전으로 기업들은 얼굴표정을 분석할 수 있는 방대한 양의 동영상 자료를 이용할 수 있게 되었다. 유튜브, 인스타그램, 페이스북 등에 올라오는 엄청난 양의 동영상 자료를 토대로 한 얼굴표정 분석은 감정분석의 유용한 도구가 될 것이다. 이러한 분석은 엔터테인먼트 분야뿐 아니라, 운전자의 피로감, 수면상태 등을 체크해 사고를 미연에 방지하는 자율자동차 시스템, 고령화 사회에 필요한 감성로봇에의 적용, 원거리 의료지원 등 다양한 산업에 사용될 수 있다.

미국 실리콘 밸리의 많은 스타트업 회사들은 정서분석의 유용성을 인식하고 다양한 형태의 정서분석 도구들을 개발하고 있다. 얼굴표정, 음성, 억양, 몸짓, 문장 등 모든 표현을 종합하는 멀티 모달(Multi-modal) 시스템의 개발이 한 예인데, 이를 통해 기본적 정서뿐 아니라 집중력, 산만함과 같은 애매한 정서까지도 분석하려고 한다. 예를 들면, 이러한 모델들은 직원 채용에서 원하는 직원선발의 예측력을 높이는 것으로 보고되고 있다.

마지막으로 정서분석에서 유의해야 할 점은 문화적 차이를 고려해야 한다는 것이다. 예를 들면, 집단주의 문화에서는 안전과 협조 등 예방적(preventive) 표현이 촉진적

(promotional) 표현보다 더 많이 사용된다. 동양과 같은 예방적 문화권에서는 가능한 한 정서를 표현하는 것을 절제하기 때문에 다른 표현에서 그 정서의 큐(cue)를 찾아내야 한다. 반면에 서양과 같은 촉진적 문화에서는 표정이나 표현이 과장될 수 있다. 그러나 SNS에서의 사적인 표현은 의외로 문화권에 따라 별 차이가 없을 수 있다. 따라서 문화권에 따른 일률적인 조정보다는 문화맥락에 따른 분석이 필요할 것이다. 특히 SNS와 같은 상대적으로 익명이 보장되는 도메인에서의 표현과 오프라인 상황에서의 표현은 문화마다 다르게 조절되어야 할 것이다.

정서마케팅의 필요조건은 정서관련 데이터를 정의하고 축적하는 것이다. 아무리 많은 분석기법이 발달한다 해도 데이터가 축적되어 있지 않거나 흩어져 있다면 무용지물이 된다. 예를 들면, 기업들이 갖고 있는 CRM(Customer Relationship Marketing) 데이터를 고객관련 사진, 녹화된 영상 등 언어, 표정, 음성 데이터와 통합해 분석하려는 노력이 필요하다.

연구자들과 마케터들은 앞에서 설명한 다양한 정서측정방법뿐 아니라, 현장실험(field experiment) 조사방법, 민속지학적 조사방법 등으로 정서측정방법의 범위를 확대할 필요가 있다. 최근 SNS상에서 소비자들이 자신의 구매경험, 특히 정서적 경험을 표현하고 공유하는 데 사용한 언어(가령, 댓글)와 이모지 등이 고객-브랜드 관계구축에 큰 영향을 미침에 따라 이러한 조사방법의 유용성이 커지고 있다.

현장실험 방법은 구조화된 실험설계를 토대로 연구문제를 현장에서 조사하기 때문에 특정 행동이나 정서적 반응의 원인을 찾을 수 있다는 이점이 있다. 예를 들어, 커피전문점이나 유명 레스토랑은 음악이 정서적 반응을 포함한 매장 내 고객행동에 미치는 영향을 분석하기 위해 서로 다른 시간대에 같은 유형의 음악을 틀고 고객들의 표정, 대화, 상품구매행동 등의 변화를 관찰·분석할 수 있다. 현장실험 조사방법이나 민속지학적 조사방법은 새로운 방법들은 아니다. 하지만 최근 고객경험의 중요성이 커지면서 이를 활용하는 기업들이 늘어나고 있다. 결국 빅데이터는 다양한 스몰 데이터의 도움이 있을 때 마케팅 의사결정에 더 유용하다. 감성분석은 소비자들이 질문에 응답하는 방식이 아닌 자발적인 반응이나 표현을 있는 그대로 데이터화하고 분석한다는 점에서 대다수 펜앤펜슬(pen and pencil) 조사에서 나타나는 응답의 과장이나 기억의 변조 같은 데이터 왜곡을 최소화할 수 있다는 점에서 전통적인 정서측정방법들을 보완해 준다. 요약하면, 연구자들과 기업 마케터들은 시장에서 고객들의 전반적인 정서적 반응을 파악하는 데 유용한 빅데이터와 개개 소비자들의 정서적 표현의 강도와 방향, 그리고 이에 영향을 미친 마음속 깊이 잠재된 요인들을 파악하는 데 유용한 스몰 데이터 분석을 병행해야 한다.

참고 문헌

김범진.(2018). 트럼프 당선 예측했던 그 분석. 동아비즈니스리뷰, 2(Nov.), 46-54.

성영신 · 신주리 · 김숙진.(2005). 소비자의 방: 클래식에서 포스트모던까지. 2005년 한국소비자학회 추계학술대회.

유창조 · 정혜은.(2004). 브랜드커뮤니티 형성과정에 따른 커뮤니티의 특징, 구성원의 형태와 참여경험 및 관계의 질에 대한 분석. 마케팅연구, 3, 47-80.

이학식 · 임지훈.(2002). 소비관련 감정척도의 개발, 마케팅연구. 17(3), 55-91.

이훈구 · 이수정 · 이은정 · 박수애.(2003). 정서심리학. 법문사.

Bagozzi, Richard P., Z. Gurhan-Canil and J. R. Priester(2002). *The Social Psychology of Consumer Behavior*. 김완석 · 이성구 역, 시그마프레스.

Plutchik, R.(2003). *Emotions and Life*. 박권생 역, 학지사.

Zaltman, Gerald(2003). *How consumers think*. 노규형 역, 21세기 북스.

Arnould, Eric(1998). Daring Consumer Oriented Ethnography. In Barbara Stern(Ed.), *Representing Consumers*(pp.85-126). New York: Routledge.

Bagozzi, R. P., N. Wong and Y. Yi(1999). The role of culture and gender in the relationship between positive and negative affect. *Cognition and Emotion*, 13, 641-672.

Cacioppo, J. T. and R. E. Petty(1979). Attitudes and cognitive response: An electro physiological approach. *Journal of Personality and Social Psychology*, 37, 2181-2199.

Damasio, A. R.(1999). *The Feeling of what happens: body and emotion in the making of consciousness*. New York: Harcourt Brace.

Daniel, M. and D. M. Wegner(2002). *The Illusion of Conscious Will*. MIT Press.

Edell, J. A. and M. C. Burke(1987). The power of feelings in understanding advertising effects. *Journal of Consumer Research*, 14, 421-33.

Ekman, P.(1982). *Emotion in the human face*. London: Cambridge University Press.

Ekman, P., W. V. Frieses and S. Ancoil(1980). Facial signs of emotional experience. *Journal of Personality and Social Psychology*, 39, 1125-1134.

Havlena, William J. and Morris B. Holbrook(1986). The varieties of consumption experience: comparing two typology of emotion in consumer behavior. *Journal of Consumer Research*, 13(Dec.), 394-404.

Heisley, Deb and Sid Levy(1991). Autodriving: A Photo Elicitation Technique. *Journal of Consumer Research*, 18(Dec.), 257–272.

Holbrook, M. B. and R. Bartra(1987). Assessing the role of emotions as mediators of consumer responses to advertising. *Journal of Consumer Research*, 14, 404–20.

Izard, Caroll E.(1977). *Human emotions*. New York: Plenum.

Izard, Caroll E.(1979). *The maximally discriminative facial movement coding system*. Network: Instructional Resources Center, University of Delaware.

Izard, Caroll E.(1989). Studies of development of emotion–cognition relations. In Caroll E. Izard(Ed.), *Development of emotion-cognition*. New York: Plenum Press, 257–266.

Izard, Caroll E.(1992). Basic emotions, relations among emotions, and emotion–cognition relations. *Psychology Review*, 99, 561–656.

Izard, Caroll E.(1993). Four systems for emotional activation: cognitive and noncognitive processes. *Psychological Review*, 100, 68–90.

Joy, A. and John Sherry, Jr.(2003). Speaking of Art as Embodied. *Journal of Consumer Research*, 30(2), 259–282.

Kleinginna, R. R. and A. M. Kleinginna(1981). A categorized list of emotion definitions, with suggestions for a unsensual definition. *Motivation and Emotion*, 5, 345–379.

Kozinets, Robert(2001). The Field behind the screen: Using Netnography for marketing research in on–Line communities. *Journal of Marketing Research*, 39(Feb.), 61–73.

LeDoux, J.(1996). *The Emotional brain: The mysterious underpinnings of emotional life*. New York: Simmon & Schuster.

Lorr, M. and D. M. McNair(1984). *Manual: profile of mood states: bipolar form*. San Diego: Educational and Industrial Testing Service.

Mehrabian, Alert and James A. Russell(1974). *An Approach to environmental psychology*. Cambridge, MA: MIT Press.

Oliver, R. L.(1994). Conceptual issuse in the structural analysis of consumption emotion satisfaction, and quality. In C. T. Allen and D. R. John(Eds.), *Advances in Consumer Research*, Vol. 21, Provo, UT: Association for Consumer Research.

Plutchik, Robert(1980). *Emotion: A psychoevolutionary synthesis*. New York: Harper & Row.

Plutchik, R. and H. Kellerman(1974). *Manual of the emotions profile index*. Los Angeles: Western Psychological Services.

Richins, M. L.(1997). Measuring emotions in the consumption experience. *Journal of Consumer Research*, 24, 127–146.

Russell, J. A.(1980). A circumplex model of affect. *Journal of Personality and Social Psychology*, 39, 1161–1178.

Russell, J. A. and A. Mehrabian(1977). Evidence for a three–factor theory of emotions. *Journal of Research in Personality*, 11, 273–294.

Thompson, Craig(1997). Interpreting Consumers: A Hermeneutical Framework for Deriving Marketing Insights from the Texts of Consumers' Consumption Stories. *Journal of Marketing Research*, 3 (Nov.), 438–455.

Wallendorf, Melanie and Russ Belk(1989). Assessing Trustworthiness in Naturalistic Consumer Research. In Elizabeth Hirschman(Ed.), *Interpretative Consumer Research*(pp.69–84). Provo, UT: Association for Consumer Research.

Watson, David and Auke Tellegen(1985). Toward a consensual structure of mood. *Psychological Bulletin*, 98, 219–235.

Watson, David, Lee Anna Clark and Auke Tellegen(1988). Development and validation of brief measures of positive and negative affect: The PANAS Scales. *Journal of Personality and Social Psychology*, 54(6), 1063–1070.

Westbrook, Robert A.(1987). Product/Consumption based affective responses and repurchase processes. *Journal of Marketing Research*, 14(Aug.), 258–270.

Zuckerman, M. and B. Lubin(1965). *Manual for the multiple affect adjective checklist*. San Diego: Educational and Industrial Testing Service.

5

정서마케팅의 효과와 활용

정서:n 소비자행동

chapter 5

정서마케팅의 효과와 활용

기업의 마케팅 활동에 의해 유발된 정서는 다양한 형태의 소비자 반응에 영향을 미친다. 즉, 매력적인 패키지 디자인, 점포 인테리어, 광고 등 브랜드 정보는 브랜드 평가, 브랜드 구매의사 등의 소비자 반응에 상당한 영향을 미칠 수 있다. 따라서 다양한 마케팅 활동에 의해 유발된 정서의 이해는 소비자 정서반응을 효과적으로 활용하는 데 필수적이다. 각 장에서 해당되는 세부적인 정서의 활용점을 기술하였지만, 마지막 장에서는 최근 빈번히 활용되고 있는 마케팅 분야를 중심으로 정서가 어떻게 실무적으로 잘 적용될 수 있는지에 집중해 살펴보고자 한다.

최근 체험마케팅, 오감/센스/감각마케팅, 공익마케팅, 엔터테인먼트를 활용한 스폰서십(Sponsorship) 마케팅 및 문화마케팅 등 정서기반 마케팅이 활발하게 이루어지고 있다. 이 장에서는 정서가 소비자행동에 미치는 영향, 특정의 정서를 유발시키기 위한 마케팅 활동, 그리고 체험마케팅의 정서적 효과 등에 관해 살펴보기로 한다.

1. 정서가 소비자 반응에 미치는 영향

소비자의 정서상태는 마케팅 정보를 학습하거나, 정보를 학습하는 과정에서 관련정보를 기억에서 인출하거나, 브랜드 정보를 평가하고 판단하는 등의 정보처리과정의 다양한 측면에 영향을 미칠 수 있다. 여기서는 브랜드 마케팅 활동에 의해 유발된 정서가 소비자 정보처리과정과 의사결정과정에 미치는 효과에 대해 설명한다.

1) 정서(emotions)와 기분(moods)이 기억에 미치는 효과

정서는 소비자들이 수많은 제품정보 가운데 어떤 정보를 선택적으로 지각하여 기억 속에 저장할 것인지를 결정하는 데 영향을 줄 뿐 아니라 이미 기억에 저장된 제품정보를 회상(인출)하는 데도 영향을 준다.

정서(emotions)나 기분(moods)은 기억에 저장되어 있는 제품정보를 인출하는 데 영향을 미치는 것으로 알려져 있다. 이에 관한 여러 연구들에 의하면 정보를 회상하는 시점에서 긍정적 기분상태에 있는 개인은 부정적 정보보다는 긍정적 정보를 기억으로부터 더 잘 인출하는 경향이 있다(Isen, Shalker, Clark and Karp, 1978; Laird, Wagener, Halal and Szegda, 1982; Nasby and Yando, 1982; Teasdale and Russell, 1983). 예를 들어, Isen 등(1978)의 연구에서는 실험 참가자들에게 긍정적, 부정적 및 중립 단어들을 학습하게 한 다음 학습한 단어를 회상해 보도록 하였는데, 긍정적 기분(정서)이 유발되도록 실험조작을 한 피험자들은 중립적 단어 또는 부정적 단어에 비해 긍정적 단어를 더 많이 기억으로부터 인출하는 것으로 밝혀졌다. 연구자들은 이러한 연구결과에 대해 실험 참가자들이 자신의 기분과 일치하지 않는 정보를 학습하기 위해서는(가령, 기분이 좋은 상태에서 부정적 정보를 학습해야 하는 경우) 그 정보를 처리하기 위해 더 많은 주의를 기울여야 하는데, 이것은 인지적으로 부담이 되기 때문에(사람들은 가능하면 인지적으로 부담이 적은 방식으로 정보처리를 하려는 경향이 있기에) 당시에 자신의 기분과 일치되는 정보에 더 관심을 기울일 가능성이 높기 때문인 것으로 설명하였다.

긍정적 기분(정서)-정보 일치이론은 긍정적 기분(정서)이 이미 학습된 제품지식을 기억으로부터 인출하는 데 미치는 긍정적 효과를 설명하기 위해 제안된 이론적 대안의 하나로서, 기분이 기억촉발단서의 기능을 갖는다는 주장도 있다. 즉, 기억에 저장된 정보를 인출하는 시점에 생성된 긍정적 정서가 기억에 있는 긍정적 정보와 부정적 정보 가운데 긍정적 정보를 점화시켜(priming) 이 정보에 대한 접근성(accessibility)을 높여줌으로써 기억촉발 단서로서의 기능을 갖는다는 것이다(Isen et al., 1978; Isen, 1989). 긍정적인 정서가 유발되면 기억에 저장된 정보들 가운데 긍정적 정보에 접근할 가능성을 높인다는 사실은, 소비자들이 갖는 정보처리 시점에 정서상태가 브랜드 대안의 평가 및 선택 등과 같은 구매의사결정과정과 후속행동에 영향을 미칠 수 있음을 시사한다.

이처럼 정서가 기억에 저장된 정보를 인출(회상)하는 데 영향을 주는 현상을 정서의존 기억효과(mood dependent memory effect)라고 하는데, 정서의존 기억효과란 어떤 감정(정서)상태에서 학습된 정보는 나중에 동일한 감정(정서)상태일 때 더 기억하기 쉽다는 것이다. 가령, 소비자들이 기분이 좋을 때 어떤 제품의 속성정보를 학습했다면, 나중에 기분이 다시 좋은 상태일 때 그 속성을 더 잘 기억할 수 있다는 것이다. 이러한 정서의존 기억효과는 Tulving(1983)의 부호화 특정성 원리의 한 예라고 볼 수 있다. 부호화 특정성 원리란 사람들은 정보를 기억 속에 입력시킬 때 어떤 기억대상 정보와 그 배경적(맥락적) 요소(contextual factor)를 함께 묶어서 저장하는 성향이 있어서, 그러한 배경적 요소가 기억촉발의 단서로 제시되었을 때 대상에 대한 기억이 살아나게 되는 현상을 말한다.

인지적 네트워크 모형(cognitive network model)에 근거하여 Bower(1981)는 사람들이 어떤 정보를 저장할 때 그때 경험했던 정서들도 네트워크 형태로 함께 저장되므로, 그 정서가 활성화되면 같이 저장된 정보들도 동시에 활성화된다고 주장하였다. 정서의존 기억효과를 증명한 연구에서 Bower, Gilligan과 Montiero(1981)는 피험자들에게 행복하거나 슬픈 기분을 느끼게 만든 다음, 그 기분상태에서 16개의 단어를 학습하도록 하였다. 그리고 단어를 학습할 때와 같은 기분상태일 때와 다른 기분상태일 때 각각 학습된 단어를 회상하도록 하였다. 그 결과 이전의 기분과 동일한 기분상태를 가질 때 더 많은 단어들을 회상하였다. 즉, 학습시점과 다른 기분상태에서 학습된 단어를 회상할 때는 (예를 들어, 긍정적(행복한) 기분에서 학습한 단어를 부정적(슬픈) 기분상태에서 회상하도록 했을 때) 회상의 어려움을 경험하여 평균 회상률은 50% 이하인 반면에 학습할 때와 동일한 기분상태에서 단어를 회상했을 경우에는 평균 회상률이 70%를 넘는 것으로 나타났다. 이러한 연구결과에 대해 그들은 학습시점에서 피험자의 기분상태가 학습된 정보와 연합되었기 때문에 회상시점과 부호화(학습) 시점의 기분상태가 일치할 경우 이러한 연합이 학습된 정보의 회상을 촉진한다고 설명했다.

소비자의 기분상태는 마케팅 정보를 부호화(학습)하는 과정에도 영향을 미치는 것으로 나타났다(encoding effect). Nasby와 Yandp(1982)는 학습시점에 긍정적인 기분상태를 가졌던 사람은 그 이후 학습된 정보를 회상해야 하는 시점에서의 기분상태가 좋거나 나쁜 것에 무관하게 긍정적 정보를 인출할 가능성이 높다는 것을 발견했다. Bower, Gilligan과 Montiero(1981)는 긍정적 정서와 부정적 정서 모두가 정보의 부호화(학습)에 영향을 미침을 밝혔다. 피험자들에게 행복한 감정 또는 슬픈 감정을 느끼도록 만든 다음 슬픈 내용과 행복한 내용을 함께 담은 기술문을 읽게 했다. 행복한 기분상태의 피험자들은 슬픈 내용의 정보보다는 행복한 내용의 정보를 더 많이 학습하였고, 슬픈 기분상태의 피험자들은 행복한 내용의 정보보다는 슬픈 내용의 정보를 더 많이 학습하는 것으로 나타났다.

기분이 정보를 부호화(학습)하는 데 영향을 미치는 이유에 대해 Bower와 Cohen(1982) 및 Forgas와 Bower(1987) 등은 사람들은 기분상태와 일치되지 않은 정보보다는 기분과 일치된 정보를 처리하기 위해 인지적으로 더 많은 노력을 기울이기 때문인 것으로 보았다. Forgas와 Bower(1987)는 인상형성에 관한 실험에서 슬픈 정서상태에 놓인 피험자들은 긍정적 정보보다는 부정적 정보를 검토하는 데 더 많은 시간을 소비하였고, 나중에 부정적 정보를 더 잘 회상한다는 것을 발견했다. 마찬가지로 행복한 정서상태를 경험한 피험자들은 긍정적 정보의 검토에 더 많은 시간을 소비했으며, 나중에 긍정적 정보를 더 잘 회상했다. 즉, 기분과 일치되는 정보에 대해 더 주의를 기울이고 학습과정에서 더 많은 시간을 투자하기 때문에 나중에 더 잘 회상된다는 것이다.

과연 기분의존적 학습효과(mood-dependent leaning effect) 혹은 정서의존 기억효과가 존재하는지에 대한 많은 연구들이 그동안 이루어졌지만, 그 연구결과들은 혼재되어 있다. 가령, Eich와 Birnbaum(1982) 및 Isen, Shalker, Clark와 Karp(1978)는 정보의 어의적 의미를 학습해야 하는 상황에서는(가령, 자동차 성능과 관련된 제품속성들을 자세히 설명하는 자동차 광고에 노출된 경우) 소비자는 주로 주어진 정보의 의미를 이해하기 위해 인지적 노력을 기울일(꼼꼼히 생각할) 것이므로 제시된 제품정보의 의미를 기억에 부호화(학습)하는 과정과 나중에 이를 인출하는 과정에서 기분이 영향을 미칠 가능성이 별로 높지 않다고 주장한다. 예를 들어, 자사 자동차의 성능이 우수하다고 주장하면서 이와 관련된 제품속성(가령, 연비, 가속력 등)을 구체적으로 제시하는 자동차 광고에 노출된 소비자가 이러한 정보가 주요하다고 생각해 이에 주의를 기울일 경우, 그는 해당 정보를 학습하는 과정에서, 그리고 그 이후 이를 기억에서 인출하는 과정에서 그 시점에 갖고 있던 기분에 의해 별 영향을 받지 않는다는 것이다. 그러나 학습되는 정보(혹은 마케팅 자극)가 어의적 의미를 별로 담고 있지 않을 때는(가령, 소비자가 시각적 이미지 중심의 향수광고를 보는 경우), 학습시점에 소비자가 경험한 정서상태와 같은 맥락적 단서(contextual cue)가 학습되는 정보와 연합되어 학습될(부호화될) 가능성이 높다. 가령, 감미로운 분위기를 연출하는 광고 배경음악에 의해 그러한 기분을 경험한 소비자는 그 향수브랜드의 향이 감미로울 것으로 인식할 것이며, 그 후 동일한 음악에 노출되면 자연스럽게 감미로운 향의 그 향수제품을 기억에서 떠올리게 될 것이다. 따라서 인출시점의 감정상태가 학습시점 때의 감정과 일치하면 학습된 정보들이 그 이후에 필요할 때 쉽게 점화(활성화)되기 때문에 더 잘 회상된다.

정서의존 기억효과와 관련하여 기업의 마케팅 경영자가 명심해야 할 사항은 소비자들이 의식적으로 기분이 좋은 원인을 그 계기가 되었던 특정의 사건(특정의 제품소비나 광고정보)과 연관시킬 때 정서의존 기억효과가 발생한다는 것이다. 즉, 단순히 어떤 기분상태와 기억을 유발시키는 마케팅 단서가 동시에 존재한다고 해서 무조건 기억이 잘 회상된다는 것이 아니라는 점이다. 가령, 어떤 호텔에 숙박하고 있는 투숙객의 행복한 모습을 담은 사진을 보여준다고 해서, 그 호텔과 행복한 감정 간의 연계성이 소비자 마음속에 무조건 형성되는 것은 아니다. 호텔에 투숙한 사람들이 행복감을 느끼는 이유가 바로 그 호텔 때문이라고 소비자들이 생각할 때, 비로소 이들 간의 연합(연계)이 형성되는 것이다.

소비자들의 기분상태가 기억에 미치는 효과에 관한 많은 연구들에서 나타나는 흥미있는 결과는 긍정적 기분과 부정적 기분이 기억에 미치는 효과가 비대칭적이라는 것이다. 즉, 긍정적 정서상태는 정보를 회상하는 데 의미 있는 영향을 미치는 반면 부정적 정서상태가 기억 내의 부정적 정보의 회상에 미치는 효과는 상당히 작거나 거의 없는 것으로 나타났다(Isen et al., 1978; Nasby and Yando, 1982; Bartlett and Santrock, 1979). 그 이유에 대해 Isen(1984)은 긍정적 감정은 광범위하고 포괄적인 방식으로 학습될 정보들과 연합되는 반면(즉, 여러 정보들을 높게 상호 관련시켜 기억에 저장하는 반면), 부정적 감정은 분석적이고 선별적인 방식으로 학습될 정보와 연합되며, 분노, 슬픔과 같은 특정한 부정적 감정은 학습될 정보와 연결되지 않고 기억 내에 개별적으로 저장될 가능성이 높기 때문인 것으로 설명했다.

2) 정서가 정보처리과정에 미치는 효과

대체로 긍정적 정서의 경험은 소비자들로 하여금 마케팅 정보를 체계적으로 처리하는 것을 방해하고 빠르고 노력이 덜 드는 휴리스틱적인 정보처리방식을 채택하게 만드는 반면 부정적 정서경험은 보다 통제적이고 체계적인 정보처리를 하게 만드므로 세부적인 정보를 신중하게 분석하여 보수적인(안전한) 선택을 하게 한다(Mackie and Worth, 1989; Bless et al., 1990, 1996). 일반적으로 긍정적 기분상태의 사람들은 자신의 긍정적 감정을 유지하거나 향상시키려고 노력하며, 기분을 유지하는 데 방해가 되는 과제에 대해 인지적 노력을 기울이는 것을 회피하는 경향이 있다(Isen, 1987; Wegener, Petty and Smith, 1995). 따라서 긍정적 기분상태의 사람들은 정보를 체계적으로 처리하도록 동기부여가 되어 있지 않으며, 그 결과로 휴리스틱한 정보처리방식을 사용할 가능성이 높다. 이에 반해 부정적 정서상태는 현재 상황에 문제가 있어 어떤 행위가 요구된다는 정보(신호)를 주는 것이므로(즉, 현재의 선택이 별로 합당하지 못하거나 다른 대안이나 행동을 찾아야 한다는 신호로 해석됨), 사람들로 하여금 체계적 정보처리를 하도록 동기부여를 시키며, 보다 세부적이고 신중하며, 논리적으로 일관성이 높도록 정보를 분석하게 한다(Schwarz and Clore, 1983; Schwan, 1990).

여러 연구들은 정서에 따라 사람들이 정보를 처리하는 방식에서 차이가 있음을 보여주고 있는데, 중립적 또는 부정적 정서상태에 있는 사람들에 비해 긍정적 정서상태에 있는 사람들이 관련정보들의 통합, 자극들 간의 관계에 대한 유연성 있는 해석, 창의적인 해결책의 발견에서 더 뛰어난 반면 부정적 정서상태에 있는 사람들은 그들을 설득하려는 의도를 가진 메시지에 접했을 때 강한 주장과 약한 주장을 잘 구분하며, 정보들 간의 상호 관련성을 더 정확하게 평가하고, 분석적이고 체계적인 정보처리를 한다(Isen and Daubman, 1984; Isen, Daubman and Nowicki, 1987; Murray, Sujan, Hirt and Sujan, 1990; Isen, Niedenthal and Cantor, 1992).

긍정적 정서상태에 있는 소비자들은 자유롭고 휴리스틱한 정보처리를 하는 경향이 있기 때문에 고정관념이나 스키마(schema; 도식)와 일치하는 제품정보를 기억에서 더 많이 회상하며, 회상할 때 관련제품정보를 덩어리로 묶어 회상하고, 제시된 제품정보들을 큰 범주로 묶어서 파악하며, 보다 창조적인 방식으로 문제해결을 하는 경향이 있다.

여기서 스키마란 어떤 대상에 대해 사람들이 머릿속에 갖고 있는 지식단위들의 네트워크를 말한다. 가령, 외제승용차는 성능과 승차감이 좋고 스타일이 멋지고 값이 비싸다는 지식단위들로 구성되는 스키마를 갖는 소비자가 렉서스 광고에 접하면 자연스럽게 렉서스를 자신의 스카마에 있는 의미(지식단위)들과 관련지음으로써 그 승용차를 그렇게 지각하는 것이다. Isen과 Daubman(1984)은 긍정적 기분이 유발되도록 실험적 조작을 한 피험자들은 다양한 중립자극들을 하나의 범주로 묶어서 파악하는 경향이 있음을 발견했다. 가령, 긍정적 기분상태의 피험자들은 중립적 기분상태의 피험자들에 비해 지팡이, 반지, 지갑 같은 단어(중립자극)들을 의류라는 범주와 관련된 전형적인 예로 평가했다. Murray, Sujan, Hirt와 Sujan(1990)에 의하면 중립적 혹은 부정적 기분상태의 피험자에 비해 긍정적 기분상태의 피험자들은 상황에 따라 보다 유연성 있게 자극들을 범주화하였는데, 가령 자극들 사이의 유사성에 관심을 기울일 경우에는 보다 포괄적으로 범주화를 하고, 자극들 간의 차이에 관심을 기울일 경우에는 보다 좁게 범주화를 하는 것을 발견했다. 이는 긍정적 기분상태가 자극들 간의 관계를 해석함에 있어 인지적 유연성을 갖게 만든다는 것을 시사한다. 즉, 긍정적 기분상태에 있는 사람들은 지팡이, 반지, 지갑 등의 자극에 노출되었을 때, 이를 의류와 관련된 제품들로 지각함으로써 패션제품범주에 보다 광범위한 제품들이 포함되는 것으로 지각할 수 있는 것이다. Isen, Daubman과 Nowicki(1987)는 긍정적 기분상태에 놓인 피험자들은 창의적 해결책을 요구하는 검사에서 중립적 및 부정적 기분상태의 피험자에 비해 더 나은 성과를 보이는 것을 발견했다. 이러한 연구결과에 대해 연구자들은 다음과 같은 해석을 내렸다. 즉, 창의성을 측정하는 과제는 외관상 서로 무관해 보이는 자극들 간에 어떤 관련성이 있는지를 파악하는 능력을 요구하는데, 긍정적 기분상태에 있는 피험자들은 별 관련성이 없어 보이는 다양한 중립자극들의 공통점을 찾아 하나의 범주로 묶는 경향이 있고 평소에는 하지 않던 행동을 과감하게 하기 때문에 창의적 문제해결을 더 잘 수행하는 것으로 설명했다. 이러한 연구결과가 시사하는 바는 제품개발 등 창의성이 요구되는 영역에 참여하는 사람들에게는 자유롭고 편안한 분위기를 만들어 주는 것이 창의성을 높이는 데 도움이 된다는 것이다.

Forgas(1995)는 긍정적 기분이 사람들의 인지과정과 기억에 긍정적인 영향을 미치는 이유를 신경심리학적 메커니즘에 근거하여 설명하고 있는데, 긍정적 기분이 문제해결능력과 기억에 미치는 긍정적 영향은 뇌 속의 신경전달물질인 도파민(dopamine)의 방출과 관련이 있다고 제안했다. 어떤 보상이 주어져 기분이 좋아지면 뇌 속 도파민의 양이 증가하여, 더 융통성 있고 창조적인 사고가 이루어지며, 이는 다시 어떤 기억에 대한 회상력을 높일 수 있다는 것이다. 이러한 연구결과들은 IT, R&D 등 창의성이 요구되는 분야에서 근무하는 사람들에게 긍정적 감정을 유발하는 업무환경을 창출·제공하는 것이 근무자들의 창의성을 높이는 데 기여할 수 있음을 시사한다. 실제로 구글, 디즈니, AirB&B 등 기업들은 창의적 아이디어 창출을 위해 최대로 자유롭고 편안한 작업환경 만들기에 적지 않은 노력을 기울이고 있다.

Bless, Bohner, Schwarz와 Strack(1990)은 행복한 감정을 느낀 피험자와 슬픈 감정을 느낀 피험자에게 자신의 기존태도와 반대되는 강한 주장(strong argument)과 약한 주장(weak argument)을 제시했을 때 그들이 보인 태도변화를 조사했다. 그 결과 슬픈 정서상태를 경험하도록 만든 피험자들은 강한 주장이 제시될 경우에만 기존태도가 변화한 반면 행복한 정서상태의 피험자들은 강한 주장과 약한 주장 모두에 의해 동일한 영향을 받아 태도변화를 보였다. 이러한 연구결과는 긍정적 정서상태에 놓인 사람들은 주어진 정보를 체계적이고 신중하게 처리하지 않는 경향이 있기 때문에 정보를 제시하는 톤의 강약에 상관없이 쉽게 태도변화가 이루어질 수 있음을 보여주는 증거로 해석될 수 있다.

기분(혹은 정서)이 긍정적이냐 부정적이냐에 따라 사람들이 채택하는 정보처리전략이 달라지는 이유를 설명하는 대안적 견해들로는 기억 속에서 긍정적 정보들 간에 네트워크 형태로 높은 상호관련성을 형성하기 때문이라는 견해, 긍정적 기분(정서)을 유지하려는 성향이 있기 때문이라는 견해, 정서가 정보로서의 기능을 하기 때문이라는 견해 등이 있다. 먼저 긍정적 개념(정보)들은 부정적 개념(정보)들에 비해 기억 속에서 더 강하게 상호 관련되어 네트워크를 구성하고 있기 때문에, 긍정적 정서상태에 있는 사람들은 평가대상과 관련된 긍정적 정보와 비관련 긍정적 정보를 함께 기억에서 떠올릴 가능성이 높다(Isen, 1987; Mackie and Worth, 1989). 그러나 사람들은 활성화된 많은 정보들을 체계적으로 처리할 수 있을 만큼 무한의 인지적 자원을 가지고 있지 않으므로, 긍정적인 기분을 가진 사람들은 정보처리에 부담이 적은 휴리스틱한 정보처리방식에 의존하는 경향이 있다.

다음으로 정서에 따라 정보처리전략이 달라짐을 설명하는, 즉 긍정적 정서상태의 사람들이 인지적 정보처리 노력을 줄이려는 성향(즉, 휴리스틱 정보처리방식을 채택하려는 성향)을 설명하는 두 번째 이론적 근거로서 긍정적 정서상태의 사람들이 그 기분을 계속 유지하려는 성향을 갖는 것을 들 수 있다. Isen(1987)은 긍정적 정서상태에 있는 사람들은 그 기분을 유지하도록 동기부여되므로, 긍정적 기분을 유지하는 데 방해가 될 수 있는 인지적 활동을 피하려고 한다고 보았다. 따라서 행복한 기분상태의 피험자들은 체계적인 정보처리를 하지 않을 가능성이 높다.

정서에 따라 정보처리전략이 달라지는 이유를 설명해 주는 세 번째 이론적 근거는 사람들이 정서를 하나의 정보로 간주한다는 가설이다(Schwarz and Clore, 1983). 부정적 정서상태는 사람들에게 현재 자신이 처한 상황에 문제가 있다는 정보를 주는 것이므로, 사람들은 휴리스틱한 정보처리방식보다 문제해결(즉, 다른 대안이나 행동을 찾는 것)에 더 적절한 체계적 정보처리방식을 채택하게 된다는 것이다. 이에 반해 긍정적 정서상태는 현재 상황이 바람직하고 좋다는 정보를 알려주는 것이므로, 사람들은 인지적 노력이 요구되는 체계적 정보처리보다는 빠르고 노력이 덜 드는 휴리스틱 정보처리방식을 사용하려고 할 것이다.

Forgas(1994, 1995)는 감정개입모형(affect infusion model)을 제시하면서, 정서가 왜 정보처리방식의 채택에 영향을 미치는지를 설명하는 여러 이론적 대안들(긍정적 기분유지, 정보로서의 정서 등)을 포괄하는(보완하는) 것이라고 주장했다. Forgas는 어떤 대상을 판단(평가)하는 과정에서 구성적 정보처리(constructive processing)방식이 채택될 때는(즉, 판단 시점에 이용 가능한 정보를 재구성하여 즉석에서 판단이 이루어질 때는), 판단과정에 정서(감정)가 영향을 주게 된다고 제안했다. 이에 반해 관련정보를 기억으로부터 인출하여 판단이 이루어지는 경우에는(즉, 이용 가능한 외부정보보다는 기억에 저장된 정보를 토대로 판단이 이루어질 경우에는), 판단과정에 정서가 별 영향을 미치지 않는 것으로 보았다. Forgas는 평가대상에 대해 친숙하거나, 체계적 정보처리가 요구될 정도로 강한 인지적·감정적·상황적 요인이 존재하지 않을 때에는, 기억에 저장된 평가정보를 토대로 대안을 평가하는 방식인 직접접근에 기반한 처리방식(direct access processing: 감정개입의 정도가 낮은 정보처리전략)이 이용되기 때문에 판단과정에 정서가 개입될 가능성이 적다고 보았다. 즉, 자신에게 친숙한 대상을 평가하는 경우에는 직접접근 처리방식을 채택할 것이므로, 기분이 정보처리과정에 별 영향을 미치지 않는 것이다. 또한 평가대상이 개인적 관련성이 높거나 특성이 복잡해 깊은 수준의 정보처리(motivated processing)가 이루어져야 할 경우에도 정서의 개입 정도가 낮을 것으로 제안했다. 가령, 소비자가 출퇴근에 경제적인 새로운 승용차를 구입하려는 목표를 정하고 승용차 대안을 평가하는 상황이 이에 해당된다.

이에 반해 평가대상이 단순하거나, 개인적 관련성이 낮거나, 정보처리를 위한 인지용량이 제한적이거나(가령, 정보처리에 필요한 시간이 충분히 주어지지 않을 때), 혹은 평가의 정확성이 요구되지 않을 때는 판단과정에 정서가 개입되는 휴리스틱 정보처리방식(heuristic processing)이 이용될 것이라고 주장했다. 이러한 상황에서는 대안에 대한 평가가 당시의 정서상태를 바탕으로 이루어질 가능성이 높다는 것이다.

3) 정서가 마케팅 자극에 대한 평가와 판단에 미치는 효과

앞서 설명한 것처럼, 일반적으로 사람들은 기분이 좋을 때 호의적인 평가를, 그리고 기분이 나쁠 때 부정적인 평가를 내리는 경향이 있다. 예를 들어, 날씨가 궂은 날보다 날씨가 좋은 날 사람들은 삶에 대한 만족도를 훨씬 더 높게 평가한다. 즉, 날씨가 좋아 기분이 좋으면 세상일이 만족스럽다고 생각하고 날씨가 흐려 기분이 우울하면 세상일에 대해 불만스럽게 생각하는 것이다. 많은 연구들에 의하면 특정의 정서상태가 자극에 대한 평가에 상당한 영향을 미치는 것으로 나타났다. 타인에 대한 평가(Mantin, 1986; Forgas and Bower, 1987), 제품에 대한 평가(Isen, Shalker, Clark and Karp, 1978; Srull, 1983), 삶의 만족에 대한 평가(Schwarz and Clore, 1983), 과거의 인생사건에 대한 평가(Clark and Teasdale, 1982) 등에 대한 여러 연구들에 의하면 긍정적 기분상태의 사람들은 중립적 혹은 부정적 기분상태의 사람들에 비해 자극을 더 긍정적으로 평가한다. 흥미로운 사실은 기분을 좋게 한 원인과 평가대상 간에 별 관련성이 없어도 이러한 현상이 나타난다는 점이다. 일반적으로 인간은 의식적으로 일정량 이상의 인지적 자원을 투입하지 않는 이상 자신이 현재 느끼고 있는 감정의 출처나 원인을 정확하게 인식하지 못할 때가 많다. 사람들은 이러한 이유로 자신이 현재 느끼고 있는 감정이 평가대상과는 전혀 관련이 없음에도 불구하고 이로부터 기인한다고 잘못 추론하는 오류, 즉 잘못된 귀인 오류(misattribution error)를 흔히 저지른다.

Mantin(1986)은 사람들이 느끼는 정서가 타인에 대한 평가에 영향을 준다는 것을 실험을 통해 보여주었다. 피험자들은 긍정적 정서와 부정적 정서를 일으키는 과제를 먼저 수행한 다음, 좋지도 나쁘지도 않게 애매모호하게 묘사된 어떤 사람(중립적 자극)에 대한 기술문을 읽고 그 사람에 대한 선호도를 평가하였다. 그 결과 이전의 정서적 경험에 따라 평가대상에 대한 선호도가 달라지는 것으로 나타났다. Bower(1991)도 기분상태에 따라 대상에 대한 판단이 달라진다는 비슷한 연구결과를 밝혔다. Bower는 피험자들에게 각각 행복했던 장면이나 슬픈 장면을 회상하도록 함으로써 각 정서적 느낌을 경험하게 만들었다. 그러고 나서 가상의 인물인 안드레와 잭에 대한 이야기를 읽게 하였다. 이 이야기 속에서 안드레는 모든 일들이 잘 풀리는 기분 좋은 사람으로, 그리고 잭은 낙오한 인생을 사는 비참한 사람으로 표현되어 있었다. 이야기를 다 읽고 난 다음 피험자들은 누가 이야기의 주인공인지를 평가하도록 하였다. 피험자들은 자신의 현재 정서상태에 따라 그 정서와 일치하는 인물을 더 주인공이라고 판단했으며 이야기의 내용도 그 사람의 것이 더 많다고 평가하였다. 다음날 다시 이야기에 대해 기억해 보라고 했을 때, 슬픈 정서상태에서 이야기를 읽었던 피험자들은 슬픈 인물(즉, 잭)에 대한 기억을 더 많이 했고, 행복한 정서상태에서 이야기를 읽었던 피험자들은 행복한 인물(즉, 안드레)에 대한 기억을 더 많이 하였다. 즉, 이전에 긍정적 정서(행복한 기분)를 경험한 피험자들은 부정적 정서(슬픈 기분)를 느꼈던 피험자들에 비해 대상인물을 더 좋게 평가하였다.

정서가 제품의 평가에 미치는 영향에 관한 연구에서 Isen, Shalker, Clark과 Karp(1978)는 긍정적 기분상태를 갖도록 조작된 피험자들은 중립적 기분상태의 피험자들에 비해 자신이 갖고 있는 자동차와 텔레비전을 더 호의적으로 평가하는 것을 발견했다. 그러나 사람들이 평가대상에 대해 매우 친숙하거나 과거의 평가가 기억 속에 저장되어 있을 때는 평가시점에서의 기분상태가 대상에 대한 평가에 별 영향을 미치지 않는다(Srull, 1983, 1984). Srull(1984)은 자동차를 평가함에 있어 초보자가 전문가에 비해 기분상태에 의해 더 영향을 받는다는 것을 밝혔다. 초보자는 해당 제품범주에 친숙하지 않아 평가시점의 정보들을 토대로 즉석에서 평가를 내릴 가능성이 높으므로, 평가과정에서 기분의 영향을 받게 될 가능성이 높다. 이에 반해 전문가는 기억 속에 이용 가능한 평가정보들을 충분히 저장하고 있고 평가과정에서 이를 이용할 것이므로, 상대적으로 평가시점의 기분에 영향을 덜 받게 될 것이다. 예를 들어, 자동차를 구매해 본 경험이 전혀 없는 소비자가 한 자동차 대리점을 방문한 경우, 그 소비자의 마음속에는 불확실성과 불안함의 느낌이 강렬해지고 이러한 느낌은 자연스럽게 제품지식의 취약함, 전문성 부족 등의 생각을 함께 떠올리게 할 것이다. 만일 그 소비자의 친한 친구가 자신이 어떤 대리점에서 겪었던 불쾌한 경험을 말해 주었다면, 이러한 생각들 간의 연계성이 더욱 강화될 것이다. 그 결과 그 소비자는 자신의 취약성과 전문성 부족을 더욱 강하게 느끼게 될 것이다.

특정의 감정에 호소하는 상품이나 광고메시지가 효과를 거두기 위해서는 해당 메시지에 접한 순간 소비자가 느끼고 있던 감정이 제품광고에서 호소하는 감정과 서로 일치해야 한다. 축구경기장에서 박진감 넘치는 경기를 보면서 사람들이 흥분감을 느끼고 있을 경우에는 신나고 모험적인 느낌에 호소하는 여행상품 광고물을 더 호의적으로 평가하지만, 스파에서 평온하고 안정된 감정을 느끼는 소비자에게는 여유롭고 평안한 감정에 호소하는 여행상품 광고에 대해 더 호의적으로 평가할 가능성이 높다. 여기서 흥분감과 평안함은 모두 긍정적인 감정이지만 소비자의 구체적인 감정상태와 상품이 호소하는 감정의 유형이 일치할 때 그 소비자는 해당 상품을 더 긍정적으로 평가할 가능성이 높아지는 것이다. 소비자의 감정상태와 상품이 호소하는 감정유형이 일치할 때 그 상품을 보다 더 긍정적으로 평가할 가능성이 높은 이유는 소비자들이 현재 느끼고 있는 감정상태에 따라 감정에 소구하는 상품에 대한 기대 정도가 결정되기 때문이다. 가령, 축구경기장에서 흥분한 상태에서 전광판에서 신나고 모험을 강조하는 여행상품 광고를 본 소비자들은 마음이 평온한 상태에서 이 광고를 봤을 경우에 비해 해당 여행상품이 광고에서 보여준 것처럼 신나고 스릴이 넘칠 가능성이 더 높을 것이라고 기대할 것이다.

일부 정서연구자들(Schwarz, 1990; Schwarz and Clore, 1983; Schwarz and Bless, 1991)은 정서가 정보로서의 기능을 갖는다(feeling-as-information)는 시각에서 기분이 대안평가에 어떤 영향을 주는지를 설명하였다. '정보기능으로서의 정서'모형은 사람들이 자극이 좋고 나쁜지를 평가함에 있어 정서를 일종의 평가단서로 사용한다고 가정한다. 즉, 사람들은 기분이 좋거나 나쁘다는 사실을 특정의 대상을 평가하는 과정에서 일종의 평가단서로 이용한다는 것이다. 정서를 특정대안을 평가하는 데 있어 단서로 활용할 경우 사람들은 유발된 (긍정적·부정적) 정서경험이 평가대상물에 대한 (긍정적·부정적) 평가로부터 기인한 것으로 잘못 추론할 수 있다. 실제로 기분이 좋은 이유가 맑은 날씨에 기인한 것임에도 불구하고 사람들은 기분이 좋다는 정보를 이용해 자신의 삶이 만족스럽다는 잘못된 추론을 할 수 있는 것이다. 이와 마찬가지로 스타벅스를 평가하도록 했을 때 날씨가 좋아 행복한 감정을 경험한 소비자가 '나는 평가대상에 대해 어떻게 느끼지?'라고 자문하는 과정에서 자신의 긍정적 기분상태를 스타벅스에 대한 정서적 반응인 것으로 잘못 추론하여 스타벅스를 좋게 평가할 수 있는 것이다.

귀인 오류는 대부분 무의식적으로 일어나기 때문에, 귀인 오류를 방지하기 위해 특별히 인지적 노력을 기울이지 않는 한 이를 쉽게 고치기는 어렵다. 그러나 감정의 원인에 주의를 기울이도록 만든다면 감정으로 인한 판단상의 편향효과는 사라진다. 예를 들어, 기분 좋은 이유를 날씨에서 찾도록 소비자들을 유도하면, 감정과 삶에 대한 만족도 간의 관계는 없어지게 되는데, 이는 그들이 자신의 감정상태가 삶에 대한 만족도 때문이 아니라 날씨 때문이라고 정확하게 귀인하기 때문이다. '정보로서의 정서'가 판단과정에서 갖는 편향적 효과는 사람들로 하여금 자신의 기분상태가 평가대상 이외의 다른 것으로부터 귀인하도록 만들면 제거됨은 연구결과에서 나타났다. Schwarz와 Clore(1983)에 의하면 맑은 날에 면접전화를 받은 피험자들이 흐린 날에 면접전화를 받은 피험자들보다 삶에 대한 만족이 더 큰 것으로 나타났지만, 면접자가 통상적인 날씨 얘기를 직접 하면서 피험자들에게 삶의 만족에 대한 질문을 했을 때는 그 차이가 사라진다는 것을 발견하였다. 이러한 연구결과는 아마도 날씨를 언급한 것이 피험자들로 하여금 자신의 기분상태를 날씨 때문인 것으로 판단하게 만드므로(날씨에 귀인하도록 만드므로), 기분상태는 삶의 만족을 평가함에 있어 아무런 진단적 정보의 가치를 갖지 못하게 되기 때문이다. 즉, '날씨가 맑아 기분이 상쾌하죠'라는 이야기와 함께 삶의 만족에 대해 질문을 하게 되면, 사람들은 삶에 만족한다고 답할 가능성이 높다. 이 경우 응답자는 자신의 기분이 날씨 때문인 것으로 생각할 것이므로 기분상태는 삶의 만족을 평가하는 데 진단적 가치를 갖지 못하게 되는 것이다.

Clore, Schwarz와 Conway(1994)는 ① 평가과제의 특성이 본질적으로 감정적일 때(가령, 콘서트를 관람할 경우), ② 평가에 이용될 다른 정보가 부족할 때, ③ 주어진 정보가 복잡할 때(가령, 자동차 대안을 평가할 경우), ④ 시간제약이 있을 때 등의 조건에서, 사람들은 대안을 평가함에 있어 정서를 하나의 정보원천으로 사용할 가능성이 높다고 제안하였다.

4) 정서가 고객만족에 미치는 효과

많은 연구들이 고객 만족/불만족을 제품 혹은 서비스의 구매에 따른 성과를 측정하는 주요 지표로 사용하고 있다. 소비자들은 제품으로부터 기대되는 성과(expected performance)와 구매 후에 지각된 실제제품성과(perceived performance)를 비교하여, 지각된 실제성과가 기대성과보다 크거나 기대성과와 같을 때 구매된 제품에 만족하고, 지각된 실제성과가 기대성과보다 낮으면 불만족하게 된다(Oliver, 1980; Yi, 1990). Westbrook(1987)은 기대성과와 실제성과 간의 불일치/일치(disconfirmation)뿐 아니라 제품사용과정에서 느끼는 긍정적 감정, 부정적 감정 등도 제품에 대한 만족/불만족에 영향을 미침을 밝혔다. Westbrook과 Oliver(1991)는 유쾌한 놀람, 흥미, 적대감의 세 가지 정서반응이 구입한 자동차에 대한 만족 여부에 영향을 미치는 중요한 요인임을 발견했다. Oliver는 제품에 대한 만족이 기대-성과 불일치뿐 아니라 긍정적 감정(흥미, 기쁨 등)과 부정적 감정(분노, 경멸, 모욕감, 수치심, 죄의식, 두려움, 슬픔 등) 등에 의해서도 영향을 받는 것으로 보았다. Oliver는 제품속성에 대한 만족/불만족이 긍정적·부정적 감정을 유발시키고, 이러한 감정경험이 제품성과에 대한 만족/불만족에 영향을 주는 간접경로를 가질 뿐 아니라 제품성과에 대한 만족/불만족에 직접적으로 영향을 미치기도 하는 것으로 본 것이다.

소비자 분야에서 정서가 구매 후 소비자 반응에 미치는 영향에 관한 여러 연구들이 이루어졌지만, 만족/불만족이 다른 유형의 긍정적·부정적 정서적 반응과 뚜렷하게 구분되는지를 명확하게 보여주지 못하고 있다. 왜냐하면 만족이 정서이론에서 제시하고 있는 기본정서유형에 포함되지 않으며, 정서 이론가들이 제시하는 기타 주요 정서범주에도 속하지 않기 때문이다. Shaver, Schwarz, Kirson과 O'connor(1987)는 만족이 여러 정서들 중에서 특히 행복, 기쁨, 반가움, 고양감, 환희, 즐거움과 같은 긍정적 정서들과 높은 상관관계를 보이는 것을 밝혔다. Nyer(1997)는 기쁨(joy)이 만족에 대한 측정치들과 하나의 요인에 묶이는 것을 발견했다. 이러한 연구결과들은 만족에 대한 측정치들이 기쁨, 행복 등과 같은 긍정적 정서의 측정치들과 서로 개념적으로 구분될 가능성은 있지만, 실제로 이들 간의 차이를 측정을 통해 얻어내기는 매우 어렵다.

구매 후에 소비자들이 경험하는 정서적 반응에 대한 많은 소비자 연구들에서 주로 만족이 연구의 초점이 된 것은 만족 여부가 구매 후 정서적 반응을 반영하는 핵심개념(construct)이어서라기보다는 만족/불만족이 구매 후 소비자 반응에 관한 실증연구에서 사용된 최초의 정서관련항목이었기 때문이다. 사실상 상황·제품·소비자에 따라 만족/불만족보다는 다른 유형의 긍정적 및 부정적 정서가 더 중요한 구매성과(혹은 구매 후 반응)일 수 있다. 즉, 조건에 따라 만족/불만족보다는 앞 장에서 자세히 살펴본 좌절, 분노, 실망, 소외, 경멸, 불안, 죄의식, 수치심 등과 같은 부정적 정서와 기쁨, 행복, 희망, 자부심, 환희, 짜릿함, 안도감, 즐거움, 쾌감 등의 긍정적 정서가 구매 후에 소비자가 느끼는 (정서적) 반응을 측정하는 데 더 타당할 수 있다. 마찬가지로 불평행동, 구전행동, 재구매 등의 구매 후 행동도 긍정적 정서 혹은 부정적 정서의 경험에 따라 다를 것이므로 만족/불만족보다는 긍정적·부정적 정서의 경험이 소비자의 그러한 구매 후 정서를 설명하는 데 있어 더 적절한 구성개념일 수도 있다. Nyer(1997)는 재구매 의도, 구전의도 등과 같은 소비 후에 소비자들이 보이는 행위적 반응들에 대한 예측력(설명력)이 만족측정치에다 다른 정서측정치를 추가함으로써 더욱 향상된다는 것을 발견했다.

고객이 구매·소비과정에서 경험하는 부정적 감정은 고객 불만족을 유발하지만, 동일한 부정적 감정이라고 하더라도 감정의 구체적 유형에 따라 고객 만족/불만족에 미치는 영향이 다르게 나타난다. 예를 들어, 수치심(shame)이라는 감정이 고객만족에 미치는 영향은 분명하지 않은 반면, 실망감(disappointment) 같은 감정은 고객만족에 강한 부정적 영향을 미친다. 이러한 특정의 부정적 감정을 경험한 소비자는 그것을 행동적으로 표현하게 되는데, 경쟁제품으로의 전환, 불평행동, 부정적 구전 커뮤니케이션 등이 그 예이다.

5) 정서가 행위의도와 행위에 미치는 효과

최근 들어 일부 연구자들은 정서가 행위의도와 행위에 미치는 영향에 대해 관심을 보인다. 정서가 행위의도 및 행위에 미치는 영향에 관한 이들 연구에서는 예상된 정서(anticipated emotions: AES)라는 개념이 사용되고 있는데, 이것은 인지와 감정 요소가 결합된 것이다. 예상된 정서란 설정한 목표가 성공·실패할 경우를 생각해 보는 과정에서 경험하는 정서를 말한다. 설정한 목표가 성공하거나 실패할 경우에 예상되는 결과를 평가하는 과정에서 유발되는 정서유형이 특정의 행위의도와 행위에 영향을 준다는 것이다. 목표가 성공할 경우를 상상하는 것은 흥분, 행복감, 자긍심 등의 긍정적 정서를 유발하며, 실패할 경우를 상상하는 것은 분노, 실망, 슬픔 등의 부정적인 정서를 유발시킨다. 예상된 정서의 경험은 긍정적 결과를 실현하는 방향으로, 그리고 부정적 결과를 예방하는 방향으로 행동을 취하도록 동기부여를 시킨다. 의사결정연구에서 예상된 정서가 고려된 것은 Kahneman과 Tversky(1982)가 예상된 후회(anticipated disappointment)라는 개념을 언급하면서부터이며, 최근에는 사회심리학자들에 의해 이에 대한 개념적 확장과 실증연구들이 이루어지고 있다.

Bagozzi와 Edwards(1998)는 Oatley와 Johnson-Laird(1987)의 의사소통이론과 Frijda의 행위준비성 정서이론에 근거하여 예상된 긍정적·부정적 정서가 목표지향적 행위와 관련된다고 제안했다. Oatley와 Johnson-Laird(1987)는 정서의 주요 기능 가운데 하나가 제한된 자원을 가진 유기체가 불확실한 세상에서 여러 가지 목표를 관리할 수 있도록 돕는 것이라고 제안하였다. 정서는 계획의 성공가능성에 대한 평가가 변할 때 발생하는데, 정서의 기능은 설정된 목표의 어떤 부분에 주의를 기울여야 하는가를 인지하도록 만드는 것이다. 긍정적 느낌의 정서(행복)는 어떤 목표(혹은 하위목표)의 달성이 가능할 것으로 확신함으로 인해 발생되며, 이것은 목표를 달성하기 위해 수립한 계획을 그대로 지속하도록 하는 결정으로 이어진다. 이에 반해 부정적 정서는 진행 중인 계획에 문제가 있어 원하는 목표를 달성하지 못할 것으로 판단될 때 발생되며, 이러한 부정적 정서는 기존 목표의 구조를 바꾸고 그 문제를 다루기 위한 새로운 실행계획을 개발하는 등의 문제해결활동을 낳게 한다.

Frijda(1986, 1993)도 정서와 행위 사이의 관계를 제안하면서, 정서적 경험은 행위 준비성(행위를 취하려는 의도)을 지각하는 데 영향을 주며, 서로 다른 정서들은 각각 이에 상응하는 행위 경향성을 유발한다고 주장했다. 여기서 행위 준비성은 가까이 가려는, 멀어지려는, 주목하는, 거부하는, 무관심을 보이는, 반대하려는, 활동을 중단하려는 의도 등을 포함한다. Frijda는 예상된 정서는 상황에 대한 평가(appraisal)의 결과로 발생되며, 이는 어떤 유형의 행위 준비성을 선택할 것인가에 영향을 준다고 하였다. 가령, 사람들은 주변상황에 대한 평가를 통해 두려움을 느끼면 회피라는 유형의 행위 준비성을 자연스럽게 연상하게 되는데, 이러한 부정적 정서는 대처하기 어려울 것으로 판단되는 통제 불가능한 사건에 의해 유발된다. Frijda, Kuipers와 ter Shure(1989)는 사건이 개인의 관심사에 도움이 되거나 해가 되는 것으로 보이면, 그 개인은 그 사건에 대해 정서적 경험을 갖게 된다고 주장했다. 그리고 사건의 평가에 의해 발생된 정서적 경험의 유형이 무엇인가에 따라 유발되는 행위 준비성도 달라진다고 보았다. 가령, 즐거움을 주는 자극물에 대해서는 가까이 가려는, 그리고 공포를 유발하는 자극물에 대해서는 멀어지려는 행위 준비성을 선택하게 된다.

Bagozzi와 Edwards(1998)는 Oatley와 Johnson-Laird의 이론과 Frijda의 이론을 토대로 17개의 예상된 정서(anticipated emotions: AEs)를 개발하였는데, 예상된 긍정적 정서는 흥분, 환희, 행복, 반가움, 만족함, 자부심, 자신감 등의 7가지 정서를 포함하며, 예상된 부정적 정서는 분노, 좌절감, 죄의식, 수치스러움, 슬픔, 실망, 우울함, 걱정, 불편함, 두려움 등의 10가지 정서를 포함한다. 그들은 17개의 예상된 정서들이 자발적 행동의도와 행동에 영향을 미친다고 제안했다.

예상된 정서가 행동의도와 행동에 영향을 미치기 위해서는 의사결정자는 특정의 행위(사건)가 미래에 어떤 결과를 낳을 것인지에 대해 생각하고 평가해야 한다. 즉, 사람들은 자신의 목표를 달성했을 때와 실패했을 때 발생하는 결과를 확인하고 평가해야 한다. 이와 같이 발생 가능한 결과들에 대한 사전 예측적 사고를 예견적 반대 사고(forward-looking counterfactual thinking) 혹은 사전 가정적 사고(prefactual thinking)라고 부른다(Boninger, Gleicher and Strathman, 1994; Gleicher, Boninger and Strathman, 1995).

Bagozzi와 Edwards는 체중조절을 시도하는 406명의 성인 소비자에 대한 연구에서 예상된 정서들이 섭식조절과 운동이라는 목표지향적 행위를 추구하는 데 영향을 미친다는 것을 발견했다. 구체적으로 예상된 긍정적 정서 및 부정적 정서가 섭식조절과 운동을 시작하려는 자발적 행위의도(혹은 행동계획, 예상된 노력)를 갖는 데 영향을 미쳤으며, 자발적 행위의도는 섭식조절과 운동이라는 목표지향적 행위를 실행하는 데 영향을 주며, 목표의 달성 혹은 실패는 다시 긍정적 및 부정적 정서경험에 영향을 미치는 것으로 나타났다.

Perugini와 Bagozzi(2001)는 Ajzen(1985, 1991)의 계획적 행동이론(theory of planned behavior: TPB)을 수정·확장한 목표지향적 행동모형을 개발하였다. Ajzen은 계획적 행동이론에서 어떤 행동수행에 대한 태도(Aact), 주관적 규범(Subjective norm: 다른 사람들이 자신의 행동을 어떻게 볼 것인가에 대한 지각), 행동통제지각(perceived behavioral control: 행동을 수행하는 것이 얼마나 쉽거나 어려울 것인지에 관한 개인의 생각)의 세 가지 요인이 행동의도에 영향을 미치는 것으로 보았다. 즉, 개인이 어떤 행동을 수행하는 것에 대해 호의적 태도를 가지고, 자신에게 중요한 주위 사람들이 그 행동을 지지할 것으로 생각하고, 또한 자신이 그 행동을 쉽게 수행할 수 있을 것으로 생각한다면, 그러한 행동을 하려는 강한 의도를 갖고 이에 따라 실제로 행동을 수행하는 것으로 보았다. Perugini와 Bagozzi는 Ajzen의 계획적 행동이론에서 제안한 세 가지 요인에 추가하여 욕망(desire), 과거행동의 빈도, 과거행동의 최신성, 그리고 예상된 정서 등도 행위의도와 행위에 영향을 미친다는 목표지향적 행동모형(model of goal-directed behavior: MGB)이라는 통합모형을 제안했다([그림 5.1] 참조).

[그림 5.1]의 목표지향적 행동모형(MGB)에 의하면 (a) Aact, 예상된 긍정적 정서(positive/negative anticipated emotion), 행동통제지각(perceived behavioral control: PBC) 및 과거행동의 빈도(frequency of past behaviors: FPB)가 목표성취욕망(goal desire: D)의 직접적인 결정요인이며, (b) D, PBC, FPB는 행위의도(I)에 영향을 주고, (c) 행위(action: A)는 I, PBC, FPB 및 과거행동의 최신성(RPB)에 의해 결정된다고 보고 있다. 즉, (a) 어떤 행동을 수행하는 것에 대해 호의적인 태도를 가질수록, 예상된 긍정적·부정적 정서가 강할수록, 자신에게 중요한 주변 사람들이 그 행동을 지지할 것으로 생각할수록, 자

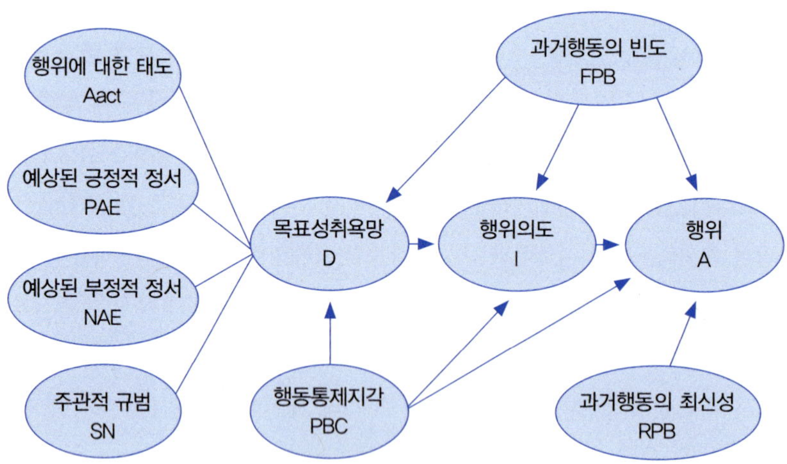

[그림 5.1] 목표지향적 행동모형

신이 그 행동을 쉽게 수행할 수 있을 것으로 생각할수록, 그리고 과거에 그러한 행동을 자주 경험할수록, 목표성취욕망(goal desire)이 강해진다. (b) 다음으로 목표를 성취하려는 욕망(D)이 강할수록, 행동통제지각(PBC) 수준이 높을수록(행동을 수행하기가 쉽다고 생각할수록), 그리고 과거에 이와 동일하거나 유사한 행동이 자주 발생했을수록(FPB), 계획한 행동을 수행할 의도(I)가 강하게 형성된다는 것이다.

MGB의 특징은 다음과 같이 세 가지로 요약된다. 첫째, 예상된 정서를 행위의도와 실제행위에 영향을 주는 주요 선행요인으로 보고 있다. 둘째, 목표를 실현하고 싶은 욕망(desire)이 행위의도 형성을 위한 강한 추진력을 제공하며(즉, 사람들이 자신의 행위욕망을 인식하고 수용하면, 이것이 의도를 형성하도록 동기화시킴), 이는 행위의도 형성에 영향을 주는 선행요인들(즉, 행동에 대한 태도, 예상된 정서, 주관적 규범, 행동통제지각)과 행위의도 간의 관계를 매개하는 것으로 본다. 셋째, 과거행동의 빈도와 최신성이 미래행동에 영향을 미친다고 보고 있다. Bagozzi와 Wanshaw(1990)는 과거행동을 빈도와 최신성으로 나누어 분석할 필요가 있다고 제안했는데, 그 이유는 어떤 사람은 최근에 그 행동을 수행하지 않았지만 오래 전부터 그 행동을 수행했던 역사가 있을 수 있고, 또 다른 사람은 이전에 아무런 경험이 없는데 최근에 어떤 행위를 시작했을 수 있기 때문이다.

과거행동의 빈도는 다음과 같은 방식으로 미래행위에 영향을 미칠 수 있다. 안정적 환경에서 잘 학습된 행동인 경우에는, 그러한 행동이 자주 반복 발생되었다는 사실이 목표의 달성이 계속 이루어졌다는 것을 반영하는 것이므로 미래행위에 직접적인 긍정적 효과를 미치게 된다. 그러나 잘 학습되지 않았거나 불안정한 상황에서 수행(학습)된 행동인 경우에는, 사람들은 학습된 행동이 목표의 성취를 보장하는 것은 아니지만, 과거에 빈번하게 수행한 행위에 대해 친숙하게 느낄 것이므로 과거행동의 빈도가 행위의도에 긍정적인 영향을 주게 된다.

한편 과거행동 수행의 최신성도 미래행위에 영향을 미칠 수 있는데, 어떤 활동을 최근에 시작했다는 기억 자체가 미래에도 그러한 행위를 취할 것이라는 정보를 암묵적으로 포함하고 있으므로, 과거행동의 최신성은 미래행위 수행에 긍정적인 영향을 미치게 된다. Perugini와 Bagozzi는 체중조절이라는 목표를 실현하기 위한 수단으로서의 섭식조절과 운동에 관한 연구를 했는데, 그들은 목표를 성취하려는 욕망이 섭식조절과 운동을 하려는 의도에 영향을 주고, 이러한 행위의도는 실제행위에 긍정적 영향을 미친다는 것을 발견했다. 예상된 긍정적 정서, 주관적 규범 및 과거행동의 빈도와 같은 선행요인들이 운동과 섭식조절에 대한 욕망의 유발에 의미 있는 영향을 미쳤다. 즉, 체중감량으로 긍정적 정서를 경험할 것으로 예상하거나 주변 사람들의 시선을 많이 의식할수록, 그리고 과거에 체중감량을 하려는 시도를 많이 했을수록, 운동이나 섭식조절을 통해 체중을 감량하려는 욕망이 강하게 생길 것이다. 이에 반해 행동통제지각은 운동행위(A)에는 영향을 미쳤지만 섭식조절행위에는 별 영향을 주지 않았다. 행동으로 옮기기 쉽다고(즉, 운동을 실행하기 쉽다고) 생각할수록, 실제로 운동을 할 가능성이 높은 반면 섭식을 조절하기 쉽다는 생각이 실제 섭식행위에 미치는 긍정적 영향은 별로 높지 않다는 것이다(왜냐하면 운동보다 섭식조절이 상대적으로 쉽다는 것을 대부분의 사람들이 알고 있기 때문임). 또한 과거행동의 빈도가 잦을수록, 운동과 섭식조절을 하려는 의도가 강해지며, 과거행동이 이루어진 시점이 가까울수록, 운동과 섭식조절의 행위를 다시 실행하는 데 강한 영향을 미치는 것으로 나타났다.

예상된 정서(anticipated emotion)라는 개념은 기업의 마케팅 전략수립에 유용하게 활용될 수 있다. 우리의 정서적 경험, 태도, 생각 등은 과거경험에 대한 기억과 설정된 목표와 실행계획의 성공/실패가능성에 대한 예상(기대)이 상호작용한 결과로 형성되므로, 마케팅 활동을 통해 기억과 기대의 상호작용과정에 개입함으로써 기업이 원하는 성과를 실현할 수 있다. 예를 들어, 기업은 광고 등의 마케팅 커뮤니케이션 활동을 통해 소비자들의 미래 소비경험에 대한 기대에 영향을 미칠 수 있다. 그러한 기대는 앞으로 소비자가 실제로 겪게 될 소비경험 및 그 경험에 대한 기억 등을 변화시킬 수 있다. 이와 같이 미래의 긍정적 경험에 대한 기대형성이 미래의 실제경험에 영향을 미치게 되는 현상을 전방적 틀 구성하기(forward framing)라고 한다. 가령, 소비자는 TV 광고에 나오는 어떤 제품의 두드러진 속성에 주목함으로써 그 제품의 사용으로 인한 긍정적 소비경험에 대한 기대를 형성할 수 있다. 만약 어떤 소비자가 새로 출시된 휴대폰의 TV 광고를 보았고, 그 광고를 같이 보았던 친구들이 그 휴대폰의 특징에 대해 칭찬을 했던 경험을 가졌다고 하자. 그 소비자는 매장에서 그 휴대폰을 다시 보았을 때, 광고를 통해 형성된 예상된 긍정적 정서를 자연스럽게 회상하게 될 것이다. 그 결과로 소비자는 보다 긍정적인 제품평가를 하고 더 강한 구매의도를 형성하게 될 것이다.

이와 같이 광고를 통해 소비자의 마음속에 긍정적인 소비경험에 대한 기대를 심어주는 것이 제품의 과거 사용경험에 대한 기억을 바꾸어 높거나 미래의 구매행동에 영향을 미칠 수 있다. Braun(1999)은 제품에 대한 사용경험이 이루어진 이후에, 광고를 통해 그 제품을 다시 볼 경우에 소비자들의 소비경험에 대한 기억이 변화되는지를 실험을 통해 조사하였다. 실험에서 연구자는 참가자들에게 시큼하고 짠 맛이 나서 맛이 별로 좋지 않은 오렌지 음료를 나누어주고 이를 마시도록 한 다음, 그 음료가 상쾌하다는 암시를 주는 광고를 보여 주면서 광고된 오렌지 음료를 마시면 상쾌할 것이라는 상상을 갖도록 하였다. 그 후 그들이 마셨던 음료에 대한 소비경험을 이야기하도록 했는데, 많은 참가자들이 음료의 맛이 상쾌했던 것으로 기억했다. 즉, 사용경험 후에 보았던 광고를 통해 형성된 음료소비로부터 기대되는 긍정적 정서가 참가자들의 과거 사용경험에 대한 기억을 바꾸는 데 영향을 미친 것이다.

2. 광고에 의해 유발된 정서가 소비자 반응에 미치는 영향

최근 특정의 정서나 감성을 자극하는 다양한 제품광고가 제작되고 있다. 호주의 산호초 해변에서 편안한 휴식을 즐기는 광고장면을 보여주는 대한항공 광고, 빅뱅의 박진감 넘치는 무대공연과 결부시키는 하이트맥주 광고 등 최근에는 정서적 연계를 하지 않는 광고를 찾기가 어려울 정도이다. 이와 같이 소비자의 정서에 호소하는 제품광고가 증가한다는 것은 정서적 호소가 강력한 설득수단이라는 것을 시사한다. 소비자들이 제품정보를 주로 제공하는 광고를 이해하는 데는 상당한 노력과 관심을 필요로 하는 반면 제품과 관련해 감성에 호소하는 광고에 대해서는 별다른 노력 없이 비교적 쉽게 수용하는 경향이 있기 때문에 정서에 호소하는 광고가 소비자를 설득하는 데 매우 효과적일 수 있다.

대부분의 광고물은 ① 사실적 정보(예를 들어, 제품속성정보)를 제공하거나 제품/서비스를 사용함으로 인해 기대되는 소비자 편익(가령, 시간절약 혹은 돈의 절약)을 주로 전달하는 사고 유도형 광고(thinking ad) 혹은 정보 제공형 광고(informational ad)와 ② 제품의 사용 또는 소유를 통해 경험하게 될 정서적 편익이나 상징적 편익(제품의 소유가 소비자의 자아이미지 표현이나 강화에 도움이 됨)을 강조하는 느낌 유발형 광고(feeling ad) 혹은 감정 전이형 광고(transformational da)의 두 가지 범주로 나눌 수 있다. 소비자들은 제품과 관련해 감성에 호소하는 메시지를 비교적 쉽게 수용한다(사고 유도적 광고에 담겨진 자세한 제품 정보를 이해하는 데는 상당한 노력과 시간을 필요로 하지만).

광고유형을 사고형 광고와 느낌형 광고로 분류하듯이, 광고에 노출된 소비자가 보이는 반응도 인지적 반응과 정서적 반응으로 나눌 수 있다. 즉, 두 가지 유형의 광고는 해당 광고에 노출된 소비자들에게 각각 인지적 반응과 정서적 반응을 불러일으키며, 다시 이러한 반응들은 광고에 담겨진 제품정보를 평가하거나 브랜드 태도와 브랜드 구매의사를 형성·변화시키는 데 영향을 미치는 것이다. 인지적 반응은 소비자가 광고정보를 처리하는 동안 자연스럽게 갖게 되는 생각을 말하는데, 이에는 광고메시지에 대한 생각, 광고원천에 대한 생각, 광고와 무관한 생각 등이 있을 수 있다. 광고메시지에 대한 생각은 광고메시지를 보거나 들으면서 떠올리는 생각을 말하는데, 지지주장(support-argument)과 반박주장(counter-argument) 같은 것이 있다. 지지주장은 소비자가 광고메시지에 동의하는 생각으로, 예를 들어 "불가리스가 변비에 탁월한 효과가 있다는 광고메시지를 듣고 보니 불가리스를 마시면 변비해소에 도움이 될 것 같다"는 생각이 드는 것이 이에 해당된다. 반박주장은 광고메시지의 내용을 부정하는 생각으로, "불가리스가 변비에 탁월한 효과가 있다는 광고메시지는 조금 과장된 것 같아. 그렇게 큰 효과가 없을 것이다"와 같이 광고메시지를 반박하는 생각이 드는 경우가 이에 해당된다.

광고원천에 대한 생각으로는 원천지지와 원천격하가 있다. 원천지지(source bolstering)는 광고실행요소(가령, 광고모델, 광고배경, 광고음악 등)에 대한 긍정적 반응으로, "저 광고에 등장하는 모델은 제품과 어울리는 것 같아"라는 생각이 이에 해당된다. 원천격하(source derogation)는 광고실행요소에 대한 부정적 생각으로, "저 광고에 등장하는 모델은 제품과 전혀 어울리지 않아"라는 생각이 이에 해당된다. 광고와 무관한 생각은 제품이나 광고와 관련성이 없는 생각으로, 광고 혹은 광고에 등장하는 제품을 평가하는 데 별 영향을 미치지 않는다.

한편 광고물에 대한 정서적 반응은 소비자가 광고를 보는 동안에 자연스럽게 갖게 되는 느낌 혹은 강렬한 감정을 말한다. 소비자행동 연구자들은 광고를 보면서 소비자가 경험하는 정서적 반응을 측정함으로써 다양한 유형의 정서적 반응을 발견하였다. Batra와 Ray(1986)는 광고를 보면서 보이는 다양한 정서적 반응들이 격정-고양감-생기/활성화(surgency-elation-vigour/activation: SEVA), 비활성화(deactivation), 사회적 감정

(social affection feelings)의 세 가지 긍정적 정서차원으로 묶여짐을 발견하였다. SEVA라는 정서차원은 쾌활한, 행복한 등의 감정반응(예를 들어, 광고음악이 끌리거나, 광고가 보기 좋고 상쾌한 느낌을 주거나, 광고에 담긴 유머가 재미있는 등의 정서적 반응)을 포함하며, 비활성화 정서차원은 가라앉히는, 이완시키는, 조용한 느낌을 주는, 기분 좋은 등의 감정반응을 포함하며, 사회적 감정은 온정성, 친밀감, 자상함 등의 감정반응을 포함한다.

한편 광고노출 전후에 방영된 TV 프로그램(예를 들어, 행복한 혹은 슬픈 내용의 드라마)은 광고에 대한 평가와 회상에 영향을 미친다(Goldberg and Gorn, 1987). 잡지광고가 게재된 페이지의 전후 페이지에 실린 내용이나 TV 광고 전후에 방영된 프로그램 등과 같은 맥락(정황)적 단서가 소비자의 특정 정서상태나 기분을 조성할 수 있으며, 이렇게 조성된 정서상태는 소비자들이 광고를 처리하고 후에 이를 회상하는 과정에 영향을 미칠 수 있다. 가령, 광고 전후에 방영된 부정적 내용의 TV 프로그램보다는 긍정적 내용의 프로그램이 더 쉽게 광고메시지를 처리하고 관련지식을 기억에서 끌어낼 수 있게 한다. 따라서 기업은 구매하려고 하는 TV나 라디오의 광고시간대에 방송되는 프로그램의 내용이 어떤 유형의 정서적 반응을 유발하는지와 유발된 반응이 광고메시지의 처리를 촉진·방해하는지에 대해 주의를 기울일 필요가 있다.

많은 마케팅 연구자들은 소비자들이 광고에 대해 보이는 정서적 반응이 어떻게, 그리고 어느 정도까지 소비자 의사결정 및 정보처리에 영향을 미치는지에 관심을 가져왔는데, 이러한 연구의 대부분은 정서적 반응이 광고물에 대한 태도와 브랜드 태도에 미치는 영향에 주로 초점을 맞추고 있다(Mitchell and Olson, 1981; Shimp, 1981; Brown and Stayman, 1992). 광고에 대한 태도(Attitude toward advertisement: Aad)는 광고물에 노출되는 동안에 소비자들이 갖는 느낌(정서적 반응)과 생각(인지적 반응)이 결합되어 형성된다(Batra and Ray, 1986; Mackenzie et al., 1986).

광고를 보면서 갖는 느낌과 생각이 광고태도(Aad)에 미치는 상대적 영향력은 광고된 제품에 대해 소비자가 갖는 관여수준에 따라 달라진다. 광고된 제품이 자신의 가치와 관련되거나 중요한 것으로 인식되지 않는(즉, 제품에 낮게 관여된) 상황에서는 소비자들은 광고내용에 대해 별로 주의를 기울이지 않기 때문에 광고에 대한 느낌(정서적 반응)이 광고메시지에 대한 생각(예를 들어, 광고에서 제시하는 제품정보가 얼마나 유용한가에 대한 생각)보다 광고태도형성에 더 많은 영향을 미치는 반면 광고된 제품이 자신에게 중요한 것으로 인식되는(즉, 높게 관여된) 상황에서는 광고물에 대한 느낌과 생각 모두가 광고태도형성에 영향을 주는 것으로 나타났다(Miniand, Bhata, Randall and Rose, 1990). 예를 들어, 저가 화장품 전문점인 더 페이스샵의 광고를 본 소비자는 광고에서 제시되는 제품특징에 대해 동의하거나 반박하는 생각보다는 광고모델 권상우에 대한 호감/불쾌감에 근거하여 더 페이스샵 광고에 대한 태도를 형성할 가능성이 높은 반면 고가 화장품 브랜드인 태평양 아이오페 광고에 노출된 소비자는 광고제품의 특징(주름살 제거기능)에 대해 동의·부정하는 생각과 광고모델(전인화와 이영애)에 대해 느끼는 감정 모두에 기반하여 아이오페 광고에 대한 태도를 형성하게 된다는 것이다.

Stayman과 Aaker(1988)는 광고에 대한 감정적(정서적) 반응이 광고태도에 미치는 영향이 소비자의 광고에 대한 반복노출 정도에 따라 달라지는 것을 발견하였는데, 광고에 대한 반복노출수준이 높은 소비자보다는 낮은 소비자의 경우에, 광고에 대한 감정적(정서적) 경험이 광고태도에 더 강한 영향을 미친다는 것이다. 즉, 광고에 한두 번밖에 노출되지 않아 아직 광고제품에 익숙하지 않은 소비자는 광고물에서 제시하는 제품속성 정보보다는 광고 자체에 대한 느낌(정서적 반응)에 주로 의존하여 광고태도를 형성할 가능성이 높다. 그러나 여러 번의 반복노출에 의해 광고제품에 익숙해지면, 몇 번밖에 노출되지 않은 경우에 비해 광고물에 의해 유발된 정서적 반응이 광고태도에 미치는 영향이 줄어들고 제품속성 정보가 광고태도를 형성하는 데 더 많은 영향을 미치게 된다.

광고시점에 소비자가 경험하는 기분도 광고에 영향을 주는데, 이는 다시 브랜드 태도를 형성하는 데 영향을 준다. Batra와 Stayman(1990)에 의하면 긍정적인 기분은 두 가지 메커니즘을 통해 긍정적인 브랜드 태도를 형성하는 데 영향을 준다. 하나는 광고제품에 대해 부정적 사고가 생성되는 것을 억제함으로써 광고에서 제시된 제품속성 정보에 대해 좀더 호의적인 평가를 하도록 유도하는 것이고, 다른 하나는 체계적인 정보처리보다는 간단한 휴리스틱 정보처리를 하도록 만듦으로써 소비자가 제품정보를 처리하기 위해 기울이는 (인지적) 노력을 덜어주는 것이다. 흥미로운 것은 긍정적 기분을 가진 소비자들은 제품속성의 우수성을 강하게 제시하는 광고메시지보다는 상대적으로 주장의 강도가 약한 광고메시지가 제시될 경우, 반박주장(광고내용과 관련하여 부정적인 생각을 떠올리는 것)을 생성할 가능성이 훨씬 줄어든다는 점이다. 일상생활에서 우리는 상대방이 강하게 주장하는 것에 대해 불편함과 불쾌감을 느끼지만, 부드럽게 의견을 제시하는 것에 대해 비교적 호감을 갖게 되는 것도 이와 비슷한 원리이다. 가령, 붉은 저녁노을이 지는 야산 길을 멋있게 달리는 신형 쏘나타의 모습을 담은 광고장면을 보면서 낭만적 기분에 젖은 소비자는 뒤이어 등장하는 쏘나타의 우수한 제품속성을 강조하는 광고메시지를 액면 그대로 받아들일 가능성이 높다.

Batra와 Stephens(1994)도 광고가 브랜드 태도형성에 영향을 미치는 과정에서 소비자 기분이 조절역할을 하는지를 연구했는데, TV 광고에 노출된 소비자의 기분상태와 정보처리욕구의 강도가 브랜드 태도를 형성하는 데 영향을 미친다는 것을 발견했다. 즉, 광고제품이 소비자와 별 관련성이 없어 TV 광고에서 제시된 제품정보를 처리하려는 동기부여 수준이 낮고 소비자의 기분이 긍정적인 경우가 그렇지 않은 경우에 비해 브랜드 태도형성에 더 강한 영향을 미치는 것으로 나타났다. 그 이유로는 긍정적 기분을 경험하고 정보를 처리하려는 동기수준이 낮은 소비자는 높은 동기수준에 비해 광고제품에 대한 부정적 생각(이를 반박주장이라고 함)을 떠올릴 가능성이 낮기 때문에 그 결과로 더 호의적인 브랜드 태도를 갖게 된다. 이러한 이유로 일반적으로 소비자에게 이미 익숙한 제품이나 브랜드들은 소비자를 '저관여'상태로 만들고 싶어 하는 경우가 많다. 관여도가 낮거나 제품/브랜드에 익숙하지 않을수록 정서적 영향을 더 많이 받으며, 그러한 정서적 입력은 소비자의 반박형성(reaction formation)을 현저하게 줄여주기 때문이다.

3. 오감마케팅이 브랜드에 미치는 효과

정서/경험마케팅의 유용한 수단인 오감(센스)마케팅은 앞서 설명한 저관여화(化) 전략의 대표적인 경우이다. 특히 제품성능에서의 차별화를 유지하기 어렵다고 인식한 많은 기업들이 브랜드 파워 구축 및 강화의 일환으로 활용하고 있다. 정서마케팅은 기업이 타겟 고객에게 자사브랜드에 대한 특정의 정서를 유발시켜 브랜드 자산을 구축하려는 노력이다.

첨단 정보통신과 다양한 영상매체의 보편화로 사람들이 과거 어느 때보다 글로벌 이벤트에 접할 기회가 많아졌고 의사소통을 통해 상대방과 기업들에게 영향력을 행사할 수 있게 되었다. 이에 따라 소비자는 보다 나은 삶의 질을 추구하게 되고 자신의 삶을 재정의하게 되었다. 그들은 자신의 욕구를 충족시키기 위한 제품 및 브랜드 선택과 구매의사결정과정에서 정서적 차원을 중요시하게 된 것이다. 사람들은 여유 있는 쇼핑, 스트레스 해소, 타인과의 연계성, 즐거움의 추구 등과 같이 향상된 삶의 질을 실현시켜 주는 신제품이나 마케팅 아이디어에 대해 열광하게 된다. 따라서 소비자를 전 인격체(whole person)로 인식하여 이에 상응하는 마케팅 접근을 하지 않는 기업브랜드들은 새로운 시장기회를 잃게 될 것이다. 기업은 즐거움을 제공하고 삶의 질을 높이는 솔루션을 제공하기 위해 브랜드에 감성적 요소를 불어넣어야 한다.

20세기 후반 기업의 마케팅 활동에 커다란 영향력을 행사해온 세대였던 Baby Boomers, X세대, Y세대, 디지털, 밀레니얼 세대의 혼재는 현재의 시장을 과거 어느 때보다 복잡하게 만들고 있다. 전 세계는 가치관, 배경, 욕구에서 서로 다른 다양한 소비자들로 구성되어 있으며, 더 나아가 여성소비자, 동성애자의 숫자, 구매력의 급속한 증대와 사회적 지위의 평준화는 제품시장을 더욱 복잡하고 동태적으로 만들고 있다. 우리들은 진정으로 글로벌 시장에서 살아가고 있고 세계의 다양한 문화로부터 일상적으로 영향을 받고 있다는 사실 자체가 우리의 삶을 더욱 활기 있게 만들며, 기대수준을 더욱 높이고 있다. 이와 같이 새롭고 과거보다 더 세련되고 복잡한 소비자 욕구에 대처하는 데 있어 정서기반의 마케팅이 유용한 접근방법으로 대두되고 있다.

정서마케팅이 중요한 전략도구로 대두된 주요 이유는 많은 기업들이 자사브랜드를 소비자와 정서적으로 연결시키는 것이 치열한 가격경쟁에서 살아남기 위한 핵심 성공요인임을 인식하고 있는 데 있다. 브랜드 정서가 경쟁우위 획득에 중요한 해결책이 될 수 있는 이유는 다음과 같다. 첫째, 디지털 세대가 보이는 소비행위의 주요 특징의 하나는 머리보다는 가슴으로 제품과 브랜드를 선택한다는 것이다. 이들은 컬러 TV와 시청각이 결합된 다중매체에 친숙하며 성장함에 따라 오감에 근거한 직관적 구매성향과 제품의 세련성에 대한 선호를 보이고 있다. 이에 따라 샤넬, 구찌와 같은 고급스럽고 세련된 이미지의 명품브랜드에 대해 강한 구매욕구를 보이며, 경우에 따라 짝퉁제품(명품브랜드를 모방한 저렴한 가격대의 제품)을 구매·소비하기도 한다. 또한 이혼율과 독신자 수의 증대는 개인화된 삶을 보편화시키고, 이는 사회적 관계형성욕구와 전통적 가정에서 느낄 수 있는 따뜻함과 향수에 대한 갈망을 유발시켰다.

둘째, 마케팅 전략의 방향이 제품특징 기반의 마케팅으로부터 브랜드 이미지와 정서적 경험 기반의 마케팅으로 옮겨가고 있다. 1970~80년대 대부분의 기업들이 대량생산과 대량유통에 근거한 규모의 경제와 경험곡선효과의 실현을 통해 원가우위를 획득하였다. 그러나 저가격에 의한 가격중심의 시장경쟁이 더 이상 차별적 우위를 가져다주지 못함에 따라 기업들은 우수한 제품품질의 실현에 마케팅 노력을 집중시켰다. 가령, 예전 소니의 가전제품이 삼성전자나 LG전자의 제품에 비해 갖는 핵심 경쟁우위는 상대적으로 우수한 것으로 지각된 제품품질에 있었다. 그러나 2000년대 들어 생산기술 및 R&D의 평준화로 품질에서의 차이가 현격히 줄어듦에 따라 품질이라는 속성만으로는 더 이상 경쟁우위를 제공하지 못하게 되었다. 이에 따라 기업은 제품의 감성적 가치를 시장성공의 새로운 핵심원천으로서 인식하게 되었다. 즉, 소비자들의 필요와 문화적 성향을 이해하여 정서적 차원에서 그들의 욕구를 충족시키고 그들에게 가장 의미 있는 문제에 대해 개인적이고 친밀한 대화를 나누는 브랜드를 만드는 것을 마케팅의 중요목표로 삼게 된 것이다.

정서마케팅은 다양한 경험제공 수단의 결합을 통해 고객에게 브랜드에 대한 특정의 느낌을 유발시킴으로써 강력한 브랜드 자산 구축에 기여하도록 하는 전략이다. Leo Burnett 광고대행사의 Josh McQueen은 소비자에게 제공하는 감정적 보상이 브랜드 자산을 구축하는 데 핵심 성공요인이며, 감성은 제품에 의미를 부여하고 제품사용에 대한 만족도를 증대시키는 데 도움을 준다고 말한다. 감성은 어떤 대상에 대한 좋거나 나쁜 감정을 말하는데, 소비자는 좋은 감정을 주는 기업과 브랜드를 선호하고 싫은 감정을 갖게 되는 기업과 브랜드를 피하려고 한다. 따라서 소비자들이 자사브랜드에 대해 지속적으로 좋은 감정을 갖도록 하는 것은 강력한 브랜드 자산 구축에 기여하게 된다. 이와 같은 정서적 마케팅에 의한 브랜드 자산의 구축과정은 다음과 같다.

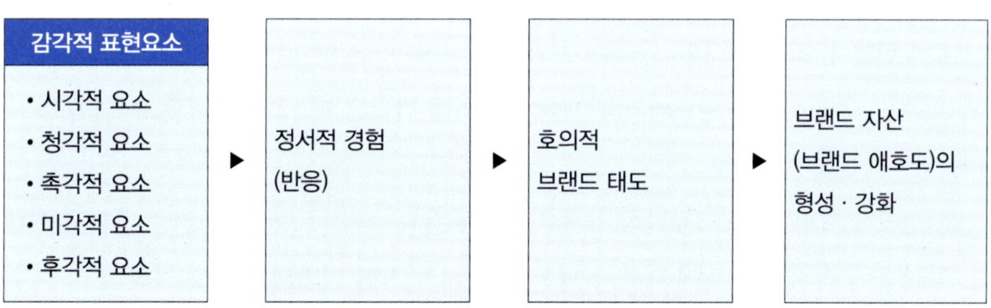

정서적 기반의 마케팅은 이미 시장기반이 구축된(소비자에게 친숙한) 브랜드의 자산적

가치를 더욱 강화시키는 데 특히 효과적일 수 있다. 소비자에게 친숙한 제품일수록 소비자들은 제품의 구체적 속성에 대한 지식에 의존하기보다는 그 제품과 관련하여 이미 형성되어 있는 전반적인 평가와 감정을 기억에서 불러 내옴으로써 대안을 평가하는 경향이 있다(이를 감정 의존식(affect referral) 평가방식이라고 함). 예를 들어, 특정의 음료수를 선택하려는 소비자의 경우 코카콜라 브랜드에 대한 평가는 코카콜라가 가진 제품속성들에 의존하기보다는 코카콜라와 관련된 직·간접 경험들에 의해 이미 형성된 전반적 평가를 단순히 기억에서 불러 내오는 경우가 오히려 더 많은 것이다. 이와 같이 제품구매 의사결정에 직면하여 소비자는 장기기억 속에 간직하고 있는 각 브랜드에 대한 전반적 감정을 인출함으로써 매우 효율적인 구매의사결정을 할 수 있게 된다.

특히 최근 기업들은 정서적 마케팅의 일환으로 소비자의 오감을 자극해 브랜드 차별화를 추구하는 오감마케팅에 대한 관심이 커지고 있다. 오감마케팅은 시각, 청각, 촉각, 후각, 미각 등 인간의 신체감각을 통해 브랜드 정체성을 경험하도록 하는 마케팅 활동을 말한다. 2009년 글로벌 브랜드 가치평가기관인 인터브랜드의 발표에 따르면 코카콜라의 브랜드 가치는 80조 원이 넘는다. 이 중 코카콜라의 독특한 용기 모양이 지닌 가치만 해도 최소 4조 원에 달하는 것으로 추산된다고 한다. 코카콜라 브랜드의 아이콘으로 자리 잡은 유리병의 독특한 디자인이 개발된 배경을 살펴보면 흥미롭다. 1915년 코카콜라 사장이었던 캔들러는 루트 글라스사의 용기 디자이너 얼딘에게 '어둠 속에서 손으로 만져만 보고도 코카콜라임을 확신할 수 있는 병'을 만들어달라고 요청했다. 멋진 외양은 물론이고 손끝으로 느껴지는 독특한 촉감을 갖춘 병을 개발해 달라고 주문한 것이다. 이러한 요구에 따라 탄생한 곡선미를 강조한 매끈한 병 모양과 독특한 촉감을 가진 코카콜라 유리병은 세계 최고의 가치를 지닌 글로벌 브랜드로 자리매김하는 데 크게 공헌했다. 코카콜라의 사례는 효과적인 오감마케팅이 소비자들에게 브랜드에 대해 호감을 갖게 하고 브랜드와의 관계를 긴밀하게 만드는 데 크게 기여할 수 있음을 보여준다.

본 절에서는 다섯 가지 감각적 표현요소를 활용해 특정의 정서경험을 유발하고 브랜드 자산을 구축하는 방법에 대해 살펴본다. 정서적 경험 기반의 브랜드 자산 창출을 위해 기업이 오감마케팅에서 사용하는 다섯 가지 유형의 감각적 표현요소 및 이러한 표현요소에 의해 소비자가 소비과정에서 체험하게 되는 정서의 유형과 그 특징에 대해 자세

오감(정서)마케팅을 통한 감각경험이 제품성능 및 품질의 평가에 미치는 긍정적 효과

품질이 우수한 제품을 개발하는 것도 중요하지만 더욱 중요한 것은 그 우수성이 사람들에게 감각적으로 쉽게 느껴지게 만드는 것이다. 제품의 우수성을 인간본연의 판단방식에 충실한 방식으로 풀어내는 것, 이것이 바로 감각 디자인이다.

제품의 우수성을 감각적으로 풀어내는 작업은 제품의 품질에 대한 이성적 이해가 없어도 신체에서 느껴지는 감각만으로도 제품의 '좋음'이 느껴지게 해야 한다. 사람들이 냉장고 문을 열 때 손잡이를 통해 느껴지는 감촉만으로도 그 냉장고가 좋은 냉장고라고 판단하게 만드는 것, 카메라로 사진을 찍을 때 사진의 화질을 볼 필요도 없이 묵직하게 울리는 셔터소리만 듣고도 그 카메라가 좋은 카메라라고 느껴지게 하는 것, 자동차를 탈 때 문이 닫히는 소리만 들어도 이 차가 안전한 차라고 느끼게 만드는 것이 감각 디자인의 예들이다.

감각을 디자인하기 위해서는 제품과 고객 사이의 '감각적 접점'을 찾아야 한다. 감각적 접점이란 고객이 제품을 사용할 때 자주 경험하게 되는 감각 자극을 말한다. 제품마다 감각적 접점이 다르기 때문에 기업은 고객이 자신의 제품을 구입하고 사용하는 순간순간을 세밀히 관찰해 자기만의 감각적 접점을 찾아내야만 한다. 감각적 접점의 구체적인 예들을 알아보자.

와인병의 무게

요즘 많은 사람이 와인을 마신다. 그리고 와인의 가치에 대해서 이야기한다. 하지만 일반사람들이 와인의 가치를 제대로 가늠하기는 쉬운 일이 아니다. 그렇기 때문에 와인에 대한 정보와 평가를 찾아보고서 머리로 그 좋음을 이해하려고 한다. 와인에 대한 가치판단에 영향을 미치는 감각적 접점은 어디일까? 와인 병의 무게다. 사람들은 와인을 선택할 때 와인 병을 손에 들고 라벨을 본다. 사람들은 자신이 라벨에 적혀 있는 정보를 읽고 있다고 생각하지만, 사람의 몸은 그 순간에 와인 병의 무게를 경험한다. 클립보드를 사용한 연구에서 보여주는 것처럼 손에서 느껴지는 무게감은 대상의 가치판단에 큰 영향을 미친다. 손에서 묵직한 와인 병의 무게가 느껴질 때 사람들은 그 와인을 좋은 와인으로 느낀다. 이 감각적 접점은 실제 와인산업에서 사용되고 있다. Piqueras-Fiszman과 Spence의 연구(2012)에서는 세계 여러 지역에서 생산된 275가지 와인의 무게와 가격을 조사했다. 조사결과 가격이 높은 와인일수록 와인 병 자체의 무게도 무거웠다. 좋은 와인일수록 무거운 병에 담아서 사람들이 와인의 가치를 감각적으로 경험하도록 하는 것이다.

자동차 문소리

자동차를 구매할 때 사람들은 성능, 디자인, 내장재의 고급스러움, 안전성 등 다양한 차원에서 자동차를 비교한다. 그런데 다른 품질차원들과 비교해 안전성은 사람들이 직접 경험하기가 어렵다. 자동차의 안전성은 문서상에 수치로만 표현돼 있을 뿐 사람들이 운전을 하면서 경험하기 어려운 품질이다. 즉, 품질의 실제수준과 사람들의 감각경험 사이에 큰 불일치가 존재한다. 이때 사람들의 자동차에 대한 안전성 판단에 영향을 미치는 의외의 감각적 접점이 존재한다. 바로 문이 닫히는 소리다. 사람들은 자동차를 구매하기 전에 전시장에 방문한다. 전시장에 가서 사람들이 가장 많이 하는 행동은 차 문을 열어보고 닫아보는 것이다. 이 간단한 행동을 통해서 사람의 몸은 자동차의 좋음과 나쁨을 판단한다. 이때 문짝 닫히는 소리의 안정성과 높낮이가 자동차의 안전성 판단에 큰 영향을 미친다. 소리가 안정되고 낮을수록 차가 안전하다고 판단한다. 문제는 최근 생산되는 자동차들이 예전 자동차들보다 문짝 닫히는 소리가 오히려 불안정하다는 것이다. 요즘은 자동차의 측면 안전성을 높이기 위해서 문 안에 임팩트 빔과 같은 철제구조물을 넣는다. 이로 인해 문 안에 많은 빈 공간이 생기는데 차 문이 닫힐 때 얇은 철판이 부딪히는 듯한 불안정하고 약한 소리를 내게 된다. 감각적 접점에서 품질과 신체감각 사이에 불일치가 발생하는 것이다. 이런 이유로 외국의 자동차 회사에서는 소리 디자이너(aural designer)들이 제품 출시 전에 문짝 소리를 조정한다. 문짝 소리를 통해서 자동차가 안전하게 느껴지게 할 뿐만 아니라 고급 차는 고급스로운 소리가 나도록, 스포츠카는 경쾌한 소리가 나도록 조정한다.

위의 예들은 감각적 접점의 극히 일부분이다. 제품과 서비스에는 사람들의 가치판단에 영향을 미치는 수없이 많은 감각적 접점이 존재한다. 냉장고를 사용할 때는 냉장고 문이 열릴 때의 묵직함과 부드러움을 통해서 냉장고의 고급스러움을 감각적으로 경험한다. 식품을 구입하면 용기를 열거나 포장이 뜯길 때 들리는 소리를 통해서 제품의 신선함을 감각적으로 경험한다. 캡슐 커피머신을 이용할 때는 캡슐에 구멍이 뚫릴 때 들리는 소리를 통해서 커피의 신선함을 감각적으로 경험한다. 심지어 프랜차이즈 가맹 상담을 받을 때는 회사를 소개하는 브로슈어 종이의 재질과 무게를 통해서 회사의 크기와 안전성을 감각적으로 경험하기도 한다.

이처럼 제품마다 사람들이 제품의 우수성을 경험할 수 있는 감각적 접점들이 존재한다. 이러한 감각적 접점들은 사람들이 제품의 품질에 대한 이성적 이해 없이도 그 제품이 좋다고 느끼게 만드는 중요한 역할을 한다. 이러한 감각적 접점을 찾아내고 디자인하는 것이 바로 감각 디자인이다.

자료원 : 김병규, 카메라 셔터 소리, 자동차 문 닫는 소리…감각경험이 제품 우수성을 결정한다, DBR, 2018년 9월, Issue 1, pp. 46–50; Piqueras-Fiszman and Spence, The weight of the bottle as a possible extrinsic cue with which to estimate the price(and quality) of the wine? Observed correlations, *Food Quality and Preference*, Vol. 25, Issue 1, July 2012.

히 설명하기로 한다. 브랜드에 대한 감성적 경험은 앞선 그림에서 보이는 것처럼, 시각적 요소(색, 모양, 색채 등), 청각적 요소(음량, 음의 고저, 음의 강약 등), 촉각적 요소(재료, 질감 등), 미각적 요소, 후각적 요소로 구성되는 감각적 표현요소(미학적 실행도구)의 결합에 의해 이루어진다. 기업은 미학적(감각적) 요소들의 효과적 결합에 의해 시각적 일관성(일관된 외관의 제시)을 유지함으로써 기업이 기대하는 유형의 정서적 반응(경험)을 창출할 수 있다.

감각적 요소의 효과적 결합이 브랜드 아이덴티티와 브랜드 자산 구축에 중요한 것은 소비자들이 특정의 브랜드 제품을 선택함에 있어 주로 자신의 감각(시각, 촉각, 후각, 미각, 청각)을 이용하기 때문이다. 특히 소비자들이 제품을 직접 보거나, 만지거나, 냄새를 맡거나, 맛보고 난 다음에 대부분의 계획구매나 모든 충동구매가 이루어진다는 점에서 감각적 측면의 통합적 관리는 브랜드 아이덴티티의 구체적 표현과 브랜드 자산의 구축에 있어 매우 중요하다. 예를 들어, 스타벅스는 매장을 방문한 고객들이 오감 전체로 커피 경험을 즐겨야 한다는 철학을 갖고 있으며, 이를 실천하기 위해 고객들의 오감에 호소하는 맛, 소리, 향기, 컬러, 서체 등을 선정하고 전 세계 매장에 관련 매뉴얼을 배포함으로써 고객에게 일관된 감각적 경험을 제공하기 위해 노력한다. 이를 통해 장소에 상관없이 스타벅스 커피를 접하는 전 세계 모든 고객들이 항상 동일한 감각경험을 공유하면서 편안하게 커피를 마실 수 있는 것이다.

1) 시각적 요소

미학적 실행도구 가운데 가장 중요한 것은 시각적 요소이다. 눈이 인간의 오감 가운데 가장 강력한 감각기관임은 우리 몸에 존재하는 모든 감각세포의 3분의 2 이상이 눈에 분포되어 있다는 사실로 미루어 짐작할 수 있다. 우리는 시각을 통해 마케팅 자극의 새로운 변화나 경쟁자들이 제공하는 마케팅 자극들 간의 차이점을 쉽게 알아차릴 수 있다. 가령, 소비자들은 새로운 브랜드 디자인, 패키지 디자인, 점포 인테리어를 알아볼 뿐 아니라 여러 마케팅 자극의 색상, 형태, 구성 물질, 질감 등을 확인하거나 이들 간의 차이점을 구별할 수 있다.

소비자들이 소비와 관련해 내리는 대부분의 의사결정은 주로 시각적 인상에 기반을 둔다. 그러므로 기업이나 제품브랜드의 아이덴티티를 명확히 전달하기 위해서는 시각적 표현방식을 효과적으로 활용할 필요가 있다. 잘 개발된 시각적 요소들은 소비자의 기억력(회상력)과 브랜드 차별화 정도를 높이는 데 크게 기여하기 때문이다. 소비자의 시각적 체험은 기업이나 제품브랜드와 관련된 다양한 시각표현방식의 조합을 기반으로 이루어지는데, 디자인, 패키지, 스타일, 색채와 조명 및 그래픽 등이 대표적인 시각표현방식들이다.

(1) 디자인, 패키지(포장), 스타일

매력적인 디자인은 제품성능에서 경쟁제품 간에 별 차이가 없는 시장상황에서 차별적 마케팅 수단이며 소비자들의 기능적 욕구뿐 아니라 정서적·감각적·상징적 욕구를 충족시키는 데 매우 효과적인 마케팅 도구이다. 디자인은 기업이나 제품브랜드에 대한 정서적 체험을 창출할 기회를 제공하고 브랜드 아이덴티티와 브랜드 개성을 표현할 수 있는 강력한 시각표현방식이다. 디자인은 제품의 기능성을 향상시키는 데 도움을 주어야 할 뿐 아니라 아름다움과 즐거움을 전달하는 미적 기능도 함께 수행해야 한다. 한때 매력적인 디자인은 고가의 사치성 제품브랜드의 전유물인 것처럼 간주되었고 주로 화장품이나 패션과 연관된 것으로 인식되어왔다. 그러나 이제 디자인은 낮은 가격, 우수한 품질과 함께 제품브랜드가 소비자의 마음속에 지속적으로 자리 잡는 데 필수적인 마케팅 요소로 간주되고 있다.

마케터는 브랜드 아이덴티티를 잘 전달할 수 있는 디자인(제품 디자인, 패키지 디자인, 점포 디자인 등)을 개발하기 위해 다양한 형태를 고려할 수 있는데, 이는 각, 대칭, 비례, 크기의 네 가지 주요 차원들을 적절히 변형시켜 표현된다. 각의 정도는 날카로운 모서리를 가진 직선형(삼각형, 사각형 등)과 그렇지 않은 곡선형(가령, 원)으로 나눌 수 있다. 직선형은 남성적, 갈등, 역동적, 날카로운 등을 연상시키는 반면 곡선형은 여성적, 부드러운, 일관된 등을 연상시킨다. 대칭 정도는 대칭과 비대칭으로 나누어지는데, 대칭은 균형, 긴장완화, 질서를 연상시키는 반면, 비대칭은 독특함, 불안과 긴장 등을 연상시킨다.

기업은 경우에 따라 브랜드의 독특성과 개성을 창출하기 위해 혹은 대칭에 따른 시각적 단조로움을 해소시키기 위해 의도적으로 비대칭의 디자인을 도입하기도 한다. 예를 들어, 유명 손목시계 브랜드들의 잡지 광고나 카탈로그에서 시계의 시침은 10시와 2시의 위치에 맞추어져 있으면서 초침은 대칭축에서 약간 벗어난 35초에 맞추어져 있는 경우가 이에 해당된다. 비례도 브랜드 제품의 모양을 지각하는 데 영향을 주는데, 타원형이나 길고 각진 모양은 시각의 범위를 넓혀주고 강력해 보이는 반면 원형은 부드러움, 완벽함, 조화를 느끼게 한다. 모양의 또 다른 주요 차원인 크기도 브랜드에 대한 소비자 지각에 영향을 미친다. 큰 모양은 강력한 것으로 지각되는 반면 작은 모양은 섬세하고 약한 것으로 지각된다.

포장은 제품의 내용물을 담는 용기일 뿐 아니라 특정 메시지를 전달하는 도구이기도 하다. 대부분의 포장용기는 소매점의 진열대에서 경쟁제품들과 차별화된 브랜드 아이덴티티를 전달하고 더 많은 진열공간을 차지하는 데 기여한다. 제품포장의 색상, 모양, 재료의 질감 등은 브랜드 정체성을 표현하는 데 매우 효과적이다. 가령, 돌려 따는 뚜껑을 가진 (술)병 모양의 포장용기로 인기를 끌었던 캘빈 클라인의 남녀공용 향수브랜드 CK One은 기존의 향수브랜드들의 고급스럽고 우아한 병 모양과 차별화되면서 대중적이고 상대적으로 저렴한 향수제품이라는 브랜드 아이덴티티를 효과적으로 표적소비자들에게 전달하는 데 기여하였다. 나아가 포장은 제조업체명, 제품의 무게와 부피, 영양성분과 칼로리 등 고객들에게 반드시 제공되어야 할 기능적 정보를 담는 주요 역할을 수행한다.

스타일은 시각적 표현방식의 또 다른 유형으로서 브랜드 아이덴티티를 표현하고 최근의 유행을 반영하며 심미적 차별성을 추구하는 데 유용한 도구이다. 스타일은 복잡성(미니멀리즘(최소주의) 대 장식주의), 묘사방식(사실주의 대 추상주의), 움직임(역동적 대 정적), 시간(고전적 대 현대적), 힘(강함 대 부드러움) 등의 여러 차원에 기반해 표현될 수 있다.

(2) 색과 조명

시각적 요소 가운데 색은 브랜드 아이덴티티에 매우 중요하다. 색은 특정의 기업이나 브랜드를 인식시키거나 동일 제품군 내의 서로 다른 제품계열들을 식별하게 하거나 브랜드 관련 연상들을 창출·강화하는 데 효과적으로 활용될 수 있다. 특정의 색상은 기업 혹은 브랜드를 기억(식별)시키는 데 있어 중심요소가 될 수 있는데, Kodak의 노랑, Tiffany의 밝은 청색, Mazola 옥수수 기름 브랜드와 Hermann's 마요네즈 브랜드의 노랑 등을 그 예로 들 수 있다. Fedex는 색 입체상 서로 조화되지 않는 색상인 오렌지색과 보라색을 로고색상으로 선택하였는데, 이는 시각적으로 사람들의 관심을 끌어 페덱스에 의해 배달된 물건을 사무실 내의 모든 직원들이 한눈에 알아볼 수 있도록 하려는 의도에서 비롯되었다. 색은 제품군 내의 관련 제품계열들을 구분하는 데 사용될 수 있는데, Biel 아스피린 브랜드가 관련 제품계열들 간의 차이를 식별시키기 위해 서로 다른 색을 사용하는 경우가 이에 해당된다. 또한 특정의 색은 브랜드의 분위기를 결정하여 브랜드 관련 연상의 창출과 강화에 기여할 수도 있다. 예를 들어, 초록, 검정, 흰색을 잘 조화시킨 스타벅스의 로고는 자연스러우면서 현대적인 느낌을 유발시킴으로써 브랜드 아이덴티티의 구현에 도움을 주고 있다. IBM은 안정감과 신뢰를 상징하는 짙은 파란색을 로고로 사용하고 있다.

색상들 간의 차이와 특징은 이를 구성하는 세 가지 요소인 명도(value), 채도(chroma), 순수색상 자체(hue)에 의해 나타낼 수 있다. 색상 간의 차이는 순수색상 자체와 이에 대

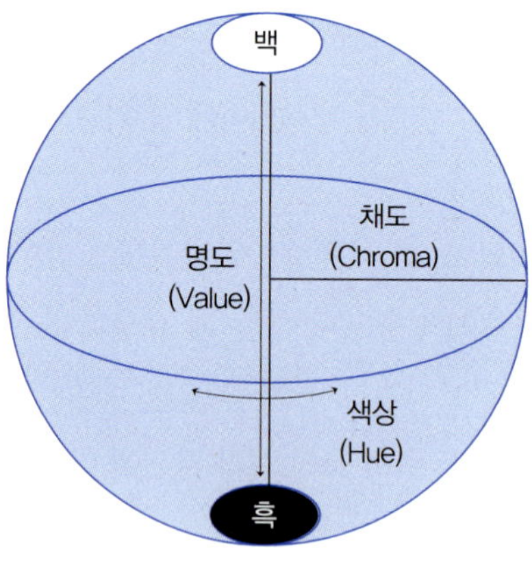

[그림 5.2] 색입체

매출을 증대시키기 위한 컬러마케팅 전략

해마다 세계 여러 나라의 대기업들은 소비자 모니터 요원을 선발하는 등 막대한 비용과 노력을 투자해서 구매를 결정하는 색을 알아내기 위해 애쓰고 있다. 거의 모든 산업에서 시장우위를 차지하기 위해서 색이 사용되고 있다는 사실을 알고 있기 때문이다.

이하에서는 시장의 치열한 경쟁 속에서 살아남을 수 있는 색깔활용전략에 대해 설명하기로 하겠다.

첫째, 색으로 브랜드의 인상을 심어 주어라.
다음 말을 듣는 순간 떠오르는 색은 무엇인가?

- 코카콜라 병
- 세븐업 캔
- 코닥필름 상표
- 타이드 세제 박스
- 에이비스 렌트카

여러분의 답은 빨강, 초록, 노랑, 주황, 빨강이었는가? 정답이다! 여러분은 '물건의 색을 기억하는 훌륭한 소비자'다.

사람의 인식과정을 생각한다면 색으로 브랜드를 식별하는 것은 매우 자연스러운 일이다. 사람은 색으로 사물을 인식하는 경우가 많은데, 색에서 사물을 연상하는 과정이 너무나 빨라 그 행위를 자기 자신도 깨닫지 못한다. 예를 들어, 노란색 버스를 보면 무슨 버스인지 생각할 필요도 없이 알 수 있다. 스쿨버스는 왜 노란색일까? 노란색은 가장 먼저 눈길이 가는 색으로 주의를 끄는 데 매우 효과적이기 때문이다.

새로운 회사를 설립하거나 신제품을 발표할 때 '색으로 브랜드 인상을 심어준다'는 것은 무엇보다도 중요한 마케팅 전략이다. 시장에 뛰어들려면 우선 새로운 색으로 업계 내에서 확고한 위치를 확보해야 한다. 초록색은 옥수수 밭에서는 '존 데일리' 농기구를 의미하지만, 공항에서는 '내셔널 카'의 렌터카, 슈퍼마켓의 음료 코너에서는 '세븐 업', 식기용 세제코너에서는 '캐스캐이드'를 뜻한다.

둘째, 색으로 자사상품의 특징을 파악하게 만들라.

제조회사는 색을 이용하여 소비자가 상품을 선택할 때 종류와 기능, 특징, 그리고 가격 차이를 한눈에 알 수 있게 한다. 예를 들어, 우유에 전유(지방 3퍼센트), 지방 2퍼센트, 지방 1퍼센트, 무지방 우유 등 몇 개의 종류가 있을 때, 유제품 제조회사는 상표와 캡에 임의대로 색을 넣어 그 내용물을 구분한다.

마찬가지로 핫도그를 사러 가면 파란 선이 들어간 포장지는 쇠고기, 빨간 선은 돼지고기란 사실을 알 수 있다. 꼭 쇠고기가 파란색, 돼지고기가 빨간색 포장이어야 하는 것은 아니다. 단지 핫도그 제조회사가 그렇게 정했을 뿐이다. 일단 제조회사에서 정해 놓으면 소비자는 계속 정해 놓은 대로 사용한다.

이러한 전략은 상품에 대한 소비자의 이해를 높이고 쇼핑시간을 단축시켜 자연히 매상도 오른다. 상품에 붙어 있는 자세한 설명서를 읽지 않아도 치즈 소스에 어울리는 채소가 무엇인지, 어느 치약이 민트맛이 나는지, 어떤 것이 어린이용 껌인지, 어느 가구용 왁스가 레몬향이 나는지 소비자들은 금방 알 수 있다.

빨간 스포츠카는 소방차처럼 '주의!'라는 메시지를 보내고 있고, 색이 주는 효과 때문에 정지를 하고 있어도 움직이는 것처럼 보인다. 이런 차는 '정열적이고 눈에 띄길 좋아하는 사람'이나 그와 비슷한 경향이 있는 사람에게 인기가 있다.

청소기는 집안에서 끌고 다녀야 하므로 가볍고 심플한 디자인의 상품이 인기 있다. 청소기 제조회사는 '소비자는 밝은 색을 가볍게 느낀다'는 점을 알고 흰색이나 베이시색과 같은 파스텔 컬러의 청소기를 만들었다. 실제로 이 색은 어두운 색보다 가볍게 느껴진다. 사람의 뇌가 그렇게 인식하도록 만들어졌기 때문이다.

이번에는 스포츠 용품점으로 가보자. 화려한 형광 오렌지색과 연두색을 사용한 스포츠웨어와 신발이 왜 그렇게 많은 걸까? 왜냐하면 이런 색들은 에너지를 상징하고, 에너지는 뛰고 달리는 등 근력 훈련을 할 때 필요하기 때문이다. 스포츠 용품을 사는 사람도 화려한 색을 입는다고 근육이 단련되는 것은 아니라는 점을 알고 있지만 확실히 기분은 고조된다. 즉, 이런 색상과 색조의 운동복을 입으면 힘이 넘치는 것처럼 느껴지고 밝은 색에 시각적 자극을 받아 움직임이 활발해지기 때문에 반사신경도 좋아진다.

셋째, 많은 색의 브랜드 제품을 준비하라.

여러분은 지금 거실 카펫을 새로 구입하려고 한다고 하자. 도로를 사이에 두고 동쪽과 서쪽에 각각 카펫 상점이 있고 둘다 같은 가격으로 판매하고 있다. 동쪽 가게에는 여섯 종류의 색밖에 없지만 모두 인기있는 상품들이고 서쪽 가게에는 백여 종류에 달하는 색을 갖추고 있다. 여러분은 어느 쪽 상점으로 가겠는가?

당연히 서쪽 가게로 발길이 간다. 이것이 '라인지배'라고 일컬어지는 컬러마케팅 전략이다. 라인지배란 하나의 상품에 여러 종류의 색깔을 제공해 상품의 시장지배력을 확보하고, 이를 통해 소매업자든 제조회사든 간에 사실상 가격을 결정하는 사람이 되는 것을 의미한다. 소비자는 상점이 색을 다양하게 갖추고 있으면 자유롭게 색을 선택할 수 있다고 생각한다. 라인지배의 특징은 소비자 입장에서는 아무것도 손해될 게 없다는 데 있다. 확실히 시장은 소비자를 중심으로 움직인다. 포드사의 헨리 포드는 "우리 회사의 고객들은 T형 모델이 어두운 색조를 띠고 있으면 어떤 색이라도 구입한다"고 자주 말했다. 그 후 제너럴 모터스가 여러 가지 색의 자동차를 출시했고, 시장의 일부를 잠식했다. 이에 포드도 다양한 색상의 자동차를 내놓기 시작했고, 결국 미국의 도로는 상당히 화려해졌다.

넷째, 새로운 색의 제품도입을 통해 고정관념을 깨라.

어느 상품이 새로운 색이나 특이한 색으로 바꾸어 나온 것을 보고 평소보다 약간 비싸게 구입한 적이 있는가? 아니면 구입하고 싶다는 생각을 한 적이 있는가?

모든 사람이 이 질문에 '그렇다'라고 대답하지는 않을 것이다. '그렇다'라고 말한 사람은 계획하는 제품판매 전략의 대상이 될 수 있다. '새로운 색상으로 매출을 올린다'라는 것은 최고의 고객, 바꿔 말하면 돈을 쓰고 싶어하는 사람을 유혹하기 위한 전략이다.

애플사가 블루베리색, 라임색, 포도색, 오렌지색, 딸기색 이렇게 다섯 가지 새로운 색상의 iMac을 발표했을 때 벌어졌던 소동을 기억할 것이다. 당시 수많은 사람들이 산뜻한 색의 컴퓨터를 가지고 싶어 비싼 돈을 지불했다.

자동차도 '새로운 색 효과'가 있다는 것은 널리 알려진 사실이다. 예전에는 두 가지 색인 '패커드'가 가장 높은 가격에 팔렸다. 하지만 최근에는 광선각도에 따라 보라색에서 진한 청록색으로 변하는 무지개색 무스탕이 표시 가격보다 5,000달러나 비싸게 팔린다고 한다. 이밖에도 전자제품이나 욕실용품 등에도 '새로운 색 효과'가 있다.

다섯째, 주력상품의 색깔에 맞추어 자사브랜드를 코디네이트하라.

진한 베이지색 바지 정장을 새로 구입하고자 한다면 코디네이트하기 위해서는 어떤 색이 필요할까? 블라우스는 어떤 색으로? 스카프나 구두, 핸드백, 스타킹은?

상품개발에 관한 컬러 코디네이트 법칙에는 '리더에 따라야 한다'는 것이 있다. 즉, 자동차 같은 주력상품이 일단 어떤 색으로 팔리게 되면, 자동차 바닥깔개 등 자동차 관련용품을 만드는 제조회사는 그 색에 맞춰서 상품을 만들어야 한다. 그렇게 하지 않으면 살아남을 수 없기 때문이다.

다섯 가지 색상의 iMac이 등장하자 엡손이나 켄징턴이 iMac과 어울리는 색의 프린터와 마우스를 만들어 소비자들을 유혹했던 것도 이와 같은 맥락이다. 이 경우에는 애플사가 리더이고 엡손이나 켄징턴은 추종자라 할 수 있다.

자료원 : Mimi Cooper and Arlene Mattews, *Color Smart*, 안진환 역, 오늘의 책, 2002, pp. 92-114.

한 톤의 변화(즉, 채도와 명도의 변화)에 의해 표시될 수 있다. 예를 들어, 빨강이라는 순수색상에서의 차이는 밝음-어두움, 옅음-짙음, 화려함-수수함 등의 명도와 채도의 변화에 의해 표시될 수 있는 것이다. 흔히 색상들 간의 차이는 색입체라는 3차원 공간상에 표시될 수 있는데, 색입체란 밝은 색-어두운 색의 명도 차를 세로축에, 화려한 색-수수한 색의 채도 차를 가로축에, 그리고 빨강, 노랑, 초록 등의 색상 차를 원주축으로 하여 일회전시킨 것이다.

색상에 대한 사람들의 반응은 매우 다양하게 나타난다. 첫째, 좋아하는 색과 싫어하는 색은 개인에 따라 차이가 있다. 가령, 어떤 사람은 노란색을 좋아하지만 다른 사람은 이를 싫어할 수 있다.

둘째, 같은 색상이라고 하더라도 톤의 변화에 따라 좋고 싫음이 달라질 수 있다. 가령, 빨강을 좋아하는 사람이라고 하더라도 화려한 톤의 빨강은 싫어하고 수수한 톤의 빨강을 좋아할 수 있다.

색입체상에 선명한 순색(어떤 색상 중에서 채도가 가장 높은 색)계를 둥글게 배열해 가면 빨강의 정반대편에는 청록(파랑과 녹색이라는 두 개의 성격을 가진 색)이 온다. 빨강의 대조적 색상으로는 파랑과 녹색이 연상되지만, 소비자의 기호측면에서 보면 이것이 반대가 되지 않는다. 알다시피 프랑스 국기는 빨간색·흰색·파란색 세 가지 색깔로 이루어져 있고, 이탈리아 국기는 빨간색·흰색·녹색을 배열한 것이다. 사실 빨강을 좋아하는 사람들이 이런 화려한 배색을 선호한다. 즉, 밝은 빨강을 좋아하는 사람은 밝은 파랑이나 녹색도 그다지 싫어하지 않는다. 밝은 빨강을 좋아하는 사람이 제일 싫어하는 색은 회색이 섞인 탁한 색이다. 밝은 파랑을 좋아하는 사람 역시 밝은 빨강을 그다지 싫어하지 않으며, 마찬가지로 칙칙한 탁색계를 거부한다. 즉, 극단적인 화려한 색을 좋아하는 사

색채 테이스트 스케일 좌표도

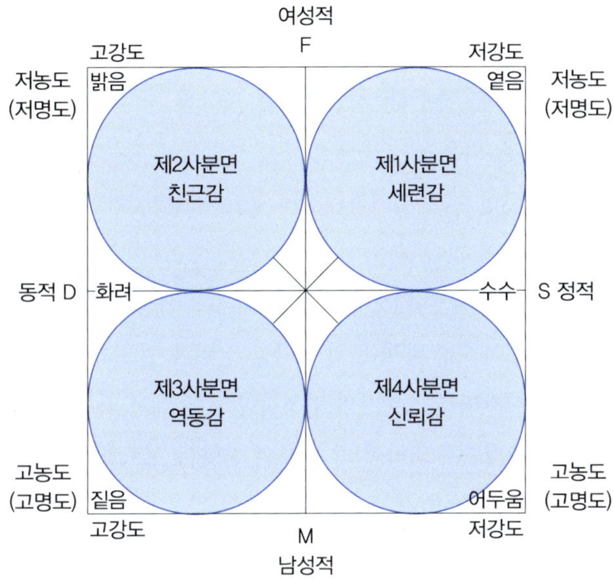

색채자극의 톤의 체계도

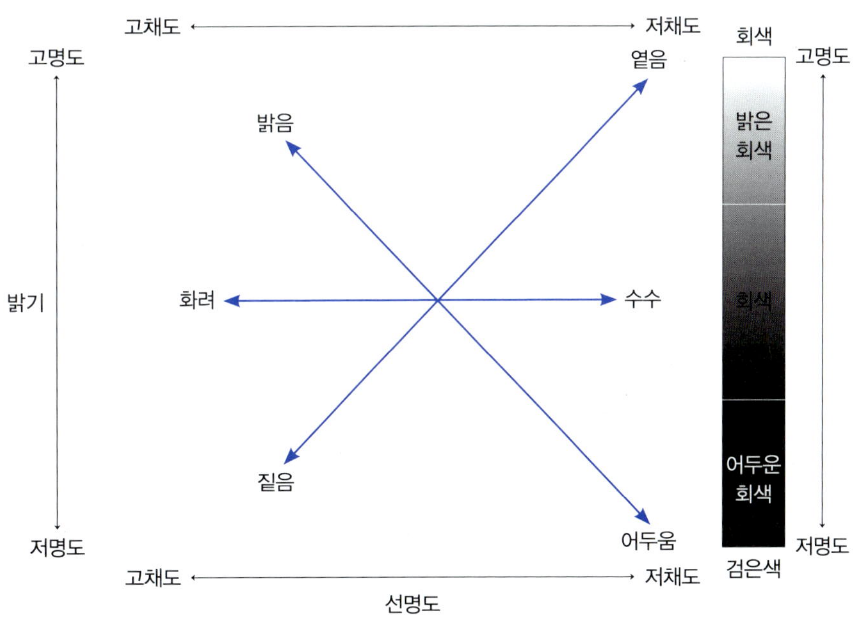

[그림 5.3] 톤 체계도와 테이스트 스케일의 관계

람은 극히 수수한 색을 굉장히 싫어한다.

셋째, 각각의 색상은 다양한 의미(긍정적 및 부정적 의미)의 연상을 유발하는데, 어떤 의미의 연상이 유발되느냐는 해당 색상에 대한 사람의 선호도(기호 정도)에 의해 결정된다. 예를 들어, 밝은 빨강은 따뜻함, 정열, 건강, 조잡함, 야비함, 과격함 등의 다양한 느낌이 연상될 수 있는데, 밝은 빨강을 좋아하는 사람들은 따뜻함, 정열, 건강 등의 긍정적 의미를 연상하는 반면 이를 싫어하는 사람들은 조잡함, 야비함, 과격함 등의 부정적 의미를 연상하는 경향이 있다.

색상에 대한 소비자 반응을 이해하기 위해 마케터는 색상의 톤과 이에 대한 소비자의 감성적 반응(혹은 색상이 주는 의미) 간의 관계를 살펴볼 필요가 있다. [그림 5.3]은 색상톤의 체계도와 색상톤에 따른 소비자의 감성적 반응에 대한 좌표도를 보여준다.

[그림 5.3]의 색상톤 체계도에 의하면 각 색상의 변화는 채도와 명도로 구성되는 색상톤에 의해 설명될 수 있다. 즉, 빨강, 노랑, 파랑 등과 같은 색상은 밝음–어두움, 옅음–짙음, 화려함–수수함 등으로 나타낼 수 있다. 소비자의 색상에 대한 감성적 반응은 색상(빨강, 파랑, 노랑, 녹색 등) 자체와 해당 색상의 톤에 따라 달라진다. 색상에 대한 감성적 반응을 보여주는 좌표도는 가로축을 동적–정적의 느낌으로, 세로축을 남성적–여성적 느낌으로 정의한 다음 각 사분면에 위치한 색상들이 갖는 의미를 유형화하여 제시하고 있다.

이와 같이 색상은 특정의 브랜드 이미지와 감성을 전달하므로 기업은 색상이 브랜드에 미치는 효과를 고려하여 가장 효과적인 컬러브랜딩 전략을 구사해야 한다. 색상의 효과는 위에서 설명한 색상에 대해 생리학적 반응과 문화적 맥락이 결합되어 나타나므로 이들 간의 관계를 잘 이해해야 한다. 예를 들어, 긴 파장을 가진 색상(가령, 빨강)은 감정을 자극하고 짧은 파장을 가진 색상(가령, 파랑)은 혈압, 맥박수를 낮추어 마음을 진정시킨다. 이러한 색상의 생리학적 효과는 문화적 배경과 결합되어 더욱 강화된다. 가령, 빨간색의 립스틱은 색상 그 자체로서 사람들의 눈을 매혹시키고 감정을 자극하지만 섹스와 유혹이라는 사회적 의미가 더해져 빨간색(의 립스틱)을 훨씬 더 도발적이고 매혹적인 색상으로 지각되도록 만든다.

조명 역시 시각적 표현방식의 한 유형인데, 특히 점포나 서비스 현장에서 소비자의 주의를 끌고 좋은 분위기를 연출하며 브랜드 이미지를 전달하는 데 효과적인 마케팅 자극이다. 조명의 효과적 사용은 좋은 분위기를 창출하는 데 도움을 주는데, 조명을 어둡게 하느냐 밝게 하느냐 혹은 백색조명을 사용하느냐 색채조명을 사용하느냐 등에 따라 다른 분위기를 연출할 수 있다. 천정이 높고 공간이 넓은 점포(가령, 대형 백화점)는 매력적인 분위기를 연출하기 어렵기 때문에 부분조명을 통해 이러한 문제를 보완한다. 마케터는 제품의 특성에 따라 조명의 색상을 다르게 해야 한다. 가령, 따뜻한 빛(조명)은 색 온도가 낮은 반면 차가운 빛(조명)은 색 온도가 높다. 따라서 제품의 깨끗함을 전달하기 위해서는 차가운 조명(즉, 높은 색 온도를 가진 조명)을 사용하는 것이 적합하다. 식품소매업체의 생선코너에서는 생선의 백색을 부각시키기 위해 차가운 조명을 사용하는 반면 육류의 붉은 빛(싱싱함을 의미함)을 강조하기 위해 따뜻한 색채의 조명을 사용한다.

(3) 그래픽

그래픽은 브랜드 로고, 브랜드명, 상징 등 브랜드의 정체성과 가치를 표현하는 데 사용되는 브랜드 요소를 서체, 모양, 색상, 소재 등의 결합을 통해 디자인하는 것이다. 코카콜라, 나이키, 폴로 등은 브랜드 인지도를 높이고 브랜드 차별성을 구축하는 데 기여하는 그래픽을 개발함으로써 브랜드 자산을 구축하는 데 성공했다. 홍보물, 광고, 문구, 포장 등에 표시된 브랜드 서체는 소비자들로 하여금 브랜드 아이덴티티(이미지)를 지각하거나 기억시키는 데 영향을 준다. 마케터는 브랜드 아이덴티티에 따라 매우 다양한 형태의 서체를 개발할 수 있는데, 이는 브랜드 구성요소의 모양, 색상, 소재와 결합되어 브랜드에 대한 소비자 지각에 영향을 준다.

2) 청각적 요소

우리는 일상적으로 무수히 많은 소리들에 노출된 채 살고 있다. 사랑하는 사람의 다정한 목소리, 바닷가의 파도소리는 즉각적으로 사람들의 감성을 자극시킨다. 그리고 사람들은 과거 어느 시기에 들었던 소리를 선명하게 기억할 수 있는 능력을 갖고 있다. 예를 들어, 젊었을 때 여름 해변에서 연인과 함께 들었던 음악을 다시 들으면 우리는 그 음악을 들었던 그때 그 장소에서 느꼈던 강렬한 감정을 자연스럽게 떠올리고 동일한 감정을 경험한다. 나아가 사람들은 소리에 담긴 의미(가령, 사랑, 분노 등)를 자신의 방식으로 해석하고 그것을 통해 자신을 표현하기도 한다.

이와 마찬가지로 기업은 소리를 통해 자신의 브랜드 정체성을 소비자들에게 전달하고, 소비자의 감성과 감각을 자극함으로써 제품과 브랜드를 차별화시키고 소비자의 관심, 호의적 브랜드 태도, 제품구매를 이끌어낼 수 있다. 기업은 소리의 고저, 속도, 강약을 적절히 결합시켜 다양한 형태의 감정을 유발시킬 수 있다. 즉, 청각적 자극을 통해 소비자의 마음을 편하게 만들거나 서두르게 만들 수도 있고 행복하거나 슬프게 만들 수도 있는 것이다.

점점 더 많은 기업들이 브랜드 정체성과 이미지를 구축하는 데 소리가 중요한 역할을 할 수 있음을 깨닫고 있다. 가령, 기업들은 목표고객층(가령, X세대, Y세대, 디지털 세대 등)을 염두에 두고 자사브랜드를 특정의 음악장르와 연결시킴으로써 브랜드 아이덴티티의 차별화를 추구하려고 한다. 많은 소매기업들이 자신의 정체성을 전달·구축하는 데 음악을 활용하고 있는데, 미국의 갭(The Gap), 에디바우어(Eddie Bauer), 그리고 토이저러스(Toys"R"Us)와 같은 회사들은 자신의 브랜드 아이덴티티에 맞는 음악 프로그램을 개발하는 데 많은 투자를 하였다. 그들은 AEI 음악방송국의 도움을 받아 브랜드 아이덴티티에 부합되는 맞춤음악프로그램을 개발하였는데, AEI는 700만 곡 이상의 음악목록을 갖추고 특정 브랜드의 이미지에 맞는 음악 컬렉션을 개발·제공하였다. 아무리 아이튠즈와 같은 음악서비스가 활성화되어도 자신의 기업에 맞는 특정 장르의 컬렉션은 확실히 다른 브랜드와 차별화시킬 수 있는 좋은 전략임은 틀림없다.

기업이 어떤 소리를 차별화의 수단으로 사용할 때 가장 중요하게 생각해야 할 점은 바로 브랜드와의 연관성이다. 자동차 업계의 경우에도 차량 내부에서 발생되는 소음을 없애고 차문을 열고 닫을 때 생기는 덜컹거림을 제거하기 위해 오래전부터 소리에 관심을 기울여왔다. 자동차 업종같이 경쟁제품들 간 기능적 특성에서 별 차이가 없는 경우 소비자들의 청각체험이 브랜드의 정체성과 가치를 차별적으로 표현하는 데 유용한 수단이 될 수 있다. 벤틀리(Bentley) 승용차는 소음을 줄이고 자신의 브랜드를 단번에 확인시켜 주는 그런 소리를 연출하기 위해 노력한다. 음향 기술자들은 생산 초기부터 자동차의 디자인과 형태에 따라 내부 소음이 어떻게 달라지는지를 면밀히 검사하는데, 이에는 문을 닫을 때 나는 소리부터 바람소리나 거리에서 나는 소음, 엔진 소음에 이르기까지 모든 소음이 포함된다.

사람들의 청각적 체험에 영향을 미칠 수 있는 대표적 청각표현방식으로 음성과 음악을 들 수 있다. 음성이 청각체험에서 중요한 역할을 한다는 사실을 밝혀낸 한 연구에서 컴퓨터를 이용해 좋은 내용의 뉴스와 안 좋은 내용의 뉴스를 행복한 음성과 슬픈 음성으로 읽도록 한 실험을 수행했다. 부정적인 뉴스를 행복한 음성으로 읽거나 긍정적 뉴스를 슬픈 음성으로 읽었을 때 그 음성에 대한 신뢰도는 떨어졌다. 기업은 특정의 음성을 활용해 고객의 청각적 체험의 질을 높이고 이를 브랜드 이미지와 연관시키려고 한다.

음성을 활용해 브랜드 정체성과 이미지를 구축하기 위해 기업은 그것을 지속적이고 일관성 있게 사용해야 한다. 예를 들어, BMW의 영국지사는 10년 이상 영국배우 데이비드 서쳇(David Suchet)의 음성을 광고에 활용해 브랜드 정체성을 표현해왔다. 조사결과에 의하면 데이비드 서쳇의 음성은 브랜드 정체성를 강화하는 데 상당한 기여를 한 것으로 나타났다. 대체로 개성 있으면서도 감정이 실린, 그리고 친근한 음성이 긍정적 브랜드 이미지를 구축하고, 긍정적 청각체험을 하도록 하는 데 보다 더 효과적이다. 대중교통 안내나 전화안내에 사용되는 것과 같은 디지털 음성은 대체로 딱딱하고 몰개성적이어서 별로 따뜻하거나 기분 좋은 느낌을 주지 않는다. 그래서 이런 음성으로는 소비자의 긍정적 청각체험을 유발하기가 쉽지 않을 것이다.

한편 또 다른 대표적 청각표현방식인 음악도 브랜드 정체성과 이미지를 강화하고 소비자의 긍정적 청각체험을 조장하는 데 기여할 수 있다. 음악은 반복음이나 음성으로는 해낼 수 없는 방식으로 브랜드의 정체성과 특정의 정서를 전달할 수 있는 능력이 있다. 음악은 장기적으로 브랜드 정체성을 부각시키고 그 브랜드와 연관된 정서적 체험을 제공하는 데 도움이 될 수 있다. 스웨덴 스톡홀름에 위치한 노르딕 라이트 호텔은 기업 정체성을 긍정적으로 부각시키기 위해 특별히 선별한 음악을 사용한다. 이 호텔은 800곡에 이르는 노래들을 활용하여 보다 유쾌한 분위기를 창출하고 고객들이 자사의 차별적 서비스를 체험하도록 한다. 고객들은 호텔 웹사이트에 접속해 호텔로비에서 연주되는 음악을 포함해 원하는 음악을 언제든 들을 수 있는데, 각각의 음악은 그날그날의 다양한 주제와 시간대에 따라 분류되어 있다. 예를 들어, 아침 음악채널은 고객들이 아침식사를 하는 동안 연주되며, 음악의 볼륨은 투숙객의 수에 따라 달라진다.

미용실, 식당, 백화점 등의 서비스 기업은 매장에서 사용할 음악을 선택할 때 타겟 고객이 누구인지 고려해야 한다. 한 연구에서 동일 연령대의 남녀를 대상으로 배경음악과 중심음악의 효과에 대해 분석했다. 그 결과 여성의 경우는 중심음악보다는 배경음악이 깔릴 때 지출금액이 두 배가량 증가한 반면 남성의 경우에는 중심음악이 깔렸을 때가 배경음악이 깔렸을 때에 비해 매출이 거의 두 배가량 증가했다. 뿐만 아니라 남성은 중심음악이 깔릴 때 매장이 더 좋고 넓다고 지각한 반면 여성은 배경음악이 깔릴 때 매장이 더 우호적이고 세련된 것으로 지각했다. 또한 실험 참가자의 연령에 따라서도 음악을 받아들이는 방식이 달랐다. 50세 이상의 나이가 많은 집단일수록 배경음악을 틀어놓은 상황에서 지출이 증가한 반면 25~49세까지의 상대적으로 젊은 연령층은 중심음악을 틀어놓았을 때 지출이 많아졌다. 이와 같이 서비스 기업은 타겟 고객에 맞는 분위기를 연출할 수 있는 음악을 선택해야 한다. 타겟 고객을 매혹시키지 못하는 음악을 사용하는 것은 마치 잘못된 색상을 사용하거나 지나치게 밝거나 너무 어두운 조명을 사용하는 것 혹은 지나치게 높거나 너무 낮은 온도를 적용하는 것과 마찬가지로 부정적 소비자 반응을 초래할 수 있다.

음악의 효과적 활용은 특정의 브랜드에 대한 소비자의 호의적 감정뿐 아니라 구체적 행동의 유발(가령, 쇼핑의 속도, 매장에서 보내는 시간, 구매량)에 영향을 미칠 수 있다. 소리가 브랜드 선호도에 미치는 효과는 Gerald Gorn(1982)의 한 연구에서 잘 나타나고 있다. 특정의 볼펜을 선택하기 전에 소비자들에게 배경음악이 담긴 제품광고를 보여주었는데, 그들은 좋아하는 배경음악과 짝지워진 볼펜 제품을 싫어하는 배경음악과 짝지워진 볼펜 제품보다 더 선호하는 것으로 나타났다. 흥미있는 사실은 소비자들은 볼펜 제품에 대한 선호도가 배경음악보다는 제품의 특징(가령, 볼펜 색상의 차이) 때문인 것으로 생각하고 있었다는 것이다.

Gorn은 광고음악이 소비자의 제품(브랜드) 선택에 어떤 영향을 미치는지를 실험을 통해 연구하였다. 그는 먼저 사전조사를 통해 사람들이 좋아하는 음악('Grease'라는 영화에 나오는 주제음악)과 싫어하는 음악(인도 고전음악)을 선별하였다. 그런 다음 실험 참가자들이 두 가지 음악 중 한 가지를 들으면서 하늘색 혹은 갈색 펜에 대한 광고를 보도록 하였다. 따라서 각 실험 참가자는 ① 좋아하는 음악과 하늘색 펜의 제품광고, ② 좋아하는 음악과 갈색 펜의 제품광고, ③ 싫어하는 음악과 하늘색 펜의 제품광고, ④ 싫어하는 음악과 갈색 펜의 제품광고의 4가지 실험상황 중 하나를 접하게 되었다. 제품광고를 보여 준 다음 그들로 하여금 좋아하는 볼펜을 고르도록 하였다. 실험결과에 의하면 음

〈표 5.1〉 광고음악이 제품선택에 미치는 효과에 대한 실험결과

	광고된 볼펜	광고되지 않은 볼펜	합 계
좋아하는 음악	74	20	94
싫어하는 음악	30	71	101
합 계	104	91	195

악과 짝을 지워 광고된 볼펜을 선택한 사람들의 수가 싫어하는 음악과 짝을 지워 광고된 볼펜을 선택한 사람들의 수보다 훨씬 많은 것으로 나타난 것이다.

〈표 5.1〉은 이 실험의 결과를 보여주는데, 좋아하는 음악광고를 들은 94명의 소비자 가운데 74명이 좋아하는 음악과 짝을 지워 광고된 볼펜을 고른 반면 싫어하는 음악을 들은 101명의 소비자 가운데 30명만이 좋아하지 않은 음악과 짝을 지워 광고된 볼펜을 선택하였다.

음악은 소비자의 구매관련 행동에 직접적인 영향을 미칠 수 있다. 가령, 소매점에서의 배경음악은 고객들이 매장에서 보내는 시간과 구매량(구매액)에 영향을 미친다. Millman(1982)은 슈퍼마켓에서 틀어주는 음악의 빠르기를 조정함으로써 쇼핑객들의 행동에 영향을 미칠 수 있음을 보여주었다. 구체적으로 빠른 음악을 틀었을 때(평균 12,112.85달러)보다 느린 음악을 틀었을 때(평균 16,740.23달러) 쇼핑속도가 느려져 점포 내에서 더 오랜 시간을 보냈으며 그 결과 그들이 지출한 액수가 더 증대되었다. Millman(1982)은 음식점에 대해서도 동일한 실험을 하였는데 빠른 음악을 틀었을 때 고객이 식당에 머문 시간은 평균 45분인 반면 느린 음악을 틀었을 때는 평균 56분 정도인 것으로 조사되었다. 이때 고객들이 지불한 음식 값은 각각 55.12달러와 55.81달러로서 별 차이가 없으므로 빠른 음악을 틀었을 경우가 단위시간당 더 많은 판매액을 올리게 될 것이다.

이러한 연구결과가 시사하는 바는 슈퍼마켓과 같은 소매점의 경우에는 느린 음악을 틀어 쇼핑객들을 점포 내에 오래 머물게 하여 매출을 올릴 수 있으며, 식당의 경우에는 빠른 음악을 틀어 고객회전율을 높임으로써 매출을 증대시킬 수 있다는 것이다. 이러한 연구결과에서 나타난 또 다른 흥미있는 사실은 구매자들이 쇼핑 중에 어떤 음악을 들었는지를 전혀 인식하지 못하였음에도 불구하고 음악이 그들의 행동에 영향을 미쳤

다는 점이다.

음악의 템포는 사람들의 시간지각에도 영향을 미친다. 느린 템포의 음악은 사람들이 차례를 기다리는 동안 그 시간을 상대적으로 짧게 지각하게 만든다. 이처럼 소비자가 기다리고 있는 시간을 실제보다 짧게 지각하게 되면 기다림으로 인한 부정적 반응을 감소시켜 서비스 이용에 대한 소비자들의 태도에 유리하게 작용할 수 있다. 또한 소비자들이 서비스 현장에서 더 많은 시간을 보내게 되어 계획에 없던 구매를 하게 할 수도 있다. 음악의 템포는 사람들의 각성수준에도 영향을 미친다. 미국의 소매업체인 A&F는 소비자들이 높은 각성수준을 유지하도록 하기 위해 빠른 템포의 음악을 틀어놓는다. 스타벅스에서는 느린 템포의 음악을 틀어 그 반대의 효과를 노린다. 음악을 선정함에 있어 중요한 것은 회사가 원하는 각성수준에 맞으면서 브랜드 정체성을 부각시킬 수 있는 음악이어야 한다는 점이다.

소리는 하나의 브랜드로서 법적으로 보호받을 수 있다. 기업은 소리의 브랜드화를 통해 경쟁사들이 그 소리를 사용할 수 없도록 만듦으로써 브랜드 정체성을 차별화시킬 수 있다. 소리 브랜드로 등록되기 위해서는 분명하게 식별될 수 있는 소리나 멜로디이어야 한다. 인텔이 독특한 사운드 로고를 TV 광고캠페인에 활용함으로써 브랜드 인지도를 구축하는 데 성공한 것과 같은 예이다. 인텔은 눈에 보이지 않는 인텔칩의 존재를 소비자들에게 알리기 위해 1990년대 초부터 IBM 등 컴퓨터 제조업체들과 공동으로 광고캠페인을 전개했는데, 시각적 요소와 청각적 요소가 제품정보 전달에 중요한 TV 광고에서 인텔 인사이드 로고와 경쾌한 느낌을 주는 다섯 가지 톤의 인텔 사운드 로고를 함께 사용함으로써 인텔브랜드를 일반 소비자들에게 각인시키는 데 성공했다. 인텔의 커뮤니케이션 사례는 실제 B2B(business to business) 제품으로만 인식되었던 때 시도된 것이라 더 의미가 크다.

기업은 시그니처 사운드를 활용함으로써 특정 소리를 자사브랜드의 정체성이나 가치와 연결시킬 수 있다. 스웨덴의 헴글라스는 스위스의 다국적기업 네슬레(Nestle)가 소유한 기업으로 스웨덴, 핀란드, 덴마크, 노르웨이 등지의 가정집을 대상으로 직접 아이스크림을 판매하는 브랜드 중의 하나이다. 이 회사의 아이스크림 운반 차량은 새로운 도시나 변두리 지역에 진입할 때면 자신들의 시그니처 멜로디를 틀어놓는데, 이 멜로디는 스웨덴 작곡가 로베르트 순드(Robert Sund)의 곡으로 스웨덴에서는 가장 유명한 소리 브랜드이기도 하다. 시그니처 사운드는 법적 보호를 받지 못한다는 점이 소리 브랜드와 차이이지만 여전히 브랜드를 차별화시키고 소비자에게 정서적으로 다가갈 수 있다는 장점이 있다.

3) 촉각적 요소

촉각은 즉각적으로 특정의 감성을 유발시킨다. 사랑하는 사람의 부드러운 손길이 주는 로맨틱하고 달콤한 감정의 경험을 상상해 보라. 경쟁사가 갖지 못한 고유의 촉감을 개발하는 것은 고객이 소비과정에서 직접 느끼는 감성품질을 높여 브랜드 파워를 구축하는 데 기여한다. 애플의 스마트폰 제품인 아이폰은 고객의 손끝에 민감하게 반응하는 터치감을 제공함으로써 고객의 마음을 사로잡았다. 아이폰은 과거 다른 휴대폰업체들이 도입했던 터치방식, 즉 스타일러스 펜으로 누르는 휴대폰 대신 손가락으로 '톡톡' 치는 휴대폰을 개발해 촉감에서 차별화를 추구했는데, 이는 아이폰이 큰 성공을 거두게 된 핵심요인 가운데 하나이다.

기업은 다양한 감각표현양식을 활용해 소비자의 촉각적 경험에 영향을 미칠 수 있는데, 소재, 온도·무게, 형태 등이 그 예이다. 기업은 특정의 소재가 전달하는 촉감을 통해 따뜻함, 차가움, 강력함, 자연스러움 등의 브랜드 관련 연상을 유발함으로써 소비자에게 브랜드 아이덴티티를 효과적으로 전달할 수 있다. 비유기적 소재(가령, 대리석, 유리, 금속 등)는 차갑고 단단한 것으로 느껴지는 반면 유기적 소재(가령, 나무, 가죽 등)는 따뜻하고 부드러운 것으로 지각된다. 가령, 야외 지향적이고 자연친화적인 브랜드 아이덴티티를 표현하는 데 있어 거친 소재(예를 들어, 거친 대리석이나 벽돌)나 유기적 소재(꽃, 나무 등)가 효과적이다. 우리가 다른 사람들을 외모로 판단하는 경향이 있듯이, 포장을 어떤 소재로 하느냐가 그 제품의 특징을 표현하는 역할을 한다. 가령, 플라스틱 소재의 포장용기는 간편하고 안전한 느낌을 주면서 적당히 사용하다 버려도 괜찮다는 인상을 준다. 이에 반해 유리 소재의 포장용기는 고급스러운 느낌을 준다. 따라서 고가격의 음료제품 브랜드는 플라스틱 용기보다는 유리 소재를 사용하는 경향이 있다. 건강한 이미지를 위해 알루미늄 음료포장을 사용하기도 하고, 최근에는 부드러운 촉감의 실리콘 소재나 플래티넘 메탈 등의 소재를 포장에 활용하고 있다.

온도·무게도 촉각적 경험에 영향을 미치는 감각표현방식의 하나이다. 제품이나 서비스 현장이 따뜻한 느낌을 주는지 혹은 차가운 느낌을 주는지에 따라 소비자의 촉각적 경험이 달라질 것이다. 가령, 추운 겨울에도 소비자들은 카페의 야외테라스에 앉아 따뜻한 차 한 잔을 마시고 싶어 한다. 이에 따라 최근 들어 적외선 난방을 사용해 겨울철에도 노천 테이블에 머무를 수 있도록 하는 식당과 카페가 늘어나고 있다. 스웨덴의 유카스예르비(Jukkasjarvi)에 위치한 아이스 호텔은 방문객들에게 독특한 촉각적 경험을 제공하기 위해 차가운 얼음과 눈을 사용한다. 아이스 호텔은 낮은 실내온도를 핵심서비스 콘셉트로 삼고 있으며, 이 호텔 전체가 얼음으로 만들어졌다. 벽, 식탁, 의자, 아이스 바에 있는 컵에 이르기까지 호텔 안에 있는 모든 것이 고객에게 독특한 촉각적 경험을 제공한다. 투숙객들은 이곳에서 느끼는 추위에 대해 불쾌감을 갖지 않으며, 오히려 이 호텔의 콘셉트를 제대로 체험하기 위한 필수요소로 여긴다. 아이스 호텔의 실내온도는 바깥 온도와 무관하게 항상 영하 5℃로 유지된다. 만약 외부 온도가 호텔보다 더 낮다면, 투숙객은 이곳에서 상대적으로 따뜻한 느낌을 가질 수 있다.

무게 역시 제품과 관련된 개인의 촉각적 경험에서 중요한 감각표현방식의 하나이다. 사람들은 무게가 많이 나가는 물건일수록 품질이 우수하다는 인식을 가지며, 가벼운 플라스틱 제품에 대해서는 흔히 저가에 품질이 낮은 것으로 인식한다. 덴마크의 전자제품 제조업체 뱅앤올룹슨(Bang & Olufsen)은 우아한 디자인으로 높은 명성을 얻고 있다. 이 회사는 개인의 촉각을 자극함으로써 차별적 브랜드 이미지를 구축하는 데 성공했다. 이 회사는 원격조종에서 음향설비에 이르기까지 모든 제품 구성요소들을 타사제품에 비해 무겁고 독특하게 설계함으로써 소비자들로부터 품질이 우수하고 견고성과 정교함을 갖춘 제품으로 인정받고 있다. 이밖에도 대다수 고급 레스토랑의 출입문이나 고급 자동차 문 등이 열고 닫기 어려울 정도로 무거운 것을 발견할 수 있는데, 무거운 것을 접근하기 어렵고 귀한 것으로 지각하는 경향이 있기 때문이다.

독특한 형태도 촉각적·시각적 경험에서 경쟁제품과 차별화를 가능케 한다. P&G의 프링글스(Pringles)는 원통형의 독특한 패키지를 개발함으로써 고객들에게 차별적인 촉각경험을 제공하는 데 성공했다. 코카콜라의 유리병도 독특한 병의 형태를 통해 브랜드 정체성을 성공적으로 구축했는데, 사람들은 비슷한 형태의 다른 병을 만질 때도 코카콜라 병을 떠올리게 될 것이다.

촉각적 요소에 근거한 마케팅 전략

우리는 제품선택의 기준으로서 우리의 감각(시각과 촉각, 후각, 미각, 청각)을 이용한다. 소비자의 구매의사결정과정에서 가장 호기심을 불러일으키는 것이 바로 감각적인 측면이다. 오늘날에는 테스트와 접촉을 통한 제품구입이 어느 때보다도 당연시되고 있다.

그렇다면 사람들은 왜 제품을 구입하기 전에 먼저 만지고 싶어하는 것일까? 여기에는 여러 가지 이유가 있다. 다만 확실한 점은 가장 중요한 것이 제품의 촉감이라면 우리는 그것이 어떻게 느껴지는지 반드시 알고 있어야 한다는 것이다. 예컨대, 우리는 타월을 구입하기 전에 먼저 만져보고 싶어 한다. 조사에 의하면 하나의 타월이 팔려나가기 전에 평균 여섯 사람 정도가 만져본 것으로 나타났다. 침대시트 역시 마찬가지다. 시트에서 느껴지는 촉감이 그것을 살지 말지 결정하게 해주는 것이다.

의복도 마찬가지다. 우리는 스웨터와 셔츠를 고를 때에도 주무르고 두드리고 쓰다듬어 본다. 그러나 남성속옷 제조업자들은 플라스틱 상자안에 제품을 봉해둠으로써 이 좋은 기회를 놓치고 있다. 만약 여자속옷이었다면 결코 그런 식으로 팔리지 않을 것이다. 여자들은 자기 피부에 그 제품이 맞는지 시험해 보는 것을 당연하게 생각하기 때문이다. 오늘날에는 남자들 역시 그렇게 시험해 보고 싶어 한다. 따라서 누구든 먼저 그들에게 그런 기회를 제공해야 할 것이다.

의류제품 외에 신체와 접촉하는 물건도 구입하기에 앞서 만져보아야 한다. 건강과 미용코너에서 쉽게 찾을 수 있는 로션과 피부보호제, 립스틱, 일반 화장품, 탈취제, 파우더가 그런 것들이다. 또한 손에 쥐거나 들고 다니거나 휘두르는 물건들도 만져볼 필요가 있다. 예컨대, 망치라면 한 번 들어올려봐야 무게가 적당한지 알 수 있다. 핸드백과 서류가방, 옷, 가방, 우산, 나이프, 주걱, 집게도 그렇고 지갑처럼 하루 종일 몸에 지니고 다니는 물건도 마찬가지다.

자료원 : 파코 언더힐 저, 쇼핑의 과학, 세종서적, 2000, pp. 208-209.

소비자들은 점포 내에서 브랜드들을 평가하는 과정에서 제품을 만져보고 그 촉감을 느껴보고 싶어 한다. 그러나 많은 기업들이 촉감의 중요성을 간과하며, 인터넷 구매, 포장용 랩과 판지의 확산은 제품을 직접 만져 볼 기회를 제한시키고 있다. Lush, Body shop과 Sephora 등 최근 성공한 코스메틱 브랜드들은 매장에서 화장품을 만져보고 직접 사용해 볼 수 있는 기회를 제공하는 판매정책을 도입하여 큰 성공을 거두었다. 따라서 기업은 촉감을 경험할 수 있도록 매장환경과 제품디자인을 설계함으로써 제품을 직접 만져보고 싶어 하는 고객의 욕구를 즉각적으로 충족시키면서 고객과 브랜드 간에 감성적 연결을 제공할 수 있어야 한다. 가령, 소비자들은 립스틱을 구매하기 전에 그 색상을 테스트해 보고, 립스틱을 바를 때와 손에 쥐었을 때 느끼는 감촉을 직접 경험하고 싶어 한다는 것이다.

4) 미각적 요소와 후각적 요소

소비자들은 제품을 구매하기 전에 그것을 먼저 경험해 보고 싶어 한다. 따라서 기업은 소비자들이 매장에서 손쉽게 제품을 만지고 실험해 볼 수 있는 분위기를 만듦으로써 소비자와 제품 간의 관계를 긴밀하게 만들어야 한다. 만약 제품이 맛을 지니고 있다면 소비자들이 그것을 맛볼 수 있도록 해야 하며, 냄새를 갖고 있다면 그 냄새를 맡을 수 있도록 해야 한다. 가령, 구수한 된장의 맛과 향은 지나간 어린 시절을 자연스럽게 회상하게 할 수 있다.

미각적 요소의 효과적 활용은 고객들에게 즐거움과 편안함을 유발시킬 수 있다. 가령, 소매점의 쇼핑객, 레스토랑이나 병원에서 대기하고 있는 고객들에게 제공하는 한 잔의 맛있는 커피, 한 잔의 와인, 혹은 몇 알의 사탕과 같은 사소한 배려는 이들에게 친밀감과 즐거움을 가져다주어 브랜드의 가치를 높이는 데 기여할 수 있다. 고품질의 고객서비스로 유명한 미국의 노드스트롬 백화점은 고객들의 미각적 경험에 대한 욕구를 잘 이해하고 이를 효과적으로 충족시켜 주는 소매업체이다. 노드스트롬 백화점은 에스프레소 바, 카페 노드스트롬, 펍(Pub) 등을 운영하고 있는데, 에스프레소 바는 최고급 커피와 이탈리안 소다와 케이크를, 카페테리아 스타일의 간이식당인 카페 노드스트롬은 샐러드, 샌드위치, 수프, 음료 등을, 영국식 바인 Pub은 아침시간에는 간단한 식사를, 점심시간 이후에는 음식, 맥주, 칵테일 등을 제공한다. 음식과 음료의 제공은 사회적 상호작용(교류)의 한 형태이므로, 잘 설계된 미각적 경험제공은 브랜드의 가치를 높이는 데 기여할 수 있다. 고객에게 무료로 제공하는 음료와 잠시 쉴 수 있는 편안한 의자 등의 큰 비용이 들지 않는 부가적 서비스 제공은 소비자들을 매장으로 유인하고 쇼핑과정에서 잠시 휴식을 필요로 하는 고객의 욕구를 충족시켜 더 오랜 시간 쇼핑을 계속하도록 하는 데 기여할 것이다.

후각은 인간의 감정을 자극하는 강한 잠재력을 가지고 있다. 당신은 매력적인 여성의 몸에서 나오는 특정의 향기(향수냄새)에 감정이 흔들렸던 경험을 갖고 있을지 모른다. 또한 과거에 맡았던 특정 냄새를 그 후에 다시 맡게 되면 자연스럽게 그 냄새와 연관된 과거의 경험들이 기억으로부터 연상된다. 그리고 소비자는 과거의 경험들을 통해 향과 관련된 다양한 연상(의미)들을 학습할 수 있다. 가령, 소비자는 과일향이나 꽃향기를 맡으면서 봄을 연상하거나 소나무나 계피냄새를 통해 겨울을 연상할 수 있는 것이다. 따라서 향이나 맛과 관련된 소비자들의 과거경험은 기업이 원하는 브랜드 관련 연상을 창출하는 데 효과적으로 활용될 수 있다. 후각적 요소의 효과적 활용은 고객들에게 즐거움과 편안함을 유발시킬 수도 있다. 멀티플렉스 영화관 CGV는 다양한 연령층의 고객들을 대상으로 실시된 한 마케팅 조사를 통해 영화관람 도중에 갑갑함을 느낀다는 불만을 토로하는 것을 발견했다. CGV는 이를 개선하기 위한 방안으로 향기마케팅을 도입했다. CGV는 전국 상영관에 편백나무 향을 이용한 산림욕 공조시스템을 개발·운영하고 있는데, 이 시스템이 도입된 이후 밀폐된 공간에서 오는 갑갑함을 호소하는 고객불만이 크게 감소했다.

사람들은 타인에게 자신이 누구인지를 드러내기 위해 향기를 이용하기도 한다. 이러한 사실은 마케팅 분야에 향기를 활용해야 하는 명확한 이유를 제공한다. 하버드 대학의 Susan Fournier는 소비자가 브랜드와의 관계를 형성·발전시키는 방법에 대한 한 연구에서, 소비자들은 향기를 이용하여 자신의 자아(아이덴티티)를 관리하고 특정 브랜드와의 일체감을 형성함을 발견하였다. 가령, 연구에 참여한 Vicki라는 한 여성소비자는 다음과 같이 말했다. "나는 전형적인 미인은 아니에요. 하지만 건전하고 순수한 사람이지요. 향(scent)은 나에게 정말 중요해요. 내 머리카락과 내 몸에서 나는 냄새, 그리고 내가 입는 옷들, 이 모든 것이 아주 여성적이고 건전하죠. 남자들은 그런 것을 좋아하지요." "나는 상대가 아베다 일리시르(Aveda Elixir) 샴푸를 사용했다는 것을 바로 알 수 있어요. 그 나무껍질 냄새를 맡을 수 있거든요. 1마일 밖에서도 아베다 제품의 냄새를 금방 알 수 있죠. 그래서 제가 보기에 그 사람이 솔직하고 책임감 있게 행동하려고 노력하는 분이라 느껴요."

이러한 연구결과를 기반으로 기업은 어떤 향이 유발시키는 특정 연상을 자사브랜드와 연결시킴으로써 자신이 원하는 브랜드 아이덴티티를 소비자들에게 전달할 수 있다. 최근 들어 향기를 이용한 사업들이 크게 늘어나고 있는데, 아로마테라피의 등장과 함께 향기를 이용한 많은 제품(향초, 향기 나는 옷과 양말, 아로마 소파 등)이 판매되고 있다. 향기에 기반한 마케팅은 제품 자체뿐 아니라 소매환경 차원에서도 고려될 필요가 있다. 잘 설계된 향기는 매출을 증대시키는 데 기여할 수 있다. 매장을 방문한 쇼핑객들은 향기가 나는 장소에 더 오래 머물며 기분 좋은 냄새(향수, 커피, 과자냄새)를 맡은 쇼핑객들은 행복함을 느끼게 된다고 한다. 따라서 기업은 브랜드 이미지와 매장분위기에 가장 잘 어울리는 향기를 적극 활용하고 있는 추세이다. LG생활건강은 향기 전문연구소 '센 베리 퍼퓸하우스'를 설립했는데, 이 연구소는 수천 종의 향을 바탕으로 다양한 향기를 개발하고, 이를 차별적인 화장품과 생활용품을 개발하는 데 활용하고 있다.

많은 기업들이 향기가 갖는 긍정적 마케팅 효과를 인식하게 됨에 따라 브랜드 이미지를 강화하거나 차별화하기 위한 수단으로 향기를 적극적으로 활용하고 있다. 미국의 블루밍데일즈(Bloomingdale's) 백화점 역시 매장에 향기마케팅을 도입함으로써 한층 고급스러운 브랜드 이미지를 강화시키고 있다. 이 유통업체는 그간 스타일과 혁신이라는 핵심이미지를 부각시키기 위해 각 매장마다 세심하게 선별한 향기를 사용해 소비자들에게 후각 체험을 제공하고 있다. 유명 자동차회사들도 차량 내부의 향기를 통해 고유한 브랜드 정체성을 창출하고 운전과 여행이 즐거운 체험이 되도록 노력한다. 소비자들은 차의 색상, 모양, 크기뿐 아니라 향기를 통해서도 자신의 정체성을 표현할 수 있기 때문이다.

프랑스 자동차회사인 시트로엥(Citroen)은 향기가 자동차의 정체성과 이미지 창출·구축에 어떤 영향을 미치는지를 잘 인식하고 있다. 시트로엥 C4의 고객들은 차량 내부용 향기 9가지 중에서 자기가 원하는 향기를 선택할 수 있다는데, 여기에는 바닐라, 라벤더, 감귤, 연꽃 향 등이 포함된다. 시트로엥이 이런 서비스를 제공하는 것은 향기를 활용해 좋은 분위기를 연출하고 고객들의 안전운행에 기여할 수 있다는 판단 때문이다. 차 안의 향기는 약 6개월간 지속되는데, 이 기간이 끝나갈 때 즈음 고객에게는 한 장의 향기 나는 편지가 도착한다. 이것은 새로운 향기 패키지 상품을 구입하기 위해 시트로엥 대리점을 방문하라는 메시지를 담고 있다. 브랜드 정체성을 향기와 조화시키기 위해 시트로엥은 마에사(MAESA, 프랑스에 본사를 둔 다국적기업) 창의뷰티 그룹으로부터 향기 전문가를 고용해 그들만의 향기를 만들어 왔다. 어떤 향기가 제품과 조화를 이룰 때 소비자는 그 제품에 대해 좋은 반응을 보인다. 예를 들면, 영국의 셔츠 생산업체인 토마스핑크(Thomas Pink)는 프랑스의 럭셔리 브랜드 그룹 LVMH가 소유한 기업인데, 이 회사는 제품과 조화를 이루는 향기의 한 가지로서 막 세탁한 옷에서 나는 향기를 사용하고 있다.

향기는 성별을 표현하는 데 효과적 도구가 될 수 있다. 즉, 향기를 인식하는 방식에 있어서 남녀 간에 차이가 있는데, 어떤 향기는 남성적이고 어떤 향기는 여성적일 수 있다. 남성과 여성 소비자 어느 한쪽을 타겟 고객으로 삼을 경우 '성(sex)과 조화되는' 향기를 활용함으로써 타겟 고객에게 더 어필할 수 있을 것이다. 가령, 패션기업이 여성복 혹은 남성복 매장에 어떤 향기를 사용하려고 할 때 향기의 남성성과 여성성을 고려해야 한다. 한 연구에 의하면 의류매장에서 성별에 조화되는 향기를 사용했을 때 남성과 여성 모두에게 긍정적 영향을 미치는 것으로 드러났다. 이 연구에서 로즈 모르코(Rose Maroc) 향은 남성성, 바닐라 향은 여성성을 상징하는 향으로 나타났다. 남성복 매장에 로즈 모르코 향을, 여성복 매장에 바닐라 향을 사용했을 때, 소비자들은 후각적으로 기분 좋은 경험을 한 반면 두 향을 바꾸어 사용했을 경우에는 정반대의 결과가 나타났다. 이처럼 성별에 적합한 향기를 활용하면 제품의 가격이나 품질, 그리고 서비스에 대한 소비자들의 지각에 긍정적 영향을 미칠 수 있다. 이 연구에 의하면 성별과 조화를 이루는 향기를 활용했을 경우 소비자들이 매장에 머무는 시간이 증가했고 그 결과 더 많은 제품을 구매하여 지출액이 늘어난 것으로 나타났다.

기업은 마케팅 커뮤니케이션 주제나 신제품의 브랜드 콘셉트를 표현하는 데 향기를 활용함으로써 긍정적 소비자 반응을 창출할 수도 있다. 버라이존 와이어리스(Verizon Wireless)는 한국의 LG전자가 만든 신형 휴대전화를 출시하면서 향기를 활용했다. 이 신제품을 위해 설정된 주제는 제품의 이름에 착안해 초콜릿으로 정해졌다. 매장 내 계산대 주변과 진열대 주위에 초콜릿 향이 분사되었는데, 이는 제품과의 연관성을 창출하고 제품을 감각적으로 체험할 수 있도록 하기 위한 의도였다. 즉, 초콜릿 향을 시각 및 청각 표현의 보조수단으로 활용한 것이다. 초콜릿 폰과 다른 제품 사이에서 갈등하던 한 소비자는 결국 초콜릿 폰을 선택했는데, 매장의 영업사원이 마침 이 소비자 주변에

미각적 요소와 후각적 요소에 근거한 마케팅 전략

고객들은 언제나 자신들이 수준 높게 관여하고 있는 제품들을 꼼꼼히 살펴보고 따져볼 수 있는 시간을 원한다. 예컨대, 슈퍼마켓에서 사람들은 물건을 구입하기 전에 새로운 상표의 케첩이나 치즈, 혹은 값비싼 품종의 사과나 배를 시험 삼아 맛보고 싶어 한다. 그래서인지 살사(스페인 또는 이탈리아 풍 소스) 제조업체는 새로운 제품이 나올 때마다 항상 시식회를 실시한다. 버드와이저라면 구태여 시음회를 할 필요가 없다. 그러나 새로 나온 값비싼 에일 맥주나 다른 미국식 맥주를 구입하려 한다면 조금 맛보고 싶은 마음이 들 것이다.

설탕이라면 어떨까? 한마디로 그건 시간낭비다. 설탕은 그저 설탕일 뿐이다. 식물성 기름도 마찬가지다. 사람들이 올리브 기름을 마치 고급 포도주처럼 맛본다 한들 달라질 게 없다. 또 20년 된 발삼향 식초 같은 것은 맛보기 어려운 품목이다. 우유는 어떨까? 차갑게 보관되어 있고 유통기한이 지나지 않는 한 맛볼 이유가 없다.

새로 나온 모든 식료품의 90퍼센트 정도는 시장에서 실패한다. 사람들이 신제품을 좋아하지 않아서가 아니다. 그것들을 맛볼 기회가 없기 때문이다. 기업이 풍부한 마케팅 지원을 통해 고객들에게 샘플을 제공하지 못한다면 진지한 신제품 소개가 될 수 없다. 담배는 건강에 나쁜 제품일 수 있다. 히지만 담배회사들은 기막힌 방법(젊고 아름다운 남자와 아가씨들이 거리 모퉁이에 서서 무료경품을 제공하는 방식)으로 사람들에게 샘플을 나눠준다. 담배를 피우지 않는 사람들조차 그런 기분 좋은 간청에 샘플을 받아들일 정도다. 따라서 슈퍼마켓 매장에서 물건을 나눠주도록 젊은이들을 재교육시키는 것도 좋은 방법이다.

소매점을 포함한 많은 기업들이 감각적인 쇼핑이 이루어지도록 하기 위해 각별한 노력을 기울이고 있다. 예컨대, 오늘날 운영이 잘 되고 있는 대부분의 슈퍼마켓의 경우 구내 제과점에서 풍기는 부드럽고 향긋한 냄새로 실내공간을 채우고 있다. 또 비타민 코너에서도 향긋한 냄새가 풍긴다. 그렇게 냄새를 쫓다 보면 무심결에 카운터 앞에서 있는 것을 알아차리고 문득 "아참, 빵이 필요하지!"라는 생각을 떠올릴 것이다. 한편 스타벅스로부터 비결을 배운 일부 매장들은 값비싼 원두커피를 끓여 잔으로 팔고 있다. 이것은 커피판매를 노린다기보다 제품의 감각적인 면을 최대한 활용한 것이다. 이처럼 매장은 다양한 냄새를 즐길 수 있는 바람직한 공간으로 발전하고 있다. 세탁물 통로에서는 비누와 직물 연화제 냄새가 나고, 정육코너에서는 그릴로 스테이크를 굽거나 프라이팬으로 베이컨을 굽고 있다.

여기서 한 가지 더 추가되는 것이 있다. 즉, 슈퍼마켓의 방문이 곧 '감각주의자'의 즐거운 여행이 될 수 있다는 것이다. 영국의 어떤 유아복 전문점에서는 환풍구에서 베이비파우더 냄새가 풍겨 나온다. 고객들의 머릿속에 갓난아기의 냄새를 떠올리게 한다는 전략에서 나온 아이디어다. 우리는 미국의 베이비파우더 제조업체들에게도 상품포장에 냄새를 추가하라고 조언했다. 그러나 그들은 매장의 매니저들이 청결한 구내를 지저분하게 하는 물건들을 모두 치워버릴지도 모른다며 지레 겁을 먹었다. 농산물 통로 말고는 그 말이 맞았다. 슈퍼마켓에는 아직 우리의 감각적인 충동(후각, 미각, 촉감, 시각)을 만족시키는 전통이 전혀 없었기 때문이다.

지금도 그들은 1960년대 방식을 고수하고 있다. 냉동식품, 통조림식품, 가공식품, 분말식품, 포장식품과 완전무결한 청결함을 이상적으로 생각했던 방식 말이다. 결국 슈퍼마켓은 이제 위험할 만큼(시장으로서) 따분한 장소로 변해버렸다.

자료원 : 파코 언더힐 저, 쇼핑의 과학, 세종서적, 2000, pp. 209-213.

초콜릿 향을 분사한 것이 영향을 미친 것이다. 초콜릿 폰 출시가 이 회사의 최대 성공작 중 하나가 되는 데 향기마케팅이 부분적으로 기여했다.

기업은 특정의 향기를 자신의 시그니처(signiture)처럼 사용함으로써 시장에서 브랜드 이미지를 차별화할 수도 있다. 자사브랜드와 연계시키려는 의도로 사용되는 향기를 시그니처 향기라고 하는데, 이는 브랜드 정체성을 강화하거나 브랜드 인지도를 높이는 데 도움을 준다. 웨스틴 호텔은 전 세계에 퍼져 있는 지점을 대상으로 백차(White tea) 향을 사용해 이 호텔브랜드 고유의 라이프스타일과 개성을 표현하기도 하였다. 웨스틴의 고객들은 호텔에서 판매하는 백차 선물세트를 구매할 수 있는데, 이 속에는 백차와 더불어 향초, 말린 꽃 주머니, 오일 등이 포함되어 있다. 선물세트를 구매한 웨스틴 고객들은 호텔에서의 향기체험을 지속적으로 간직할 수 있게 되는 것이다.

싱가포르 항공사도 후각마케팅을 통해 차별적인 브랜드 정체성을 구축하는 데 성공을 거둔 예이다. 싱가포르 항공의 비행기 안에서는 스테판 플로리안 워터스라 불리는 매력적인 향기가 나는 것으로 널리 알려져 있는데, 이 항공사는 유명 향수업체의 도움을 받아 스테판 플로리안 워터스라는 자사만의 독특한 향기를 기획·개발했다. 스테판 플로리안 워터스는 뜨거운 물수건에 사용되거나 운항 중에 기내 전체에 분사되는데, 싱가포르 항공을 이용한 모든 고객들은 이러한 기내의 독특한 향기에 대한 좋은 추억을 갖게 되며, 이는 브랜드에 대한 호감도를 높이는 데 기여한다.

오감마케팅은 소비자의 다양한 감각, 즉 시각, 청각, 후각, 촉각, 미각 등을 통해 소비자의 감성을 연계 또는 유발시키는 방법이지만, 마케터는 감각의 메커니즘을 잘 알고 접근하지 않으면 나쁜 결과를 낳을 수도 있다. 문화마다 특정 향(예를 들면, 사찰에서 나는 향)에 반감을 가질 수 있고 특정 색이나 특정 촉감을 싫어하기도 하기 때문이다. 예를 들어, 대다수 아시아 문화에서는 떡과 같은 음식에서 느껴지는 부드럽고 편안한 미각을 좋아하는 반면, 일부 서구 소비자들은 유아식(baby food)을 연상시켜 비선호 식품이기도 하다. 오감마케팅 기법들은 인간의 본능적인 특성인 감각적 경험에 기반하는 것으로 거부감 없이 받아들여질 때 가장 좋은 결과를 낳을 수 있다.

이제 오감마케팅은 브랜드 차별화의 주요 도구로 자리 잡았다. 많은 기업들이 오감 모두를 활용하지는 않더라도 2~3가지 감각을 활용하는 마케팅 활동을 수행하고 있다. 따라서 오감마케팅의 효과에 관한 연구와 조사도 다양한 맥락으로 보다 더 세분화되거나, 복합적 효과를 분석하는 방향으로 나아가야 한다. 예를 들어, 향이 심리적 안정에 미치는 효과, 음악이 쇼핑행동에 미치는 효과 등 특정 감각 수단이 소비자 반응에 미치는 효과에 관한 연구에서 한 걸음 더 나아가 소비자 감각의 복합적 효과에 관한 분석으로 확장될 필요가 있다.

4. 체험(경험)마케팅이 소비자에게 미치는 주요 효과

시간, 위험(risk), 경제적 비용 등을 감수하고라도 체험소비를 하려는 소비자가 많아지고 있다. 여행이나 번지점프, 콘서트 참여 등 다양한 형태의 체험 프로그램이 활발하게 마케팅 현장에 활용되고 있다. 체험마케팅은 2000년 초반 Bern Schumitt의 『체험(경험)마케팅(Experiential Marketing)』이라는 책이 출판된 이후 좀 더 가시적으로 활용되었다. Schumitt 교수는 소비자를 체험시키는 것이 브랜드에 대한 관여와 몰입(engagement)을 높이는 데 효과적이라고 제언하였다. 그러나 체험마케팅을 효과적으로 실행하는 것은 쉽지 않다. SNS 시대에 들어서 많은 기업들이 체험마케팅의 기본원리에 대한 충분한 이해 없이 온라인, 모바일 등에서 다양한 이벤트를 실시하고 있으나 실제 충분한 참여를 불러일으키지 못하는 경우가 많다. 이 절에서는 체험마케팅과 관련된 주요 개념을 소개하고 효과를 높이기 위해 이를 어떻게 활용할 수 있는지 설명한다.

1) 체감효과(Embodiment effect)

오감마케팅과 연관된 개념으로 체감인지(체화된 인지; embodied cognition) 또는 체감된 선택(embodied choice) 등이 있는데, 이는 체온, 중력 등 주로 '몸(body)'으로 느껴지는 소비자의 전반적 경험이 주는 효과를 말한다. 즉, 신체적인 감각경험이 개인의 태도와 판단에 영향을 미치는 경향성을 말한다. 예를 들면, 따뜻한 커피를 몇 분간 들고 있었던 소비자들은 추후 실시된 브랜드 평가에서 차가운 커피를 들고 있었던 사람보다 따뜻한 단어들을 더 많이 선택하는 것이 그 한 예이다. 온몸이 느끼는 감각이 유발하는 심리적 효과(somatic effect)는 소비자행동에 대한 이해에 유용한 시사점을 제공한다.

예를 들어, 온도변화가 주는 체감효과를 살펴보자. 주변 온도가 따뜻한 것만으로도 사람들은 정서적 온기(emotional warmth)를 경험한다(Zwebner, Lee and Goldberg, 2014). 이러한 정서적 온기는 제품가치를 높게 평가하는 등 소비자의 긍정반응을 가져다준다(Motoki, Saito, Nouchi, Kawashima and Sugiura, 2018). 신체적 따뜻함은 제품이나 브랜드와의 거리감을 줄여 가깝게 느끼게 함으로써 긍정적인 소비자 반응을 낳는다. 이러한 체감효과는 주식투자를 하도록 한 실험에서 잘 나타나는데, 이 실험에서 따뜻한 온도의 상황에 노출된 실험 참가자들이 서늘한 온도 상황에서의 참가자들보다 더 많은 투자를 하는 것으로 나타났다. 몸이 체감하는 따뜻함이 주식시장을 보다 긍정적으로 보게 만드는 효과를 만들었기 때문이다. Williams와 Bargh(2008)의 연구도 온도변화가 주는 체감인지(체화된 인지) 효과를 다룬 대표적인 최근 연구들 중 하나이다. 연구자들은 실험 참가자들로 하여금 따뜻한(혹은 차가운) 커피잔을 들도록 한 다음 처음 보는 사람에 대한 인상을 평가하도록 하는 실험을 진행했다. 그 결과 따뜻한 커피잔을 들었던 실험 참가자들은 그 사람에 대해 긍정적 평가를, 그리고 차가운 커피잔을 들었던 참가자들은 그 사람에 대해 부정적 평가를 내렸다. 그리고 실험에 참가한 대가로 지불한 돈을 다른 사람들과 나누는 후속실험에서 따뜻한 커피잔을 들었던 참가자들은 다른 사람들에게 더 큰 양보를 하는 등 이타적 행동을 더 많이 보이는 것으로 나타났다. 이 연구가 시사하는 바는 따뜻함 혹은 차가움의 신체적 경험이 사람들의 태도와 행동에 영

체감(embodiment), 체험, 그리고 소유(endowment)효과를 성공적으로 창출한 광고캠페인: '비듬을 Clear! 하자', Clear샴푸 옥외광고캠페인

말레이시아에서 실시되었던 유니레버(Unilever)사의 Clear 비듬샴푸 옥외캠페인은 체감(embodiment), 체험, 그리고 소유(endowment)효과를 좀 더 쉽게 이해할 수 있는 재미있는 사례이다. 2006년 말 진행했던 이 캠페인의 타겟은 젊은 여성들이었다. 비듬은 건강하지 않은 머리관리가 그 원인 중 하나인데, Clear 샴푸를 사용하면 비듬 없는 건강한 머리카락으로 잘 관리할 수 있다는 것을 강조하고자 하였다.

그러나 Clear Shampoo를 비듬관리 샴푸로 포지셔닝하는 데 있어, 가장 큰 과제는 강력한 경쟁브랜드 Head&Shoulders와 어떻게 차별화하는가였다. 유니레버사는 경쟁브랜드들과 기능적 · 상징적 가치에서의 차별화를 시도하면서도 비듬관리(anti-dandruff)라는 중요한 제품콘셉트를 Clear브랜드와 연관시켜 표적소비자의 마음속에 자리 잡는 데 도움을 줄 캠페인을 개발하려고 했다. 그러나 '비듬이 없는 건강한 머리카락'이미지를 광고를 통해 형상화하는 것은 기존 브랜드들이 빈번히 실행했던 방법으로 소비자들의 관심과 호기심을 끌기에 부족했다. 전통적으로 많은 샴푸브랜드들이 비듬 있는 모습과 그렇지 않은 모습을 겹쳐 보여주거나 비듬제거효과에 관한 강력한 광고

문구(copy) 등을 활용해 소비자들이 머릿속으로 기능적 속성의 효과를 상상하도록 하는 방법을 사용해왔기 때문이다.

Clear 샴푸브랜드 마케터들은 새로운 제품에 대한 체험을 통해 바이럴을 유도하는 캠페인을 개발하는 데 초점을 맞추기로 했다. 다른 샴푸제품들의 캠페인같이 단순히 샴푸제품체험을 보여주는 광고실행방식으로는 비듬제거효과를 생생하게 구현할 수 없다고 판단한 Clear브랜드 마케터는 소비자들이 샴푸제품체험을 스스로 추구하도록 유도하기 위해 그림에서와 같은 대형 옥외광고(上) 캠페인을 개발했다. 그 옥외광고물에서는 멋진 머리카락을 가진 여성의 머리와 어깨 등에 비듬이 흩어져 있다. 그런데 지나가던 사람들이 멈춰서 다가가 보면, 비듬처럼 보이는 하얀 점들은 비듬이 아니라 클리어 샴푸의 할인쿠폰(그림下左)이다. 이 광고물에 접한 소비자들이 비듬처럼 보이지만, 제품명과 할인율이 적힌 쿠폰인 투명한 플라스틱 조각을 떼어내어 샴푸구매 시 할인을 받을 수 있도록 하는 것이 캠페인의 골자이다.

이 캠페인은 엄청난 온라인 구전을 이끌어낸 것은 물론이고, 그 비듬쿠폰을 떼어내기 위해 줄까지 서는 진풍경을 담은 영상이 온오프라인에서 회자되었다. 당시 유니레버사에 게시되었던 동영상을 보면, 많은 사람들이 높은 곳에 붙여있던 더 높은 할인율(%)을 가진 쿠폰을 떼어내려 발판(stepper)까지 놓고 오르는 장면이 목격된다. 그리고 무엇보다 이 캠페인의 가장 중요한 효과는 캠페인 기간 동안 매장에서 실제로 회수된 비듬쿠폰이 80%에 육박했다는 사실이다.

이 간단해 보이는 옥외 광고/판촉 프로그램이 성공적이었던 이유는 무엇일까? 첫 번째는 제품의 핵심기능인 '비듬을 없애준다'는 제품콘셉트를 효과적으로 비주얼화해 소비자의 주의와 호기심을 유발한 것이다. 이 광고물은 'Clear' 브랜드명을 '비듬을 없애준다'는 제품콘셉트와 연관시키는 데 성공했다. 누군가의 어깨에 떨어진 머리카락도 떼어주고 싶어 하는 우리이기에, 여성의 멋진 머리카락과 어깨 위에 떨어져 있는 많은 비듬은 사람들의 관심을 끌기에 충분하다. 멋진 여성의 윤기 나는 머리카락이 대다수 샴푸광고에서 주로 사용되는 이미지인 데 반해, 머리카락과 어깨에 지저분하게 흩어진 비듬은 옥외광고물에 노출된 사람들의 호기심을 불러일으키기에 충분했다.

두 번째 성공요인은 광고물에서 보여주는 비듬을 쿠폰으로 활용한 크리에이티브이다. 쿠폰이 아니었더라도 대다수의 사람들은 그것을 떼어내려고 했을 것이다. 작은 버블랩을 끊임없이 터트리던 경험을 해 본 사람이라면 알 수 있듯이, 우리 인간은 무언가 완성하려는 강박(?)적 동기를 갖고 있다. 이는 무언가를 성취하려는 동기와 같은 것으로, 예를 들어 물건을 잘 정렬시키려는 동기, 눈에 거슬리는 것을 제거하려는 동기, 시작한 것을 끝내려는 동기 등이다. 이들은 한 번에 한 가지씩 밖에 주의집중을 할 수 없고 주변을 정리 · 체계화시키지 않으면 중요한 것을 놓칠 수 있음을 지각한 인간이 진화과정에서 형성한 본능적 동기들이다. 이 캠페인은 비듬쿠폰을 모두 떼어내고자 하는 동기, 그리고 다 떼어내 깨끗해진 어깨와 머리카락을 보고 싶은 완성동기를 효과적으로 유발시켰다(그림下右).

체험마케팅 커뮤니케이션의 효과는 이미 비듬쿠폰을 떼어내면서 일어난다. 어렵게 몸을 움직여 얻은 결과는 쿠폰 취득이다. 그 쿠폰은 10%, 20%, 30% 할인율로 소비자의 관심을 끌만큼 크지는 않았지만, 소비자들은 굳이 귀찮음을 무릅쓰고 떼내는 수고를 했다. 할인율 때문이 아닌, 비듬을 털어 없애려는 본능적 동기가 발동한 것이다. 그러나 결과적으로 이 행동 자체는 자신의 몸이 노력한 것에 대해 의미를 부여하는 결과를 낳게 된다(비듬을 털어내는 과정에서 쿠폰이라는 보상을 얻음). 그리고 몸을 움직여 얻은 그 쿠폰은 중요하게 인식될 가능성이 높다. 누군가 억지로 가지라고 준 쿠폰이 아닌 내 스스로가 노력을 통해 떼어낸 쿠폰이기 때문이다.

아울러 높이 있는 쿠폰을 떼어낼 때 체감(embodiment)효과가 생기게 된다. 높이 있는 것은 향상(advancement)을 의미하기에 그 곳에 있는 쿠폰이 내게 도움을 줄, 내가 발전할, 또는 내게 이득이 되는 촉진적(promoting) 수단이라는 기분을 느끼게 한다(5장 체감효과 참조). 나아가 쿠폰을 손에 넣고 나면 소비자의 소유(endowment)효과가 발동하여 자신이 가진 것의 가치를 실제보다 크게 느낀다(5장 소유효과 참조). 그 결과 매장으로 달려가 중요하게 여겨진 그 쿠폰의 가치를 실현하고 싶어질 수 있다. 이런 과정을 통해 소유하게 된 Clear 샴푸브랜드에 대해서는 타 샴푸브랜드에 비해 긍정적 정서를 가질 확률이 높아진다.

이 캠페인은 단순하면서도 간단한 방법으로 소비자들의 체험, 체감, 소유욕구를 유발하고, 그것을 실제로 몸으로 느끼게 하며, 행동하도록 유도하고, 그리고 이러한 체험에 가치를 부여하도록 하는 커뮤니케이션 효과를 거두었다. 최근에는 이러한 소비자의 작은 움직임, 참여 등을 유도하여 이를 소비자의 구매 혹은 행동 욕구로 연결시키려는 체험마케팅 사례들을 많이 찾아볼 수 있다.

향을 미친다는 것이다. 따뜻한 컵을 드는, 신체적인 감각경험이 타인에 대한 긍정적인 평가로 연결된 이유는 따뜻함이라는 개념이 커피의 온도를 평가할 때뿐 아니라 사람들의 성품을 평가할 때도 사용된다는 점에서 둘 간의 은유적 관계가 무의식적으로 연결되었기 때문일 것이다.

Lee, Rotman과 Perkins(2014)는 따뜻함이 인간관계에서 소외감을 가지는 사람들의 부정적 정서를 어느 정도 치유할 수 있는지 분석했다. 그들의 연구에 의하면 혼자 밥을 먹은 참가자들은 그렇지 않은 참가자들에 비해 주변 온도를 훨씬 더 낮게 인지하였고,

찬 음료(음식)를 먹은 사람은 따뜻한 음료(음식)를 먹은 참가자에 비해 사람들과의 인간관계와 연계되는 내용을 더 많이 언급했다. 나아가 신체온도가 비교적 낮은 참가자들은 사람들이 붐비는 사회적 소비현장(social consumption setting)에서 쇼핑하는 것을 선호하는 반면, 체온이 상대적으로 높은 참가자들은 혼자 쇼핑하는 상황을 더 선호하는 것으로 나타났다. 연구자들은 이러한 결과를 평균으로부터 멀어지지 않으려는 본능적 성향인 자기절제(self-regulation) 개념으로 설명했다. 즉, 몸이 차게 되면 더 외로움을 느껴 사회적 상호작용에 대한 욕구가 커지기 때문에 사회적 상호작용과 관련된 언급을 많이 하게 된다는 것이다. 나아가, 쇼핑상황에서도 사람들이 북적거리는 곳이 자신도 모르는 사이에 낮은 체감온도를 상쇄할 수 있을 것으로 지각한다.

이러한 연구결과는 몸이 느끼는 감각이 즉각적인 충동적 행동을 유발한다고 주장한 초기 연구들과도 일맥상통한다. 예를 들면, Rook(1987)은 실제 쇼핑현장에서 한 탐색적 에피소드 연구를 통해 충동적 행동의 생화학적 및 심리적 근거를 제시했는데, 무의식으로 느끼는 따뜻함이나 추위가 즉각적인 충동(urge)행동을 유발하며 이러한 행동은 합리적 사고나 인지를 수반한 것이 아닐 수 있다고 제안했다.

그러나 다른 연구자들은 인지 없는 체감행동은 존재하지 않는다고 주장한다. Krishna와 Schwarz(2014)는 몸이 느끼는 것은 정보의 근원이 되며, 그것은 감각지각, 이미지 처리 또는 소비자행동 시뮬레이션 과정에서 '은유(metaphor)'라는 인지과정을 통해 의사결정에 영향을 미친다고 주장했다.

위의 연구들에서 알 수 있듯이 체감은 대상에 대한 지각거리를 좁히거나 넓히는 도구로 사용된다. 균형을 유지하기 위한 무의식적 노력이든 자기절제의 일환이든 주변 온도의 체감, 몸에서 느껴지는 무게, 체온 등의 신체감각은 우리의 정서적 방향과 즉각적 행동을 유발하거나 혹은 인지과정을 통해 의사결정으로 연결된다. 다시 말해 우리 몸은 특정 체감 맥락에서 대상에 대해 인식하는 거리를 좁히거나 넓히는 방법을 사용한다는 것이다. 균형을 위해서이든 자기 절제의 일환으로 인한 결과이든 확실한 것은 주변의 온도, 몸에 느껴지는 무게, 또는 체온 등의 신체적인 조건은 분명히 우리의 심리적 균형적 정서(valence)를 만들어낸다는 사실이다. 그리고 그것이 맥락이나 대상에 따라 충동적으로 바로 행동으로 옮겨지기도 하고, 좀 더 깊은 사고와 연계되어 인지적 요소가 작용하기도 한다. 이러한 연구들은 적어도 이러한 체감효과를 고려하는 마케팅 활동의 필요성을 보여준다. 따뜻한(또는 시원한) 음료 한 잔이라도 적절한 시점에 잘 제공하는 것과 같은 방식으로 다각적으로 활용하는 것이 필요할 것이다.

2) 소유효과(Endowment effect)

체감효과와 관련된 주제 중 하나는 소유효과(endowment effect)이다. 소유효과는 우리가 어떤 대상에 대해 그냥 소유하는 것만으로도 가치가 있다고 생각하는 경향이다. 사람들은 자신이 가진 것을 비슷한 가치를 가진 다른 것보다 더 소중하게 여기고 그것을 잃는 것을 최대한 피하려고 한다. 소유한 것에 대한 손실회피(loss aversion)* 경향 때문에, 우리는 가지고 있는 것을 비슷한 가치의 가지지 않은 것에 비해 더 가치 있게 느끼게 된다.

이러한 초기 소유효과 연구결과들에 의하면(Carmon and Ariely, 2000; Kahneman, Knetsch and Thaler, 1990), 사람들은 많은 추억을 공유하지 않은 대상에 대해서도 소유효과가 발생한다는 것을 발견했다. 잠시 자신의 손에 넣어보거나, 자신의 것이라는 상상만으로도 다른 비슷한 가치를 지니고 있는 대상보다 훨씬 더 소중하게 여겨진다는 것이다. 심지어는 자신에게 별 필요나 상관없는 물건이 무작위로 주어졌을 때에도, 그리고 실제 그것을 그다지 좋아하지 않았을 때조차 소유효과는 나타났다(Brenner, Rottenstreich, Sood and Bilgin, 2007; Dertwinkel-Kalt and Köhler, 2016). 이 현상을 체감(embodiment)효과로 설명할 수도 있는데, 길게 소유하지 않아도 소유한 것을 몸으로 느끼는 효과로 인해 정서적 변화가 일어날 수 있다.

초기 연구들은 소유효과가 정서적 동기보다는 손해를 보고 싶어 하지 않는 인지적 동기에서 비롯되는 것으로 보았다. 즉, 사람들은 소유하고 있던 것을 잃어버렸을 때에 느끼게 될 두려움(fear) 또는 위협(threat)을 피하기 위해 소유하고 있는 것을 실제가치보다 높게 평가하는 과정에서 비롯된다고 주장했다. 행동경제학자인 Kahneman 교수와 Tversky 교수의 비합리적 휴리스틱 의사결정과정에 손실회피 경향과 소유효과가 주요 개념으로 설명되기도 하는데, 이 역시 비합리적 판단과 평가라는 인지적 관점을 가진 접근이다.

한편 다른 연구들은 손실회피 동기가 소유효과의 유일한 원인이 아니라고 제안한다.

'역 소유효과(reverse endowment effect)'라는 현상을 증명한 최근 연구들이 이에 해당한다(Dertwinkel-Kalt and Köhler, 2016; Brenner et al., 2007). 역 소유효과 연구에 의하면 실험 참가자들이 그렇게 좋아하지 않는 자신의 물건을 비슷하게 덜 매력적인 물건과 기꺼이 교환하려는 경향을 보였고, 교환한 것에 대해 긍정적인 반응을 보였다. 이러한 연구결과에 대해 연구자들은 손실회피심리 이외의 다른 메커니즘(선행요인)이 존재한다는 증거라고 주장했다. 비용을 지불해야 하는 소비상황에서 새로운 물건을 위해 비용을 지불하기보다는 차라리 가진 것을 포기하는 현상을 손실회피로 설명하기 어렵기 때문이다. 소유한 사람들에게 나타나는 소유효과가 소유하지 않은 사람에게는 과소평가되는 현상(Van Boven et al., 2000)도 손실회피만을 그 원인으로 보기 어렵다.

Dertwinkel-Kalt와 Köhler(2016)는 역 소유효과가 가상 시나리오 상황에서의 선택이 아닌, 보상(incentives)이 제공되는 실제상황에서도 나타나는지 살펴보았다. 연구자들은 실험 참가자들에게 별 매력이 없는 과업을 먼저 제시한 다음 유사하게 재미없는 새 과제가 주어졌을 때 어떤 선택을 하는지 분석했다. 실험 참가자들은 보상이 제공되는 집단과 보상이 없는 가상 시나리오 상황에서 선택을 하는 집단으로 나누어 무작위로 할당되었다. 연구결과 가상 상황에서 선택을 하도록 한 참가자들은 지루한 기존과제를 버리고 유사하게 지루한 새 과제를 선택한 반면, 보상이 주어지는 실험조건에 할당된 참가자들은 기존과제를 완성하는 대안을 선택했다. 즉, 가상 시나리오 조건에서는 재미없는 것을 기꺼이 다른 재미없는 것과 바꾸는 역 소유효과가 나타났지만, 보상이 주어지는 실제 선택상황에서는 역 소유효과가 나타나지 않았다.

연구자들은 이 결과를 소유효과를 반드시 '손실회피' 심리로만 설명할 수 없다는 증거라고 주장한다. 가상 상황 그룹에서 보이는 것처럼, 소유하고 있는 대상이 바람직하지 않을 때 사람들은 비슷하게 덜 매력적인 다른 대안과 쉽게 교환하려는 역 소유효과를 보였지만, 특정 보상이 주어졌을 때는, 이는 이미 투자한 시간을 손실로 느끼기보다는 오히려 이득으로 보았다. 결국 주어진 옵션이 바람직한 물건이든 아니든 상관없이 소유효과는 일어나며, Brenner 등(2007)이 제안한 것처럼 손실을 피하려는 것이 아니라, 소유한 것을 잃어버리는 옵션 그 자체가 새로운 대안을 얻는 것보다 더 크게 보이기 때문이라는 것이다.

소유효과의 원인이 '손실회피'만은 아닐 수 있다는 또 다른 가설은 '돌출이론(salient

theory)'이다. 소유효과는 처음 소유하게 된 것, 정말 좋아하는 것, 좋아하는 사람에게 받은 선물 등 더 많이 두드러진 대상에 나타난다는 것이다. 그 반대의 경우(예: 관심없는 것)에는 역 소유효과가 나타난다는 주장이다. 최근 연구에서 '나(self)'에 관한 정보는 가장 두드러진 정보이기 때문에, 소유효과의 핵심은 '자신'이라는 가설이 추가되었다. 따라서 돌출이론을 근거로 하는 최근 소유효과 연구들은, 소유효과가 손실회피보다는 '자신'이 '소유(ownership)'했다는 그 자체가 만들어내는 효과라고 주장한다(Maddux et al., 2010; Morewedge et al., 2009; Peck and Shu, 2009). 이들은 손실에 대한 위협(threat) 없이도 소유한 대상을 자신과 연계시켜 기억에 저장시키거나 애착을 만들어 전이되기 때문이라고 설명한다.

이 연구들은 어떤 것을 소유하는 행위 자체가 그 대상과의 일체감을 나타내는 것이며, 사람들이 자신과 소유대상을 연결하는 연상(association)을 함으로써 비롯된다고 설명한다(Beggan, 1992; Belk, 1988). 대상을 자신의 일부로 여기고, 그래서 자신을 긍정적으로 보는 만큼 그 대상도 긍정적으로 평가하게 된다는 것이다(Gawronski, Bodenhausen, Chatterjee, Irmak, Rose and Becker, 2007). 일단 자신과 연계된 정보는 가장 중요한 정보이고 돌출된 정보이기 때문에 그 일체감 또한 손쉽게 일어난다. 돌출이론에 기반한 소유효과를 제안하는 이들 연구자들은 손실회피보다는 자신과의 일체감을 통해 그 대상의 매력을 높게 평가하며 그래서 더 가치 있게 느끼는 과정이라고 설명한다. 따라서 반드시 잃어버렸을 때 느끼는 '손실'에 대한 두려움이 아니라, 소유 자체를 최고의 가치로 여기게 만들기 때문이라는 연구결과를 발표했다(Morewedge et al., 2009).

이들 연구의 중요한 시사점은, 그 기본동기가 손실회피 때문이든지 또는 자신과의 일체감 때문이든지 관계없이 소비자는 '자아 위협감(self-threat)'이라는 정서상태를 경험한다는 점이다. 즉, 소유효과는 반드시 손실회피와 같은 경제적 손실뿐 아니라 자존감의 상실, 또는 현재 유지되고 있는 균형 있는 편안한 상태로부터의 변화에 대한 두려움을 모두 포함하는 것으로 연구되고 있다.

3) 체험효과(Experiential effect)

사람들이 몸의 경험을 중요하게 생각하는 것은 본능적 욕구이다. 우리는 몸의 경험을 통해 주변을 지각하고 이를 토대로 자아를 형성한다. 자신의 몸이 살아남도록 하는 것은 인간의 생존본능이므로 사람들은 몸이 살아남는 데 유리한지 아닌지를 파악해 어떤 대상에 다가가거나 이를 회피한다. 따라서 몸을 통해 얻는 체험적 정보는 어떤 정보보다 우선적으로 수용·관리된다.

체험마케팅에 관한 많은 연구들은 몸의 움직임(motor)과 연관된다. 예를 들어, 소비자가 제품에 접근하는 움직임의 유연성과 능숙함이 제품구매결정의 주요 단서가 될 수 있다(Elen, Dewitte and Warlop, 2013). 즉, 몸의 움직임이 동기유발을 촉진하거나 억제할 수 있다. 제품구매행위는 제품에 접촉하는 팔의 움직임에 영향을 받는다(Streicher and Este, 2016). 쇼핑상황에서 소비자는 물건을 가져오기 위해 팔을 구부리고 뻗는 등의 관절운동(ideomotor)을 수행해야 하는데, 팔 움직임의 노련함이 쇼핑에 대한 동기부여와 습관에 영향을 미칠 수 있다.

Topolinski, Lindner와 Freudenberg(2014)는 영화 관람객의 의미 없는 움직임이 마케팅 자극에 대한 태도와 선택에 영향을 미칠 수 있음을 발견했다. 그들은 현장실험연구(field experiment)를 통해 관람객들을 팝콘, 껌, 그리고 사각설탕 중 하나를 먹는 실험조건에 할당하여 극장 광고물과 영화를 보게 하였다. 영화관람 1주일 후 관람일 당시 광고된 외국 브랜드에 대한 선호도를 조사한 결과, 사각설탕을 먹은 집단은 광고된 브랜드를 처음 보는 다른 브랜드보다 선호한 반면, 팝콘이나 껌을 씹었던 집단에서는 광고효과가 나타나지 않았다. 스낵이나 껌을 씹도록 한 실험조건에서 광고효과가 나타나지 않은 이유에 대해 연구자들은 인간에게 있어 입의 움직임은 생존가치에 중요하기 때문에 이러한 신체적 행위가 우선적으로 처리되며, 그 결과 다른 정보의 처리과정을 방해한 것이라고 주장했다.

Ostinelli, Luna, Ringberg와 Torsten(2014)은 올라감을 뜻하는 'up'은 향상(improvement)으로 해석되어 긍정적인 것으로 인식되는 반면, 'down'은 내려감을 뜻하는 퇴보(deterioration)로 해석되어 부정적인 것으로 인식되는 경향이 있다는 가설을 검증하는 연구를 진행했다. 그들은 단순히 수직선상의 몸의 위치만으로도 특정 정서가 유발되며, 실제 신체적 체험이 아닌 그것을 상상하는 것만으로도 유발되는 현상이라는 것을 밝혔다. 이들 연구결과에 의하면, 엘리베이터나 비행기를 타고 몸이 위로 올라가는 것(내려가는 것)을 상상하는 것만으로도 자신의 가치를 높게(낮게) 평가했다. 그리고 몸의 위치에 대한 상상으로 인해 유발된 자신감(self-confidence)의 고양은 다음 단계에서 주어진 과제를 더 잘해 보려는 동기(performance)를 방해함으로써, 결국 나쁜(좋은) 수행결과를 가져다주었다.

Csikszentmihalyi와 그의 동료 Robinson(1990)은 미술관 관람객을 대상으로 관람체험이 작품을 잘 이해하는 데 어떤 영향을 주는지를 연구하였다. 그들은 사람들이 왜 미술관을 직접 방문해 관람하는지, 그리고 체감을 통해 얻는 정서적 경험이 예술작품을 평가하기 위한 논리적 사고에 어떤 영향을 미치는지를 분석하였다. 특히 그들은 무의식적 정서와 사고의 효과를 연구하기 위해 30명의 관람객을 대상으로 관찰기록, 정서단어 설문 및 현장 심층 인터뷰 등 다양한 연구방법을 사용하였다. 연구결과 관람객들은 자신의 느낌과 행동에 대해 잘 인지하고 있었지만, 그러한 체험 또는 체감이 무의식 상태에서 그들의 사고에 영향을 미치는 것으로 나타났다. 즉, 참가자들은 예술작품을 만지고 듣고 냄새를 맡는 행위, 작품과의 공간거리, 몸의 방향 혹은 감상하는 몸짓 등의 체험과정이 추상적인 생각을 하는 등의 사고과정을 방해하는 것을 발견하였다.

체험과 관련된 연구로 Csikszentmihalyi 등의 연구에 영향을 받아, Duhaime, Joy와 Ross(1995) 역시 성(城; citadels) 갤러리의 관람객들을 관찰조사하였는데, 역시 몸의 체험이 예술작품 선호와 큰 상관관계가 있음을 밝혀내었다. 또한 Sherry(1998)는 브랜드 에센스를 만들어내기 위한 환경조성의 일환으로 만들어진 Nike의 시카고 안테나 하우스 Nike Town(NTC)에서 Csikszentmihalyi와 유사한 현상적 접근을 하는 연구를 하였다. 그러나 이 연구는 주로 의식적 수준의 관찰과 조사를 통해 소비자 반응을 분석하였기 때문에, 체험을 통한 의식없는 체감(embodiment)효과를 과소평가했다는 비판을 받기도 한다. 한편 의식하지 않는 체감효과를 분석한 현상적 연구로 흥미로운 연구는 Celsi와 그의 동료들(1993)의 연구이다. 그들은 스카이다이빙 현장을 연구하였는데, 이는 그 어떤 것보다 직접적 경험을 반영하는 현상적 접근이기 때문이다. 이 연구는 스카이다이빙이 높은 수준의 위험 소비라는 단점에도 불구하고 사람들에 의해 시도되는 이유를, 몸이 주는 정서적 경험이 이 위험한 다이빙을 시도하려는 동기부여를 만들어낸다는 역동적인 모델로 설명하였다.

최근 연구들은 체험마케팅 효과의 핵심은 '자아(self)'임을 밝히고 있다. 내가 중요한 만큼, 내 몸이 가는 곳이 중요하며 따라서 내 몸의 체험이 주는 정보가 두드러진(salient)

정보이며 우선적으로 처리된다는 개념이다. 심리학자 Csikszentmihalyi(2007)가 Journal of Consumer Research에 수록한 'Experiential Existence'라는 이론적 논문은 소비체험이 주는 심리적 이득과 관련해 많은 철학적·심리적 시사점을 준다. 그의 주장에 의하면 인간은 존재가치를 강화하고 확인하기 위해 소비하며, 소비경험을 통해 그 가치를 존재가치보상(existential reward)받을 때 기분(mood)이 고양되는데, 그는 이를 엔트로피(일종의 에너지)라는 개념으로 설명했다. 사람들은 몸을 움직일 일이 없을 때나 집 또는 일터에서 할 일 없이 시간이 남을 때 자존감이 떨어지며 반면에 일의 목표가 비교적 명확할 때 쉽게 그 일에 집중할 수 있게 된다(Csikszentmihalyi and LeFevre, 1989). 그는 에너지를 받는다는 것을 Maslow의 욕구충족이론과 같은 실존주의적 접근으로 설명했다. 할 일이 없을 때 우리의 관심은 자신의 내부를 향하며, 이것은 주로 우울증을 유발하고 결과적으로 우리의 기분을 떨어트린다는 것이다(Csikszentmihalyi, 1993, 1997).

그의 주장에 의하면, 소비자행동은 체험욕구가 자각되거나 자극될 때 유발되며 이때 소비행동은 목표지향적이기 때문에(체험욕구를 충족시키려는 목표를 실현하기 위해 이루어지기 때문에) 우울증이나 절망감을 해결해 줄 수 있는 수단이 될 수 있다. 그는 또 다른 연구에서 물질적 풍요는 주관적 행복감이나 안녕(well-being)과는 별 관련이 없지만 소비행동은 소비자의 긍정적 정서경험과 높게 연관된다고 주장한다(Csikszentmihalyi, 1999). Csikszentmihalyi에 따르면 체험마케팅은 소비자의 생존가치를 높이기 위한 방법 중 하나이므로 신체적 경험을 통해 자아향상 욕구를 충족시켜야 한다. 따라서 마케터는 그러한 신체적 경험이 주는 심리적 이득을 고려해 그 경험을 극대화할 필요가 있다고 제언했다.

Csikszentmihalyi의 관점에서 보면 체험마케팅은 소비자의 체험욕구 충족을 통해 그들의 생존(존재)가치를 확인·고양시키려는 노력으로 볼 수 있다. 따라서 마케터들은 체험 프로그램이나 이벤트에서 소비자의 몸을 움직이게 하기 위해서는(몸이 반응하도록 하기 위해서는) 열정, 사랑, 감동, 공감과 같은 정서를 유발하는 체험수단들의 개발이 요구된다. 소비자의 정서적 몰입 없이는 그들의 참여를 이끌어내기 쉽지 않기 때문이다. 이러한 정서적 공감과정에서 소비자의 브랜드에 대한 관계가 형성되고, 그 관계가 브랜드에 대한 애착으로 연결되기 때문이다.

참고 문헌

이훈구 · 이수정 · 이은정 · 박수애.(2003). 정서심리학. 법문사.

Bagozzi, Richard P., Z. Gürhan-Canli and J. R. Priester(2002). *The Social Psychology of Consumer Behavior*. 김완석 · 이성수 역, 시그마프레스.

Ajzen, I.(1985). From intentions to actions: a theory of planned behavior. In J. Kuhl and J. Beckmann(Eds.), *Action Control: From Cognition to Behavior*. New York: Springer-Verlag.

Ajzen, I.(1991). The theory of planned behavior. *Organizational Behavior and Human Decision Precesses*, 50, 179-211.

Bagozzi, R. P. and E. A. Edwards(1998). Goal Setting and goal pursuit in the regulation of body weight. *Psychology and Health*, 13, 593-621.

Bargozzi, R. P. and P. R. Warshaw(1990). Trying to consume. *Journal of Consumer Research*, 27, 601-34.

Bartlett, J. C. and Santrock, J. W.(1979). Affect-dependent episodic memory in young children. *Child Development*, 50, 513-18.

Batra, R. and M. L. Ray(1986). Affective responses mediating acceptance of advertising. *Journal of Consumer Research*, 13, 234-49.

Batra, R. and D. Stephens(1994). Attitudinal effects of ad-evoked moods and emotions: the moderating role of motivation. *Psychology and Marketing*, 11, 199-215.

Beggan, James K.(1992). On the Social Nature of Nonsocial Perception: The Mere Ownership Effect. *Journal of Personality and Social Psychology*, 62(2), 229-237.

Belk, Russell W.(1988). Possessions and the Extended Self. *Journal of Consumer Research*, 15(Sept.), 139-168.

Bell, Davis E.(1985). Disappointment in decision making under uncertainty. *Operations Research*, 33, 1-2.

Bless, H., G. L. Bohner, G. N. Schwarz and F. Strack(1990). Mood and Persuation: a cognitive response analysis. *Personality and Social Psychology Bulletin*, 16(2), 331-45.

Bless, H., G. L. Clore and N. Schwarz(1996). Mood and the use of scripts: does a happy mood really lead to mindlessness?. *Journal of Personality and Social Psychology*, 71(4), 665–79.

Boniger, D. S., F. Gleicher and A. Strathman(1994). Counterfactual thinking: from what might have been to what may be. *Journal of Personality and Social Psychology*, 67, 297–307.

Bower, G. H.(1981). Mood and memory. *American Psychologist*, 36(2), 129–48.

Bower, G. H.(1991). Mood congruity of social judgement. In J. P. Forgas(Ed.), *Emotion and Social Judgement*. Oxford: Pergamon Press.

Bower, G. H. and P. R. Cohen(1982). Emotional influences in memory and thinking: data and theory. In M. S. Clark and S. T. Fiske(Eds.), *Affect and Cognition*. Hilsdale, NJ: Erlbaum.

Bower, G. H., S. G. Gilligan and K. P. Montiero(1981). Emotional mood as a context for learning and recall. *Journal of Experimental Psychology: General*, 110(4), 451–73.

Brenner, Lyle, Yuval Rottenstreich, Sanjay Sood, and Baler Bilgin(2007). On the Psychology of Loss Aversion: Possession, Valence, and Reversals of the Endowment Effect. *Journal of Consumer Research*, 34(Oct.), 369 - 376.

Brown, S. P. and D. M. Stayman(1992). Antecedents and consequences of attitude toward the ad: a meta–analysis. *Journal of Consumer Research*, 19, 34–51.

Carmon, Ziv and Dan Ariely(2000). Focusing on the Forgone: How Value Can Appear So Different to Buyers and Sellers. *Journal of Consumer Research*, 27(Dec.), 360 - 70.

Celsi, Richard, Randall Rose, and Thomas Leigh(1993). An Exploration of High–Risk Leisure Consumption through Skydiving. *Journal of Consumer Research*, 20(June), 1–23.

Clark, M. D. and J. D. Teasdale(1982). Diurnal variation in clinical depression and accessibility of memories of positive and negative experiences. *Journal of Abnormal Psychology*, 91, 87–95.

Clore, G. L., N. Schwarz and M. Conway(1994). Affective causes and consequences of social information processing. In R. S. Wyer and T. K. Srull(Eds.), *Handbook of Social Cognition*(2nd ed.). Hillsdale NJ: Erlbaum.

Csikszentmihalyi, Mihaly(1993). *The Evolving Self*. New York: Harper Collins.

Csikszentmihalyi, Mihaly(1997). *Finding Flow*. New York: Basic.

Csikszentmihalyi, Mihaly(1999). If We Are So Rich, Why Aren't We Happy?. *American Psychologist*, 54(10), 821–827.

Csikszentmihalyi, Mihaly(2000). The Costs and Benefits of Consuming. *Journal of Consumer Research*, 27(2), 267–272.

Csikszentmihalyi, Mihaly and Judith LeFevre(1989). Optimal Experience in Work and Leisure. *Journal of Personality and Social Psychology*, 56(5), 815–822.

Csikszentmihalyi, Mihaly and Rick E. Robinson(1990). *The Art of Seeing*. Los Angeles: J. Paul Getty Museum.

Csikszentmihalyi, Mihaly and Barbara Schneider(2000). *Becoming Adults*. New York: Basic.

Dertwinkel–Kalt, M., and K. Köhler(2016). Exchange asymmetries for bads?: experimental evidence. *European Economic Review*, 82, 231 - 241.

Duhaime, Carole, Annamma Joy, and Chris Ross(1995). Leaming to 'See': A Eolk Phenomenology of the Consumption of Contemporary Canadian Art. In John F. Sherry, Jr.(Ed.), *Contemporary Marketing and Consumer Behavior: An Anthropological Source Book*(pp.351–398). Thousand Oaks, CA: Sage.

Eelen, Jiska, Siegfried Dewitte and Luk Warlop(2013). Situated embodied cognition: Monitoring orientation cues affects product evaluation and choice. *Journal of Consumer Psychology*, 23(4), 424–433.

Eich, E. J. and M. Birnbaum(1982). Repetition, Cueing and State–dependent Memory. *Memory and Cognition*, 10, 103–14.

Forgas, J. P.(1994). The role of emotion in social judgement: an introductory review and an affect infusion model(AIM). *European Journal of Social Psychology*, 24, 1–24.

Forgas, J. P.(1995). Mood and judgement: the affect infusion model(AIM). *Psychological*

Bulletin, 117(1), 39–66.

Forgas, J. P. and Bower, G. H.(1987). Mood effects on person–preception judgments. *Journal of Personality and Social Psychology*, 53(1), 53–60.

Frijda, N .H.(1986). *The Emotion*. Cambridge: Cambridge University Press.

Frijda, N. H.(1993). Moods, emotion episodes, and emotions. In M. L. Haviland and J. M. Haviland(Eds.), *Handbook of emotions*. New York: Guilford.

Frijda, N. H., P. Kuipers and E. ter Shure(1989). Relations among emotion, appraisal, and emotional action readiness. *Journal of Personality and Social Psychology*, 57, 212–28.

Gawronski, Bertram, Galen Bodenhausen and Andrew Becker(2007). I like it, because I like myself: Associative self–anchoring and post–decisional change of implicit evaluations. *Journal of Experimental Social Psychology*, 43(2), 221–232.

Gleicher, F., D. S. Boninger, and A. Strathman et al.(1995). With an eye toward the future: the impact of counterfactual thinking on affect, attitudes, and behavior. In N. J. Roese and J. M. Olson(Eds.), *What Might Have Been: The Social Psychology of Counterfactual Thinking*. Mahwah, NJ: Eribaum.

Goldberg, M. E. and G. J. Gorn(1987). Happy and sad TV programs: how they affect reactions to commercials. *Journal of Consumer Research*, 14, 387–403.

Inman, J. Jeffrey and Marcel Zeelenberg(2002). Regret in repeat purchase versus switching decisions: the attenuating role of decision justifiability. *Journal of Consumer Research*, 29(2), 116–128.

Isen, A. M.(1984). Toward understanding the role of affect in cognition. In R. S. Wyer and T. K. Srull(Eds.), *Handbook of Social Cognition*(Vol.3). Hillsdale, NJ: Erlbaum.

Isen, A. M.(1987). Positive affect, cognitive processes, and social behavior. In L. Berkowitz(Ed.), *Advances in Experimental Social Psychology*(Vol.20). New York: Academic Press.

Isen, A. M.(1989). Some ways in which affect influences cognitive processes: implications for advertising and consumer behavior. In P. Cafferata and A. M. Tybout(Eds.), *Cognitive and Affective Responses to Advertising*. Lexington, MA: Lexington Books.

Isen, A. M. and K. A. Daubman(1984). The influence of affect on categorization. *Journal of Personality and Social Psychology*, 47, 1206–17.

Isen, A. M., K. A. Daubman and G. P. Nowicki(1987). Positive affect facilitates creative problem solving. *Journal of Personality and Social Psychology*, 52, 1122–31.

Isen, A. M., P. M. Niedenthal and N. Cantor(1992). An influence of positive affect on social categorization. *Motivation and Emotion*, 16, 65–78.

Isen, A. M., T. E. Shalker, M. Clark and L. Karp(1978). Affect, accessibility of material in memory, and behavior: a cognitive loop?. *Journal of Personality and Social Psychology*, 36, 1–12.

Kahneman, D. and A. Tversky(1982). The simulation heuristic. In D. Kahneman, P. Slovic and A. Tversky(Eds.), *Judgement under Uncertainty: Heuristics and Biases*. New York: Cambridge University Press.

Kahneman, Daniel, Jack L. Knetsch and Richard Thaler(1990). Experimental Tests of the Endowment Effect and the Coarse Theorem. *Journal of Political Economy*, 99(Dec.), 1325–1348.

Kathryn, A. Braun(1999). Post–experience effects on consumer memory. *Journal of Consumer Research*, 25(Mar.), 319–334.

Krishna, Aradhna and Norbert Schwarz(2014). Sensory marketing, embodiment, and grounded cognition: A review and introduction. *Journal of Consumer Psychology*, 24(2), 159–168.

Laird, J. D., J. J. Wagener, M. Halal and M. Szegda(1982). Remembering what you feel: the effects of emotion on memory. *Journal of Personality and Social Psychology*, 42(4), 646–57.

Lee, Seung Hwan, Jeff Rotman, and Andrew Perkins(2014). Embodied cognition and social consumption: self–regulating temperature through social products and behaviors.

Journal of Consumer Psychology, 24(2), 234−240.

Mackenzie, S. B., R. J. Lutz and G. Belch(1986). The role of attitude toward the ad as a mediator of advertising effectiveness: a test of competing explanations. *Journal of Marketing Research*, 23, 130−43.

Mackie, D. M. and L. T. Worth(1989). Processing deficits and the mediation of positive affect in persuasion. *Journal of Personality and Social Psychology*, 57(1), 27−40.

Maddux, William W., Haiyang Yang, Carl Falk, Adam Hajo, Wendi Adair, Yumi Endo, Ziv Carmon, and Steven J. Heine(2010). For whom Is parting with possessions more painful? Cultural differences in the endowment effect. *Psychological Science*, 21(12), 1910 - 1917.

Martin, L. L.(1986). Set/reset: use and disuse of concepts in impression formation. *Journal of Personality and Social Psychology*, 51, 493−504.

Miniard, P. W., S. Bhatla, L. Randall and R. L. Rose(1990). On the formation and relationship of ad and brand attitudes: an experimental and causal analysis. *Journal of Marketing Research*, 27, 290−303.

Mitchell, A. A. and J. C. Olson(1981). Are product attribute beliefs the only mediator of advertising effects on brand attitude?. *Journal of Marketing Research*, 18, 318−32.

Morewedge, Carey K., Lisa L. Shu, Daniel T. Gilbert, and Timothy D. Wilson(2009). Bad Riddance or Good Rubbish? Ownership and Not Loss Aversion Causes the Endowment Effect. *Journal of Experimental Social Psychology*, 45(4), 947 - 951.

Motoki, Kosuke, Toshiki Saito, Rui1 Nouchi, Ryuta Kawashima, and Motoaki Sugiura(2018). The paradox of warmth: Ambient warm temperature decreases preference for savory foods. *Food Quality & Preference*, 69(Oct.), 1−9.

Murray, N., H. Sujan, E. R. Hirt and M. Sujan(1990). The influence of mood on categorization: a cognitive flexibility interpretation. *Journal of Personality and Social Psychology*, 59(3), 411−25.

Nasby, W. and R. Yando(1982). Selective encoding and retrieval of affectively valent information. *Journal of Personality and Social Psychology*, 43(6), 1244−53.

Nyer, P. U.(1997). A study of the relationships between cognitive appraisals and consumption emotions. *Journal of the Academy of Marketing Sciences*, 25(4), 296–304.

Oatlery, K. and P. N. Johnson–Laird(1987). Towards a cognitive theory of emotions. *Cognition and Emotion*, 1, 29–50.

Oliver, R. L.(1980). A cognitive model of the antecedents and consequences of satisfaction decisions. *Journal of Marketing Research*, 20, 418–30.

Oliver, R. L.(1993). Cognitive, affective, and attribute bases of the satisfaction response. *Journal of Consumer Research*, 20, 418–30.

Ostinelli, Massimiliano, David Luna, and Torsten Ringberg(2014). When up brings you down: The effects of imagined vertical movements on motivation, performance, and consumer behavior. *Journal of Consumer Psychology*, 24(2), 271–283.

Parker, D., A. S. R. Manstead and S. G. Strading(1995). Extending the theory of planned brhavior the role of personal norm. *British Journal of Social Psychology*, 34, 127–37.

Peck, Joann and Suzane B. Shu(2009). The Effect of Mere Touch on Perceived Ownership. *Journal of Consumer Research*, 36(Oct.), 434–447.

Perugini, M. and R. P. Bagozzi(2001). The role of desires and anticipated emotions in goal–directed behaviors: broadening and deepening the theory of planned behavior. *British Journal of Social Psychology*, 40, 79–98.

Schaver, P., J. Schwarz, D. Kirson and C. O'Connor(1987). Emotion knowledge: further exploration of a prototype approach. *Journal of Personality and Social Psychology*, 52, 1061–86.

Schwarz, N.(1990). Feelings as informational and motivational functions of affective states. In R. M. Sorrentino and E. T. Higgins(Eds.), *Handbook of Motivation and Cognition: Foundations of Social Behavior*(Vol.2). New York: Guilford.

Schwarz, N. and G. L. Clore(1983). Mood, mis–attribution, and judgements of well–being: informative and directive functions of affective states. *Journal of Personality and Social Psychology*, 45(3), 513–23.

Schwarz, N. and H. Bless(1991). Happy and mindless, but sad and smart? The impact of affective states on analytic reasoning. In J. Forgas(Ed.), *Emotion and Social judgement*. Oxford: Pergamon.

Sheera, P. and S. Orbell(1999). Implementing intentions and repeated behavior: augmenting the predictive validity of the theory of planned behavior. *European Journal of Social Psychology*, 29, 349–69.

Sherry, John F., Jr.(1998). The Soul of the Company Store: Nike Town Chicago and the Emplaced Brandscape. In John F. Sherry, Jr.(Ed.), *Seniscapes: The Concept of Place in Contemporary Marketsed*(109–150). Lincolnwood, IL: Nike Town Chicago Business Books.

Shimp, T. A.(1981). Attitude toward the ad as a mediator of consumer brand choice. *Journal of Advertising*, 10, 9–15.

Simonson, I.(1992). The influence of anticipating regret and responsibility on purchase decision. *Journal of Consumer Research*, 19(2), 105–118.

Srull, T. K.(1983). Affect and memory: the impact of affective reactions in advertising on the representation of product information in memory. In R. P. Bagozzi and A. Tybout(Eds.), *Advances in Consumer Research*(Vol.11). Ann Arbor, Mi: Association for Consumer Research.

Srull, T. K.(1984). The effects of subjective affective states on memory and judgement. In T. C. Kinnear(Ed.), *Adavances in Consumer Research*(Vol.11). Provo, UT: Association for Consumer Research.

Stayman, D. M. and D. A. Aaker(1988). Are all the effects of ad–induced feelings mediated by Aad?. *Journal of Consumer Research*, 15, 368–73.

Streicher, Mathias and Zachary Estes(2016). Multisensory interaction in product choice: Grasping a product affects choice of other seen products. *Journal of Consumer Psychology*, 26(4), 558–565.

Teasdale, J. D. and L. M. Russell(1983). Differential aspects of induced mood on the recall of positive, negative and neutral words. *British Journal of Clinical Psychology*,

22, 163-71.

Topolinski, Sascha, Sandy Lindner and Anna Freudenberg(2014). Popcorn in the cinema: Oral interference sabotages advertising effects. *Journal of Consumer Psychology*, 24(2), 169-176.

Tulving, E.(1982). *Elements of Episodic Memory*. New York: Oxford University Press.

Tykocinski, Orit E. and Thane S. Pittman(1998). The consequences of doing nothing: inaction inertia as avoidance of anticipated counterfactual regret. *Journal of Personality and Social Psychology*, 75(3), 607-616.

Van Dijk, W. W. and J. Vander Plight(1997). The impact of probability and magnitude of outcome on disappointment and elation. *Organizational Behavior and Human Decision Processes,* 69, 277-284.

Wegner, D. T., R. E. Petty and S. M. Smith(1995). Positive mood can increase or decrease message scrutiny: the hedonic contingency view of mood and message processing. *Journal of Personality and Social Psychology*, 69(1), 5-15.

Westbrook, R. A.(1987). Product/consumption-based affective responses and postpurchase process. *Journal of Marketing Research*, 24, 528-70.

Westbrook, R. A. and R. L. Oliver(1991). The dimensionality of consumption emotion patterns and consumer satisfaction. *Journal of Consumer Research*, 18, 84-91.

Williams, L. E. and J. A. Bargh(2008), Experiencing physical warmth promotes interpersonal warmth. *Science*, 322, 606-607.

Yi, Y.(1990). A critical review of consumer satisfaction. In V. A. Zeithami(Ed.), *Review of Marketing*(1990). Chicago: American Marketing Association.

Zwebner, Yonat, Leonard Lee and Jacob Goldenberg(2014). The temperature premium: Warm temperatures increase product valuation. *Journal of Consumer Psychology*, 24(2), 251-259.

국문 찾아보기

ㅈ

ㅊ

ㅋ

ㅌ

ㅍ

ㅎ

영문 찾아보기

F

H

I

J

L

M

T

U

V

W

Z

저자약력

안광호

안광호 교수는 현재 인하대학교 경영학과 교수로 재직하고 있다. 그는 한국 외국어 대학교 무역학과를 졸업하고 서울대 대학원 경영학과에서 석사과정을 수료한 다음 미국 NYU(New York University)에서 마케팅을 전공하여 경영학 석사와 박사학위(Ph. D.)를 취득했다. 그의 관심분야는 소비자행동, 브랜드 관리, 마케팅 커뮤니케이션, 마케팅 전략 등이며, 이러한 관심분야에서 활발한 연구 및 저술 활동을 하고 있다. 그는 Journal of International Retailing, Management Decision, International Journal of Contemporary Hospitality Management, The International Journal of Human Resource Management, 『마케팅 연구』, 『한국마케팅 저널』, 『소비자학 연구』, 『경영학 연구』, 『마케팅 관리연구』, 『광고학 연구』 등 국내외 유명 학술지에 100편 이상의 논문을 발표하였으며, 『고객지향적 마케팅』, 『마케팅원론』, 『소비자행동』, 『마케팅 조사원론』, 『유통관리』, 『유통원론』, 『광고관리』, 『촉진관리』, 『전략적 브랜드 관리』, 『마케팅 전략』, 『사회과학 조사방법론』, 『패션마케팅』, 『서비스마케팅』 등의 마케팅관련 저서와 『브랜드 파워』, 『브랜드의 힘을 읽는다』, 『SHOW』, 『정서 마케팅』, 『정서지배 소비자행동』, 『행동경제학 관점에서 본 소비자 의사결정』, 『행동적 의사결정론』 등의 단행본을 출판하고 2017년 『미라클 경영』의 공동저자로 참여하였다. 2013년에는 경영학분야의 세계적 석학인 Kotler 교수와의 공동 저술작업을 통해 글로벌 베스트셀러 대학교재인 『마케팅 입문(Marketing: An Introduction)』 한국어 판을 출간했다.

한국마케팅학회 학회장, 한국광고학회 학회장, 한국소비자학회 학술지 『소비자학 연구』의 편집위원장과 한국광고학회 학술지 『광고학 연구』의 편집위원장을 역임하였으며, 한국마케팅학회, 한국소비자학회, 한국경영학회, 한국소비문화학회, 한국마케팅관리학회, 한국광고학회의 부회장 및 상임이사를 역임하였다. 2001년 한국소비자학회 최우수 논문상을, 2009년 한국경제신문 학술자상을 수상했다. 그리고 2012년 한국조사연구학회 한국갤럽학술논문상을, 2013년 한국광고학회 제일기획 학술상과 동아일보 '한국의 최고경영인상'에서 한국의 최고경영학자상을 수상했다. 그는 인하대학교에서 2003년 우수연구업적 교수상을 수상하기도 하였다.

평소 영화·공연관람과 와인을 즐기며, 에릭 클랩튼과 빌리 조엘, 그리고 고 이영훈님의 음악을 즐겨 듣는다. 방학이면 낯선 이국땅에서 배낭여행을 즐기며 잠시 일상에서 벗어난 시간을 갖곤 한다.

부경희

부경희 교수는 현재 광운대학교 미디어커뮤니케이션학과 교수로 재직하고 있다. 이화여대 심리학과를 졸업하고, 미국 Cornell 대학에서 심리학 석사, 박사를 취득했다. 컨텐츠 진흥원의 전신인 방송개발원의 선임연구원을 거쳐 광고대행사 ㈜제일기획 마케팅 연구소에 근무하였다. 그 후 아모레퍼시픽, 제일기획, 풀무원 등의 회사 자문을 하며 마케팅, 브랜드 실무에 관심과 전문성을 가지는 계기가 되었다. 소비자 심리, 마케팅 커뮤니케이션, 광고와 매체 전략기획 등이 주요 관심분야이며, Journal of Business Research, Psychology and Marketing, International Journal of Advertising, 『광고학 연구』, 『홍보학 연구』 등의 학술지에 광고 크리에이티브, 소비자행동, 문화와 심리 등 광고, 소비자심리관련 다양한 주제에 대한 논문을 발표하였다. 아울러, 국내 주요 브랜드의 커뮤니케이션 전략 프로젝트를 다수 진행하였다. 시장과 트렌드 글로벌 브랜드 전략 등을 연구하며, 브랜드 가치를 만들어 파워브랜드를 만드는 연구와 실무에 관심을 가지고 있다. 오랫동안 재즈, 팝 장르의 음악을 즐겨오다 최근 BTS 팬덤에 동참, 힙합을 포함하는 글로벌 뮤직에 관심이 높아졌다.

정서:n 소비자행동

안광호·부경희 공저

1판 1쇄 인쇄 2019년 9월 4일

1판 1쇄 발행 2019년 9월 11일

발행인 회장 박 철 용
대표 박 세 원

발행처 **학 현 사**
우. 10881 경기도 파주시 직지길 522 파주출판도시
전 화 031) 955-8700(대표)
팩 스 031) 955-8705
메 일 hhspub@chol.com
http://www.hakhyunsa.com

출판등록 1992년 6월 20일

등록번호 제 406-2004-000033호

ISBN 978-89-5853-484-6

정가 22,000원

저자와의 협의하에 인지는 생략합니다.